KB201746

정경해석방법으로 바라본

묵시문학

에녹서와 다니엘서

정경해석방법으로 바라본

묵시문학

에녹서와 다니엘서

배 정 훈 지음

APOCALYPTIC LITERATURE

KSI 한국학술정보(주)

정경해석방법으로 바라본 묵시문학:

에녹서와 다니엘서

배 정 훈

다니엘서 중심의 묵시문학 연구와 에녹서 중심의 묵시문학 연구의 조화를 기하기 위하여 나는 에녹서의 일부인 파수꾼의 책(제 1에녹서 1-36장)과 다니엘서를 이스라엘의 후기 전승의 궤도 안에서 비교 연구하였다. 이 연구에서 나의 논지는 묵시 현상은 정경인 토라에 대한 반응들이라는 것이다. 이 연구를 위하여 정경해석방법의 선구자들인 차일즈(B. S. Childs)와 샌더스(J. A. Sanders)의 방법을 균형 있게 사용하여, 하나님의 계시를 분별하는 권위는 바로 공동체와 본문 사이의 대화에 있다는 모르간(Donn F. Morgan)의 논지를 초기 묵시문학들에 적용하였다.

묵시문학 연구에 나타나는 두 가지 권위 있는 전승들은 원래 정경으로서의 토라 안에 있는 것으로서 바로 현존 전승(Divine Presence tradition)과 말씀 전승(Law tradition)이다. 현존 전승은 하늘과 땅의 일치, 보좌이상, 그리고 신현현 주제가 특징이다. 말씀 전승은 신명기의 편집을 통하여 성전 바깥의 신현현, 천상의 성전과 지상의 성전의 분리, 그리고 토라라는 용어의 발전이라는 특징을 보여 준다. 이 전승들은 서로 다른 신학적인 이해를 가지고 있지만, 정경 토라의 최종 본문 안에서 조화롭게 존재하였다.

바벨론 포로 후에 페르시아 시기에 들어서면 유다공동체는 토라 중심의 성전공동체로 변모하게 된다. 이 사회는 말씀 중심의 공동체로서 토라의 내용을 모세의 권위 아래 하나님의 말씀으로 동일화하며, 하나님의 현존을 매개하는 제사장 법전의 내용들도 계명으로 해석하게 되었다. 헬레니즘 시대에 들어서면서 대두되는 다양한 신학적인 경향들과 새로운 계시에 대한 갈망은 이스라엘의 역사에서 오랫동안 잊혔던 계시의 형식인 현존 전승을 부각하고 급기야 토라를 모세의 권위 아래 해석하려는 경향에 대한 도전으로 승천 전승을 만들어 낸다. 주목할 것은 제사장 문헌에 근거한 승천 전승이나 신명기에 근거한 말씀 전승이 모두 이스라엘의 권위 있는 전승에서 온 것이라는 것이다. 이와 같이 헬레니즘 시대에 부각된 두 전승의 갈등은 두 개의 최초의 묵시문학을 만들어 냈다.

에녹서의 일부인 파수꾼의 책은 제2성전의 합법성과 예루살렘 사독 제사장의 자격을 공격하고, 승천 전승에 입각하여 모세의 권위의 절대성을 공격하였다. 기존의 토라의 내용에 근거한 기득권층들은 에녹서의 공격을 단순히 모세의 권위에 대한 도전을 넘어서서 토라에 대한 도전으로 간주하고 에녹서와 같은 묵시문학의 장르를 이용하여 다니엘서를 만들게 된다. 다니엘서는 시대의 추세에 따라 새로운 계시의 가능성을 인정하지만, 그 새로운 계시는 모세의 율법에 순종하는 사람들에게 주어지고, 또한 나아가서 새로운 계시는 다름 아닌 모세의 율법에 대한 해석이라고 강조함으로써 모세의 권위와 모세의 권위 아래 있는 토라의 권위를 옹호하였다.

이와 같이 형성된 두 개의 묵시문학은 토라 안에 있는 두 개의 전승에 대한 주전 2세기 공동체의 서로 다른 반응일 뿐 아니라, 기독교와 유대교의 태동에 중요한 영향을 미치게 된다. 유대교는 다니엘서를 의심의 눈초리로 바라보고, 다니엘서에 잠복된 승천 전승을 토라의 권위 아래 유대교 신비주의로 발전시키고, 토라에 대한 내용의 강조는 유대교의 핵심이 되었다. 한편, 1세기에 형성된 기독교는 예수 그리스도에게 나타난 사건을 에녹서에 나타난 승천 전승과 다니엘서에 나타난 인자 사상에 근거하여 해석함으로써 유대교를 대체하는 새로운 공동체로서의 정체성을 획득하게 된다. 이와 같이 묵시문학은 토라와 포로 후기 시대 그리고 기독교 시대를 연결하는 해석학적인 중심에 있음을 알 수 있다.

목차

서 론

1 묵시문학 연구의 과제

최근의 묵시문학에 관한 연구는 다니엘서 중심의 연구와 에녹서 중심의 연구라는 두 가지 경향으로 흐르고 있다. 다니엘서 중심의 연구는 다니엘서를 묵시현상(apocalypticism)의 특징을 가장 잘 보여 주는 최초의 묵시문학으로 보며,[1] 이 묵시현상의 중요한 특징으로 임박한 종말과 박해라는 역사적인 상황이해를 제시하고 있다.[2] 이러한 다니엘서 중심의 연구는 사해사본에서 나타난 아람어로 이루어진 에녹서 사본의 발견

---

1) 다니엘 중심의 연구는 다니엘서를 이상적인 묵시문학이라고 여긴다. 로울리(Rowley)는 다니엘서를 최초의 묵시문학으로 보고 있다. H. H. Rowley, *The Relevance of Apocalyptic,* 3d ed.(New York: Association Press, 1963), 93－105. 러셀도 첫 번째 묵시문학이 다니엘서임을 말하고 있다. D. S. Russell, *The Method and Message of Jewish Apocalyptic* (Philadelphia: Westminster Press, 1964), 48. 헹엘도 첫 번째 묵시현상의 절정이 다니엘이라고 믿고 있다. Martin Hengel, *Judaism and Hellenism,* trans. John Bowden(Minneapolis: Fortress, 1974), 176.

2) 러셀은 다음과 같이 주장한다. "묵시문학은 본질적으로 정치 또는 인간역사의 장에서 민족으로부터 희망을 가질 수 없는 피압박자의 문헌이다. ……그들은 하나님이 자기 백성 이스라엘에게 행해진 불의를 바로잡으시는 역사 너머에 있는 극적이고 기적적인 하나님의 간섭을 바라본다." Russell, 17－18. 슈미탈은 묵시현상의 본질을 역사의 상실로 보고 있다. "오는 세대의 비역사적인 본질에 대한 이러한 견해는 역사에 대한 극적인 염세주의와 역사의 포기에 나타난 역사의 상실과 관련되어 있다." Walter Schmithals, *The Apocalyptic Movement: Introduction & Interpretation,* trans. John E. Steely(New York: Abingdon Press, 1973), 42. 핸슨은 묵시현상을 환상주의자들의 운동에 의하여 만들어진 사상의 체계로서 지배 사회에 대항하는 상징적인 세계를 만드는 데 특별한 종말적인 관점을 이루는 것으로 말한다. P. Hanson, "Apocalypticism", *IDBS:* 28. 다니엘서는 안티오쿠스 4세 아래 핍박을 받고 있는 역사적인 위기의 산물이며, 제4에스라서는 주후 70년에 성전의 파괴로 인한 역사적인 위기를 보여 주고 있다. 학자들은 이러한 관찰들을 통해 묵시문학의 역사적인 배경은 임박한 종말론이라고 결론 내리고 있다.

으로 도전을 받았다. 이 에녹서의 아람어 사본은 다니엘서보다 더 오래된 문헌인 파수꾼의 책(제1에녹서 1-36장으로서 The Book of Watchers라고 부르는데 앞으로 약어인 BW라고 부르기로 한다.)과 AB(The Astronomical Books, 제1에녹서 72-82장)를 포함하고 있다.[3] 학자들은 BW가 다니엘서보다 오래되었을 뿐 아니라, 임박한 종말보다는 제사장 문헌과 지혜 문헌에서 나타난 우주론(Cosmology)에 관심이 있다는 것을 발견하였다. 이러한 발견에 힘입어 에녹서 중심의 연구는[4] 다니엘서 중심

---

3) 별다른 언급이 없을 경우에 본 글에서 에녹서는 제1에녹서를 말한다. 제1에녹서는 다섯 권의 책으로 이루어져 있다. the BW(1-36장), the Similitudes(37-71장), the Astronomical Book(72-82장), the Book of Dreams(83-90장), 그리고 the Epistle of Enoch(91-108장). BW와 AB 모두 초기 묵시문학들이지만, BW가 묵시문학 연구에 있어서 영향력이 있다. 마르다 힘멜팔브는 이렇게 쓰고 있다. "AB는 전적으로 1년을 365일로 전제하여, 태양과 달의 경로에 대한 계산에 관심을 가지고 있다. 이 책에서 하나님의 보좌나 그 주변의 천사들, 죽음 이후의 영혼의 운명, 그리고 우주론 또는 마지막 심판에 대한 관심은 BW만큼 지대하지 못하다." Martha Himmelfarb, *Ascent to Heaven in Jewish and Christian Apocalypses*(New York: Oxford University Press, 1993), 10.

4) 마가렛 바커는 에녹 전승을 잊힌 전승으로 여긴다. Margaret Barker, The *Older Testament* (London: SPCK, 1987), *idem, The Lost Prophet: The Book of Enoch and its Influence on Christianity* (London: SPCK, 1988). 이태리 학자들은 묵시 전승이 다른 장르를 통하여 표현되었기 때문에 묵시문학 연구가 문학적인 장르를 넘어서야 한다고 강조한다. 보카치니는 사키가 묵시 전승에 있는 문서를 포함하는 것은 순수한 이념적인 원칙에 따라 평가해야 한다고 주장한다. P. Sacchi, *Jewish Apocalypse and Its History,* trans. by William J. Short, OFM, JSOTSup 20(Sheffield: Sheffield Academic Press, 1990), 32-71. Gabriel Boccaccini, "Jewish Apocalyptic Tradition: The Contribution of Italian Scholarship", in *Mysteries and Revelations: Apocalyptic Studies since the Uppsala Colloquium,* ed. J. J. Collins and J. H. Charlesworth, JSP Sup 9(Sheffield: JSOT Press, 1991), 33-50. 보카치니는 원칙에 따라서 포로기 이후의 문헌들의 이념적인 경향을 평가했다. Gabriel Boccaccini, *Middle Judaism: Jewish Thought 300 B.C.E. to 200 CE* (Minneapolis: Fortress Press, 1991), *idem, Beyond the Essene Hypothesis*(Grand Rapids: Eerdmans, 1998). 그의 공헌은 제1에녹서를 연구함으로써 묵시 전승을 명확하게 한 것이다. 사키는 제1에녹서를 가장 오래된 묵시문학으로 전제하고 있는데, 보카치니는 이 경향을 따르고 있다. 사키는 BW 연구로부터 출발하여, 이 책에 대한 설명을 묵시현상의 핵심으로 보고 있다. 사키는 BW를 가장 오래되고 이상적인 묵시문학으로 보는 대신에, 다니엘서를 불완전한 묵시문학이라고 결론 내리고 있다. 콜린스는 이 방법을 비판하고 있다. BW가 가장 오래된 묵시문학이라 할지라도, 묵시현상의 개념에 대하여 BW가 표준이 된다는 것을 의미하는 것은 아니다. 그는 덧붙이기를 "다니엘서도 최소한 BW만큼이나 후기 묵시문학에 영향을 주고 있다." J. J. Collins, "Genre, Ideology, and Social Movements", in *Mysteries and Revelations: Apocalyptic Studies since the Uppsala*

의 연구를 대체하려고 했지만, 묵시문학 연구를 위하여 어느 한 문헌에 치우치는 것이 아니라 두 문헌의 연구가 조화를 이루어야 한다.

다니엘과 BW는 거의 같은 시기에 쓰였고, 토라의 정경으로서의 권위를 받아들이면서도 하나님의 계시의 근원에 대하여 다른 이해를 가지고 있다.[5] 다니엘서는 새로운 계시가 모세의 권위 아래에서만 가능하다고 주장하는 데 반해서, BW는 새로운 계시가 모세의 권위와는 독립적으로 가능하다고 주장한다. 이와 같이 묵시문학의 연구에서 중요한 것은 묵시문학들을 이스라엘의 권위 있는 전승들의 관계와 새 계시의 근원에 대한 이해와 관련하여 이해하는 것이다.[6] 이 연구에서 나는 BW와

Colloquium, eds. J. J. Collins and H. H. Charlesworth, JSP Sup 9(Sheffield: JSOT Press, 1991), 22-23.

5) BW의 저작 연대는 묵시현상의 연구에 새로운 관점을 보여 주고 있다. 쿰란에서 발견된 아람어판 에녹서 편집판을 통해 J. T. 밀릭은 제1에녹서의 저작을 주전 3세기로 보고 있다. 고서체 기준에서 보면, $4QEn^a$는 1:1-6에서부터 12:4-6을 포함하고 있으며, 주전 2세기 초반으로 간주된다. 이 서체를 살펴보면 이 책은 주전 3세기부터 복사된 것으로 여겨진다. 밀락은 쿰람서체를 통하여 주전 2세기 초부터 BW는 그리스어나 에티오피아 판을 통해 알려진 사본과 같은 형태로 존재해 왔다고 결론 내린다. 그러므로 고서체 기준으로 보면 BW의 저작 상한치는 주전 200년 또는 약간 후반이 된다. J. T. Milik, *The Books of Enoch: Aramaic Fragments of Qumran Cave 4*(Oxford: Clarendon, 1976), 140-41. 다니엘서는 문서의 발전에 있어서 몇 단계의 발전을 보여 주고 있다. 그러나 마지막 형태는 마카비 시대의 마지막 편집자의 이념에 따라 편집된 것으로 여겨진다. 다니엘서 2-6장은 다니엘서 7-12장과는 독립적으로 떠돌다가 마카비 시대의 저자에 의하여 재편집되었다. A. Lacocque, *Daniel in His Time*(University of South Carolina Press, 1988), 75. 다니엘서 1장은 디아스포라라는 원래 상황을 팔레스틴으로 바꾸었다. Lawrence M. Wills, *The Jews in the Court of the Foreign King* I(Minneapolis: Fortress Press, 1990), 80. 나아가서, 대다수 학자들은 마카비 시대의 저자가 다니엘서 7장, 8장, 10-12장을 편집하고 마지막으로 다니엘서 9장과 1장을 편집한 것으로 보고 있다. H. L. Ginsberg, "The Composition of the Book of Daniel", VT 4 / 3(1954): 246-275. 이와 같이 다니엘서의 주요 부분은 주전 164년경(안티오커스의 박해 시기)에 현재 상태로 편집되었다. J. J. Collins, "Daniel, Book of", *ABD* 2: 31. 이러한 관찰을 종합해 보면 BW의 최종 편집과 다니엘서의 최종 편집 간에는 40년 정도의 간격이 있는 것을 알 수 있다. BW는 이미 형성된 승천 전승을 보여 주고, 다니엘서는 하나님의 심판에 대한 표현에서 승천 전승의 일부를 받아들였으며, 후에 이 요소들을 말씀 전승에 따라 변형시킨 것이다. 이 연구의 본론에서는 BW와 다니엘서의 갈등을 다룰 것이다.

6) 콜린스로부터 시작된 묵시문학의 장르 연구는 묵시문헌들에 대한 조직적인 분류를 행한 것으로 여겨진다. 그러나 이 연구가 제1에녹서와 다니엘서 같은 문헌과 관련된 이념적인

다니엘서가 이스라엘의 권위 있는 전승들 가운데 새로운 계시의 근원에 대한 다른 이해에 근거하여 있다는 것을 보여 주려고 한다.

2 이스라엘의 권위 있는 전승들에 관한 용어 정의

먼저 이 연구를 전개하기 전에 이스라엘의 권위 있는 전승들을 정의하고자 한다. 사무엘 테리엔(Samuel Terrien)은 그의 저서 *The Elusive Presence*에서 신화-제의(Myth and Ritual) 학파와 구원사(Salvation History School) 학파의 간격을 메우고 있다. 그에 따르면 신화-제의 학파는 하나님의 현존에 대한 이해에 있어서 히브리적인 독특한 이해를 상실하고 근동 지방의 이해와 연속성에 더 초점을 맞추고 있고,[7] 구원사 학파는 이스라엘 종교의 계약의 중요성을 너무 강조했다. 테리엔에 따르면 하나님의 현존(神現存-Divine Presence)의 주제가 일차적이고 계약은 이차적이다.[8] 테리엔은 보는 것과 듣는 것이라는 두 가지 형태의 하나님의 현존을 구분한다. 북이스라엘은 이름을 들음으로써 나타나는 하나님의 현존을 강조하는 반면에, 남유다는 영광을 봄으로써 나타나는 하나님의 현존을 강조하고 있다. 테리엔은 전자가 윤리적인 행위와 사회정의를 강조하는 반면에 후자는 제의를 통한 하나님의 현존, 구속제사, 성만찬 그리고 신비적인 묵상 등을 강조한다고 주장한다.[9]

갈등을 서술하기에는 충분하지 않다.

7) "신화와 제의 학자들은 이스라엘이 연중 절기들을 제의적 전설을 통하여 신화화시키기는 했지만, 이집트와 다른 셈어족속들과는 달리 역사적인 사건을 통하여 이러한 요소들을 합리적으로 설명했다는 것을 충분히 인식하지 못했다." Samuel Terrien, *The Elusive Presence: Toward a New Biblical Theology*(San Francisco: Harper & Row, 1978), 17.

8) "시내산에서의 계약에 대한 기억이 이스라엘의 역사적인 운명에 대한 인식을 발전시키고 거룩한 백성이 되는 것(출 19:6)에 대한 인식을 제공하기는 했지만, 이 기억은 신현존에 관한 개념이 조상들에게 보여 준 동기부여라는 선실재(先實在)에 의존하고 있었다." Ibid., 21.

9) S. Terrien, "The Play of Wisdom: Turning Point in Biblical Theology", *HBT* 3(1981):

이와 같이 테리엔은 들음과 봄으로 나타나는 두 가지 종류의 하나님의 현존을 제시한다. 나는 이 두 가지 종류의 하나님의 현존을 각각 현존(神現存－Divine Presence) 전승과 말씀(Law) 전승이라고 정의한다. 현존 전승은 봄을 통하여 성전에 계시는 하나님의 현존에 기초해 있는 반면에, 말씀 전승은 모세를 통하여 주어진 하나님의 말씀의 계시를 들음으로써 나타나는 하나님의 현존에 기초해 있다.

표 1. 용어의 정의

토라 또는 정경 토라	토라는 다섯 권의 책(창세기로부터 신명기까지)으로 이루어진 오경의 문헌을 의미한다.
말씀 전승 (Law Tradition)	말씀 전승은 모세의 권위 아래 토라를 해석하는 해석학적인 도구이다. 들음(hearing)의 주제를 강조하고 새 계시가 모세의 권위 아래 있다면 수용할 수 있다.
현존 전승 (Divine Presence)	현존 전승은 봄(seeing)의 주제를 사용하여 제사장 전승의 권위 아래 토라를 해석하는 해석학적인 도구이다.
승천 전승 (Heavenly Ascent)	현존 전승은 천상의 성전과 지상의 성전의 분리와 함께 BW에서 처음으로 승천 전승이 되었다. 승천 전승은 토라의 권위를 인정하지만, 모세의 권위에 독립적인 새 계시의 길을 열었다.
모세의 율법	모세의 율법은 토라와는 다르다. 모세의 율법은 모세의 권위 아래 해석된 토라이다. 말씀 전승은 모세의 율법과 토라 그 자체를 동일시하지만, 현존 전승은 비록 토라의 권위를 전제하면서도 모세의 율법과 토라를 일치시키지는 않는다.

현존 전승은 세 가지 주제를 담고 있다. 1) 천상의 성전과 지상의 성전의 일치, 2) 성전 안에서의 보좌이상(throne vision) 주제, 3) 신현현(theophany－神顯現) 주제.[10)]

132. 그는 다른 방식으로 이것들을 분류하고 있다. "이 신학들 가운데 첫 번째 것은 이스라엘의 선택을 보편적인 책임으로 돌리는 예언자적인 야훼와의 교제를 일반화하고 있다. 이것은 역사적인 상대성으로서 모세계약의 조건을 강조하고 있다. 두 번째 것은 성전과 제의에 기초한 신현존의 형태를 강조한다." Ibid.

10) T. N. D. Mettinger, *The Dethronement of Sabaoth: Studies in the Shem and Kabod Theologies,* trans. Frederick H. Cryer, Old Testament Series 18(Lund: CWK Gleerup, 1982), 24－36. 메팅거는 현존 전승이라는 말을 사용하지 않지만 이름 신학(D)과 영광

보좌이상 주제는 때로 보좌이상을 취하기도 하고(열왕기 상 22장, 이사야서 6장, 에스겔서 1-3장), 또는 제사장 문헌의 "그룹에 앉으신 모습"으로 표현되기도 한다. 말씀 전승은 신명기의 편집을 통해 나타나서, 포로기 이후에 모세의 권위 아래 토라를 해석하는 해석학적인 도구로 발전되었다. 말씀 전승의 중요한 신학은 신명기에 나타난다.[11] 포로기 이후에는 모세의 권위 아래 있는 말씀 전승이 현존 전승보다 선호되었다. 말씀 전승에 대항하여 현존 전승을 옹호하면서, 승천 전승이 BW에서 처음으로 나타났다. 제1에녹서의 옹호자들은 BW에서 제2성전의 합법성(1에녹서 89:73)과 제2성전의 제사장들의 정결의 주장(제1에녹서 6-16장)에 도전하였다. 이러한 비판은 현존 전승의 중요한 요소인 하늘에 있는 천상의 성전과 땅에 있는 지상의 성전의 일치에 대한 변화된 인식에 기초하고 있다. 지상의 성전이 하나님의 거처로나 하나님의 계시를 받기에 적당하지 않기에 계시의 수신자가 하늘에 계신 하나님을 만나서 계시를 받기 위해서는 지상의 성전을 거치지 않고 하늘에 올라가야 했다. 이 현존 전승은 새로운 계시가 승천을 통하여 하나님의 대행인에게 주어질 수 있다고 주장한다(제1에녹서 14장). 이와 같이 승천 전승은 현존 전승의 변화된 형태로서 다음과 같은 특징을 가지고 있다. 1) 하늘에 있는 성전과 땅에 있는 성전의 분리, 2) 보

신학(P) 등의 출현 이전에 시온-만군 신학을 제안하고 있다. 시온-만군 신학과 영광 신학은 현존 전승과 유사하며, 이름 신학은 말씀 전승과 유사하다.

11) '신명기적'이라는 말은 신명기를 의미하며, '신명기 사가적'이라는 말은 신명기 사가들의 작품과 관련된 영향을 나타내는바 다음과 같은 작품들을 포함한다. 신명기, 오경중 D 문서, 전기 예언서인 여호수아서부터 열왕기서까지, 예레미야서의 편집, 다른 포로 예언자들의 작품에 대한 편집 등. Richard Coggins, "What Does 'Deuteronomistic' Mean?" in *Those Elusive Deuteronomists: The Phenomenon of Pan-Deuteronomism,* eds. Linda S. Schearing and Steven L. McKenzie, JSOTSup 268(Sheffield: Sheffield Academic Press, 1999), 22-23. 모세 와인펠드에 따르면, 신명기 사가의 작품을 이루는 특징은 새로운 관용어나 표현이 아니라, 이 시대의 종교적인 변화를 반영하는 특별한 언어의 조성이다. 그는 신명기 사가의 몇 가지 특징을 들고 있다. "우상과의 투쟁, 예배의 집중화, 유일신 신조, 율법의 준수, 계약에의 충성, 땅의 유업, 인과응보와 물질적인 동기, 예언의 성취, 다윗 왕조의 선택." Moshe Weinfeld, *Deuteronomy and the Deuteronomistic School* (Oxford: Clarendon Press, 1972), 1. 다음을 참조하라. E. Nicholson, *The Pentateuch in the Twentieth Century: the Legacy of Julius Wellhausen*(Oxford: Clarendon, 1998), 242-244. "사실상, 누가 신명기 사가들이었는지 적절한 동의는 이루어지지 않고 있다." Coggins, 26.

좌이상, 3) 신현현, 4) 계속적인 계시의 수신자로서 하나님의 대행자.

포로기 이전과 포로기 동안 말씀 전승과 현존 전승은 조화를 이루면서 토라를 해석하는 독특한 특징들을 가지고 있었다. 말씀 전승과 현존 전승은 포로기 이후에 각각 권위 있는 하나님의 계시를 가지고 있다고 주장하게 된다. 말씀 전승은 토라를 해석하는 데 있어서 모세의 권위의 절대성을 주장한다. 승천 전승은 모세의 권위에 독립적인 새로운 계시의 길을 열어 놓으면서, 승천을 통하여 받은 계시가 모세에게 주어진 계시보다 더 오래되고 더 권위 있다고 주장했다. 이 BW의 주장에 대항하여, 다니엘서는 모세의 권위 아래 있지 않은 모든 계시를 부정하였다. 이와 같이 BW와 다니엘서는 토라를 해석하고 새로운 계시를 판단하는 권위와 관련된다.

3 논지와 연구의 범위

이 연구에서 나의 논지는 묵시현상은 포로기 이후에 토라[12]에 대한 권위 있는 해석을 가지고 있다고 주장하는 그룹들 사이의 대결과 관련이 있다는 것이다. 묵시문학 연구에 있어서 근본적인 요소는 승천 전승과 말씀 전승의 갈등이다. BW는 모세의 권위를 무시하고 현존 전승에 기초한 승천 전승을 강조하면서 토라를 해석했다.

12) 오경은 제2성전 시대에 점차적으로 권위를 가지게 되었다. 주전 2세기에 쓰인 집회서가 오경의 권위를 전제하기 때문에, 오경이 정경화된 하한선은 주전 2세기로 여겨진다. 정경으로서 오경의 확정에 관해서는 다양한 견해가 있다. 모세 시대(Z. Leiman and M. G. Kline), 주전 550년(David N. Freedman), 주전 450-250(N. Gottwald), 기독교 시대(Swanson) 등등. B. S. Childs, *Introduction to the Old Testament as Scripture*(Philadelphia: Fortress, 1979), 54-68; N. Gottwald, *The Hebrew Bible: A Socio-Literary Introduction* (Philadelphia: Fortress, 1985), 469. David Noel Freedman, “The Formation of the Canon of the Old Testament: The Selection and the Identification of the Torah as the Supreme Authority of the Post-Exilic Community”, in *Religion and Law: Biblical-Judaic and Islamic Perspectives*, eds. E. B. Firmage et al.(Winona Lake: Eisenbrauns, 1990), 315-331.

다니엘서는 승천 전승을 거부하고 토라를 해석하는 데 모세의 권위의 절대성을 받아들였다. 나의 연구의 첫 부분은 묵시문학 연구의 배경을 다루고 있다. 나는 BW와 다니엘서가 형성되기 이전의 현존 전승과 말씀 전승의 존재를 밝히고, 나아가 오경의 최종 편집과 포로기 이후의 다른 문헌들에서 이 전승들의 갈등을 살펴보려고 한다. 이 연구의 두 번째 부분에서 나는 정경해석방법을 이용하여 승천 전승과 말씀 전승의 갈등에 기초하여 BW와 다니엘서를 비교하려고 한다. 이 연구는 공동체와 본문의 대화라는 틀 안에서 묵시문학의 형성을 연구하고 있다. 토라에 담긴 현존 전승과 말씀 전승에 기초하여 어떻게 서로 다른 두 개의 묵시문학인 BW와 다니엘서가 만들어졌는지를 살필 것이다. 나아가서 후기 공동체들이 BW와 다니엘서의 본문 전승에 대해 어떻게 반응했는지를 보여 줄 것이다.

Ⅱ

현존 전승과 말씀 전승

1 구약성서에 나타난 현존 전승과 말씀 전승

이 장의 목표는 현존 전승과 말씀 전승을 소개하는 것으로, 먼저 구약성서 내에서의 이 전승들을 신현현(theophany) 전승, 천상의 성전과 지상의 성전의 일치, 그리고 보좌이상(throne vision) 등 세 가지 관점에서 살펴보려고 한다. 현존 전승은 성전에서의 제의 실현을 통하여 신현현을 드러내는 반면에, 말씀 전승은 예언으로 선포함을 통해 신현현을 드러낸다.[1] 현존 전승은 천상의 성전과 지상의 성전의 일치를 나타내는 데 반하여, 말씀 전승은 천상의 성전과 지상의 성전의 불일치를 강조한다. 현존 전승은 보좌이상에 나타난 하나님의 존재를 강조하는 반면에, 말씀 전승은 토라(*tôrāh*)의 개념을 발전시킨다.[2]

---

1) 현존 전승과 말씀 전승은 모두 신현현 전승을 받아들이고 있지만 서로 다르게 이해하고 있다. 이 두 가지 다른 신현현은 성전에서의 제의를 통한 신현현과 예언에 나타난 신현현이다. Hans－Joachim Kraus, *Worship in Israel: A Cultic History of the Old Testament,* tr. Geoffrey Buswell(Richmond: John Knox Press, 1966), 216. J. Jeremias, “Theophany in the OT”, in *IDBS:* 896－897. Mettinger, 32－37; 116－123. 현존 전승에서 제의의 목표는 레위기와 역대기서에서 보여 주는 것처럼 신현존을 준비하는 것이다. 제의의 마지막 무렵에 하나님은 불과 함께 나타난다. “불이 여호와 앞에서 나와 단 위의 번제물과 기름을 사른지라 온 백성이 이를 보고 소리 지르며 엎드렸더라.”(레 9:24) 말씀 전승에 있는 신현현은 여러 성서 인물 가운데 나타난다. 모세(출 3장), 사무엘(삼상 3장), 솔로몬(왕상 3:5; 9:2), 그리고 엘리야(왕상 18장).

2) 토라의 기원에 관한 그동안의 연구는 별로 도움이 되지 않는다. 게제니우스에 따르면, 토라는 던진다는 뜻의 ירה에서 나타나 가르침이라는 히필의 뜻을 가지고 있다고 본다. 벨하우젠은 이 단어의 히필은 “신탁을 얻기 위하여 제비를 던진다”는 뜻으로 본다. 이때 토라의 뜻은 신탁의 응답을 의미한다. 델리치에 따르면 토라는 신탁을 뜻하는 아카드어tertu에서 차용한 단어이다. Ivan Engnell, *Israel and the Law*(Uppsala: Westmans Boktryckeri A.－B., 1954), 2; Gunnar Östborn, *Tora in the Old Testament: A Semantic Study*(Lund:

1) 신현현(theophany)과 제사장 전승(Priestly Tradition)

제사장 문헌 이전[3]의 사경에서 신현현 전승은 진 밖에 있는 회막('ōhel mô'ēd)의 입구에서 나타난다(출 33:7). 장막에 접근하기 위하여 사람들은 진을 떠나야 했고, 신현현은 장막의 입구에 나타났다.

> 모세가 회막에 들어갈 때에 구름 기둥이 내려 회막문에 서며 여호와께서 모세와 말씀하시니(출 33:9).

> 모세가 나가서 여호와의 말씀을 백성에게 고하고 백성의 장로 칠십 인을 모아 장막에 둘러 세우매 여호와께서 구름 가운데 강림하사 모세에게 말씀하시고 그에게 임한 신을 칠십 장로에게도 임하게 하시니(민 11:24-25).

> 여호와께서 구름 기둥 가운데로서 강림하사 장막 문에 서시고 아론과 미리암을 부르시는지라 그 두 사람이 나아가매(민 12:5).

이와 같이 회막은 하나님의 영원한 처소가 아니라 예언자의 이상을 위해 지정된 장소였고,[4] 제사장이나 제사를 필요로 하지 않았다. 이러한 제사장 문헌 바깥에서의 신현현은 진 밖에서 일어난 시내 산의 계시의 전승(출 19:17)을 따르고 있다. 회막은 예언적인 황홀경을 위한 장소를 지정한다. 이 제사장 문헌 바깥에서의 신현현 주제는 신명기에도 나타난다.[5] "여호와께서 구름 기둥 가운데서 장막에 나타나시고

Hakan Ohlssoms Boktryckeri, 1945), 6-12; B. Lindars, "Torah in Deuteronomy", in *Words and Meanings,* FS D. W. Thomas, ed. P. R. Ackroyd et al. (Cambridge, 1968), 118-119. 토라 사용의 발전에 대해서는 추후 서술할 예정이다.

3) 제사장 문헌 이전의 전승이라는 말은 제사장 문헌(Priestly Writings)[제사법전(Priestly Code)과 성결법전(Holiness Code)]과 신명기를 제외한 오경문헌에 있는 전승을 의미한다. 제사장 문헌 이전의 전승의 구체적인 내용에 대해서는 나중에 논의할 것이다.

4) M. Haran, *Temples and Temple-Service in Ancient Israel: An Inquiry into the Character of Cult Phenomena and the Historical Setting of the Priestly School*(Oxford: Clarendon Press, 1978), 267.

구름 기둥은 장막 문 위에 머물렀더라."(신 31:15) 신명기에서 신현현은 아직도 진 바깥에 있는 장막 문에서 나타난다.[6]

제사장 전승은 회막 전승과 성막을 구별하지 않고 사용함으로써 회막(*miškan*) 전승을 흡수하게 된다. 제사장 전승은 성막, 궤 그리고 회막을 한 개의 제도로 표현한다. 제사장 전승에서 회막은 더 이상 진 바깥에 있지 않으며 구름도 회막의 입구에 머물지 않는다. 대신 회막은 진 한 가운데 있는 성막과 동일시되었으며, 구름은 그룹들의 날개에 머문다.[7] 제사장 전승에서는 신현현을 위하여 반드시 지정된 제의가 필요하다(레 9:23－24). 그래서 신현현은 성막 바깥에서 나타나지 않는다. 계시는 성막에서 받게 되며(레 1:1), 하나님의 존재는 그의 영광으로 표현된다.[8] 현존 전승에서 신현현 이상이 경외의 감정을 동반함을 보여 주고 있다.[9]

---

5) E는 D와 비슷하다. 둘 다 시내 산 대신 호렙을 사용하고 있고(출 3:1; 17:6; 33:6; 신1:6, 19; 4:10, 15; 5:2; 9:8; 18:16; 28:69), 여호와께서 자기 이름을 두시려는 장소를 사용하며(출 20:24; 신 12:5, 11, 21; 14:23, 24; 16:2, 6, 11; 26:2), 예언자의 역할을 강조하고 있고, 레위인을 옹호하며, 금송아지 설화에서 아론의 역할 때문에 아론을 비난하고 있다. R. E. Friedman, *Who Wrote the Bible?*(New York: Harper & Row, 1987), 128. 마찬가지로 D는 신 31:15에서 E의 회막 전승을 받아들이고 있다.

6) 이 전승은 예언적 황홀경인 성전 바깥의 신현현을 경험했던 예언자 엘리야에게서도 나타났다(왕상 19:9－14). Haran, 267－269.

7) 제사법전은 때때로 제사장의 임직을 위한 장소로 단지 회막을 지정한다(출애굽기 29장; 레위기 8－9장). 제사법전은 또한 회막과 성막을 복합적으로 사용한다(출 39:32; 40:2, 6, 29). Ibid., 260－275.

8) 여호와의 영광은 구름 속에서 나타났다(출 24:16; 민 16:42). 여호와의 영광은 성전에 가득했다(왕상 8:11; 대하 5:14; 7:1－3; 겔 43:5; 44:4). 여호와의 영광은 모든 백성들에게 나타났다(레 9:6, 23; 민 14:10; 16:19, 42; 20:6). 여호와의 영광은 모세와 아론에게 나타났다(민 20:6). 영광을 보는 것에 관한 표현은 출 16:7과 시편 97:6에 나타난다.

9) 어떤 표현들은 물, 번개 그리고 폭풍 등의 신현현 언어를 사용한다(사 6:4; 시 18:7－15; 97:2－5).

2) 천상의 성전과 지상의 성전의 일치

현존 전승과 말씀 전승의 또 다른 차이점은 천상의 성전과 지상의 성전의 관계이다. 천상의 성전과 지상의 성전의 일치에[10] 기초한 현존 전승은 지상의 성전이 공간적인 차원이 초월되는 위치임을 보여 주고 있다.[11] 제사장 전승은 지상의 성전이 천상의 성전을 따라 만들어졌으며(출 25:9, 40; 26:30), 지상의 성전을 통하여 천상의 성전으로 들어갈 수 있다는 이른바 지상의 성전과 천상의 성전의 일치를 강조한다. 이 성막의 특징에 대한 두 가지 다른 이해가 있는바, 하나는 제사법전(P)에 있는 성막이 하나님의 일시적인 현존을 드러낸다는 것이며,[12] 또 다른 견해는 제사법전에 있는 성막이 하나님의 계속적인 현존의 장소라는 것이다.[13] 두 가지 견해들은

---

10) Johann Maier, *Vom Kultus Zur Gnosis: Studien zur Vor−und Frhgeschichte der jdischen Gnosis*(Salzburg: Otto Mller Verlag, 1964), 101−105. Mettinger, 29−32. 예를 들어, 시편 11:4; 63:2; 이사야 6장.

11) Mettinger, 29.

12) 폰 라드는 하나님의 거하심의 개념이 제사법전에서 나타난다고 본다. 그러나 그에게 있어서 성막은 하나님과 사람이 만나는 장소이지 하나님이 거하시는 장소는 아니다. "처소와 보좌 개념은 실제적으로 중복된다. 속죄와 여호와께서 말씀하시는 장소로서(민 7:89), 그룹들이 있는 속죄소는 불가피한 중요성을 가지긴 했지만, 여호와의 보좌의 역할은 더 이상 하지 않게 되었다." G. von Rad, *Old Testament Theology* I, tr. D. M. G. Stalker (New York: Harper & Row, 1962), 239. 노트는 말하기를 "אהל מועד를 강조할 때 제사법전은 성전에 계시는 하나님의 처소와 현존에 관한 예루살렘 제사장들의 견해를 보완하고 수정하였다." Noth, *A History of Pentateuchal Traditions,* trans. Bernhard W. Anderson (Englewood Cliffs, NJ: Prentice−Hall, 1972). 246. 프레타임은 성전이라는 용어로 미슈칸(*miškān*)이 사용되었기 때문에 제사장의 성막은 단지 여호와의 임시적인 거처로 여겨진다고 보았다. T. E. Fretheim, "The Priestly Document: Anti−Temple", *VT* 18(1968): 313−329. 클레멘츠는 말하기를 "제사법전의 저자들은 이스라엘에서 여호와의 거하는 방식을 하나님의 영광의 구름에 의하여 지상에서 주어지는 불완전한 성막으로 표현하였다." R. E. Clements, *God and Temple*(Oxford: Basil Blackwell, 1965), 117.

13) 로스트는 옛 회막 전승에서 나타나는 신현현 주제와 제사장 전승에 나타나는 현존 전승을 구분하고 있다. L. Rost, *Die Vorstufen von Kirche und Synagoge im Alten Testament.* BWANT 76(Stuttgart, 1938), 35−38. 슈미트는 P에서의 *šakan*이 성전에 있는 하나님의 현존을 의미한다고 주장한다. R. Schmidt, *Zelt und Lade als Thema alttestamentlicher Wissenschaft*(Gütersloh, 1972), 219−221. 메팅거도 역시 하나님의 연속적인 거주를 옹호

모두 하나님이 성전에 계심을 전제하고 있다. 하나님이 하늘에 계시면서 동시에 지상의 성전에 계시기 때문에 천상의 성전과 지상의 성전이 일치한다는 명제가 성립한다.[14] 말씀 전승은 천상의 성전과 지상의 성전의 불일치를 강조한다. 말씀 전승에 따르면, 하나님은 하늘에 계시기 때문에[15] 지상의 성전에서 보이지 않고, 지상의 성전에는 오직 그의 이름만이 거하신다는 것이다.[16] 현존 전승과 말씀 전승은 모두 하나님의 초월성을 전제한다. 현존 전승은 초월하시는 하나님의 임재에 관심이 있는 반면에, 말씀 전승은 초월하신 하나님의 내재적인 역사에 관심이 있다.

3) 보좌이상(Throne Vision)

천상의 성전과 지상의 성전의 일치는 하나님이 앉아 계시는 장소를 의미하는 보좌의 개념을 사용하고 있다. 현존 전승에서 보좌이상은 그룹들에 앉음(yōšēb hakkerū bîm) 또는 보좌에 앉음(yōšēb `al-kissē') 등 두 가지 형식으로표현된다. 첫 번째 표현은 구약성서에 빈번히 나타난다(삼상 4:4, 삼하 6:2, 왕하 19:15, 사 37:16, 시 80:2, 99:1). 솔로몬의 지성소에서 발견되는 그룹들은(왕상 6:23-28, 8:6-7) 제사장

한다, 85-97.

14) 시편기자들은 하나님의 거하는 장소를 드러내는 몇 개의 구절에서 여호와가 영광 가운데 성전에 거하신다고 고백하고 있다(시편 26:4; 46:5; 74:2; 132:13). 하나님의 현존은 성전과 밀접하게 연결되었다. 시편 50:2-3; 63:3; 84:2. 시편 11:4에서 거룩한 성전은 하늘과 동일시되고 있다. 하나님은 지상의 성전과 하늘에 거하신다(시편 63:2). 제사장 전승은 하나님의 거하심을 *yāšab*으로 표현하는 데 반해서, 그 이전 전승은 *šākan*을 사용한다.

15) "여호와께서 너를 교훈하시려고 하늘에서부터 그 음성을 너로 듣게 하시며 땅에서는 그 큰 불을 네게 보이시고 너로 불 가운데서 나오는 그 말씀을 듣게 하셨느니라."(신 4:36), "원컨대 주의 거룩한 처소 하늘에서 하감하시고 주의 백성 이스라엘에게 복을 주시며 우리 열조에게 맹세하여 우리에게 주신 바 젖과 꿀이 흐르는 땅에 복을 내리소서 할지니라."(신 26:15), "하나님이 참으로 땅에 거하시리이까 하늘과 하늘들의 하늘이라도 주를 용납지 못하겠거든 하물며 내가 건축한 이 전이오리이까."(왕상 8:27), "오직 우리 하나님은 하늘에 계셔서 원하시는 모든 것을 행하셨나이다."(시편 115:3).

16) 하나님은 그 이름을 지상의 성전에 두신다.(신 12:5, 11, 21; 14:23-5; 16:2; 왕상 9:3; 11:36; 14:21; 왕하 21:4, 7).

전승에서 하나님을 위한 보좌를 의미한다. 하나님은 두 그룹 사이에서 모세에게 말씀하셨다(출 25:22, 30:6, 민 7:89, 레 16:2). 증거궤와 속죄소가 그룹과 관련은 있지만, 보좌는 두 그룹이 날개를 펼치는 쪽에 속죄소로 상징된다.[17] 성막의 속죄소에 있는 두 그룹들은 솔로몬 성전의 지성소에 있는 두 그룹들과 짝을 이룬다. 성막에서 그룹들은 속죄소를 덮고(출 25:20, 37:9), 솔로몬의 성전에서 그룹들은 증거궤와 채를 덮는다(왕상 8:7). 두 번째 표현은 오경 이외의 문헌에서 나타난다. 즉, 제사장 전승이 오경 이외의 문헌에서 보좌이상 주제를 채택한 것이다. 그룹들은 보좌이상 설화에서 보좌를 의미한다(열왕기 상 22장, 이사야서 6장, 그리고 에스겔서 1－3장). 포로기 이후에 보좌는 사라지지 않고 에스겔서(43:3－4)와 BW(제1에녹서 14:18)에 나타난다.[18] 두 가지 표현은("그룹들에 앉음" 그리고 "보좌에 앉음") 같은 보좌이상 주제에 속한 것이다.

이제 구약성서에 나타나는 보좌이상의 예를 살펴보기로 하자. 짐멀리는 구약성서에 설화소명(narrative call)과 보좌이상(throne vision)이라는 예언자들의 두 가지 다른 소명 형태가 있음을 주목하고 있다. 예언자적인 설화소명은 하나님의 담화를 강조하고(모세와 예레미야), 보좌이상에는 위임 담화가 있다고 말한다.[19] 나는 보좌이상이 현존 전승의 요소를 담고 있음을 보여 주려고 한다. 열왕기 상 22:19－22,[20]

---

17) 씨아우(C. L Seow)는 쓰기를 "P는 보좌의 발등상 또는 보좌의 뜻으로 증거궤를 해석할 여지가 없는 것으로 이해한다. 증거궤는 하나님이 사람을 만나시는 장소이긴 하지만 보좌의 현존 장소는 아닌 것이다. ……P에 따르면 모세 시대에 여호와는 증거궤의 속죄소에 있는 그룹들 사이에서 말하기를 선택하셨다."(민 7:89) C. L. Seow, "Ark of the Covenant", *ABD* 1:392; idem, "The Ark of God in Priestly Theology", *HAR* 8(1985): 185－98. Haran, 246－259.

18) 그러므로 제사장 전승에서 하나님께서 보좌에 앉으신다는 개념이 상실되었다는 주장은 합리적이지 못하다. 이것이 šākan에 관한 메팅거의 연구의 주요 논지이다. 91－97.

19) `Zimmerli, *Ezekiel* 1, tr. R. E. Clements(Philadelphia: Fortress Press, 1979), 95－141.

20) 열왕기 상 22:19－22의 확대 문맥은 드브리스(De Vries)에 의하여 연구되었다. 열왕기 상 22장은 두 가지 독립된 자료인 설화 A(22:1－9, 15－18, 26－40)와 설화 B(22:10－14, 19－25)로 이루어져 있다. 설화 B의 연대는 히스기야 시대인 주전 700년으로 생각되며, 설화 A보다 약 100년 이후로 알려져 있다. 설화 B에서의 문제는 "여호와가 거짓 예언자를 제어할 수 있겠는가?" 하는 것이다. Simon J. De Vries, *1 Kings*(WBC, 12; Waco, TX: Word Books, 1985), 265－266.

이사야서 6:1－12[21] 그리고 에스겔서 1:1－3:15 등에서 보좌이상이 나타난다. 이 세 개의 설화의 확대 문맥은 예언자들이 이스라엘에 심판을 선언하는 역할을 하는 것으로 서로 일치한다.[22] 예언자적인 소명은 이스라엘 사람들의 강퍅함과 대조된다. 미가야는 사백 명의 가나안 예언자에 대항하여 자신의 말의 진정성을 증명한다.[23] 이사야는 완고한 백성들에게 하나님의 메시지를 전하라는 그의 사명을 합리화한다.[24] 에스겔은 메시지를 반대하는 사람들에게 메시지를 전달한다. 사람들의 반응과는 대조적으로, 메시지의 진정성은 이 예언자들의 말씀을 정당화하는 보좌이상에 의하여 강조된다. 이 설화들은 모두 보좌이상과 위임으로 이루어져 있다. 짐멀리는 에스겔서 1－3장에서 이 보좌이상과 위임이 연결되어 있음을 서술했다.[25] 이 세 개의 설화들은 같은 형태의 보좌이상을 나타낸다.

열왕기 상 22:19 여호와께서 <u>그 보좌에 앉으셨고</u>
이사야서 6:1 주께서 높이 들린 <u>보좌에 앉으셨는데</u>
에스겔서 1:26 <u>보좌</u>의 형상 위에

세 구절들은 또한 주께서 여러 인물들에 둘러싸여 있음을 보여 준다. 만군(왕상

---

21) 이것이 소명 설화가 아니라 단지 보좌이상이라고 보는 학자들도 있다. H. Wilderberger, *Jesaiah*(BKAT X / 1－3; Neukirchen－Vluyn: Neukirchener, 1972－82), 236; V. Hurowitz, “Isaiah’s Impure Lips and Their Purification in Light of Akkadian Sources”, *HUCA* 60(1989): 41. 스위니는 이사야 6장이 백성들이 심판을 준비하게 하는 예언자의 소명을 요약해 준다는 면에서 소명 설화로 볼 수 있다고 말한다. Marvin A. Sweeney, *Isaiah 1－39 with an Introduction to Prophetic Literature*(Grand Rapids: Eerdmans, 1996), 135－136.

22) Leslie C. Allen, “The Structure and Intention of Ezekiel 1”, *VT* 43, 2(1993): 154－155.

23) 설화의 문맥은 계시를 주장하는 자들 간에 대결이며 목적은 여호와가 서로 상치되는 예들을 다루시는 것이다. De Vries, *1 Kings*, 266.

24) 스위니는 이렇게 쓰고 있다. “이 구절의 우선적인 의도는 앗수르의 침략 앞에서 이스라엘과 유다에게 닥친 재앙과 관련하여 이사야의 예언적인 활동을 합리화하는 것이다. 그러한 천상회의 장면과 위임 설화는 히브리 성서에서 예언자의 활동을 합리화하는 데 사용된다.” Sweeney, 140.

25) “우리가 위에서 제시한 형태와 전승을 고려한다면 에스겔서 1:1－3:15에서의 하나님의 이상과 위임 사이에 원래적인 관계를 알 수 있는 가능성이 있다.” Zimmerli, 100.

22), 스랍(이사야서 6장), 네 생물(에스겔서 1장). 하나님의 나타나심에는 불과 구름이 동반된다(이사야서 6장과 에스겔서 1장). 열왕기 상 22장과 이사야서 6장은 다음과 같은 문학적 구조를 보여 준다.

표 2: 열왕기 상 22:19-22와 이사야서 6:1-12의 문학적 구조 비교

왕상 22:19-22	이사야 6:1-12
Ⅰ. 서론(19a)	Ⅰ. 서 론(1a)
Ⅱ. 보좌이상(19b)	Ⅱ. 보좌이상(1b-7)
A. 신현현(19ba)	A. 신현현
	1. 보좌에 앉으심(1b)
	2. 현상(4)
B. 하늘의 만군(19bb)	B. 스랍(1)
	1. 출현(2)
	2. 영광송(3)
	C. 죄의 고백(5)
	D. 스랍 2: 제사장 기능
	1. 정화의 제의(6)
	2. 정화의 선포(7)
Ⅲ. 위임(20-22)	Ⅲ. 위임(8-12)
A. 소명(20a)	A. 소명(8a)
B. 반응(20b-21)	B. 반응(8b)
C. 위임(22)	C. 위임(9-12)

열왕기 상 22장과 이사야서 6장은 모두 현존 전승의 요소인 보좌이상을 포함하고 있지만, 차이점을 보여 준다. 열왕기 상 22장에서 보좌이상은 말씀 전승의 편집에 포함된다. 열왕기 상 22장의 서론 첫 부분은(왕상 22:19a) 이상의 내용과는 이질적인 것이다. "미가야가 가로되 그런즉 왕은 여호와의 말씀을 들으소서."(왕상 22:19a) 저자는 이상을 여호와의 말씀이라고 표현하고, 들음의 주제를 사용한다. 두 번째 부분은(왕상 22:19b) "내가 보니"로 이상을 서술하기 시작한다. 즉, 보좌이상은 천상에서 일어난 사건으로 목격하는 예언자는 참여하지 못하고 듣기만 한다. 하늘을 하나

님의 처소로 그리고 있지만, 지상의 성전 배경과는 분리되어 천상의 성전과 지상의 성전의 불일치를 보여 준다.[26] 이 보좌이상에서 주께서 주변에 만군을 거느리고 있으시지만 천상의 성전은 지상의 성전과 분리되어 있다.[27] 보좌이상과 위임은 천상 회의에서 일어나고, 예언자는 천상의 성전 바깥에 있는 구경꾼일 뿐 보좌이상의 사건에 어떤 모습으로든 참여하지 않는다. 신현현 주제나 주의 존전에 어떤 경외감도 보여 주지 않는다. 열왕기 상 22장에서 보좌이상은 예언자의 메시지와 구별되면서 동시에 메시지의 진정성을 보여 주기 위해 주어졌다. 전체적으로 이 구절은 원(原) 보좌이상이 말씀 전승 아래 편집된 것으로 다음과 같은 특징을 가지고 있다. 즉, 들음의 주제와 봄의 주제를 함께 가지고 있고, 천상의 성전과 지상의 성전이 분리되어 있으며, 신현현이나 경외의 표현이 없고, 제의 배경도 없다.

열왕기 상 22장과는 달리, 이사야서 6장은 현존 전승의 특징으로서 천상의 성전과 지상의 성전의 일치, 보좌이상 그리고 신현현 주제 등을 가지고 있다. 첫째로, 여호와는 성전에서 천상의 보좌와 지상의 보좌에 동시에 앉아 계신다.[28] 그리하여 이사야는 하늘과 땅을 구분하지 않고, 이사야는 지상의 성전에 들어가서 신현존을 경험한다.[29] 둘째로, 이사야서 6장에는 열왕기 상 22장과 마찬가지로 보좌이상이 있지만, 예언자는 보좌이상에 참여한다. 셋째로, 성전에 연기와 구름을 동반한 신현현 이상이 보인다.[30] 신현현에 대한 이사야의 반응은 경외감이다(창 32:31, 출 3:6, 삿

26) Allan J. McNicol. "The Heavenly Sanctuary in Judaism: A Model for Tracing the Origin of the Apocalypse", *JRelS* 13:2(1987): 71.

27) "이 구절은 하늘에서 이루어진 결정이 지상에 영향을 주기는 하지만, 천상의 성전과 지상의 성전 사이의 어떤 일치가 있음을 보여 주려는 시도는 아니다." Ibid., 70.

28) 이 장면은 옛 신현현 주제를 따른다. 증거궤는 여호와의 발등상(시편 132:7) 또는 여호와께서 그룹들에 좌정하신 장소로 그려진다(시 99:1; 삼상 4:4; 삼하 6:2; 왕하 19:15; 사 37:16; 대상 13:6). Sweeney, 139.

29) "이 천상의 성전과 지상의 성전이 일치한다는 것을 고려한다면 초기에 이 이상을 천상의 회의에서 예언자에게 부여한 특별한 계시로 이상을 해석하려는 시도는 불필요하게 되었다." Clements, *God and Temple,* 80－81.

30) 신현현은 인간에게 놀라움을 동반하면서 문지방의 터의 요동, 그리고 구약성서에서 신의 현현과 관계있는 것으로 알려진 연기 등이 나타난다. '요동'(Shook,nû`, 4 절)은 종종 하나님 앞에 선 사람들의 반응을 묘사하는 데 사용되었다. "뭇 백성이 우레와 번개와 나팔 소리와 산의 연기를 본지라. 그들이 볼 때에 떨며(nû`) 멀리 서서."(출 20:18), "보라 여

6:22, 13:22 등). 스랍들은 지성소에서 증거궤 위에 서 있는 그룹들과 짝을 이룬다(왕상 6:23－28, 8:6－7).[31] 스랍의 기능은 제사장들의 기능과 같이 천상에서 찬양하며, 제의를 행하고, 깨끗하다고 선포하는 것이다. 스랍들의 영광송은 성전의 제의에서 유래한 형식이며,[32] 이사야의 부정함과 여호와의 거룩함을 대비시키고 있다. 이사야의 죄는 윤리적이라기보다는 제의적이다. 왜냐하면 이사야는 회개보다는 경외감을 보여 주고 있기 때문이다. 메소포타미아의 국가들에서 제의를 집행하는 자들은 입술의 정결을 입의 정결에 비유하고 있다.[33] 제의를 수행한 후에야 이사야는 비로소 하나님의 말씀을 직접 듣는다. 열왕기 상 22장과는 달리, 이사야는 보좌이상에 직접 참여하고 경외감을 느낀다. 지상에 있는 예언자는 천상회의를 목격하며 지상의 성전에서 하나님의 말씀을 들음으로써 천상의 성전과 지상의 성전이 구별되지 않음을 보여 준다. 그러므로 이사야서 6장은 모든 현존 전승의 요소를 가지고 있다. 천상의 성전과 지상의 성전의 일치, 보좌이상 그리고 신현현 이상.

4) 말씀 전승과 천상의 성전과 지상의 성전의 불일치

현존 전승과는 달리 말씀 전승은 보좌이상의 개념을 받아들이지 않을 뿐 아니라, 하나님은 하늘에 있기 때문에 우리는 지상의 성전에서 하나님의 보좌를 보는 대신 하나님의 말씀을 들을 수 있다고 말한다.[34] 말씀 전승에 따르면, 천상의 성전과 지

호와께서 빠른 구름을 타고 애굽에 임하시리니 애굽의 우상들이 그 앞에서 떨겠고(nû`) 애굽인의 마음이 그 속에서 녹으리로다."(사 19:1) 왕상 8:9－13; 출 40:34－38; 레 16:2를 참조하라. Sweeney, 139.

31) Ibid.

32) I. Engnell, *The Call of Isaiah: An Exegetical and Comparative Study*(Uppsala: Lundequistska Bokhandeln, 1949), 35.

33) Ibid. J. Lindblom, *Prophecy in Ancient Israel*(Oxford: Blackwell, 1963), 186; Moshe Weinfeld, "Ancient Near Eastern Patterns in Prophetic Literature", in *VT* 27(1977): 178－195; V. Hurowitz, 39－89.

34) "여호와의 말을 청종하고."(출 15:26; 19:5; 신 4:30; 13:18; 15:5; 18:16; 26:14; 27:10;

상의 성전이 불일치하기 때문에 하나님과 사람들 사이에 중보자를 필요로 한다. 신명기에서 이 중보자는 토라로서, 예언자가 토라의 대언자로서 하나님과 백성 사이를 매개해 주고 있다. 왕은 토라에 종속되어 제사장 기능을 허락받지 않았다(신 17:14－20). 제사장들은 제의적 헌물과 재판의 과정(신 17:8－13), 그리고 정기적인 율법낭독(신 31:9－13)에 참여하였다. 그러나 제사장들은 하나님과 사람들 사이에 중보자가 되지 못하였다.[35] 신명기에 따르면, 모세 같은 예언자는 여호와와 사람들 사이를 연결하는 합법적인 통로였다.[36] 예언자적인 중보자라는 개념은 이스라엘 사람들이 십계명을 받으면서(출 20:18－21, 신 5:5), 또는 예언자적인 중보자를 통해 하나님의 말씀을 들을 때부터 시작한 것으로 이해되었다. 이러한 발전은 말씀 전승에서 발견된다.

말씀 전승은 신명기 12－26장에 있는 신명기 법전의 편집을 통하여 이스라엘 역사의 전면에 나타나게 되었다.[37] 포로기 이전의 전승에서, 토라(*tôrāh*) 는 “제사장에

28:1, 2, 15, 45, 62; 30:2, 8, 10, 20; 렘 42:13; 단 9:11), “여호와의 말씀 또는 계명을 들으라.”(신 4:10; 7:12; 11:13; 12:28; 28:13; 렘 11:10; 13:10; 18:10; 26:5; 35:13).

35) “신명기 사가의 견해에 따르면, 백성들이 여호와를 만나는 통로의 역할을 맡은 것은 제사장들이 아니었다. 초기 에브라임 전승에 따르면 우림과 둠밈을 통하여(신 33:8) 하나님의 뜻을 찾는 일을 제사장이 맡았는데, 신명기 사가는 이 전승을 벗어나고 있다. 예견(divination)은 또한 유다에서 제사장의 특징인 것으로 보이며, 우림과 둠밈은 왕정 시대에 예루살렘에서 계속 사용되었을 가능성이 높다(삼상 23:9－12; 30:7－8; 민 27:21; 출 28:30; 레 8:8).” R. R. Wilson, *Prophecy and Society in Ancient Israel*(Philadelphia: Fortress, 1984), 160.

36) Ibid., 162.

37) “*lipnē* YHWH”(여호와 앞에서)라는 말은 신명기 법전에 여러 번 나오는데(신 12:7, 12, 18; 14:23,26; 15:20; 16:11; 18:7), 현존 전승의 요소로 생각될 수 있다. 이 구절들에 기초하여 윌슨(Ian Wilson)은 신명기와 신명기 사가의 작품에 나타난 이름 신학(Name Theology)의 문제를 제기하고 있다. Ian Wilson, *Out of the Midst of the Fire: Divine Presence in Deuteronomy,* SBL Dissertation Series 151(Atlanta: Scholars Press, 1995). 하지만 이 연구는 단지 원래 신명기 법전(신명기 12－26장)이 현존 전승의 영향을 받았다는 것을 보여 줄 뿐이다. 최소한 그의 연구는 말씀 전승이 신명기의 편집 때 나타났다는 것을 보여 준다. 닐슨(Eduard Nielsen)은 말하기를 “십계명을 형성하는 본문 이외에 신명기 이전의 모세 전승에서는 어디에서도 모세를 율법 제정자로 묘사하지 않는다. ……율법 제정자라는 모세상의 형성은 신명기 전승을 통해서 나타났다는 것은 의심할 바 없다.” Nielson, “Moses and the Law”, *VT* 32(1982): 97－98.

게 주어진 지침"을 의미했다(호 4:6). 레위기와 민수기에 나타나는 제사장 토라의 이러한 특징은 규칙이나 규정을 뜻한다(레 6:2, 7, 18; 7:1, 7, 11, 37; 11:46; 12:7; 13:59; 14:2, 32, 54, 57; 15:32; 민5:29, 30; 15:16, 29; 19:2, 14; 31:21). 특별한 경우에 "제사장에게 주어진 지침"이라는 토라의 의미는 신병기 법전에서도 나타난다(신 17:10). 신명기의 편집은 신명기 법전(신 12-26장)이 모세에게 주어진 하나님의 말씀으로 인식되었던 십계명과 같은 권위를 부여받는 것을 의미한다(신 4:10, 13, 36; 5:19; 9:10; 10:2, 4; 아마도 6:6; 11:18).[38] 이 변형은 토라라는 말로 나타나고, 이것은 후에 신명기 전체의 책을 나타내는 것으로 불리게 된다(이 율법의 모든 말씀: 신 17:19; 27:3, 8, 26; 28:58; 29:28; 31:24; 32:46).[39] 다른 네 권의 책들(창세기부터 민수기까지)이 신명기와 합해진 이후에 토라라는 용어는 정경으로서의 전 토라에 적용하게 되었다.[40]

---

38) 구약에서 가장 오래된 율법 모음은 십계명임이 널리 인정되고 있다(출 20:1-17; 신 5:6-18). Lindars, 123. J. J. Stamm, *The Ten Commandments in Recent Research,* trans. M. E. Andrew(Naperville: Allenson, 1967), 79. 십계명의 현재 형태는 오랜 역사적 발전의 결과라고 인정되어 왔다. R. F. Collins, "Ten Commandments", *ABD* 6: 383. 브레클만즈는(Brekelmans) 신명기 5장이 후기 첨가이지만, 이것이 편집자가 십계명의 저자라는 의미는 아니다. C. Brekelmans, "Deuteronomy 5: Its Place and Function", in *Das Deuteronomium: Entstehung, Gestalt und Botschaft*, ed. N. Lohfink, BETL 68(Leuven: Leuven University Press, 1985), 164-173. 편집자는 오랫동안 전승된 십계명을 신명기에 포함시켰다.

39) 신명기 역사에 나타난 표현은 몇 가지 다른 형태를 가지고 있다: 율법책(수 1:8; 8:34; 23:6; 왕하 14:6), 내 종 모세가 명한 율법(수 1:7; 22:5; 왕하 17:13, 34, 37; 21:8), 모세의 율법(수 8:31, 32; 23:6; 왕상 2:3; 왕하 14:6; 22:11).

40) 역대기하 1-2장과 에스라-느헤미야서는 이미 모세의 권위 아래 있는 정경 토라를 알고 있었던 것으로 보인다: "역대기 사가(역대기 상하, 에스라-느헤미야서)는 토라책이 모세 시대부터 유래했고, 규범적인 가르침을 제공해 왔다고 믿고 있다." J. R. Shaver, *Torah and the Chronicler's History Work: An Inquiry into the Chronicler's References to Laws, Festivals and Cultic Institutions in Relation to Pentateuchal Legislation*(University of Notre Dame Dissertation, 1983), 123. 이와 같이 정경 오경을 의미하는 토라의 증거가 있다: 모세의 율법(대하 23:18; 30:16; 스 3:2; 7:6; 느 8:1; 단 9:11, 13), 여호와의 율법(스 7:10; 느 9:3; 대상 16:40; 대하 12:1; 17:9; 31:3,4; 34:14; 35:26), 하나님의 율법(느 8:18; 10:29, 30), 율법(대하 14:3; 31:21; 33:8; 스 10:3; 느 8:2, 7, 14; 10:35, 37; 12:44; 13:3), 주의 율법(느 9:26, 29, 34; 단 9:11). 린다스는 이 본문들에서 토라가 전 오경을

2 토라에 나타난 현존 전승과 말씀 전승

이제 토라의 마지막 편집에 나타난 현존 전승과 말씀 전승 사이의 갈등을 밝히려고 한다. 그라프-벨하우젠의 가설에 의하면, 오경은 J, E, D 그리고 P라는 문서들로 이루어져 있다고 한다.[41] 이 문서들 간의 관계는 다음과 같이 요약된다. 1) J와 E가 처음에 편집되었다. 2) JE는 신명기 사가적 편집자에 의하여 편집되었다.[42] 3)

의미하기는 하지만, 제사법전에 의존하였다기보다는 신명기 사가의 영향 아래 있다고 말한다. Lindars, 120-121.

41) 야웨 자료는 J, 엘로힘 자료는 E, 제사법전은 P, 성결법전은 H로 표기한다. P와 H를 함께 표현할 때는 제사장 문헌이라는 말을 사용한다. 제사장 전승은 P와 H에서 나타나는 전승을 의미한다. D는 신명기 자료로 신명기 신학에 영향을 받긴 했지만, 사실상 D는 신명기와 일치하지는 않는다. 왜냐하면 신명기에 다른 문서에 속한 자료가 일부 있기 때문이다. E(신 31:14-15, 23; 33:1; 34:1-6), 그리고 P(신 34:7-9). Friedman, *Who Wrote the Bible?* 255. 그라프-벨하우젠 가설의 출발점은 D가 요시야 시대 때 나타났다고 하는 드베트(De Wette)의 주장이다. 그라프는 드베트의 주장에서 출발하여 P에 있는 법들이 제2성전 시기에 쓰인 것이라는 것을 증명하려고 노력했다. 그는 성막이 솔로몬 성전에 기초한 이상화이며, 광야 시대로 소급하여 포로기 이후에 삽입되었으며, 성막은 창작일 뿐이며 제2성전의 상징이라고 주장하였다. R. J. Thomson, *Moses and the Law in a Century of Criticism since Graf*(VTSup 19; Leiden: Brill, 1970), 32-33. 벨하우젠은 그의 앞선 학자들을 따라, 그라프-벨하우젠 가설을 완성하였다. 문헌들 간의 상대적인 전후를 세우기 위하여, 그는 오경 자료와 역사서에 나오는 역사적인 자료들을 비교하여, 성막(성전)의 중앙집중화가 중요하다는 결론을 내렸다. 그에 따르면, D는 중앙집중화된 성전을 요구하고, P의 법과 이야기는 중앙집중을 전제하였다. 벨하우젠은 속죄제와 속건제가 포로기 이후에 제도화되었다고 주장한다. P는 아론 제사장들이 지배하기 시작하는 포로기 이후에 쓰였다고 주장한다. 그의 연대기적인 원칙은 바로 역사의 처음으로 돌아갈수록 더 세속적이라는 것이다. Thomson, 58-60. cf. also, Friedman, *Who Wrote the Bible?* 161-173.

42) 벨하우젠은 일찍이 J와 D의 긴밀한 관계를 목격하였다. *Die Composition des Hexateuchs und der Historischen Bcher des Alten Testaments*(Berlin: W. De Gruyter, [1899] 1963), 94, 115. 드라이버(S. R. Driver)는 D가 JE로부터 몇 가지 특징적인 것을 채택하였다고 말한다. S. R. Driver, *Deuteronomy*(New York: Charles Scribner, 1895), lxxvii-lxxviii. 와인펠드(Weinfeld)는 신명기상의 많은 표현들이(우상과의 투쟁, 제의의 집중화, 유일신 신조 등) E로부터 왔음을 확인하고 있다. Weinfeld, *Deuteronomy and the Deuteronomistic School,* 1. 버벤(M. Vervenne)은 창세기, 출애굽기, 민수기 등지에서 이러한 편집의 증거

JE는 P에 대해 독립적이다.[43] 4) 후기 편집자가 P를 JED 안에 포함시켰다.[44] 그러

를 발견했다. M. Vervenne, "The Question of 'Deuteronomistic' Elements in Genesis to Numbers", in *Studies in Deuteronomy in Honor of C. J. Labuschagne,* eds. A. S. van der Woude et al. SVT 53(Leiden: E. J. Brill, 1994), 246-51. 슈미트(H. H. Schmidt)는 J(야위스트)의 신명기적인 영향을 연구했다. H. H. Schmidt, *Der sogenannte Jahwist: Beobachtungen und Fragen zur Pentateuch Forschung*(Zrich, 1976). 블럼(Blum)은 첫 사경(KD)의 저자를 신명기 사가들에게 돌리고 있다. E. Blum, *Studien zur Komposition des Pentateuch*, BZAW 189(Berlin, 1990), 229-85. 그러나 니콜슨은 J와 E의 편집이(RJE) 후에 계속 이루어져 왔지만, J와 E가 신명기보다 오래되었으며, 포로 이전부터 존재해 왔고, 그 조합과 편집이 신명기와 신명기 역사보다는 이전이라는 것을 받아들일 만한 충분한 이유가 있다고 주장한다. Nicholson, 237-248. 족장 시대로부터 가나안 정착의 시작에 이르는 초기 중요한 편집은 최소한 주전 6-7세기를 전후한 신명기 운동 시기에 만들어졌다. G. I. Davies, "The Composition of the Book of Exodus: Reflections on the Theses of Erhard Blum", in Texts, *Temples, and Traditions: A Tribute to Menahem Haran*, eds. M. V. Fox et al.(Winona Lake: Eisenbrauns, 1996), 71. 제사장 문헌 이전의 사경과 신명기의 관계에 대해서는 다음에 나타나는 여러 논문들을 참조하라. *"Those Elusive Deuteronomists: The Phenomenon of Pan-Deuteronomism"*, eds. Linda S. Schearing and Steven L. McKenzie, JSOT Sup 268(Sheffield: Sheffield Academic Press, 1999).

43) 노트, 모빙켈 그리고 크로스 등은 P가 전 오경에 있는 설화를 위한 구조로서 JE를 보완하고 있다고 주장한다. 블럼은 P가 자료나 편집이 아니고, 옛 설화에 기초하여 자신의 고유한 신학을 가지고 있다고 말한다. F. M. Cross, *Canaanite Myth and Hebrew Epic*(Cambridge: Harvard University Press, 1973), Blum, 229-285. 프리드만은 P가 JE를 수정하고 있다고 주장한다. R. E. Friedman, *The Exile and Biblical Narrative: The Formation of the Deuteronomistic and Priestly Works*(Chico: Scholars Press, 1981), *idem,* "The Recession of Biblical Source Criticism", in *The Future of Biblical Studies: The Hebrew Scriptures,* eds. R. E. Friedman and H. C. Williamson(Atlanta: Scholars Press, 1987), 81-101.

44) 그라프-벨하우젠 가설은 다음과 같다. 1) P는 신명기적인 개정을 보여 주지 않고, 신명기보다 후기에 쓰였다. 2) P는 D와 에스겔보다 후기인 성결법전에 속죄제 및 속건제를 추가하고 있다. 3) P는 제2성전 시대에 쓰였다. 4) 완전한 오경은 주전 444년에 에스라에 의하여 이루어졌다. 제사법전의 주요 부분은 출애굽기 25-31장, 35-40장, 레위기 1-16장, 그리고 창세기, 출애굽기 그리고 민수기 등에 나타나는 여러 구절들이다. 성결법전은 레위기 17-26장을 포함한다. 크놀(Israel Knohl)은 성결법전의 편집자들의 손길이 오경 전체에 있다고 말한다. Israel Knohl, *The Sanctuary of Silence: The Priestly Torah and The Holiness School*(Minneapolis: Fortress, 1995), 103. 학자들은 P가 포로 이전 전승들을 포함하고 있다는 데 동의한다. 카우프만을 따라, P의 고대성을 증명하려는 시도들이 있어 왔다. Y. Kaufmann, *A History of the Religion of Israel*(New York: University of Chicago Press, 1972), 175-200. 허비츠(A. Hurvitz)는 P에서 에스겔서에서

므로 우리는 오경을 크게 제사장 문헌 이전의 사경, 제사장 문헌[제사법전(P)과 성결법전(H)] 그리고 신명기로 구분할 수 있다. 그라프-벨하우젠의 가설에 기초해 보면, 말씀 전승은 신명기에서 지배적이고, 현존 전승은 제사법전에 지배적이다. 제사장 문헌 이전의 사경은 주로 신명기를 따르고 있으며 제사장 문헌과는 긴장을 이루고 있다. 나는 주로 이 연구에서 현존 전승과 말씀 전승 사이의 긴장을 다룰 것이며, 제사장 문헌 이전의 사경은 이 권위 있는 전승과 관련이 있는 한도 안에서 검토할 것이다. 제사법전(P)과 신명기(D)의 독립적인 존재에 대해서는 문학적으로 일찍이 검토되었었다.[45] 그러나 문학적인 독립의 증명이 곧 제사법전(P)과 신명기(D)

마땅히 기대되는 위치에 없는 열 가지 용어를 보여 주고 있다. A. Hurvitz, “The Language of the Priestly Source and its Historical Setting-The Case for an Early Date”, *PWCJS*(1981) 8: 83-94. 밀그롬에 따르면, P가 예언적인 회개인 שׁוּב이 아니라 אָשָׁם으로 회개를 표현하므로, 회개의 교리에 통시적인 변환이 있음을 보여 주었다. J. Milgrom, “Profane Slaughter and a Formulaic Key to the Composition of Deuteronomy”, *HUCA* 47(1976): 3-12. 아이스펠트(O. Eissfeldt)는 P의 시기를 주전 5-6세기로 잡고 있다. *The Old Testament*, tr. P. R. Ackroyd(New York: Harper & Row, 1965), 207-208. 크로스는 P를 에스겔과 제2이사야 사이에 두고 있다. *Canaanite Myth and Hebrew Epic*, 323-324. 브뤼지만은 P를 포로에서 돌아온 사람들의 회복의 약속으로 이해한다. W. Brueggemann and H. W. Wolff, *The Vitality of the Old Testament Traditions*(Atlanta: John Knox Press, 1982), 101-115. 빙크(J. G. Vink)는 P의 편집 시기를 주전 398년으로 보고 있다. J. G. Vink, *The Date and Origin of the Priestly Code in the Old Testament*(Leiden: Brill, 1969), 17. P의 최종 편집기원을 포로 이전으로 잡는 것은 충분히 증명되지 않았다. 그라프-벨하우젠의 가설을 따라, 대부분의 학자들은 제사법전이 포로기 이후 시기에 편집되었음을 인정하고 있다.

45) 그라프-벨하우젠의 가설에 따르면, P와 D가 오경에서 구별되고 독립되었다. P와 D를 문학적 관점에서 서로 독립되었다고 증명하려는 학자들이 많이 있었다. “신명기와 오경의 조합은 실제로 두 작품을 하나로 결합하는 데로 가지는 않았다. ……우리가 결론 내릴 수 있는 것은 오경과 신명기의 결합이 후기에 이루어졌고, 전승이 현재의 형태가 되기까지 이루어진 여러 단계 중 독립적인 가장 마지막 단계였다고 결론 내릴 수 있다.” Martin Noth, *The Chronicler's History,* tr. H. G. M. Williamson, JSOT Sup 50(Sheffield: Sheffield Press, 1987), 145. 엥넬(I. Engnell)은 또한 사경이 D를 포함하지 않고, J, E 그리고 P가 민수기를 넘어가지는 않았다고 주장한다. 그는 처음부터 사경이 충분히 독립되고 영향받지 않은 전승이라고 결론 내린다. A. S. Kaperlrud, “Pentateuch-problemer”, *NTT* 56(1955): 185-201; D. A. Knight. *Rediscovering the Tradition of Israel*, SBLDS 9(Missoula, MT: Scholars Press, 1973), 158. 카우프만은 P와 D가 전적으로 서로 독립되어 있다고 믿는다. “세 법전들(계약법전, 신명기 법전, 그리고 제사법전)은 서로 원래 독

가 신학적으로 서로 독립되어 있다는 것을 의미하지는 않는다. 나는 토라의 최종 편집에 대한 두 가지 다른 견해를 가진 그룹들에 대하여 소개하려고 한다. 한 그룹은 말씀 전승이 토라의 마지막 편집에서 중대한 영향을 미쳤으며, 제사법전(P)이 신학적인 면에서 신명기(D)를 따르며 발전시켰다는 견해를 가지고 있다. 다른 그룹은 제사법전(P)과 신명기(D)가 독특한 신학을 가지고 있기 때문에 토라의 마지막 편집물에는 말씀 전승과 현존 전승이 긴장을 이루고 있다고 본다.

1) 말씀 전승이 토라의 최종 편집에 지배적이라는 견해

먼저 나는 말씀 전승이 토라의 최종 편집에 지배적이라는 견해를 소개하려고 한다. 벨하우젠의 출발점은 포로기 이후 시대의 중요한 특징을 모세의 율법, 즉, 신명기에서부터 시작된 모세의 권위 아래 주어진 토라의 해석이라고 보는 것이다. 벨하우젠에게 있어서, 말씀 전승은 유일신교를 위한 유일한 정통성 있는 이스라엘 전승이었다.[46]

립되어 있다. ……서로 발전적인 측면에서 영향을 주었다고 믿을 수 없는 차이점이 충분히 표시되어 있다." Kaufmann, 167. 이 관찰은 최근의 학계에서도 계속되고 있다. "제사법전의 문학적인 구조와 영역을 관찰하건대 신명기를 전혀 포함하지 않고 있다. ……두 법적인 문서들은 영역과 영향 면에서 매우 중요한데, 이 문서들의 연결은 실제적인 긴장을 가지고 있으면서 오경의 핵심으로 대두되는 것이다." Frank Crüsemann, *The Torah: Theology and Social History of Old Testament Law,* trans. Allan W. Mahnke(Minneapolis: Fortress, 1996), 330.

46) 이스라엘 역사상 유일신교(monotheism)에 관한 논의는 테일러(E. B. Tylor)로부터 시작되는데, 그는 정령숭배(animism), 다신교(polytheism), 그리고 유일신교(monotheism) 등으로 표현되는 세 단계의 발전을 주장했다. E. B. Tylor, *Primitive Culture*(New York: Harper and Brothers, [1871] 1958). 벨하우젠의 이론은 다신교, 이방신교(henotheism), 그리고 유일신교 등의 삼 단계로 요약된다. 벨하우젠 이래 구약성서의 유일신교는 다신교의 종교적인 분위기에서 발전된 것으로 이해되었다. 스미스(Morton Smith)와 랭(Bernhard Lang)은 이 입장을 발전시켜 넓은 다신교와 혼합 이스라엘 주변 안에서 오직 여호와 운동의 발전을 추적하고 있다. 스미스는 이스라엘의 신앙을 사회학적으로 연구하는가 하면, 랭은 정치적인 요인을 강조한다. 오직 여호와 예언자들의 가르침에 기초하여, 스미스는 유일신교

> 이렇게 율법을 브릿(조약)이라고 표현하는 것은 예언자들의 생각들과 일치했으며, 예언자들의 생각처럼 여호와의 말씀과 지침에 나타난 대로 이스라엘과 유다의 관계는 여호와의 의의 요구에 준한다는 해석을 하고 있다. 이러한 관점에서 여호와와 이스라엘은 신명기 법처럼 이스라엘의 지도자들이 따르겠다고 서약한 계약의 상호 상대자가 되는 것으로 여겨졌다.[47]

벨하우젠은 제사법전(P)에서 제2성전 시대의 시대정신이 반영되어 있음을 발견한다. 그러나 이 제사법전(P)은 신명기에서부터 시작한 말씀 전승의 권위를 강화한다. 그에 의하면 신명기(D)는 제사법전(P)의 정신에 영향을 받지 않았다.[48]

벨하우젠에게 있어서, 제의는 이스라엘의 고유한 전승이 아니라 이질적인 것이다.

> 여호와의 법은 이방적인 것에 대항했던 이스라엘의 특징을 보여 준다. ......제의는 이스라엘 종교에서 이방적인 것이다. ......만약 제사법전이 제의를 중요한 것으로 여겼다면, 그것은 예언자들이 끊임없이 투쟁하였지만 아직도 파괴하지 못한 이방적인 것으로의 조직적인 쇠퇴인 것이다. ......전적인 일신숭배는 제의에서 본질적인 것이 아니었다. 그것은 오히려 제의의 본질에 이질적인 것으로 여겨졌다. 제의는 엄격한 유일신론

가 한 그룹운동으로부터 시작하여 포괄적인 사회 전체운동으로 발전하였다고 주장한다. M. Smith, *Palestinian Parties and Politics That Shaped the Old Testament*(New York: Columbia University Press, 1971). 랭은 유일신교가 정치적인 위기에 대한 응답이라고 주장한다. B. Lang, *Monotheism and the Prophetic Minority: An Essay in Biblical History and Sociology*(Sheffield: Almond Press, 1983). 이 이론들에 따르면, 한 그룹이 더 큰 다른 그룹들과 함께 유일신교 사상을 공유하면서 발전한다는 것이다. 이 그룹의 특징은 예언자의 특징을 따르고 있다는 것이다. cf. David L. Petersen, "Israel and Monotheism: The Unfinished Agenda", *Canon, Theology, and Old Testament Interpretation: Essays In Honor of Brevard Childs*, ed. Gene M Tucker et al.(Philadelphia: Fortress, 1988), 93－95.

47) J. Wellhausen, *Prolegomena to the History of Ancient Israel*. Scholars Press Reprints and Translation Series(Edinburgh: A. & C. Black, 1885; reprint, Atlanta: Scholars Press, 1994), 418.

48) 벨하우젠에 따르면, P는 D의 예배집중법을 전제하고 있다고 한다. "그 책(신명기)에서 제의의 통일성이 명령되고, 제사 자료에서는 이것이 전제되었다. ......제사 자료는 신명기의 목적인 결과에 의존하고 있다. ......한편 제사 자료는 하나뿐인 성전이라는 전제 없이는 종교에 대하여 생각할 수 없다." Ibid., 35－36.

에 배타적인 것이다.[49]

그러므로 제사법전의 기능은 하나님의 현존을 매개하는 것이 아니라 율법의 권위를 발전시키는 것으로 이해된 것이다. 제의는 단순히 율법의 한 가지 요소일 뿐이다.

> 거룩한 헌물의 가치가 그 자체에 있는 것이 아니라 하나님의 계명에 대한 순종에 있다면, 제의의 무게중심이 의식 자체에서 분리되어 다른 도덕률의 차원으로 옮겨지게 되었던 것이다. 결과는 제사와 헌물이 도덕률과 더 엄격하고 단순하게 연결된 금욕적인 실천이 되어 버린 셈이 되었다. ……예언자들이 요구했던 신정정치의 개혁은 제의에서부터 시작되었다. ……유대주의의 회복은 제의의 개혁에서부터 시작되었다. ……축제(festival)의 옛 의미와 희생제사의 의미는 오래전에 사라지고 포로기 이후에는 거의 다시 살아나지 못했다. 그것들은 이제 사문화되었으며, 절대적인 의지의 설명되지 않는 명령일 뿐이었다. 제의는 더 이상 신을 위한 어떤 실제적인 가치를 갖지 못했다. 단지 율법에 대한 순종의 실천으로서만 가치가 있었다.[50]

최종 편집된 토라에서 벨하우젠은 제의가 율법에 대한 순종으로 표현되고 있다고 이해한다. 단지 제의가 자체적인 본질로부터 벗어나 하나님의 명령으로 변형되었을 때만이, 제의의 이방적인 요소가 제거되었다. 제사법전에서 제의는 더 이상 신을 위한 가치를 갖지 못하고, 율법에 대한 순종의 일이 되어 버렸다.[51] 벨하우젠은 최종 편집된 토라가 신명기에서 시작하여 제사법전에서 말씀 전승이 강화되었다고 주장하고 있다.

레벤슨(Jon D. Levenson)은 율법이 일종의 영적인 사멸 증상이라는 벨하우젠의 주장을 비판한다. 벨하우젠이 부정적인 자세로 율법을 외적이고 율법주의적인 행위라고 주장한 데 반해, 레벤슨은 율법을 내적이면서 외적이고 법적이면서 동시에 감성적인(affective) 차원을 포괄적으로 가지고 있다고 주장한다.[52] 그러나 레벤슨은 율

49) Ibid., 422－423.
50) Ibid., 424, 499.
51) Ibid., 472－473.
52) Jon D. Levenson, *Sinai and Zion: An Entry into the Jewish Bible*(Minneapolis: Winston,

법이 최종적인 권위를 가졌으며, 순종이 포로기 이후 시대의 유대교의 핵심을 강조하는 면에서 벨하우젠을 따르고 있는 것이다.

벨하우젠의 유산은 샌더스(J. A. Sanders)의 작품에서 나타난다.[53] 샌더스에게 있어서 말씀 전승은 이스라엘 종교의 극적인 변형이었다. 그는 말씀 전승과 다윗 전승(현존 전승을 의미) 사이의 갈등을 발견하였지만, 신명기에서 다윗 전승은 말씀 전승에 영원히 종속되었다는 것이다.[54] 신명기에서 말씀 전승은 이스라엘 종교를 일신교로 변형시켰다. 샌더스는 신명기 신학이 요시야 개혁 때부터 이스라엘 역사를 지배해 왔다고 주장한다. 신명기의 말씀 전승은 토라의 특성을 결정하고, 제사법전(P)은 신명기에 있는 말씀 전승을 따르고 있다. 샌더스에 따르면 제사법전(P)은

1985), 50. 레벤슨은 토라와 성전을 성서상의 두 축으로 본다. 토라는 시내 산에서 주어진 계명의 준수라고 요약될 수 있다. 고백으로서의 암송은 이 계명의 또 다른 확증이다. 벨하우젠은 토라의 외적인 면을 강조했고 레벤슨은 토라의 외적 및 내적인 면을 고려했다는 것을 고려한다면, 토라에 대한 그의 이해는 벨하우젠의 것과 일치한다고 볼 수 있다. "토라는 동질적이며, 자기 지시적이며, 유대인들이 신성을 생각하는 유일한 합법적인 방식인 유일신교에 따라 어디서든지 해석되고 번역된다." Ibid., 60. 레벤슨과 벨하우젠의 경우, 성전의 의미는 덜 강조된다. 벨하우젠은 성전을 단지 이방 종교의 영향으로 본 반면에, 레벤슨은 성전을 시내 전승에 종속시켰다. 레벤슨에게 있어서, 성전의 의미는 다음과 같다. "아브라함과 다윗의 이상적인 경험들은 시온 산 또는 모리아 산에서 성전을 시작하는 것에 대한 공인의 역할을 한다. 신현현은 성전을 공인해 준다." Ibid., 95. 그러나 레벤슨은 다윗 언약이 시내 언약에 포함된 이후에 두 언약 사이에 존재하는 갈등에 대해서는 알지 못한다. 결과적으로, 레벤슨은 시온전승(성전)이 시내전승(토라)으로 영원히 포함되었다고 주장한다. 둘 사이에 어떠한 불협화음은 없다. 나의 입장은 성전전승은 제사법전에 포함된 것이고, 최종 본문인 오경은 모세의 율법(신명기)과 현존 전승(제사법전) 사이에 긴장을 보여 준다는 것이다.

53) 샌더스의 거시적 분석은 토라의 최종 편집을 충분히 다루고, 토라의 구조 안에서 토라의 기능을 이해하려고 시도하는 것이다. 그는 신명기가 예루살렘에 관한 전승을 모세화하여 유대교를 급진적으로 형성시켰다고 주장한다. 샌더스의 문제는 어떻게 이것이 P가 D보다 후대라는 그라프-벨하우젠의 가설과 조화를 이룰 수 있는지 하는 문제이다. J. A. Sanders, *Torah and Canon*(Philadelphia: Fortress Press, 1972), xx.

54) "신명기는 이스라엘의 하나님과의 계약의 핵심에 대한 옛 북 이스라엘의 지파적인(모세와 여호수아) 이해의 남 유다의 각색의 산물일 뿐 아니라, 이스라엘의 사회적, 제의적 제도가 어떻게 되어야 하는가에 대한 예언자적인(근본적으로 북쪽의) 견해와 계약에 대한 상당히 발전된 왕정 또는 다윗적인(예루살렘과 남쪽의) 견해 사이의 탁월한 조화이면서 동시에 두 견해에 공통적인 제3자 그룹인 현자들에게 영향받았다." Ibid., 420.

신명기 사가의 미완성 작업을 계속한 자들인 것이다.[55] 결과적으로, 신명기와 제사법전은 최종 편집된 토라에서 전혀 갈등을 일으키지 않는다. 나아가서, 토라는 예언서와 연속성이 있기 때문에 토라와 예언서들 사이에도 전혀 갈등이 없다고 이해한다.[56] 샌더스에게 있어서, 최종 편집된 토라는 말씀 전승에 의하여 영향을 받았다.

2) 최종 편집된 토라에서 말씀 전승이 현존 전승과 긴장이 있다는 주장

폰라드는 일찍이 현존 전승과 말씀 전승 사이에 긴장이 있음을 발견했다.

> 여호와의 이름에 대한 신명기 사가의 담론은 일종의 변증적인, 더 자세히 표현한다면, 일종의 신학적인 수정이 있다. 성소에 있는 자는 여호와 자신이 아니라, 단지 그의 구원 의지를 보장하는 그의 이름이다. 이스라엘은 여호와가 스스로 계시하시는 충분한 형태로서 그것을 확실하게 붙들어야 한다. 신명기는 여호와의 현존과 성소에의 거처에 대한 덜 세련된 옛 개념을 신학적으로 정제된 개념으로 바꾸었다.[57]

---

55) "P가 독립 설화를 가지고 있지는 않지만, P의 편집자들은 대부분 D의 동료로서 JE 서사의 D 관점을 받아들였을 가능성이 높다." Ibid., 45.

56) 샌더스는 다원주의를 강조한다. "유일신화하는 것은 유일신교로 점차 발전하는 것이 아니라, 고대와 현대에서 다원주의 상황에서 하나님의 하나이심을 확증하기 위해 투쟁하는 것이다." J. A. Sanders, *Canon and Community: A Guide to Canonical Criticism*(Philadephia: Fortress Press, 1984), 52; "각 세대는 삶 속의 고유의 장소, 그리고 고유의 해석학의 빛 아래에서 권위 있는 전승을 읽고 있다. 성경은 상당한 다원주의적인 산물이기에 많은 모순이 있다. 성서의 충분한 상황은 매우 넓고, 다양한 대화를 요구한다." J. A. Sanders, *From Sacred Story to Sacred Text*(Philadelphia: Fortress Press, 1987), 30. 그러나 샌더스에게 있어서, 다원주의가 다양한 권위 있는 전승에서 말미암았다고 볼 수는 없다. 다원주의는 권위 있는 전승 안에서의 갈등이 아니라, 유일신적인 전승에 대한 다원주의적인 도전으로 인한 갈등에서 나타났다. 서로 상황이 다른 공동체의 도전을 유도하는 것이다. 결과적으로, 우리는 성경에서 다양한 반응을 가진 다원주의를 만나게 된다. 샌더스에게 있어서, 이 갈등은 권위 있는 전승들 안에서 나타나지 않았다.

57) G. von Rad, *Studies in Deuteronomy,* tr. David Stalker(Chicago: Henry Regnery Company, 1953), 38－39.

많은 학자들이 이 입장을 지지하지만,[58] 반대하는 학자들도 많다.[59] 와인펠드(Moshe Weinfeld)는 카우프만(Y. Kaufmann)[60]을 따라 제사법전(P)과 신명기(D)의 차이를 조직적으로 발전시킨다. 그는 이 두 다른 학파[제사법전(P)와 신명기(D)]가 종교적인 개념이나, 정신적인 분위기 그리고 표현양식 등에 있어서 다르다고 말한다.[61]

전체적으로 제사법전과 신명기는 최종 편집된 토라에서 긴장을 이루고 있다. 먼

---

58) 라이트(G. E. Wright)는 하나님의 절대적인 거처로서 하늘에 관하여 언급하고 있다. "The Temple in Palestine-Syria", *BA* 7(1944), 75. 클레멘츠는(R. E. Clements) 쓰기를 "신명기 사가들은 하나님의 현존이 성전에 자리 잡을 수 있다고 하는 미숙한 견해를 피하려고 노력하였다." R. E. Clements, *Deuteronomy*(Sheffield: JSOT Press, 1989), 52-53. "이스라엘 백성 가운데 하나님의 거처를 말하는 제사 전승에 반하여, 성전 안에 거하는 것은 하나님 자신이 아니라 하나님의 이름이다." Weinfeld, *Deuteronomy and the Deuteronomistic School,* 197.

59) 슈라이너(J. Schreiner)는 이름 신학(Name theology)이 언약궤 신학을 대체할 의도는 없이 그것을 발전시켰다고 말한다. J. Schreiner, *Sion-Jerusalem: Jahwes Knigssitz*(Mnchen, 1963). 드보(R. de Vaux)는 그의 이름이 성전 대신 표현된 것을 보면, 이름 신학이 하나님의 현존을 서술하는 것이 아니라, 성전이 여호와께 속한 것이라는 것을 보여 준다. R. de Vaux, *Bible et Orient*(Paris, 1967), 219-228; Mettinger의 작품 43-44에서 인용. 반데우데(Van der Woude)는 신명기에서 이름 신학을 발견하지 못한다. A. S. van der Woude, "Gibt es eine Theologie des Jahwe-Namens in Deuteronomium?" in *Übersetzung und Deutung*(Nijkert, 1977), 204-210. 메이스(Mayes)는 이름 형식이 초기 현존의 개념과의 불일치를 나타내지는 않는다고 말한다. A. D. H. Mayes, *Deuteronomy*, New Century Bible(London: Oliphants, 1979), 59. 메팅거는 이 주제에 대하여 더 발전시키고 있다. 42-45.

60) "제사법전에는 발전된 제의 용어가 특별나다. 신명기는 설교의 교훈적, 권고적 형식을 가지고 있다. ......이데올로기적으로, 법전들은 서로 구별된다. 하나님을 사랑하라는 명령은 D 자료에서 10번 나타난다. P에는 이러한 개념이 부족한데, 그 대신 하나님을 경외하라는 명령을 한다. 사람이 하나님의 이름을 더럽히는 것은 오직 P에만 나타나는 개념이다." Kaufmann, 167.

61) 와인펠드는 P가 하나님의 성전과 그것의 건축, 그리고 그 안에서 이루어지는 봉사에 집중해 있다고 말한다. 한편, D의 본질은 비신화화와 세속화로 특징지어진다. P는 거룩한 제도에 관심이 있는 반면에, D는 사회적-법적 제도에 관심이 있다. 와인펠드에 따르면, P가 성전에 뿌리를 가지고 하나님의 영역에서 영감을 받는 반면에, D는 법정(court)에 뿌리를 내리고 정치적, 민족적 영역에서 영감을 받고 있다. P는 종교적-신적 정향(orientation)을 가지고 있는 반면에, D는 종교적-인간학적 정향을 가지고 있다. 모든 법들은 이러한 신학적 차이와 관련이 있다. Weinfeld, *Deuteronomy and the Deuteronomistic School,* 179-243.

저, 말씀 전승은 신명기에서 지배적이다. 신명기의 최종 편집에서 주요 신학은 하나님은 하늘에 계시고, 하나님의 권위는 중보자인 모세에게 넘겨졌다는 것이다. 신명기 법전(신명기 12－26장)은 모세가 받은 십계명과 같은 권위를 갖게 되었다. 점차적으로 하나님의 말씀은 모세의 율법과 같은 의미로 사용되게 되었다. 모세의 율법 이외의 어떤 계시도 권위를 갖지 못한다. 율법은 도덕률과 인간의 순종을 강조한다.[62] 모든 사람들이 왕인 것처럼 율법을 지킬 책임이 있다.[63] 말씀 전승은 하나님이 항상 하늘에 계시며, 복과 벌이라는 인과응보 원리에 따라 사람들을 다스린다고

62) 신명기 역사에 대해서는 다양한 이론들이 있다. M. Noth, *The Deuteronomistic History,* JSOTSup 15(Sheffield: JSOT, 1981), G. von Rad, *Old Testament Theology* II, 327－47; Brueggemann and Wolff, 83－100. 현재 두 가지 이론이 지배적이다. 첫 번째 입장은 스멘드(R. Smend)에 의하여 시작된 것으로, 신명기 역사의 모든 작품이 근본적으로 포로기 이후라는 것이며, 예언적 자료(DtrP)와 법적 자료(DtrN)들은 후기 편집을 통해 나타났다고 주장한다. R. Smend, *Die Entstehung des Alten Testaments,* 2d ed.(Stuttgart: Kohlhammer, 1981), 110－25. 두 번째 입장은, 크로스(F. M. Cross)와 그의 학파의 주장으로, 신명기 역사의 근본적인 형태는 포로 이전이며, 포로기에 편집되었다는 것이다. 크로스는 본 논문의 가설을 뒷받침해 준다. 그는 신명기 역사가 두 단계의 편집을 거쳤다는 것이다. 제1신명기 편집(요시야 개혁의 상황)과 제2신명기 편집(포로기 때 비참한 나라의 상실 시기). 첫 번째 편집 시기 때, 교리적 독단주의의 목소리가 전면에 나서서, 모세의 율법을 준수해야 하며, 그렇지 않으면, 나라가 멸망할 것이며, 나아가서 필요한 개혁이 이루어져야 한다고 주장하였다. 두 번째 편집 시기 때, 권위 있는 신명기 사가들의 해석을 통하여, 아직도 여호와의 말씀을 들으며, 남아 있는 유대인들의 실재가 요시야의 개혁을 덮어 버리고 있다. 여호와께 돌아감으로 이 청중들은 하나님의 백성으로 인식되고, 그들의 헌장에 의해서 보호되고(왕상 8:46－53), 심지어 압제자들에 의하여 호의를 받고(왕상 25:27－30), 결과적으로 그 땅에서 새로운 힘을 충전받는다(신 30:1－10). 신명기 역사는 모세의 율법에 대한 순종과 죄에 대한 회개를 강조한다. 신명기 신학에 기초를 두고, 말씀 전승은 그 자체의 요소인 순종과 회개, 축복과 저주를 표현하게 되었다. Cross, *Canaanite Myth and Hebrew Epic*, 274－289. 신명기 역사에 대한 더 많은 논의는 다음을 참조하라. I. W. Provan, *Hezekiah and the Books of Kings,* BZAW 172(Berlin: W. de Gruyter, 1988), 2－31.

63) 개인으로부터 공동체로의 변화는 신명기 작품에 나타난다. "백성이 주제가 되어 전면에 나타났다." G. von Rad, *Das Gottesvolk im Deuteronomiun*(Stuttgart, 1929), 18, n.2. 로핑크(Lohfink)는 신명기 1:6－3:29에서 이 이슈를 발전시키고 있다. 그는 공동체의 범주가 설화의 전체 구조에 나타난다고 결론 내린다. N. Lohfink, *Theology of the Pentateuch: Themes of the Priestly Narratives and Deuteronomy,* Linda M. Maloney 역(Minneapolis: Fortress, 1994), 227－233.

이해한다. 말씀 전승은 사람들이 회개를 통해서 하나님께 돌아가기를 요청한다.[64] 포로생활을 한다 할지라도 그들에게 회개할 기회가 있으며, 하나님은 그들이 돌아오기를 기다리신다. 신명기에서, 거룩한 서품(ordination)은 세속화되었다. 성전은 더 이상 하나님이 거하시는 장소가 아니라, 단지 하나님의 이름이 거하시는 장소이다. 제사만으로는 죄를 사할 수 없으며, 제의적 의식에는 기도와 감사가 뒤따라야 한다. 제사의 헌물은 인간학적인 동기를 가지게 되었다. 모든 절기들은 원래 성스러운 내용을 상실하였고, 제사장과 평신도의 근본적인 차이는 사라지게 되었다.[65]

두 번째로, 현존 전승은 제사법전(P)과 성결법전(H)으로 이루어진 제사장 문헌에서 지배적이다.[66] 제사법전(P)은 하나님이 성막이나 성전에 계신다고 믿는다.[67] 하나님은 모세에게 계시를 주시기 위하여 성막의 두 그룹들 사이에 있는 속죄소 위에서

---

64) "신명기서의 말씀 전승은 제사헌물이 죄를 속하는 것이 아니라, 영적인 정화와 회개가 죄를 속한다고 본다." Weinfeld, 210.

65) Ibid., 225－232.

66) 성결법전이라는 용어는 A. Klostermann에 의하여 만들어졌는데 그는 성결법전이 제사 자료와 짝을 이룸을 발견하였다. 그에 의하면, 성결법전에는 P보다 오래된 율법 모음이 있으며, P학파가 이 율법들을 자신들의 문헌에 포함시켜 편집을 했다. A. Klostermann, "Ezekiel und das Heiligkeitsgesetzs", in *Der Pentateuch: Beitrag zu seinem Verhältnis und seiner Entstehungsgeschichte*(Leipzig, 1893), 368－418. 벨하우젠이 H를 정의할 때는 이스라엘 종교가 대중적인 제의(J, E, & D)로부터 제도적 예배(P)로의 발전이라는 전제에 기초하고 있다. 그는 성결법전이 여전히 대중적인 제의 예배의 정신을 가지면서도, P가 만들어질 때 충분히 표현된 제사장적인 영향도 포함한다는 것을 발견하였다. 이러한 관찰은 성결법전이 연대기적으로 D와 P 사이에 위치하고 있음을 보여 주는 것이다. 카우프만과 와인펠드는 또한 성결법전의 독특성을 무시하고 성결법전을 P의 아류로 여기고 있다. 카우프만에 따르면, 성결법전은 단순히 P의 일부이다. 스타일과 특성이 P와 유사하고, P와 일체로 혼합되었다. Knohl, *The Sanctuary of Silence,* 5. n.18. 와인펠드는 성결법전이 제사장 학파의 문헌 안에 포함된다고 보고 있다. Weinfeld, *Deuteronomy and the Deuteronomistic School*, 179－243. 하란은 언어와 특성을 통해 H를 제사장 학파의 일부로 여긴다. M. Haran, "Behind the Scenes of History: Determining the Date of the Priestly Source", *JBL* 100(1981): 321－333.

67) "제사 자료에 있는 법들은 하나님의 성막과, 그 건설과 그 안에서 이루어지는 봉사와 관련 있는 모든 것에 집중되어 있다. 하나님의 임재를 빼어 버리면, 모든 제사 자료가 무너지고 말 것이다." Weinfeld, 185. P는 천상의 성전을 나타내는 구절들을 포함하고 있고, 지상의 성전은 천상의 성전에 따라 건설되었다(출 25:9, 40; 39:43). 하나님은 구름 가운데 속죄소 위에 나타나신다(레 16:2).

모세에게 말씀하신다. 사람들이 하나님의 영광을 볼 수는 있지만, 하나님의 계시는 모세를 통하여 전해졌다.[68] 성전은 하나님이 나타나시는 곳이기에 거룩하게 유지되었다.[69] 제사법전(P)에서의 거룩은 도덕적인 요소에 제한되지 않는다.[70] 제사장들은 모세에게 종속되고,[71] 성전을 거룩하게 유지하기 위해 거룩해졌다.[72] 제의는 신현존을 유지하며, 하나님을 성전에서 떠나시게 만드는 부정을 제거한다(에스겔 8－10장). 거룩은 제의의 도구와 계속적인 정화와 성화를 통하여 이루어졌다. 성전에서 거룩을 상실하면, 하나님은 죽음을 통해 사람들을 성전에서 쫓아내기도 한다(민 19:20, 레15:31). 현존 전승은 죄를 범한 후에 사람들이 속죄제나 속건제를 통하여 거룩을

68) "제사장 토라(Priestly Torah)는 모세에 대한 하나님의 계시와 이스라엘 공동체에 대한 하나님의 관계 사이를 구별한다. ……모세만이 하나님의 말씀을 듣기 위하여 구름 속에 들어가고, 사람들은 하나님의 말씀을 직접 듣지 않는다. 사람들의 계시에의 참여는 하나님의 현존(כבוד)을 보는 것에 제한되어 있다. 마찬가지로, 성전 봉헌 기간 동안, 하나님의 현존은(כבוד) 사람에게 나타나지만(레 9:3－4, 6, 23), 하나님이 그의 계명을 알게 하는 하나님과의 만남은 모세 혼자만이 들어가는 회막에서 이루어진다(출 25:22; 30:6, 36; 레 1:1)." Knohl, *The Sanctuary of Silence,* 127.

69) Ibid., 149.

70) "제사법전에서 거룩의 개념은 거룩(קדש), 오염(חלל), 정결(טהר), 그리고 부정(טמא) 등의 용어로 이루어지는 구조 안에 나타난다. 이 네 가지 용어를 구별하는 것은 제사장의 임무이다(레 10:10). ……특별히 이 두 쌍의 대립은 관련되어 있다. 오염은 정결과 부정일 수도 있고, 정결은 거룩과 오염일 수도 있다. 그러나 거룩과 부정은 절대로 공존할 수 없다. 부정한 것은 결코 거룩한 것을 접촉할 수 없다." J. Joosten, *People and Land in the Holiness Code: An Exegetical Study of the Ideational Framework of the Law in Leviticus* 17－26(Leiden: E. J. Brill, 1996), 124; "제사장 토라는 장엄한 거룩 앞에 선 인간의 위치를 표현한다. 그러한 만남은 반드시 죄책감을 느끼게 하며 속죄를 필요로 한다. 이 죄책감은 특별한 죄와 관련 있는 것이 아니라, 하나님의 거룩함의 장엄함과 비교했을 때 무가치과 더러움의 인간적인 인식의 결과이다." Knohl, *The Sanctuary of Silence*, 151.

71) "모세는 하나님의 말씀을 들을 수 있는 최고의 인물이며, 모세 혼자만이 최고의 상태로 하나님께 접근할 수 있다. ……모세는 빈번히 회막에서 하나님과 교제를 나누는 반면, 아론은 하나님께 자의적으로 접근할 수 없었고, 오직 엄숙한 준비 후에야 접근할 수 있었다(레 16:2－13). 하나님이 계시되는 지성소의 접근은 죽음을 동반할 수 있음을 본문은 말하고 있다. 이러한 언급은 모세가 하나님과 대화하는 광경에는 나타나지 않는다." Ibid., 127－8.

72) "제사장들이 할 수 있는 것은 주기적으로 성전에서 부정을 제거하고 사람들로 하여금 잘못한 것을 보상하도록 하는 것이다." J. Milgrom, "Priestly Source", in *ABD* 5: 455.

회복하기를 요구한다.73) 제사법전은 계약의식을 가지고 있지 않고, 시내 산에서의 계약을 언급하지 않는다.74)

---

73) 왕하 16:15; 미 6:7; 삼상 6:3, 8, 17; 레 4−5장.

74) 학자들은 시내 사건을 다르게 이해하고 있다. 이 시내 산 계약(*bᵉrît*)에 대한 언급이 P에서 빠진 이유는 JE에서의 서술로 충분하기 때문이라는 것이다. cf. von Rad: "P는 시내 산 계약에 대하여 아무것도 언급하지 않는다. ……그러므로 원래 P는 시내 산에서의 계약을 포함했는데, P가 JE와 결합될 때 이 요소가 빠져 버렸다(출 24장 때문에)." *Old Testament Theology* I, 135. 크로스의 말을 빌린다면, "P자료에서 실로 놀라운 생략은 계약 의식 그 자체에 관한 설화이다. ……제사층에서 전승을 가지고 있었는데 편집자가 P와 JE를 결합할 때 제거해 버렸거나, 출애굽기 24:1−8의 E전승에 의존했을 것이다." *Canaanite Myth*, 318, 320. 노트(Noth): "이 설화의 중심 주제는 계약과 율법 사이의 관계의 뿌리가 형성된 시내 산에서 일어난 사건이다." M. Noth, *The Laws in the Pentateuch and Other Studies*(Philadelphia: Fortress, 1966), 91. 짐멀리는 고대 제사장 전승이 시내 계약을 가지고 있었지만, 후기 제사장 학파 중의 하나가 담대한 변경을 통해 감추어 버렸다고 주장했다. Walter Zimmerli, "Sinaibund und Abrahambund", *Gottes Offenbarung: Gesammelte Aufstze zum Alten Testament*(Munich, C. Kaiser, 1963), 205−216. 또 다른 학자들은 P에는 시내 계약에 대한 근본적인 반대가 있으며, 또한 아브라함의 은총 계약을 선호하는 경향이 있다고 주장한다. cf. R. E. Clements: "제사장 저자의 관점에서 시내 계약은 처음 것을 대치하면서, 더 발전된 것을 소개한다기보다는 아브라함에 대한 약속이 실현되는 제의적 배치를 보여 준다." *Abraham and David: Genesis XV and Its Meaning for Israelite Tradition*(Naperville, IL: Allenson, 1967), 75. 여기에서 나타난 중요한 사건은 적절한 율법의 신적인 수여를 통하여 이미 아브라함에게 수여한 계약의 성취가 되었다. D. J. McCarthy, *Old Testament Covenant*(Atlanta: John Knox, 1976), 48. 콜레빈스키(Cholewinski): "P 문서에서 일어난 신학적인 혁신은 시내 계약과 인간의 행동의 중요성이 생략되었다는 것이다." Alfred Cholewinski, *Heiligkeitgezetz und Deuteronomium: Eine vergleichende Studie,* AnBib 66(Rome: Biblical Institute Press, 1976), 339. 니콜슨(Nicholson)은 최근에 쓰기를 "시내 산에서의 계약수립에 관한 적절한 서술이 P에 없다는 것은 많은 학자들이 주장하듯이 제사장 저자가 의식적으로 이 전승을 부인하고, 대신 이 저자에게 매우 중요한 아브라함과의 계약 아래에서 시내 산에서의 계시와 신정통치의 제도의 수립을 전제했다. ……시내산 계약의 설화에 대한 P의 생략은 일관성 있는 신학적 의도요, 실제로는 케리그마였다." "Nicholson, *The Pentateuch in the Twentieth Century*, 209−210. 두 입장들은 모두 신빙성 있는 진술을 하기에, 어떤 것이 옳은 것인지 판가름하기 어렵다. P만 가지고 판단할 때, 우리는 두 가지 다 타당한 논리가 있다고 볼 수 있다. P가 포로 이전에 나타났다면, 그것이 시내 계약을 전제했다고 볼 수 있다. 그러므로 P는 시내 계약을 다시 언급할 필요가 없다. H는 잃어버린 자료를 유추하는 데 도움을 준다. Crüsemann, *Torah*, 278. n.8. H가 브릿(*bᵉrît*)이라는 용어를 채용하지만, 이것의 사용이 신명기와는 다르다. "H에서 브릿이라는 단어는 출애굽 시 제도화되고, 이스라엘 사람들 가운데 있는 여호와의 거처라는 개념에 기초한 여호와와 이스라엘 사이의 거룩한 결

전통적인 견해에 따르면, 성결법전(H)은 신명기(D)와 제사법전(P) 사이에 있는 것으로 여긴다. 그러나 이 세 문서에 대한 다른 견해들이 나타나게 되었다. 1) H는 D를 따라 옛 이스라엘 계약에까지 소급된다.[75] 2) H는 P보다 후기에 나타난다.[76] 3) H는 현존 전승의 중요한 특징을 포함한다는 면에서[77] 제사장 전승을 수정하고 발

합을 의미한다. 반면에 신명기에서 브릿은 가신 계약의 유추에 나타나는바, 특별한 면은 없는 개인적인 형태의 관계를 정의한다." Joosten, 200-201. 또 다른 측면에서 우리는 P가 시내 계약이 필요 없기 때문에 가지고 있지 않다고 말할 수 있다. Cholewinski, 339. 후자의 논지를 증명하기 위하여, 우리는 왜 시내 계약의 생략이 P의 신학에 불가피한지를 설명해야 한다. BW에서 우리는 율법에 기초한 시내 계약이 빠져 있다는 것을 알 수 있다. 이것은 나아가서 P가 율법에 기초한 시내 계약을 무시하고 있음을 알 수 있다.

75) 많은 저자들이 H와 D의 관계를 연구해 왔다. 호스트(H. Horst)는 형식적인 관점에서 D가 레위기 17-26장에 있는 율법들에 영향을 미쳤다고 주장했다. H. Horst, *Leviticus* XVII-XXVI *und Hezekiel*(Ein Beitrag zur Pentateuch-kritik, Colmar, 1881), 59. 쿠에넌(A. Kuenen)은 D가 제사법의 후기 변형이 아니라. 제사법이 D의 발전 내지는 수정이라고 말하고 있다는 것이다. A. Kuenen, *Historisch-kritische Einleitung in die Bcher des Alten Testaments,* I(Leibzig, 1887), 262. 파이퍼(R. Pfeiffer)는 H에 있는 법이 D로부터 나왔다고 주장하고, 어떤 경우에는 H가 D를 수정한다고 말한다. R. Pfeiffer, *Introduction to the Old Testament*(London: Harper & Brothers, 1941), 247. cf. Cholewinski, 6-7. 티엘(Winfried Thiel)은 H가 신명기 전승 안에 있다고 주장한다. 그에 따르면 H에는 교훈적 그리고 제사장적 편집층이 함께 있다는 것이다. 후기 교훈적 자료는 에스겔서나 에스겔서의 편집과 유사한 신명기 설교를 전제하고 있다. Winfried Thiel, "Holiness Code", *ZAW* 81(1969): 68-73. H와 D의 관계에 대한 연구에서, 콜레빈스키는 신명기 신학의 발전을 보여 주는 많은 구절들을 나열한다. 신 12:13-28과 레 17장(세속적 도살), 신 16:1-8과 레 23:5-8(유월절), 신 15:4-6과 레 26장. 레위인 편집자들이 전제한 구절도 많다. 신 12:29-31; 18:9-14; 24:19-22; 25:13-16; 14:2-21b; 16;18-20; 23:20-21; 22:9-11. Cholewinski, 331-333.

76) "이러한 일람표에 나타난 문제는 P와 H를 구별하지 않는 것이다." Milgrom, "Priestly Source", 454. 딜만(A. Dilmann)은 이미 이러한 편집 과정을 제안하기도 했다. 1) 첫 단계는 PG(Grundschrift=기초 문서)+E+J이다. 2) 두 번째 단계에서, PGEJ는 D와 결합되었다. 3) 셋째 단계에서, PS(supplement)와 PH(Holiness Code)가 이 집성(corpus)에 포함되었다. A. Dilmann, *Die Bcher Numeri, Deuteronomium und Josua,* 2d ed.(Leipzig, 1886), 593-690; Nicholson의 *The Pentateuch in the Twentieth Century,* 22에서 인용.

77) 크놀은 H의 두 가지 목표는 사회적이고 도덕적인 위기를 해결하려는 윤리적인 요구와, 이방 제의에 대항하는 투쟁이라고 말한다. *The Sanctuary of Silence,* 204-220. 크놀에 따르면, H는 거룩의 개념을 모든 이스라엘 공동체로 확대하여, 자신들을 열방으로부터의 구별시키고, 그들의 제의를 이스라엘 백성의 거룩에서 요구되는 의무라고 보고 있다. 하나님의 거룩은 성전을 넘어서서 하나님이 계시는 이스라엘 전 회중의 정착지까지 포함

전시킨다.[78] 성결법전(H)은 신현존의 조건으로서 거룩을 강조한다. 제사법전(P)에서 공간적인 거룩은 성전에 제한되는 반면에, 성결법전(H)에서는 이 거룩이 약속의 땅에까지 확대된다. 제사법전(P)에서 거룩의 책임은 제사장과 나사렛인들에게만 제한된다(민6:5－8). 반면에 성결법전(H)은 땅이 거룩하기 때문에 이 책임을 그 땅에 사는 모든 사람에게 확대시킨다. 제사법전(P)에서 거룩은 성전과 제사장들에게 제한되

하고 있다. 그는 성결법전이 제사장적이고 대중적인 제의를 통합하려는 의도를 가지고 제사장 법전을 축제법의 기초로 받아들이면서, 확대하고 편집했다고 본다. Ibid., 124－167. 크놀은 P, D, 그리고 H가 명백히 구별되는 신학을 가지고 있음을 주장한다. "더욱이 토라에서 신학적인 큰 두 줄기인 제사장 문헌과 신명기 문헌의 특징이 있다는 전제를 포기하고, 제사장적, 성결법적, 그리고 신명기적 학파가 있다는 것을 인정하여야 한다." I. Knohl, "The Priestly Torah versus the Holiness School: Sabbath and the Festivals", *HUCA* 58(1987), 67. H가 P에서 왔다는 것을 받아들이기는 하지만, 그는 이 두 학파의 유사점보다는 차이점을 강조한다. 주스텐(J. Joosten)은 크놀의 입장을 발전하고 있다. "여호와의 거룩의 계명을 계속적인 과정으로 이해함으로써, 그들은 그들의 삶을 '여호와가 거룩하니 너희도 거룩하라.'는 여호와의 거룩의 요구대로 살려고 노력했다. ……이스라엘이 거룩하다는 신명기적 주장은 H의 주장과는 거리가 있다. H 안에 있는 거룩의 개념은 전적으로 제의적 정결을 강조하는 P의 거룩의 개념과는 또 다르다. ……H에서 계명에 대한 순종과 거룩에 대한 추구의 개념은 실제로 유사하다. 계명을 통하여 여호와는 백성을 거룩으로 부르고, 실제로 그들을 거룩하게 한다. 계명의 파괴는 백성들과 하나님의 관계를 악화시키고 성전의 더럽힘으로 나아간다." Joosten, 132.

78) 데이비스는 레위기 17－26장의 초기 편집이 제사장 문헌의 하한선임을 강조한다. G. Henton Davies, "Leviticus", *IDB* 3:118. K. Elliger를 따라, 콜레빈스키(Cholewinski)는 H가 P를 발전시키고 수정함으로써 보완한다고 주장한다. Cholewinski, 334－338. 크놀은 "H라고 불리는 자료층이 실제로는 P라고 불리는 자료층보다는 후기로 판단된다. ……그래서 레위기 23장을 분석해 보면 성결법전의 편집자가 제사 자료를 받아서 자기 고유의 이상과 스타일에 따라 재작업을 했다."라고 말한다. *The Sanctuary of Silence*, 13－14. 콜레빈스키는 나아가서 H가 P의 용어를 빌려서 P의 신학을 수정했다고 말한다. 예를 들어, 레 25: 23b, 38, 55는 땅이 이스라엘의 소유라는 견해를 수정하기 위하여 P를 차용한다. 레 26:9－12는 하나님의 계약이 취소할 수 없으며, 인간의 행위에 의존하지 않는다는 P의 기본적인 신학에 도전한다. H는 인간의 순종이 필요함을 강조한다. 레 26:45－46에서, P의 시내 계약 이해가 거부되었음을 알 수 있다. 이와는 반대로, 옛 전승에 따라, H는 시내 산에서 일어난 것이 계약의 증거임을 천명하고 있다. 레 23:9－22 & 39－43는 P 용어를 가지고, P를 비평하고 있다. H에는 P에 대해 반증하는 것이 많다(레 17:3－9; 23:4－8; 26:9, 11a, 12, 40－46). H는 P가 불완전하며 노후되었고, 신학적으로 불충분하다고 주장한다. 신명기를 경험하면서, H는 P를 발전시키고, 수정한다. Ibid., 334－338.

어 있는데, 성결법전(H)에서 성화는 제사장(레 21:8; 22:9, 16)과 평신도들(레 21:8, 22:32)에게 계속적인 과정이다.[79] 인간의 순종은 현존 전승을 상실하지 않는 한도에서 강조되었다. 제사법전(P)은 정결헌물, 제사장의 제사 또는 고백 등을 통해서 속해지는 진안에서의 죄에 대하여 관심이 있다(레 4:2). 성결법전(H)의 경우에 땅을 오염시키는 사람들은 추방을 당한다, 왜냐하면 제의로는 오염된 땅을 속할 수 없기 때문이다(레 18:24–29, 20:2).[80] 성결법전(H)은 이스라엘의 계약위반을 강조한다(레 16:3–22). 성결법전(H)이 시내사건을 강조하기는 하지만, 이 계약을 조상들의 계약과 연속성이 있는 것으로 둠으로써 제사법전(P)을 수정하고 있다(레26:45–46).[81]

3 현존 전승과 말씀 전승 간의 갈등의 발전

이 과에서는 제2성전 시대에 현존 전승과 말씀 전승 간의 갈등이 어떻게 발전하였는지를 살펴보려고 한다. 제2성전 시대의 학자들의 견해를 살핀 후에, 현존 전승과 말씀 전승의 갈등이 어떻게 나타났는지 에스겔서, 학개–스가랴 1–8장, 역대기서 그리고 에스라–느헤미야서를 살펴보려고 한다.

---

79) Milgrom, “Priestly Source”, 457.
80) Ibid.
81) 주스텐(Joosten)은 성결법전과 신명기의 차이점을 말한다. “레위기 17–26장에서 중심 개념은 ……성전에 있는 여호와의 현존의 개념이다. 이 개념이 하나님이 이름을 두신 장소 대신 말하는 신명기와는 다르다.” Joosten, 200.

1) 제2성전 시대

제2성전 시대에 대한 연구를 위해,[82] 블렌킨소프(J. Blenkinsopp), 플뢰거(Otto Plöger) 그리고 핸슨(P. Hanson) 등은 사회학적인 모델을 사용하고 있다. 이들은 한결같이

---

82) 페르시아의 정책과 유대인들의 전승이 페르시아 시대의 포로기 이후 유대 사회를 만들어 나갔다. 벨하우젠에 따르면, 내적인 유대 전승이 외적인 페르시아의 정책과 모순되지 않는다. 그는 포로기 이후 유대 사회가 유대의 내적인 요소로서 모세의 율법의 형성을 제시한다. 노트(Noth)는 페르시아 제국 아래 성전 중심을 유도한 페르시아의 정책을 강조한다. 그는 성전의 중심성이 페르시아 정책의 뿌리임을 강조한다. 제의와 제사장직은 페르시아의 정책 아래 중요한 요소가 되었다. M. Noth, *The History of Israel*, tr. Stanley Godman(New York: Harper, 1958), 314-315. 아크로이드(P. Ackroyd)는 페르시아의 정책과 유대 사회의 내적인 동기의 관계를 강조한다. "내부적인 관심이 아무리 주류 사회의 삶에 중심이라 할지라도 외국 세력-이 경우에는 페르시아 제국-에 의한 정치적 삶의 제어는 어느 정도 국제적인 힘의 정치에 의해 좌우된다. 이 힘은 주류 사회에게 제국의 군사적인 행동과 세금으로 표현될 것이다." P. Ackroyd, *The Chronicler in His Age,* JSOT Sup 101(Sheffield: Sheffield Press, 1991), 88. 버퀴스트(Jon L. Berquist)는 세 가지 목표를 가지고 페르시아 시대의 유대 사회 형성에 대하여 연구했다. 1) 유대 사회를 페르시아의 제국주의적 지배와 유다의 식민적인 존재의 배경에서 연구하는 것, 2) 사회의 질서를 유지하게 하는 제도들과, 매 단계마다 갈등을 일으키는 제도들이라는 두 가지 제도들을 검토하는 것, 그리고 3) 종교를 사회의 이데올로기의 종합적인 부분으로 이해하면서 경제적인 하부구조를 받아들이는 것 등이다. Jon L. Berquist, *Judaism in Persian Shadow: A Social and Historical Approach*(Minneapolis: Fortress Press, 1995), iv-v. 그는 내적인 영향과 외적인 영향을 모두 조합하려고 노력했다. 그는 유대 정부에 대한 페르시아 정부의 느슨한 제어가 유대의 다원주의를 초래하였다고 주장한다. 버퀴스트는 지배자와 피지배자 사이의 계층갈등 이외에 유대의 권위 있는 전승 내부의 어떤 갈등도 없었다고 이해한다. 그는 포로기 이후 유대 사회를 급격하게 형성한 페르시아 정책의 영향을 자세히 상술한다. 버퀴스트에 따르면, 유대 사회는 매 중요한 순간마다 페르시아의 영향 아래 있었다. 고레스와 다리우스는 초기 포로기 이후 이스라엘 사회에 영향을 주었다. 바벨론은 이전에 복속시킨 영토의 강화를 통해 제국의 확장을 강조한 반면에, 고레스의 페르시아 제국은 새 영토를 연결하는 변방에 백성들을 이주시킴을 통하여 통치했다. 변방을 강화하기 위하여 고레스는 외국의 민족주의자들의 언어, 제의 등을 억압하지 않고 격려하였다. 이러한 정책은 포로기 이후 유대인들의 귀환을 허락했으며, 제의의 재건을 재가하였다. 다리우스는 지방 제의를 격려함으로써 제2성전의 재건을 가능하게 했으며, 페르시아 제국의 조직화를 꾀했다. 나아가서, 지방법을 표준화하는 다리우스의 정책은 유대인들의 오경을 성문화하는 데 큰 기여를 하였다. 전체적으로 페르시아의 정책은 페르시아 제국을 위하여 유대 사회를 강화하였다. Ibid., 23-50.

포로기 이후 사독 제사장직을 말씀 전승을 통하여 이해하였다. 벨하우젠이나 샌더스와는 달리, 블렌킨소프는 신명기에 있는 말씀 전승과 제사법전에 있는 현존 전승을 구별하였다. 그러나 이러한 관찰은 신정체제(theocracy)와 종말이라는 전제된(*a priori*) 패러다임에 종속된 것이다. 그의 출발점은 "정경이란 서로 상충하는 권위 주장들이다."라는 정의이다.[83] 블렌킨소프는 오경과 예언서가 편집되는 포로기 이후 시대에 이 갈등이 신정정치제와 종말 사상 사이에서 발전하였다고 주장한다.[84] 벨하우젠을 따라, 블렌스킨소프는 신명기가 이스라엘 역사상 법적인 서기관주의(legal scribalism)로서의 말씀 전승을 형성하였다는 것을 관찰하였다.

> 신명기에서 개별적인 조항들은 더 이상 율법(*torot*)이라고 불리지 않고, 율법의 책(*dibre hattorah*)이라고 불렸다. 토라나 토라의 책에 대한 수많은 언급들은 권위 있는 성문 율법의 집합, 법적인 해석과 가르침을 가리킨다. ……이 변화의 의미는 명백하다. 공동체를 지도한다는 모든 주장에 선행하는 권위 있는 토라가 가능하다는 것이다.[85]

이와 같이 제도로서 말씀 전승의 권위는 신명기에서 이루어졌다.[86] 블렌킨소프에 따르면, 토라 형성의 마지막 단계에서 제사법전(P)은 신명기 사가의 율법책을 모세 이후 시대의 역사로부터 분리시켜 이스라엘의 확대 제사법전(P) 작품으로 포함시켰다.[87] 블렌킨소프는 토라의 마지막 편집이 제사법전(P)의 영향을 받았으며,[88] 마지

---

83) "정경성은 권위를 주장하는 상충하는 주장들과 분리할 수 없다. 이 주장들은 전승의 규범적인 해석을 제공하는 권리에 관한 것이며, 기독교의 기원도 그러한 주장들의 형성과 해소 안에서만 이해될 수 있다. 제2성전 기간 동안 종파들의 기원은 초기 전승에 대한 상충하는 해석학에 기초한다." J. Blenkinsopp, *Prophecy and Canon: A Contribution to the Study of Jewish Origins*(London: Notre Dame University Press, 1977), 15.

84) 블렌킨소프는 토라와 예언서들 간에 긴장이 있다고 주장한다. 그에 의하면 갈등은 처음부터 유대교의 특성이었던 해소되지 않은 긴장이 권위 있는 토라와 예언서의 연결을 통하여 드러나게 되었다는 것이다. Ibid., 87, 120.

85) Ibid., 36.

86) 신명기는 예언적 주장과 양립할 수 없는 문헌을 통하여 최종적이고 절대적인 권위를 가지고 있다고 주장한다. Ibid., 38－39.

87) Ibid., 80.

88) 샌더스와는 달리, 블렌킨소프는 P가 D와는 다르며, 토라의 최종 편집에 중대한 영향을

막 편집된 토라는 제도를 옹호하고 있다고 믿고 있다. 이 마지막 편집은 권위의 내용으로서의 제의와 권위의 주체로서 제사장 제도라는 두 가지를 확립하였다. 이 두 가지를 더 설명하고자 한다.

첫째로, 벨하우젠과 샌더스와는 달리, 블렌킨소프는 제사법전(P)에서의 제의는 권위의 핵심으로서 말씀 전승과는 독립된 것으로 보았다. 새로운 권위는 독립예언(free prophecy)이 제의로 변화됨으로써 나타난다.[89] 블렌킨소프에게 있어서, 제사법전(P)은 신명기에 있는 계약을 재해석함으로써 영원한 계약 가운데 제의를 통해 하나님이 이스라엘과 함께 계시기로 한 것이라고 이해한다.[90] 이와 같이 제의는 율법을 해석하거나 연구하지 않고도 계시를 받을 수 있는 유일한 방법이었다.[91] 두 번째로, 성전 제사장직은 제의의 권위를 통하여 제2성전 시대에 제도를 관할하게 되었다. 벨하우젠을 따라서, 블렌킨소프는 제사법전(P)이 포로기 이후 시대의 성전 제사장직의 합법성을 보여 주는 것으로 이해한다.

> 나라의 독립을 상실하기 전에 구원의 매개를 제어하는 종교적인 권위는 왕정과 제의를 포함한 국가제도에 있었다. 포로기와 포로기 이후에, 왕정의 상실이 초래한 공백을 메운 성전 제사장직의 목표는 제사장 나라, 거룩한 백성이 되는 것이었다.[92]

블렌킨소프는 신명기(D)와 제사법전(P)을 문헌의 특징에 따라 분류하고 있다. 신명기는 말씀 전승의 특징을 갖고 있는 반면에, 제사법전은 제의의 특징이 있다. 그는 제의가 말씀 전승에 독립된 것임을 강조하며, 제사법전이 제의를 통하여 권위

미쳤다고 주장한다. 그는 정경 토라의 최종 형태의 형성에서 포로기 이후의 P의 중요성을 강조한다. 블렌킨소프에게 있어서, P는 토라를 형성하여 초기 이스라엘을 무미건조한 성직의 제도로 변형시키는 데 중요한 역할을 하였다. Ibid., 54－79.

89) P는 나아가서 성전 제사직에게 예언 대신 다른 권위를 부여함으로써 예언의 변형을 선도했다. Ibid., 79.

90) 우림과 둠밈이라는 제의적 신탁에 의하여 중요한 법적인 관점이 결정되었다. Ibid., 59－69.

91) 계시에 관해서는 “P 자료가 사실상 말하고 있는 것은 제의와 제의 종사자들을 통하지 않고서는 하나님의 세계에 접근할 수 있는 것이 이스라엘에는 없다는 것이다.” Ibid., 76.

92) Ibid., 78.

있는 계시를 가지고 있다고 주장한다고 이해한다. 이 관찰은 현존 전승이 제사 문서에서 나타난 계시에 대한 권위 중의 하나라는 주장과 연결된다.

블렌킨소프에게 있어서의 문제는 토라가 최종 편집될 때 제사법전(P)과 신명기(D) 사이에 아무런 갈등이 없다고 여기는 것이다. 이 해답은 그의 신정체제와 예언이라는 전제된 패러다임 가운데 있다. 권위 자체상의 차이는 이 패러다임에 영향을 주지 않는다. 중요한 점은 이 결론이 그의 해석학적인 전제에 있다는 것이다. "이 연구의 중요한 주장은 토라로 알려진 규범적인 질서와 예언 사이의 긴장이 유대교를 탄생시킨 구성적인 요소라는 것이다."[93] 이 주장에 따라, 그는 마지막 편집된 토라가 제2성전의 신정체제를 옹호하는 이념이 되었다고 말한다. 나의 질문은 블렌킨소프에게 있어서 성전 제사장직의 정체와, 신정체제와 예언의 패러다임의 유효성에 관한 것이다. 그의 제2성전 시대에 대한 이해는 플뢰거(Otto Plöger)와 핸슨(P. D. Hanson)의 사회학적인 모델을 따르고 있다. 이들의 입장을 서술하면서 블렌킨소프를 논의할 것이다.

플뢰거는 묵시현상의 기원을 종말론에 두고 있다.[94] 원래 그의 연구는 로울리가 제기한 문제에 대한 해답을 제시하는 것이다. 즉, 예언과 묵시현상의 역사적인 관계와, 첫 묵시문학(그에 의하면 다니엘서)을 만든 사람의 정체성에 대한 질문이다. 플뢰거는 포로기 이후 역사가 단지 일방적인 한 이념에 의하여 지배되었다고 보지 않고, 사회학적인 방법을 통하여 이 이념의 주체들을 찾는다.[95] 그의 방법은 공동체

93) Ibid., 2.

94) "페르시아 제국을 멸망시킨 정치적 변화는 곧 종말적인 신앙을 가진 그룹들에게 다른 결과들과 함께 종말적 기대의 부활을 의미했다. ……더 이상 통합되지 않은 신정정치의 토양에서 종말 신앙을 고수한다는 것은 종말적인 신앙에 의존하는 유대 신정정치 내부의 공동체가 자신을 참된 이스라엘로 여길 수밖에 없는 그러한 방식으로 종말 신앙을 변화시키는 것을 의미하였다. ……이것이 묵시적 종말의 기원이라고 볼 수 있다. ……빈틈없는 묵시적 견해의 점진적인 발전과 종말 그룹 편에서의 점차적인 분리 사이에 어떤 연결이 있다고 가정하게 된다." Otto Plöger, *Theocracy and Eschatology*(Richmond: John Knox, 1968). 116.

95) "사회학적인 분석은 문헌을 사회의 기능으로 환원한다. 그것은 하나님과 개인의 마음을 넘어서고, 집단적인 인간에 이르게 된다. 구약성서 연구에 있어서 사회학적인 연구는 두 가지 접근방법에 영향을 받고 있다. 기능주의적 접근은 전체 조직 안에서의 기능의 용

(*Gemeinschaft*)와 사회(*Gesellschaft*)를 구분했던 페르디난드 퇴니스의 19세기 작품에 근거한다.[96] 플뢰거는 제2성전 시대를 안티오쿠스 4세 에피파네스에 맞선 두 가지 다른 그룹들 사이의 갈등으로 보고 있다. 안티오쿠스 4세하의 유대인들의 곤경을 상술하면서, 플뢰거는 묵시문학을 포로기 이후 제도로부터 고립된 공동체(*Gemein－schaft*)의 산물로 이해하고 있다. 그는 포로기 이후 공동체에서 하시딤(다니엘서)과 마카비 운동(제1마카비서)의 태도를 구분하고 있다. 이 두 그룹들은 서로 다른 신학을 가지고 있는데, 신정체제는 현재 인간의 행동을 선택했고, 종말론자들은 하나님의 개입을 기다렸다.[97] 플뢰거는 이 두 그룹들이 에스라－느헤미야서에 의하여 형성된 포로기 이후 공동체 내에서 발전되었다고 주장한다.[98] 그의 주장은 두 가지 면에서 비판된다. 하나는 그의 연구가 페르시아 시대나 그리스 시대보다는 마카비 이후의 시대에 초점을 맞추었다는 것이며, 또 하나는 그의 신정체제에 대한 가설이 의심스럽다는 것이다.[99] 그럼에도 불구하고 그는 묵시현상의 기원을 설명하는 이스라엘 내적인 요소를 찾아내었다.

제2성전을 두 세력의 갈등으로 이해하는 경향은 이스라엘 전승에 대하여 조직적인 연구를 행한 핸슨에 의하여 더 발전되었다. 벨하우젠이 제2성전 시대가 갈등 없

어로 부분의 의미를 분석하는 사회를 개념화하며, 사회는 안정을 지향하는 조직으로서 공시적으로 여겨진다. 다양한 갈등 접근은 사회를 갈등이나 상충하는 흥미의 산물로 여기고, 통시적인 분석이 더 나은 관점을 보여 주고 있다." P. R. Davies, "Reading Daniel Sociologically", in *The Book of Daniel: In the Light of New Finding,* eds. A. S. van Der Woude(Leuven: Leuven University Press, 1993), 345. 웨버(Weber)와 만하임(Mannheim) 둘 다 종교를 낙관적 차원의 원시 종교 단계로 환원될 수 없는 믿음과 실천의 조직이라고 인식하고 있다. Andrew D. H. Mayes, *The Old Testament in Sociological Perspective* (London: Marshal Pickering, 1989), 11.

96) Mayes, *The Old Testament in Sociological Perspective*, 7－17.

97) Plöger, 1－10.

98) Ibid., 26－52.

99) "페르시아 제국이 예루살렘을 통제하고 있었기 때문에, 참된 신정체제가 페르시아 제국에서 발전하는 것이 가능하지 않았다. ……어떤 자발적인 지역 정치적 기지(base)라도 신정체제를 유지하기 위하여 지역 종교적 기지와 조화되는 경우는 없다. 페르시아의 제국주의적 통제로 인하여 지역 지배계급이 완전한 힘을 갖는다는 것은 불가능했다." Berquist, 182.

이 한 제도의 지배를 받았다고 주장하는 데 반하여, 핸슨은 제2성전 시대에 지배적이었던 성직제도(hierocratic institution)와 이상주의자(visionaries) 사이의 갈등을 제시한다. 그에 따르면, 페르시아 제국은 유대공동체를 직접 간섭하지 않았다. 성직제도는 페르시아의 권력과 유대 백성을 매개한다. 그는 페르시아의 정책을 서술하기보다는 포로기 이후 시대의 구약성서에 나타나는 갈등을 서술하고 있다. 그의 핵심은 박탈이론(deprivation theory)과 지배자로서의 사독 제사장에 관한 것이다.

핸슨은 박탈이론을 이용하여 포로기 이후 시대의 발전을 지배계층과 피지배계층 사이의 갈등으로서의 역사로 이해한다. 그는 이 박탈이론을 사회학에서[100] 가져오면서, 묵시적인 개념들이 정치적 종교적 세력의 박탈계급에 의하여 조성됨을 강조한다.[101] 이 결론은 막스 웨버, 칼 마나하임 그리고 에른스트 트뢸취에까지 소급되는 교회-종파 또는 이데올로기적-유토피아적인 모델에서 나타난다.[102] 다시 이 모델

---

100) "박탈이론은 묵시 그룹들이 무시되고 소외되거나, 또는 최소한 그들의 복지에 핵심적인 것을 상실한 사람들 가운데 일어난다는 것을 주장한다." Stephen L. Cook, *Prophecy and Apocalypticism: The Postexilic Setting*(Minneapolis: Fortress Press, 1995), 2.

101) 이 주장은 지배계급인 성전 제사장들은 묵시적 선견자들이 될 수 없다는 전제에 기초한다. Paul D Hanson, *The Dawn of Apocalyptic*(Philadelphia: Fortress Press, 1975), 232-233.

102) 웨버(Weber)는 예언자를 기존 질서를 깨뜨리는 자로, 제사장과 귀족은 현상유지를 꾀하는 자로 여겼다. 핸슨(Hanson)에게 있어서 이상주의적인 그룹(visionary group)은 지배계급의 구조에 도전했다. 만하임의 이데올로기적인 정신과 유토피아적인 정신의 구별에 기초하여, 핸슨은 지배계급과 피지배계급의 이데올로기를 구별하고 있다. 핸슨은 제도와 종파의 갈등을 서술하기 위하여 트뢸취의 교회와 종파의 구분을 사용했다. 그리하여, "핸슨은 이상주의자들을 포로기 이후 예루살렘에 새로 형성된 질서에 대한 도전이며, 지배계급 이데올로기의 유토피아적인 반대자요 공동체와 지도자들의 타락에 반대하는 종파로 다루고 있다." Robert P. Carroll, *When Prophecy Failed*(New York: SCM, 1979), 207. 메이스(Mayes)는 핸슨의 적용을 비판하고 있다. "퇴니스는 *Gemeinschaft*와 *Gesellschaft*를 두 개의 사회적인 구조라기보다는 두 가지 형태의 사회로 보고 있다. ……멘덴홀과 핸슨의 연구에서 이스라엘 사회의 서술은 이러한 범주들을 실제 현존하는 사회구조의 서술로 전제하고 있다. 경험적 구조와 관련하여 그 형태의 본질과 기능은 무시되고 있다." *The Old Testament in Sociological Perspective,* 15-16. 그라베(Grabbe)는 "핸슨이 여러 개의 사회적 논의의 종합으로 이상적인 형태를 만들었으며, 그것을 어떤 경험적인 자료도 벗어날 수 없도록 절대화하고 있다. 트뢸취의 교회-종파 모델은 당시의 기독교 유럽 교회의 상황에 적용되었던 것이다. 이 개념은 너무 단순해서 실제

은 애벌(David F. Aberle)을 통해 변형되는데, 그에 의하면 박탈은 절대적인 조건이 아니라 그들의 기대치에 상대적인 현재 조건의 인식을 언급한다는 것이다.[103] 이 상대적인 박탈이론은 하층계급은 육체적이건 상징적이건 지배계급에 대항하기 위하여 묵시장르를 만들거나 사용한다는 것이다. 상대적 박탈이론에 반대하여 쿡(Stephen L. Cook)은 부조화(dissonance)는 그룹들이 실제 박탈되거나 좌절되지 않아도 일어날 수 있다고 주장한다.[104] 그리하여 원-묵시적 본문들이 소외되고 사회적으로 무

종교적 그룹들을 서술할 수 없다."라고 말하고 있다. The Sociological Setting of Early Jewish Apocalypticism, *JSP* 4(1989): 45. n.32. 그라베(Grabbe)는 또한 제사장 그룹에 대한 핸슨의 이해를 비판하고 있다. "성전을 담당하고 있는 자들의 권위와 위치는 언제고 페르시아의 권세자들에 의하여 제거될 수 있기 때문에 그들의 지위는 매우 불안한 것이라고 할 수 있다. ……유다의 종교적 구조에 대한 강력한 관리이기는커녕, 성전의 구성원들은 적들의 손에 있는 페르시아 행정관리들의 변덕에 사로잡혀 있었다." Ibid., 33.

103) David F. Aberle, "A Note on Relative Deprivation Theory as Applied to Millenarian and Other Cult Movements", in *Millennial Dreams in Action: Essays in Comparative Study*, ed. S. Thrupp(The Hague: Mouton, 1962), 209-214. 많은 학자들이 상대적 박탈이론을 채택하고 있다. Kenelm O. L. Burridge, *New Heaven, New Earth*(New York: Schocken, 1969), 9-10; B. Barber, "Acculturation and Messianic Movements", *American Sociological Review,* 6:664-668; Vittorio Lanternari, *The Religions of the Oppressed*(New York: Mentor, 1965), 243-249; L. Spier, W. Suttles, and M. J. Herskovits, "Comments on Arberle's Thesis of Deprivation", *Southwestern Journal of Anthropology,* 15(1957): 84-88. 상대적 박탈이론은 후기 유대 묵시현상의 사회학적 연구에서 채용되었다. 윌슨은 이것을 이상적인 묵시 그룹의 사회학적인 특성의 요소라고 여겼다. "묵시 그룹에 포함된 박탈의 종류는 절대적이라기보다는 다른 것에 대하여 상대적으로 측정된다. ……이러한 비교는 상대적인 박탈의 느낌으로 인도된다. ……그들은 더 큰 그룹에 남아 있는 소수 그룹이 된다." Robert R. Wilson, "From Prophecy to Apocalyptic: Reflections on the Shape of Israelite Religion", *Semeia* 21(1981): 85. 이 상대적인 박탈이론은 유다의 서기관적 묵시현상의 발흥을 위한 중요한 조건적인 요소였다. Berquist, 185.

104) 불일치와 박탈을 구별했다는 점에서 그의 논의는 중요하다. 캐롤(Robert P. Carroll)과 레딧(Paul L. Redditt)은 묵시현상이 불일치가 어떻게 해석을 일으키는지 보여 주는 것을 설명하기 위하여 인지적 부조화(cognitive dissonance)를 사용하였다. 예언이 성취되지 못했을 때, 예언의 희망은 부조화(dissonance)에 직면한다. 이 부조화를 해결하기 위하여, 초기 예언의 묵시적 재해석이 제2성전 시대에 일어났다. Carroll, 204-213. 레딧은 스가랴서 9-14장이 인지적 부조화를 사용하여 옛 예언이 재현될 수 있는 변형된 종말을 보여 준다고 주장한다. Paul L. Redditt, "Israel's Shepherds: Hope and Pessimism in Zechariah 9-14", *CBQ* 51(1989): 640. Cook, 15, n.53.

시된 그룹의 작품이 아니라, 유대의 회복 시기에 제사장 계열에 서 있는 그룹들 가운데 나타났다고 주장한다(에스겔서 38-39장, 스가랴서 1-8장, 요엘서).[105] 더욱이 데이비스(P. R. Davies)는 다니엘이 더 이상 피지배계층의 산물이 아님을 주장하면서, 지배계층이 이념적인 통제를 통하여 그들의 이념을 정당화할 수 있는 가능성을 주장한다.

> 정치적 제도가 반-묵시현상이라거나 반이상주의적이라는 그의(핸슨) 가정은 너무 단순하다고 하겠다. 비밀지식의 호소, 천상의 계시 그리고 신화의 사용 등은 모두 지배계급들이 자신의 위치를 정당화하거나, 석의적 이념적인 통제를 합리화하는 방법의 특징이다. 다니엘서나 쿰란 공동체는 플뢰거나 핸슨과 같은 이분법을 거부한다. 그들은 임박한 종말에 대한 강한 믿음을 가지고 제도권의 제사장들과 제의에 대한 경외를, 또 마찬가지로 예언과 제의적 율법주의에 대한 경외를 조화롭게 조합했던 것으로 보인다. 둘 다 아마도 제도권 안에서의 논쟁에서 발생한 것으로 보인다.[106]

다른 구약성서 학자들도 사회학적인 모델을 사용했다. 브뤼지만(Walter Brueggmann)은 다음과 같이 이스라엘 역사상 두 가지 궤적들을 서술하고 있다.

> 모세 전승은 상속원을 박탈당한 사람들 가운데에서 제도와 질서에 대항하는 하나님의 용어로 신학적인 이상을 서술하는 저항운동인 경우가 많다. 한편, 다윗 전승은 기득권자들 가운데에서 현재 질서를 위하여 충성하고 유지하는 하나님의 용어로 신학적인 이상을 서술하는 연대의 운동일 경우가 더 많다.[107]

---

105) Ibid., 2.

106) Philip R. Davies, "Social World of Apocalyptic Writings", *The World of Ancient Israel: Sociological, Anthropological and Political Perspective*, ed. R. E. Clements(Cambridge, England: Cambridge University Press, 1989), 258.

107) 그의 연구는 멘덴홀(G. E. Mendenhall), 갓월드(N. K. Gottwald, 왕정 이전), 크로스(F. M. Cross, 왕정 기간 동안 제사장직), 그리고 핸슨(P. D. Hanson, 포로와 포로기 이후 묵시문학) 등의 작품에 기초하고 있다. Walter Brueggemann, "Trajectories in Old Testament Literature and the Sociology of Ancient Israel", *The Bible and Liberation*. ed. N. Gottwald et al.(London: Orbis Books, 1993), 202.

이 진술은 모세 전승이 저항의 형태를 갖고, 다윗의 전승은 현 상태를 유지하는 형태를 가지고 있다는 전제를 가지고 있다. 핸슨의 연구는 이 방법을 따르고 있으며, 지배계급과 피지배계급 사이의 갈등이라는 전제된 모델을 따르고 있는 것이다. 나의 연구에 따르면, 포로기 이후 시대에는 모세 전승을 옹호하는 자들이 페르시아 제국의 힘을 이용하여 오히려 다윗 전승을 억압하였다. 이는 모세 전승이 항상 억압자의 편이 되어 지배계급을 옹호한 것은 아니라는 결론을 끌어낸다.

2) 사독 제사장 내부의 대결

제2성전 시대에 사독 제사장 내부에서 포로 이전의 사독 제사장의 정통성을 가지고 있다고 주장하는 두 그룹이 있었다. 하나는 포로기 이후에 제2성전의 제사장직을 담당했던 사독 제사장들이고, 다른 하나는 에녹 그룹인데,[108] 후자는 제2성전과 제2성전의 제사장 그룹들을 비난하였던 자들이었다. 핸슨은 전자의 그룹의 이념을 다음과 같이 요약했다. 1) 사독 제사장들은 사독이 제사장직을 얻은 이후부터(왕상 2:35) 오니야스 Ⅲ세가 주전 175년에 죽을 때까지 제사장직을 행하였다. 2) 포로기 이후 시대는 성직계급(에스겔서, 학개서, 스가랴서 1－8장, 그리고 역대기서)과 이상주의자들(이사야서 56－66장과 스가랴서 9－14장) 사이의 갈등에 의하여 형성되었다. 그에 의하면, 포로기 이후 시대는 사독 제사장들의 지도력 아래 있었다. 포로기 이후 사독인들은 하나님이 제사장들을 통하여 주어 왔던 새 계시가 그들에게 전하여졌다고 주장했다.[109] 포로기 이후 사독인들은 포로 이전부터 대제사장이 존재했다고 믿는 반면에, 에녹인들은 대제사장 제도가 포로기 이후 여호수아로부터 시작됐

108) 보카치니(Boccaccini)는 포로 이전 사독 제사장직의 계승자로 여기는 그룹들 간의 갈등에 대하여 연구했다. 그는 이 두 그룹을 각각 에녹인들과 사독인들, 또는 에녹 유대교와 사독 유대교라고 부르고 있다. Boccaccini, *Beyond the Essene Hypothesis,* 68. 나는 에녹인들의 이념이 제사법전에 나타나지 않고 토라와 분리되어 있다는 그의 논지에는 동의하지 않지만, 그의 용어를 사용하기로 한다.

109) 블렌킨소프는 이 점을 주장한다. *Prophecy and Canon,* 54－79.

다고 주장하고 있다.[110] 포로기 이후 사독인들은 포로기 이후 시대의 대제사장이 왕 없이도 하나님의 계시를 받을 수 있다고 말하는 반면에, 에녹인들은 원래 제사장들은 왕 없이 진정한 계시를 받을 수 없다고 말한다. 제1에녹서에 따르면, 포로기 이후 사독인들은 포로 이전 사독 제사장들의 적법한 후계자들이 아닌 것이다. 에녹인들은 포로기 이후 사독 제사장들이 포로기 이전 사독 제사장들의 이념을 바꾸었다고 비난하고 있다. 에녹인들에 따르면, 포로기 이전 사독인들은 왕과 제의에 근거한 현존 전승을 따르는 반면에, 포로기 이후 사독인들은 왕을 제거하고 현존 전승을 말씀 전승에 종속시키면서 절대적인 모세의 권위를 강조하는 말씀 전승을 따르고 있었다.

에녹인들의 주장은 다음과 같다. 하나님의 대행인으로서 왕은 하나님의 현현시에 중요한 요소이다. 토라에서, 모세는 하나님과 얼굴을 맞대고 말함으로써 하나님과 사람 사이에 중보할 수 있는 왕 같은 인물이었다(출 33:11; 34:29－35; 민 12:6－8).[111] 왕정 시대에, 왕은 대제사장직을 수행하였으며,[112] 동시에 백성들의 대표로서 왕은

---

110) 여러 학자들이 이러한 관찰을 하였다. 드보(De Vaux)는 포로 이전에 대제사장을 가리키는 네 가지 언급이(왕하 12:11; 22:4, 8; 23:4) 후기에 변형된 것이라고 말한다. Roland de Vaux, *Ancient Israel: Its Life and Institutions,* trans. by John McHugh(New York: McGraw－Hill, 1965), 378; 397－98. "이 표현이 포로 이전에 사용된 것으로 보이는 경우들은 실제 진정성이 없는 것이라고 확증하는 역사적 본문적 이유가 있다." A. Cody, *A History of Old Testament Priesthood,* AnBib 35(Rome: Pontifical Biblical Institute, 1969), 103, n.53. "여호수아가 일관성 있게 대제사장이라고 불리는 것은 특이할 만하다. 이러한 칭호는 포로 이전에 제사장들에게 간간히 붙여진 것이다. ……대제사장의 역할은 포로기 이후 초기에 두드러진다." D. L. Peterson, *Haggai & Zechariah 1－8,* OTL(London: SCM Press, 1984), 189.

111) 우리는 모세와 모세의 권위를 구분해야 한다. 현존 전승에서, 모세는 하나님과 백성들을 중재한다. 그러나 모세의 권위는 말씀 전승을 옹호하면서 중재자를 통한 새로운 계시를 허락하지 않는다는 면에서 현존 전승과 대립된다. 창세기부터 민수기는 모세를 이상적인 중재자로 묘사하는 데 반해서, 신명기는 이미 모세와 모세의 권위를 대비시키고 있다. 폴진은(R. Polzin) "우리의 분석에 따르면, 신명기 사가가 그의 영웅인 모세의 독특한 위치는 격감시키면서, 한편으로 모세 자신의 회고적인 말의 요소의 권위는 강화하는 전략을 보여 준다." R. Polzin, *Moses and the Deuteronomist*(Bloomington: Indiana University Press), 35. 신명기 사가는 모세 자신보다는 모세의 권위 아래 있는 해석을 강조한다.

제사장들의 도움으로 하나님의 계시를 받았다. 에녹인들에 따르면, 제사장들은 왕의 권위 아래 있었다.[113] 블렌킨소프에 따르면, 제의를 통하여 새 계시를 받는 왕의 권위는 포로기 이후 사독인들에게 전수되었다.[114] 이에 반하여 에녹인들에 따르면, 포로기 이후 사독인들은 하나님의 대행인인 왕직에 기초한 현존 전승을 따르지 않고 말씀 전승을 따랐기 때문에 포로기 이후 사독인들은 포로기 이전 사독 제사장들의 진정한 후계자들이 될 수 없다는 것이다. 에녹인들에게 있어서 말씀 전승의 문제는 모세의 권위의 절대성에 기초해 있다는 것이다.

내가 믿기로는 사독인들의 이데올로기가 전환된 시점은 왕과 제사장의 양두체제

---

112) 다윗은 예루살렘을 정복하고 언약궤를 옮겨 놓음으로써 예루살렘을 이스라엘의 종교적 중심지로 만들어 놓았다(삼하 6장). 다윗은 아비아달과 사독을 제사장직에 임명하였다(삼하 8:17). 솔로몬은 성전 건축을 완성했다. 제의의 목적은 신현존을 준비하는 것이었다(레 9:24). 백성들의 대표로서, 왕은 예배를 조직하고 예배 시에 백성들을 인도했다. 삼하 4장, 24:18－25, 왕상 5:15－8:66, 왕하 18:4, 22:3－23:23, 왕상 12:26－33; 왕하 10:18－28; 16:10－18.

113) 제사장들의 기능은 하나님의 대행인인 왕을 돕는 것이다. 왕정 이전에는 제사장이 성소와 관련되고, 신탁을 전해 주었다(삿 18:5; 삼상 22:10, 13, 15; 14:18. 36－42; 23:9－12; 30:7). 그들의 기능은 성막과 언약궤를 지키는 것이었다(민 1:53; 3:23, 28, 32, 35, 38; 4:58; 수 3:3, 14; 4:10). 왕정 시대에 제사장들이 하는 일은 제의일에 국한되었다. 제의일과 세속일은 왕에게 집중되었으며, 성전은 왕의 통제 아래 건설되었다. 제사장들은 제의일에 있어서 왕으로부터 독립되지는 않았고, 왕의 통제를 받았다. 궁중의 관리로서 제사장들은 신현존을 중재하기 위하여 제의를 사용하였다. 핸슨도 이러한 성전 제사장의 기능을 알고 있었다. "포로 이전이나 포로기 이후에도 동일하게 현존하는 세속 권세에 대한 비판적인 자세를 견지하던 많은 예언자적인 요소와는 달리, 성전 제사장들은 궁전 성전에서 세속 관리로서 왕으로 임명받아 일하면서 수세기 동안 예언 전승과는 다른 태도를 견지하였다. 그들은 제의를 재건하는 과정에서도 궁전 관리와 협조하는 것이 자연스러운 일로 여겨졌던 것이다." *Dawn of Apocalyptic,* 226. n.39.

114) 그에 따르면, 포로기 이후 시대에 대제사장이 말씀 전승과는 독립된 제사장 전승을 전수받았다는 것이다. Blenkinsopp, *Prophecy and Canon,* 54－79. 내가 이해하고 있는 것은 포로기 이후 제사장 전승이 말씀 전승 아래 종속되었다는 것이다. 제사장 전승이 모세의 권위 아래 종속되었을 때, 제의는 더 이상 현존 전승의 중재를 할 수 없게 되었다. 블렌킨소프는 말씀 전승이 다니엘서의 편집 시기에 지배적이었다는 점을 놓치고 있다. 포로기 이후 시대의 주요 제도는 대제사장직이 아니라, 모세의 율법이었다. 대제사장직은 제의를 모세의 권위 아래 통제하였다. 모세의 권위 아래 율법을 해석하는 것은 대제사장직을 약화시켰다.

가 일방적으로 사독 제사장직의 독점체제가 되어 버린 시점, 즉, 스룹바벨이 사라진 시점이라고 본다.[115] 핸슨은 학개-스가랴서 1-8장에서의 회복 프로그램이 에스겔서에 기초해 있다고 주장한다. "회복된 공동체의 구조는 대제사장과 다윗 왕에서 이루어지는 지도자직이 상세히 기술된 에스겔(40-48장)에서 이미 약술되어 있다. 이 두 인물들의 임무는 포로기 이전의 두 제도인 제사장직과 왕직을 재건하는 것이다."[116] 핸슨도 이 시기의 중요성을 알고 있는 듯하다. "스가랴서의 불연속과 스룹바벨과 그의 공적인 직책이 역사서로부터 사라졌다는 것은 성직 계층의 프로그램들이 성전 재건의 열정과 동반한 민족주의적 주장으로 인한 페르시아의 간섭을 포함하는 어려움을 동반했다는 것을 보여 준다."[117] 그러나 핸슨은 어떻게 페르시아가 스룹바벨의 소환을 통해 이스라엘의 제도에 영향을 주었는지 서술하지 않고 있다. 우리는 오직 후기의 제1에녹서에 나타난 비판을 통해서 다윗 왕가인 스룹바벨이 사라진 후에 이루어진 사독 제사장직의 변화에 대하여 알 수 있을 뿐이다.

에녹서에 따르면, 일단 스룹바벨이 사라지고 말씀 전승이 현존 전승을 대체한 후에, 대제사장의 권위는 모세의 권위 아래 말씀 전승 아래 종속되었다. 에녹인들은 예루살렘에 있는 제2성전이 솔로몬 성전이나 제사법전(P)의 성전에 따르지 않았다고 믿고 있다.[118] 제1에녹서는 제2성전의 합법성과 예루살렘의 사독 제사장의 자격

---

115) 나의 질문은 스룹바벨의 주장과 페르시아 정책의 관계이다. 아크로이드는 이 사건의 비정치적인 의도를 강조한다. 1) 스룹바벨은 페르시아 제국에 의하여 임명되었다. 2) 에스라의 기록은 다리우스가 예루살렘에서의 고레스의 회복 계획을 재확인하였다. 3) 성전 재건에 대한 어떤 방해를 암시하는 것을 찾아볼 수 없다. Peter R Ackroyd, *Exile and Restoration: A Study of Hebrew Thought of the Sixth Century B.C.* OTL(Philadelphia: Westminster, 1968), 165. 그러나 이 사건이 포로기 이후에 현존 전승에서 말씀 전승으로 전이된 중요한 전환점이라는 충분한 증거들이 있다.

116) Hanson, *The Dawn of Apocalyptic,* 250.

117) Ibid., 247.

118) "그러나 제사법전은 성막과 관련하여 법궤, 그룹들, 그리고 우림과 둠밈을 강조하는바, 이것들은 제2성전에는 나타나지 않았다. 왜 제2성전 제사장이 경건을 가장한 문서를 작성하면서, 제2성전이 가지고 있지 않은 성막의 요소들을 첨가했는가?" Friedman, *Who Wrote the Bible?*, 175. "하나님의 성전이 그룹들 사이에 거하시면서, 그 위에 계시고, 성전의 제의가 지향하던 법궤가 더 이상 존재하지 않을 때, 성전에 있는 하나님의 현존을 말하는 것은 가능하지 않다." M. Weinfeld, *Deuteronomy 1-11*, AB(New

에 대하여 의문을 품고 있었다(제1에녹서 89:73). 에녹인들과 포로기 이후 사독인들 사이에는 갈등이 있었다. 에녹인들은 제사장들이 왕의 권위 아래 있었다는 포로 이전 시대의 왕의 대제사장직을 받아들이고, 포로기 이후에 왕은 포로기 이후 사독 제사장들에 의하여 대체되었다고 주장한다. 에녹인들은 현존 전승을 사용하는 반면에, 포로기 이후 사독 제사장들은 말씀 전승을 사용하고 있다.[119] 에녹인들은 제2성전이 말씀 전승 아래에서 모세의 권위의 절대성을 인정하기 때문에 그 합법성을 받아들이지 않는다. 나는 포로기 이후 사독 제사장직의 후계라고 주장하는 두 그룹 사이의 갈등을 더 서술하려고 한다.

3) 포로기 이후의 현존 전승

위에서 본 바 같이 현존 전승은 보좌이상, 천상의 성전과 지상의 성전의 일치, 그

York: Doubleday, 1991), 25. “만족스럽지 못하다고 여겨진 것은 6세기 후반 이래로 성전의 전 역사에 관련된 것이다. 첫 번째 성전에 존재하던 다섯 가지 요소가 제2성전에는 없다는 교리는 점점 발전해 왔다.” Clements, *God and Temple*, 126.

119) 사독 제사직이 제2성전을 합리화하려는 시도를 했다는 또 다른 증거가 있다. 캐롤은(R. P. Carroll) 에스라-느헤미야서에서 성전의 권위가 건축 작업보다 더 중요했음을 인식했다. “성서에 포함된 성전에 관한 모든 청사진은 자연적이거나 보편적인 실재인 반면에, 에스라-느헤미야서에 나타난 성전은 가능한 한 다른 것과 구별되려는 압력 단체의 이념적인 존재나 개인적인 관심사로 나타난다.” 그는 제2성전이라는 용어는 이념적으로 사용되었다고 주장한다. “에스겔의 성전과 쿰란 공동체의 성전에 관한 문헌이 제2성전 시대에 만들어지고 존재할 수 있었다면, 제2성전이 합법적인 성전으로 널리 받아들여지지 않았다는 불가피한 결론을 받아들이지 않을 수 없게 된다.” 다른 말로 말하면, 제2성전 시기를 합법성이 문제시된 시기라고 생각해야 한다는 말이다. R. P. Carroll, “So What Do We Know About the Temple?” in Second Temple Studies 2. Temple-Community in the Persian Period, eds. P. R. Davies and David J. A. Clines, JSOTSup 175(Sheffield: JSOT Press, 1994), 48, 49. 캐롤은 더 이상 그의 논지를 발전시키지 않지만, 한 가지 미해결된 질문이 남는다. 왜 에스라-느헤미야서가 제2성전을 합리화하기 위해 노력했는가? 내가 믿기로는 포로기 이후 사독 제사장들이 이 시기에 모세의 권위의 절대성 때문에 좌절된 에녹 그룹과 같은 공동체의 공격을 받았기 때문이다. 그들은 스룹바벨이 사라진 이후에 신현존의 상징인 성전의 의미는 사라졌다고 이해하고 있었다.

리고 신현현 주제를 담고 있다. 포로기 이후 시대에 회복 프로그램의 청사진은 에스겔서로부터 나왔다. 에스겔서는 현존 전승의 두 요소인 보좌이상과 신현현 이상을 그대로 보여 주며, 또한 천상의 성전과 지상의 성전이 어떻게 분리되었는지를 보여 준다. 에스겔서 1-3장은 열왕기 상 22장과 이사야서 6장과 비슷한 문학적 구조를 가지고 있다.

Ⅰ. 서 론(1:1-3)
Ⅱ. 보좌이상(4-28a)
  A.신현현을 수반하는 것들
    1. 네 생물(5-14)
    2. 바퀴(15-21)
    3. 수정 같은 궁창(22-25)
  B. 신현현(26-28)
    1. 보좌 위의 좌정
    2. 현상
Ⅲ. 위임(2:1-3:15)
  A. 소명(2:1)
  B. 반응(1:28b; 2:2)
  C. 위임(2:3-3:11)
  D. 백성에게로 귀환(3:12-15)

이사야서 6장과 비교했을 때, 에스겔서 1-3장은 현존 전승의 여러 특징을 보여 주지만 봄(seeing)과 들음(listening)의 주제를 단순히 조합한 것은 아니다. 첫째로, 이사야서 6장과 같이 에스겔서 1-3장은 불과 구름 같은 신현현의 요소들을 사용한다. 폭풍 신현현(겔 1:4)은 이스라엘에 심판을 행하려는 여호와의 간섭 가운데 주어진다. 활은 신현현 이상에서의 화살과 관련 있다(합 3:9). 보좌의 바퀴에 대한 서술은 신현현 주제로부터 나온 것이다.[120] 둘째로, 열왕기 상 22장이나 이사야서 6장과

120) "보좌를 수레(chariot) 로 나타내는 것은 신현현 전승이 에스겔서에서 얼마나 중요한가

같이 에스겔서 1-3장에도 보좌이상이 있다. 흥미롭게도 에스겔서 1-3장은 보좌를 표현하기 위하여 보좌이상과 그룹이상을 함께 사용한다. 하나님이 때로는 보좌 위에 앉아 계시고(겔 1:26; 10:1; 43:7), 때로는 그룹 위에 계신다(겔 9:3; 10:4, 18; 11:22). 보좌나 그룹이 하나님과 동일시되지는 않고 단지 하나님의 영광을 전해 주는 역할을 한다. 셋째로, 이사야서 6장과는 달리 에스겔서 1-3장은 천상의 성전과 지상의 성전의 불일치를 보여 준다. 어떤 면에서 에스겔서 1-3장은 열왕기 22장과 비슷하지만 사실은 서로 다르다. 열왕기 상 22장은 처음부터 말씀 전승의 원리에 충실하여 천상의 성전과 지상의 성전이 일치하지 않기에 지상의 예언자는 보좌이상을 보기만 하고, 선포의 합리화를 위하여 제시할 뿐이다. 그러나 에스겔서 1-3장에서 천상의 성전과 지상의 성전을 분리하는 이유는 포로의 경험 때문이다.[121] 에스겔서에서는 천상의 성전과 지상의 성전이 일치한다는 현존 전승을 받아들이지만, 인간의 죄악으로 인하여 하나님이 더 이상 지상의 성전에 계시지 않고, 지상의 성전을 버리게 되는 것이다. 에스겔은 하나님이 성전에 계시는 것을 인정하지만(겔 8:4; 9:3), 보좌이상은 지상의 성전에 고착되지 않았다. 후에 그룹들로 해석된 네 생물도(겔10:15) 성전에 고착되지 않았다. 이사야는 성전에서 보좌이상을 경험한 반면에, 에스겔은 성전 바깥에서 하나님의 계시를 받기 위하여 하나님에 의하여 옮겨졌다. 지상의 성전은 천상의 성전과 분리되고, 하나님의 이동성을 강조하기 위하여 바퀴가 장착되었다(겔 1:15-21).[122]

를 보여 주고 있다." Mettinger, 105. 즉, 에스겔서 1장에서의 생물은 원래 메소포타미아의 신현현 전승에 영향을 받고, 이어서 에스겔서 10장의 해석에서 성전의 그룹들로 재해석되었다. Zimmerli, Ezekiel I, 127-128. 킬(O. Keel)은 메소포타미아의 생생한 전승 가운데 생물, 원반 궁창, 보좌, 그리고 보좌 방 등을 발견한다. O. Keel, *Jahwe-Visionen und Siegelkunst: Eine neue Deutung der Majesttsschilderungen in Jes 6, Ez 1 und 10 und Sach 4, SBS* 84-85(Stuttgart, 1977), 168-177.

121) 수레의 출현은 포로라는 역사적인 상황과 관련시킬 수 있다. 메팅거는 에스겔서에 나타난 포로 상황의 도전을 다음과 같이 설명한다. "에스겔서에서 그의 당혹함은 하나님의 현존이라는 개념에 의하여 시간적으로 해소 되었다. 여호와의 영광은 성전과 도시를 잠시 동안 포기한다. 영광이 마침내 새 성전의 동문으로 들어갈 때, 이 문은 영원히 닫히게 된다(겔 44:1-2). 다시금, 이것은 신현존의 영원성에 관한 날카로운 표현인 것이다." Mettinger, 113.

현존 전승은 에스겔서에서 중요한 역할을 하고 있다. 에스겔은 "하나님의 이상"(mar' ôṯ 'ĕlōhîm; 겔 1:1; 8:3; 40:2)이라는 형태를 사용하여 그의 소명을 서술한다. 신현존은 영광이라는 말로 표현된다.[123] 하나님의 보좌라는 말은 에스겔서에서 세 번 나타난다.[124] 에스겔의 소명 설화에는(1:1－3:15) 제의나 성전 상황이 없다. 하나님의 보좌가 성전 정황 가운데 있었지만, 더 이상 성전에 고착되지 않고 성전과는 분리되어 있다. 그리하여 새롭게 등장한 것이 하나님이 움직일 수 있도록 돕는 바퀴와 생물들이다. 이 생물들은 에스겔서 10장에서 성전의 그룹들과 같은 것으로 해석된다. 성전은 하나님이 거하실 만큼 충분히 거룩하지 않기 때문에 하나님이 지상의 성전을 떠나신다. 이러한 이해는 하나님이 천상의 성전과 지상의 성전에 동시에 계신다는 생각을 수정하고 있다. 이제 지상의 성전은 하나님이 앉아 계시는 천상의 성전과 구별된다. 하나님의 성전이 파괴되었을 때 하나님의 보좌도 파괴되었으리라고 생각하는 자들을 향하여, 에스겔은 하나님의 성전이 파괴되었다 할지라도 하나님의 보좌는 파괴되지 않았다고 선포한다. 포로 기간 동안 하나님은 포로들을 위한 성전의 역할을 한다고 여기는(겔 11:16) 성전 바깥에 계신다(겔 11:23).[125] 에스겔은 하나님이 지상의 성전이 회복되어 이전처럼 천상에 계신 하나님이 거하실 수 있을 때 새 성전으로 돌아오시리라는 소망으로 포로기 이후 공동체의 믿음을 위한 청사진을

---

122) "그러나 이 후자들은(단 7:9－10; 제1에녹서 14:9－25; 그리고 요한계시록 4장) 그 의도가 안정되고 심지어 정적인 특성을 가진 반면에, 에스겔서는 연속적으로 움직임의 강조로 돌아온다는 면에서 서로 다르다." Ronald M. Hals, *Ezekiel*(Grand Rapids: Eerdmans, 1989), 15.

123) 다양한 표현들이 사용되었다. "여호와의 영광"(겔 1:28; 3:12. 23; 10:4, 18; 11:23; 43:4, 5; 44:4), "이스라엘의 하나님의 영광"(겔 8:4; 9:3; 10:19; 11:22; 43:2), "영광"(겔 3:23).

124) 겔 1:26; 10:1, 그리고 43:2. 에스겔서 43:2에서는 "하나님의 보좌"라는 용어는 없다. 그러나 이 문맥은 하나님의 보좌이상을 이해하는 데 중요하다.

125) "그런즉 너는 말하기를 주 여호와의 말씀에 내가 비록 그들을 멀리 이방인 가운데로 쫓고 열방에 흩었으나 그들이 이른 열방에서 내가 잠간 그들에게 성소가 되리라 하셨다 하고"(겔 11:16). 핸슨은 이 구절이 합법성을 다루고 있음을 인식하고 있다. "에스겔서는 포로로 끌려간 사람들과 사독 지도자들을 대표하면서, 동시에 팔레스틴의 입장에 정면으로 대항하는 입장을 가지고 있다. ……여호와의 백성에 속했다는 합법적인 계승의 선은 예루살렘에 머문 자들이 아니라 포로들 가운데 발견되는 것이다." Hanson, *The Dawn of Apocalyptic*, 241.

제시한다. 이러한 새 성전의 회복에 대한 기대는 에스겔서 40-48장에 나타난다.

에스겔 40-48장은 [126] 주로 다섯 가지의 주제를 다루고 있다.[127] 1) 이상 그 자체의 서술(40:2; 40:5-42:20; 43:1-5), 2) 제사와 성전 예배에 관한 규정(45:13-46:15), 3) 제사직(44:15-31), 4) 땅의 분배(47:13-48:29),[128] 5) 왕에 대한 규정(45:7-17; 46:16-19). 이상에 대한 진술에서 에스겔 40-48장은 두 중요한 인물인 왕(*nā sî*)과 제사장들을 제시하고 있다. 처음 네 가지 주제는 제사법전과 일치하지만,[129] 마지막 왕에 관한 규정은 제사법전과 일치하지는 않는다.

레벤슨은 에스겔서에서 메시아에 대한 기대와 포로기 이전의 왕직과 연속된 왕직에 대한 서술을 발견한다.[130] 그는 에스겔서가 신명기 17장과 같은 반(反)-왕정제

126) 최근의 에스겔서에 대한 연구동향은 두 가지 극단으로 나뉘어 있다. 게제(Gese)와 짐멀리(Zimmerli)의 다층 편집 이론(multilevel redaction theories)과 하란(Haran)과 그린버그(Greenberg)가 주장하는 에스겔에게로 권위가 소급되는 통전성 있는 에스겔서에 관한 이론들이 그것이다. Hartmut Gese, *Der Verfassungsentwurf des Ezechiel,* BHT 25(Tübingen: J. C. B. Mohr, 1957), Zimmerli, *Ezekiel,* I, II. M. Greenberg, "The Design and Themes of Ezekiel's Program of Restoration", *Int* 38(1984): 181-208; M. Haran, "The Law Code of Ezekiel 40-48 and its Relation to the Priestly School", *HUCA* 50(1979): 45-71.

127) H. McKeating, "Ezekiel the 'Prophet like Moses'?" *JSOT* 61(1994), 97-103.

128) 제사장들은 두 가지 범주의 제의요원인 성전 관리 제사장과 제단 성직자로 나뉘는바, 레위기에 나타난 제사장의 의무와 유사하다. 그들은(겔 44:17-31) 거의 전적으로 레위기서에 나타나는 제사장 전승에서 취해진 것이다. 겔 44:17-19는 레 6:3-4(RSV 6:10-11)와 유사하며, 20절은 레 21:5, 10과 유사하고, 겔 44:21절은 레 6:10절과, 겔 44:21은 레 10:9와, 겔 44:22는 레 21:7과 22:13, 겔 44:25-27은 레 21:1-3과 유사하다. 에스겔서 44:23-24에 나오는 제사장들의 직무에 관한 보다 일반적인 자료는 또한 같은 전승사적인 정황에서 나타난다(레 10:10-11). Hals, 320.

129) 에스겔서와 제사장 문헌은 다음과 같이 비교할 수 있다. 첫째로, 에스겔이 높은 산에 내려 놓여서(겔 40:2), 하나님의 영광이 성전으로 돌아오는 것을 목격하고(겔 43:1-5), 새로운 성전의 건축에 대하여 들은 반면에, 모세는 산 위에 올라(출 24장) 성막을 지으라고 들었다(출 25-27장). 둘째로, 성전 예배 규정은(겔 45:13-46:15) 모세가 제사에 관한 모든 규정을 받는 것과 일치한다(레 1:1; 26:46). 셋째로, 제사직에 관한 규정(겔 44:15-31)은 출 28-29장에 나타난 제사장들의 의복, 성결, 그리고 그들의 제사에 관한 지침과 일치한다. 넷째로, 땅의 할당(겔 47:13-48:29)은 민수기에 나오는 땅의 분배(민 32:1-42; 33:50-56; 34:1-29; 35:1-34; 36:1-13)와 일치한다. McKeating, 97-103.

130) 에스겔서 1-39장에 나오는 메시아 기대와 에스겔서 40-48장에 나오는 군주(nāsî') 사이에 불연속성을 강조하는 학자들이 있다. 레벤슨은 이 주제에 관한 연구사를 정리하

도에 대한 견해가 아닌, 단지 왕권의 남용에 대한 역사적 경험만을 반영한다고 주장한다. 에스겔서에서의 회복은 신명기와는 달리 왕의 독특한 특권을 강조하고 있다(겔 44:1－3; 46:1－17). 왕이 예언자의 비판을 받고 있는 것으로 묘사하기는 하지만(43:6－11; 45:8b－12), 에스겔서는 메시아적인 소망을 포기하지 않고 포로 이전의 전승에 따라(삼하 6장, 왕상 8장, 시편 110편) 왕정의 남용을 수정하고 있다.[131] 왕은 유일하게 야훼 앞에 설 수 있는 허락을 받았고(44:1－3; 46:1－3, 8－10, 12), 제의를 집행하는 자로서 제사를 인도할 수 있다(45:13－15, 16－17, 21－25; 46:4－7, 11).

학개서와 스가랴서 1－8장은 성전을 하나님의 처소로 이해하고, 왕을 하나님의

였다. 짐멀리는 군주의 용례가 그의 기능에 대한 제한과 관련된다고 말한다. 코흐(Klaus Koch)는 군주를 왕정에 대한 제사장직의 응답으로 여긴다. 바우머(Bowmer)는 에스겔서 33－37장이 역사의 메시아적인 종말을 가리키며, 에스겔서 40－48장은 계급(hierarchy)으로 특징짓는 종말의 첫 단계를 언급한다. 프락쉬(Procksch)는 군주는 대제사장에게 기대되는 역할을 행하는 다윗가의 군주였다고 주장한다. 그러나 이러한 학자들은 왕정의 제도가 포기된 것이 아니라, 왕권의 역사적인 남용 때문에 왕정이 수정된 것으로 본다. 아이툰(Aytoun)은 군주의 비다윗적이며, 비메시아적인 특성을 강조한다. 그에게 멜렉(*melek*)은 바벨론의 왕들을 뜻하며, 군주는 한 족속의 왕국인 유다의 지도자들을 뜻하는 것이다. 그러나 그는 작은 국가들의 왕들도 멜렉이라고 부르는 것을 인식하지 못하고 있다(겔 28:12; 37:22, 24; 43:7, 9). 레벤슨은 에스겔 1－39장과 40－48장 사이의 연속성을 주장하는 학자들에 대해서도 언급한다. 베그리히(Karl Begrich)는 군주를 멜렉의 다양한 표현들 중의 하나라고 말한다. 해머샤임(E. Hammershaimb)은 에스겔이 다윗가의 군주의 회복을 기대하기 때문에 군주라는 표현이 경멸적인 용어일 리가 없다고 말한다. 마찬가지로 카쿠오트(Andre Caquot)는 개별적인 왕들의 남용의 제한을 받아들이지만, 회복 계획은 여전히 메시아적이라고 주장한다. 카우프만(Y. Kaufmann)과 게제(H. Gese)는 군주가 지파동맹적인 국가보다는 왕정을 의미한다고 말한다. Jon D. Levenson, *Theology of the Program of Restoration of Ezekiel* 40－48(Missoula, Mont.: Scholars Press, 1976), 58－61.

131) "더 낮은 위치의 직책은 남용되기 쉬운 구조적인 유혹이 제거된 한 메시아적인 개인의 임명이라는 에스겔서나 구약성서의 다른 문헌에 공통적인 왕정신학의 구조 내에서만이 의미가 있다. 이러한 결정은 인간의 왕정에 대한 신학적인 낮은 평가가 아니라 하나님의 선물을 남용함으로써 인간이 하나님의 신뢰를 잃어버린 역사의 범위 안에서의 낮은 평가를 의미한다." Ibid., 66－67. 그는 에스겔서 1－39장과 40－48장에 있는 메시아적인 희망 사이의 연속성을 옹호한다. "오시는 왕의 즉위는 그의 조상들의 남용과 배반에 대한 하나님의 수정이요, 이스라엘에 대한 하나님의 관계의 일부며, 목자의 양들에 대한 관계이다(34장)." Ibid., 95.

대행인으로 보면서 에스겔에 기초한 회복 프로그램을 실현하려고 노력하였다.[132] 우리는 페르시아의 캄비세스 왕이(주전 530－522 년) 적법한 후계자 없이 죽고 나서 왕권 쟁탈이 벌어진 페르시아의 소요 시기에 페르시아의 정책과 유대 전승의 빛 아래에서 이루어진 성전의 건축을 이해할 수 있다. 주전 521년에 다리우스는 왕위에 즉위하였다.[133] 이 당시 촉발된 페르시아의 무질서는 유다에서 임박한 하나님 나라에 대한 강렬한 믿음을 유발했다. 예언자 학개서는 소요의 시작과 관련되고, 스가랴서는 소요의 마지막에 관계된다.[134] 학개서와 스가랴서 1－8장은 왕과 성전을 강조한다. 학개서의 경우 성전의 건축은 새로운 시대의 시작을 보여 주고, 성전이 하나님의 현존의 장소이기 때문에 성전 건축은 현존 전승을 부활하는 시도로 인식되었다. 새 시대를 여는 새 다윗 성전과 하나님의 대행인으로서 스룹바벨의 즉위를 촉진하는 메시아적인 기대가 팽배하였다. 모든 땅은 거룩한 땅이며, 성전이 중심이 되었다는 말은 하나님이 실제로 그의 백성 가운데 거하신다는 것을 의미한다.[135] 학개서는 백성들의 황무한 조건은 성전의 건축과 관련이 있다고 주장한다(1:5－6, 10－11). 이것은 성전의 기초가 놓인 이후의 조건과 대조된다(2:15－19). 학개서의 경우, 하나님은 새 성전의 건축 후에 예배를 받으시고(1:8) 백성들 가운데 거하시기로 약속하셨다. 하나님은 성전을 영광으로 채우시고 신현존의 증거로서 모든 백성들을

---

132) 사실상, 대제사장과 군주의 양두정치는 페르시아 시대가 끝날 때까지 계속되었다. 스룹바벨이 사라지기 전에는 이 양두정치는 다윗가의 군주에게 집중되어 있었지만, 그 후에 사독 제사장직으로 초점이 바뀌었다. 아비가드(Avigad)는 세스바살로부터 시작하여 느헤미야 이후까지 계속되는 총독들의 일람을 나열하고 있다. Nahman Avigad, *Bullae and Seals from a Post－exilic Judaen Archive*(Qedem 4; Jerusalem: the Institute of Archaeology of the Hebrew University, 1976). 이 일람표를 역대상 3:19－24와 비교해 보면, 다윗가의 어떤 누구도 이들 가운데 포함되지 않는다. J. Alberto Soggin, *An Introduction to the History of Israel and Judah*(Valley Forge, Pa.: Trinity Press International, 1993), 284. 스룹바벨 이후의 군주제도는 하나님의 대행인이 아니라, 페르시아 제국의 한 관리일 뿐이었다.

133) Berquist, 51－53; Geo Widengren, “The Persian Period”, in *Israelite and Judaean History,* eds. John H. Hayes and J. Maxwell Miller(Philadelphia: Westminster Press, 1977), 521.

134) Soggin, 282.

135) Ibid., 156.

진동시키신다(2:6－9). 새 시대 새로운 공동체는 두 가지 직책(title)을 가진 하나님의 대행인인 스룹바벨에게 집중된다. “나의 종”이라는 말은 왕적인 권위를 가졌다는 것이며, 인장반지는 대표자의 기능을 갖는 것을 의미한다.[136] 왕에 대한 심판의 의미로서 인장반지의 제거와는 반대로(렘 22:24), 하나님은 에스겔서의 청사진을 따라 왕을 통하여 하나님의 통치의 시작을 의미하는 인장반지를 회복시키신다.[137] 스룹바벨은 하나님의 왕적인 대표자로 임명되었다. 이러한 왕의 즉위는 스가랴 1－8장의 처음 편집에서도 나타난다.[138] 여호와는 예루살렘으로 귀환하고, 성전을 재건할 다윗가의 메시아로 여겨진 스룹바벨(3:8; 6:9－15)의 성전 회복은 메시아적인 왕국의 전조이다(4:6b－10a).

4) 말씀 전승 아래 모세의 권위의 절대성의 형성

스룹바벨이 소환됨으로 회복에 실패하자, 사독인들은 왕을 대신하여 지배자의 위치를 차지하게 되었다. 말씀 전승은 페르시아의 지지 아래 강화되었다. 페르시아 제국의 목표는 에스라와 느헤미야의 개혁을 통해서 이룩된 율법－성전 중심의 유대

---

136) 이 용어는 다윗(삼하 3:18; 7:5, 8, 26)과 다윗의 후손(겔 34:23; 37:24)을 나타내는 데 사용되었다. 이 용어는 또한 다윗가의 왕을 나타내기도 하고[히스기야(대하 32:26), 스룹바벨(학개 2:23), 엘리야김(사 22:20)], 또는 대제사장 여호수아(슥3:8)를 나타내기도 한다.

137) 인장은 하나님과 왕 사이의 특별한 관계를 의미한다. 왕이 보좌에 오르면 백성들의 대표자로 여겨진다. 이 구절은 예레미야 22:24의 역전으로 보이는바, 유다왕 여호야긴의 아들 고니야가 여호와의 인장 반지라고 불렸지만, 하나님은 그를 바벨론의 느브갓네살에게 넘겨주었다. B. Otzen, “חתם” *Theologisches Worterbuch Zum Alten Testament* II(Stuttgart: Verlag W. Kohlhammer, 1982): 287. 핸슨도 역시 이 역전을 주목하고 있다. *The Dawn of Apocalyptic,* 248, n.54.

138) 핸슨은 스가랴 안에서 두 명의 독특한 저자를 구별하고 있다. 1) 초기 저자는 오는 메시아적인 왕인 스룹바벨에게 초점을 맞추고 있다. 2) 후기 저자는 스룹바벨에 대한 희망 대신 제사장직과 성전의 제의의 중심성을 발전시키고 있다. 스가랴 1－8의 초기 편집 가운데, 우리는 군주의 강조를 발견한다. P D. Hanson, “Book of Zechariah”, *IBD* 4:944－945.

사회를 형성하는 것이었다. 말씀 전승은 페르시아 제국의 옹호 아래 강화되었고, 페르시아 제국의 목표는 에스라-느헤미야의 개혁을 완성하면서 유대에서 율법-성전 중심의 사회를 이루는 것이었다. 그러나 율법-성전 중심의 사회에서, 율법은 곧 모세의 토라나 또는 모세의 권위 아래 해석된 토라를 의미했다. 성전은 더 이상 메시아인 하나님의 대행인을 통한 신현존의 장소가 아니었다. 에녹인들에 따르면, 포로기 이후 제2성전을 지배하는 사독인들은 말씀 전승의 권위 아래 존재하는 자들이었다. 스룹바벨이 사라진 후에 사독 제사장들은 말씀 전승을 옹호하는 자와 현존 전승을 옹호하는 두 그룹으로 나뉘었다.

모세의 권위 아래 말씀 전승의 형성은 사독인들의 스가랴서 1-8장의 편집에서 볼 수 있다. 핸슨에 따르면, 스가랴서 1:8의 편집 목표는 공적인 제사장직으로서의 그들의 적법성을 세우는 것이다. 사독인들이 편집한 것으로 알려진 스가랴서 1:1-6은 말씀 전승 아래 있는 신명기 신학에 의하여 영향을 받고 있다.[139] 이 전승은 성전보다는 인간의 순종을 강조하면서 백성들을 강조하고, 축복과 저주라는 인과응보 교리에 의하여 조절된다. 하나님께 돌아가기 위해 회개가 요구되었다(슥 1:3; 신 30:1-10; 렘 31:19). 포로기 이후 사독인들이 에스겔서와 스가랴서를 편집하면서 왕의 중요성을 무시하고 있다.[140] 이와 같이 왕으로부터 포로기 이후의 사독으로의 힘의 이동은 페르시아의 통치 아래 일어났다. 페르시아 제국은 스룹바벨을 제거하려고 했을 뿐만 아니라, 현존 전승을 옹호한 하나님의 대행인으로서의 왕의 직책을 제거하려고 하였다. 새 성전은 이스라엘의 왕이 아니라 페르시아의 왕에 의하여 건축되었고, 이후 페르시아 제국의 이익을 위해 존재하는 것이 되었다.

역대기서의 최종 편집은[141] 현존 전승의 몇 가지 특징을 담고 있긴 하지만 말씀

139) J. Blenkinsopp, *A History of Prophecy in Israel*(Philadelphia: The Westminster, 1983), 235.
140) 핸슨은 에스겔서의 원래 진술과 사독계층이 변형한 진술을 대조하고 있다. 에스겔은 제의에서 군주의 참여(45:16-17), 여호와 앞에서 떡을 먹는 허락(44:1-3), 그리고 군주의 거룩한 땅을 언급한다(48:21). 사독계층이 변형한 것은 제사장을 위한 제의적인 의무를 유보하고(45:16-17), 군주가 거룩한 땅에 접근하는 것을 막고(46:2), 성전과 왕궁을 분리한 것이다(43:7-9). 나아가서, 스가랴 6:9-14는 사독 제사장직을 위하여 군주의 지위를 낮추기 위하여 스룹바벨의 즉위에 관한 설화를 제거했다. Hanson, *The Dawn of Apocalyptic,* 264.

141) 초기의 학자들은 에스라가 역대기서와 에스라-느헤미야서를 썼다고 생각했다. 최근의 연구동향은 역대기 사가가 역대기서와 에스라-느헤미야를 썼다고 보고 있다. 이에 대해서는 다음과 같이 준즈 가설(Zunz Hypothesis)로 정리할 수 있다. 1) 역대하의 마지막 부분(36:22-23)은 에스라서의 처음(스 1:1-3)을 반복하고 있다. 2) 제1에스드라서는 역대하 35-36장으로부터 시작하여 에스라서에서 계속된다. 3) 이 책들에 있는 언어적인 유사성은 공통 어휘, 문장론적, 문체적인 특성을 가지고 있다. 4) 자료와 그것들의 선택 가운데 표현된 신학적인 개념이 균일하다. Leopold Zunz, Dibre hajamim oder die Bcher der Chronik, in *Die gottesdienstlichen Vortrge der Juden historisch entwickelt. Ein Beitrag zur Alterthumskunde und biblischen Kritik, zur Literatur-und Religionsgeschichte* (Frankfurt a. M., 1892). 13-36. 야펫(S. Japheth)과 윌리암슨(H. G. M. Williamson)은 준즈 가설에 도전했다. S. Japheth, "The Supposed Common Authorship of Chronicles and Ezra-smemiah Investigated Anew, "*VT* 18(1968): 330-71; H. G. M. Williamson *Israel in the Books of Chronicles*(Cambridge, 1977), 5-70; *idem, 1 and 2 Chronicles,* NCB(Grand Rapids: Eerdmans, 1982), 5-11. 첫째로, 야펫이 역대기서와 에스라-느헤미야서의 차이점에 초점을 맞춘 반면에, 윌리암슨은 그동안 알려진 이 책들의 언어적이고 이념적인 유사성을 거부함으로써 저자가 같다는 이론을 논박하고 있다. 둘째로, 윌리암슨에 따르면, 역대기하는 역대기하 36:21에 끝나게 된다. 역대기하 36:22-23이 없이도 역대기하는 그 독립성을 유지한다. 저자가 같다는 주장은 내적인 증거에 의하여 증명되어야 한다. 반복은 두 책이 별도로 다루어져 왔다는 것을 보여 줄 뿐이다. 후기 편집자가 이 별도의 두 책을 연결시킨 이유가 있다. 윌리암슨에 따르면, 제1에스드라서는 역대기 사가의 작품이 아니라, 역대기서, 에스라-느헤미야서의 단편을 번역한 것에 지나지 않는다. 이는 제1에스드라서가 역대기서, 에스라-느헤미야서가 역대기 사가의 연속적인 작품일 것이라는 주장에 대한 증거는 될 수 없다는 것을 의미한다. 에스케나지(T. Eskenazi)는 제1에스드라서가 에스라-느헤미야서보다는 역대기서의 문학적, 이데올로기적인 특징의 연속선상에 있다는 것을 보여 준다. "The Chronicles and the Composition of 1 Esdras", *CBQ* 48(1986): 39-61. 나아가서, 역대기서와 에스라-느헤미야서의 신학적인 차이점이 다음과 같이 인식되었다. 1) 역대기서에서는 예언이 지배적인 반면에, 에스라-느헤미야서에서는 그렇지 아니하다. 2) 역대기서는 다윗 왕조에 기초를 둔 왕정에 초점이 있지만, 에스라-느헤미야서는 다윗 왕조에 관심이 없다. 3) 역대기서는 국제적인 경향이 있는 반면에, 에스라-느헤미야서는 분리주의적인 경향이 있다. 4) 역대기서는 이스라엘 모든 족속을 포함하지만, 에스라-느헤미야서는 유다와 베냐민에 초점을 맞춘다. Ralph W. Klein, "Chronicles, Books of 1-2", *ABD* 1: 992-1002. 두 책의 이념의 차이에 대해서는 Roddy L. Braun, "The Message of Chronicles: Rally 'Round the Temple", *CTM* 42(1971): 502-13; *idem*, "A Reconsideration of the Chronicler's Attitude toward the North", *JBL* 96(1977): 59-62; *idem*, "Chronicles, Ezra, and Nemiah: Theology and Literary History", in *Studies in the Historical Books of the Old Testament,* ed. John A. Emerton(Leiden: E. J. Brill, 1979), 52-64; *1 Chronicles,* WBC 14(Waco, Tex.: Word Books, 1986). P. A. Ackroyd, *The*

전승을 따르고 있다. 역대기서의 편집 시기에 대해서는 여러 가지 견해가 있다.[142] 역대기서에 나타난 현존 전승이 후기 편집 시 감추어지긴 했지만, 아직도 역대기서

Chronicler in His Age. S. Japhet, *The Ideology of the Book of Chronicles and its Place in Biblical Thought,* trans. A. Barber, Beitrge zur Erforschung des Alten Testament und des Antiken Judentum 9(Frankfurt am Main: Peter Lang, 1989). W. Riley, *King and Cultus in Chronicles: Worship and the Reinterpretation of History,* JSOTSup 160(Sheffield: JSOT Press, 1993). J. W. Kleinig, "Recent Research in Chronicles", *CR: BS* 2(1994): 43－76.

142) 역대기 상하의 전체 또는 주요 부분의 연대에 대해서는 많은 논쟁이 있어 왔다. 주전 515년(Freedman, Cross, Newsome, Porter, and Peterson), 주전 400년(Albright, Eissfeldt, 그리고 Meyers), 주전 350년(Ackroyd), 주전 300년(Kittel, de Vaux, and Welten), 주전 250년(Pfeiffer, Torrey. Noth), 주전 165년(Lods, Bousset, Kennett). A. Throntveit, *When Kings Speak: Royal Speech and Royal Prayer in Chronicles,* SBL Dissertation 93(Atlanta: Scholars Press, 1987), 97. 프리드만(Freedman)은 역대기서의 연대를 스룹바벨의 시대로 소급하며, 몇몇 학자들이 이를 따르거나 수정하고 있다. David Noel Freedman, "The Chronicler's Purpose", *CBQ* 23(1961): 436－442; F. M. Cross, "A Reconstruction of the Judaean Restoration", *JBL* 94(1975): 4－18. J. D. Newsome Jr., "Toward A New Understanding of the Chronicler and His Purposes." *JBL* 77(1975): 201－17; David L. Petersen, *Late Israelite Prophecy: Studies in Deutero－Prophetic Literature and in Chronicles*(Missoula, Mont.: Scholars Press, 1977), J. R. Porter, "Old Testament Historiography", in *Tradition and Interpretation, Essays by the Members of the Society for Old Testament Study,* ed. G. W. Anderson(Oxford: Clarendon Press, 1979), 152－162. Throntveit, 97－107. 이 초기 연대에 대한 중요한 비판은 윌리암슨에 의하여 이루어졌다. 1) 역대상 3:19－21이 원저작의 일부라면, 역대기서는 스룹바벨 이후의 두번째 세대보다 이를 수는 없다. 2) 다리우스 왕이 왕위에 오른 몇 년 후에 다릭(daric)을 주조했기 때문에, 대상 29:7에 다릭(daric)을 언급한 것은 이 역대기 상하가 후기 시대에 쓰였음을 의미한다. 3) 역대기서와 학개－스가랴서 1－8장은 모두 스룹바벨의 역할을 다르게 이해하고 있기 때문에, 두 책은 연결되지 않는다. 자료의 연대가 논쟁적이지만, 몇몇 학자들은 역대기서의 최종 편집의 하한선을 주전 400년으로 보면서 몇몇 증거를 제시한다. 역대상 3:19－24의 MT에 나타난 다윗 연대기, 역대상 29:7에 다릭의 언급, 역대하 36:22－23에서 에스라서 1:1－3a의 차용, 역대상 9:2－17의 느헤미야서 11:3－19의 차용, 그리고 성직자의 배열의 복잡 정도 들이다. H. G. M. Williamson, "Eschatology in Chronicles", *Tyndale Bulletin* 28(1977): 115－154; *idem, Israel in the Book of Chronicles,* 83－86. 역대기서의 연대를 페르시아 시대보다 늦게 본다든가, 최소한 헬레니즘의 영향이 유다에 처음 느껴지던 때보다도 더 늦은 때로 볼 만한 결정적인 증거는 없다. 역대기서는 주전 400년경으로 보아야 한다. Ibid., 186. cf. De Vries, *1 and 2 Chronicles*(Grand Rapids: Eerdman, 1989), 16－17; Japhet, *I and II Chronicles,* OTL(London: SCM Press, 1993), 27－28.

는 현존 전승의 중요한 특징인 신현현 주제와 지상의 성전에서의 하나님의 현존에 관한 표현이 남아 있다. 역대기서는 "하나님이 하늘에 계신다"[143]는 표현과 "하나님의 이름"[144]이라는 신명기적인 용어를 쓰긴 하지만, 성전에 계신 하나님의 현존[145]에 대하여 언급하고 있다. 제사장 전승을 따라, 역대기서는 성전 바깥의 신현현을 받아들이지 않고 회막 전승을 성전에 종속시킨다.[146] 역대기서는 제의를 신현현을

---

143) 하나님이 하늘에 계시는 것으로 보이는 몇 개의 구절들이 있다. 이 모든 구절들은 기도와 관련되어 있다. 다윗의 예배에 대한 반응(대상 21:26), 솔로몬의 기도(대하 6:13, 21, 25, 33, 35, 39), 솔로몬의 이상 중의 기도(7:14), 여호사밧의 기도(20:6), 히스기야와 이사야의 기도(32:20). 역대기서는 하나님이 성전에 거할 수 있음을 부정하지 않지만, 여전히 기도에 대한 하나님의 응답이라는 전통적인 표현을 고집한다. "하나님이 하늘에 계신다는 것으로 묘사되는 역대기서의 구절들은 단지 형식적일 뿐이다. 하나님의 현존과의 영적인 연결이나, 그 하나님의 현존에 대한 경험의 증거를 파기하는 것은 아니다. 사실상, 대부분의 이러한 구절들은 기도의 응답이나, 하나님의 즉각적인 응답을 다루고 있다. 하나님과 인간 사이의 간격이나 분리는 없다. 하늘로부터 하나님은 인간을 다스리시고, 그들의 기도를 들으신다." Japhet, *The Ideology of the Book of Chronicles,* 84－85.

144) 야펫에 따르면, 신명기 신학과는 달리, "하나님의 이름"이라는 표현은 하나님이 성전에 현존하실 가능성을 배제하지 않는다. 주님의 이름이 성소에 있다는 표현은 하나님의 이름과 하나님을 동일시함을 전제한다(대상 22:5－11). 그녀는 결론 내리기를, "주의 이름을 위하여 집을 짓는다는 신명기적인 용어는 문학적인 영향으로 나타난 것 이외에는 더 이상의 의미는 없다. 이 구절은 원래 의미를 잃어버리고, 단지 주를 위하여 전을 세운다는 직접적인 형식과 다를 바가 없다." Ibid., 66－70. 야펫은 역대기 사가가 주의 이름이라는 말을 두 가지 다른 경우에 사용한다고 주장한다. 첫째로, 예배의 자리에서 하나님의 이름을 부르면서 축복하거나 감사하는 데 사용한다(대상 23:13; 대상 16:8, 10, 29). 둘째로, 역대기 사가는 예언자의 메시지의 출처를 말하면서 예언의 문맥에서 여호와의 이름이라는 용어를 사용한다(대상 21:29; 대하 18:15; 33:18). Ibid, 70－81.

145) 하나님의 현존은 영광에 의하여 표현된다. "솔로몬이 기도를 마치매 불이 하늘에서부터 내려와서 그 번제물과 제물들을 사르고 여호와의 영광이 그 전에 가득하니 여호와의 영광이 여호와의 전에 가득하므로 제사장이 그 전에 능히 들어가지 못하였고"(대하 7:1－2), "제사장이 그 구름으로 인하여 능히 서서 섬기지 못하였으니 이는 여호와의 영광이 하나님의 전에 가득함이었더라."(대하 5:14) "성전은 또한 하나님이 거하시는 장소로 이해된다. "너는 나의 거할 집을 건축하지 말라."(대상 17:4) "나는 여호와의 언약궤 곧 우리 하나님의 발등상을 봉안할 전 건축할 마음이 있어서 건축할 재료를 준비하였으나."(대상 28:2) "내가 주를 위하여 거하실 전을 건축하였사오니 주께서 영원히 거하실 처소로소이다 하고."(대하 6:2)

146) "저희와 그 자손이 그 반열을 좇아 여호와의 전 곧 성막 문을 지켰는데."(대상 9:23), "또 회막의 직무와 성소의 직무와 그 형제 아론 자손의 직무를 지켜 여호와의 전에서

매개하는 수단으로,147) 그리고 왕을 제의의 창시자로 강조하고 있다.148) 그러나 역대기서에서 왕의 기능은 학개서나 스가랴서 1－8장과는 두 가지 면에서 다르다. 첫째로, 역대기서에 나타난 다윗의 권위는 제의에 제한되고, 이 또한 모세의 권위에 종속되어 있다.149) 둘째로, 왕에 대한 강조는 다윗 시대부터 페르시아 시대까지의 제의를 합리화하기 위함이다.150) 즉, 역대기서의 관심은 왕정 자체가 아니라, 왕정을 통하

수종 드는 것이더라."(대상 23:32)

147) 역대기서에서, 하나님의 현존을 준비하기 위해서 제의가 필요했다. "다윗이 거기서 여호와를 위하여 단을 쌓고 번제와 화목제를 드려 여호와께 아뢰었더니 여호와께서 하늘에서부터 번제 단 위에 불을 내려 응답하시고."(대상 21:26), "솔로몬이 기도를 마치매 불이 하늘에서부터 내려와서 그 번제물과 제물들을 사르고 여호와의 영광이 그 전에 가득하니."(대하 7:1)

148) 다윗은 성전 짓는 것과 예배의 음악적인 면을 준비했다(대상 22:2－19; 대상 15:15－24; 대하 29:25－30). 역대기서는 다윗이 백성의 대표자로서 예배를 조직했고, 예배 시 백성들을 인도했다(대상 13, 15, 16; 21:18－22:1; 대하 2:1－7:10; 대하 29:3－31:21; 대하 34:3－35:19; 대하 11:14－15; 대하 28:22－25). 역대기서는 성전의 재건과 다윗 왕가의 회복을 통하여 포로기 이후 공동체를 재건하려고 시도한다. 프리드만(Freedman)에 따르면, "역대기 사가는 다윗과 솔로몬 왕의 즉위에 관한 이야기를 통해 하나님 백성을 위한 합법적인 형태의 제도와 그 관리들을 형성한다. 이 제도는 다윗 왕가로 대표되는 왕정과, 사독과 그의 후손들로 대표되는 제사장직, 약속된 땅에서의 도시와 성전이다. 도시와 지배자들, 성전과 제사장들은 역대기서가 그의 역사와 신학을 이루는 고정점이다." Freedman, "The Chronicler's Purpose", 437. "역대기 사가는 제사법전에 있는 모세의 율법과의 명백한 연속성을 이루기 위하여 열왕기의 자료들로부터 얻어진 정보들을 회막과 일치하도록 의도적으로 변형하였다. ……그것은 과거의 특별한 시기를 옛 열왕기 전승이 가지고 있지 않은 예루살렘 성전을 합리화하는 법적인 시기로 삼는 것이다." John Van Seters, "The Chronicler's Account of Solomon's Temple－Building: A Continuity Theme", in *The Chronicler as Historian,* edited by Philip R. Davies et al., JSOTSup 238(Sheffield: Sheffield Press, 1997), 300.

149) 드브리스(De Vries)는 제의의 시조인 다윗의 역할과 모세의 역할을 권위 형식과 규례 형식을 비교함으로써 수행한다. 권위 형식은 모세의 율법에 서술된 것을 뜻하며, 규례 형식은 예루살렘 성전에서 예배의 수립을 위하여 다윗과 그의 후계자들이 율례화함을 의미한다. 드브리스에 따르면, 역대기서의 목표는 다윗 왕조를 세우는 것보다는 제의제도의 구성원인 레위족속을 합리화하는 것이다. 모세의 후계자인 다윗은 여호와 예배를 정점에 이르게 하고 참된 성취를 이루어 낸 레위 족속들이 일할 수 있는 제도를 시작하게 하였다. Simon de Vries, "Moses and David as Cult Founded in Chronicles", *JBL* 107 / 4(1988): 619－639.

150) "예루살렘의 왕들은 성전 건설의 역할을 수행하고 성전의 관리를 위한 책임을 맡고 있

여 제의를 합리화하는 것이다.[151] 이러한 경향은 제의가 이방 페르시아 왕에 의하여 재건된 후에도 역시 제의를 위해 왕의 권위를 받아들였다는 데에서 볼 수 있다.[152]

역대기서가 실제로 두 단계의 편집 단계를 거쳤는지는 아직도 논쟁 중이다. 한편으로 역대기서는 초기 편집(대상 10-22장과 대상 28장부터 대하 34장까지)과 후기 첨가(대상 1-9장과 23-27장)로 이루어졌다.[153] 역대기서의 최종 편집은 역대기 상

었던 것으로 보인다. 역대기 사가는 이 이념을 이러한 일들의 다른 형태에 삽입한바, 하나님의 인과응보의 주제와 왕조의 약속에 대한 관심뿐 아니라 다윗과 솔로몬 시대에 대한 원천적인 묘사에서 나타난다." Riley, 155.

151) "제의에 기초한 승인과 위협의 역대기 사가적인 배합의 결과는 제의가 왕정의 존재를 위해 중요한 이유로 나타나며, 동시에 원칙적으로 역대기 사가의 실제 관심은 다윗 왕정을 넘어선다." Ibid., 156. 역대기 사가가 다윗 왕가의 회복에 대해서는 관심을 가지지 않는 이유는, 제의 공동체의 수립을 통하여 왕정의 목표가 완료되고, 이스라엘은 제의 공동체로 연속되기 때문이다.

152) 대하 36:22-23. "이러한 관점에서, 고레스의 조서는 역대기서 작품에서 필요한 부분이며, 제의적인 목표를 완료한 다윗 왕조가 왕조의 불순종 때문에, 인정받는 다른 제도로 바뀐다는 명백한 표시가 역대기에 나타난다." Ibid., 203.

153) 역대기서의 편집에 대하여 노트는 다음과 같이 분석한다. 1) 벨하우젠 이래로 후기 첨가로 여겨졌던 것들이 역대기 사가의 원래의 작품임이 밝혀졌다. 2) 역대상 1-9장과 23장은 후기 편집이다. "역대기 상 23-27장에 있는 성전 관리 일람표는 역대기서의 후기 첨가로 보인다. 이러한 작업의 목표는 다윗을 포로기 이후에 이루어진 다양한 제의 봉사자들 선정의 기원으로 보려는 것이다." The *Chronicler's History,* 33. "역대상 2-9장에서 발견되는 대부분은 혼란스럽고, 이차적으로 본문 발전 과정을 통해 나타난 것이다." Ibid., 42. 노트를 따라, 윌리(Willi)는 이러한 역대기서에의 확장과 첨가의 대부분은 후기 레위족의 편집에 의한 것이라고 주장한다. Thomas Willi, *Die Chronik historischen berlieferung Israels*(Göttingen: Vandenhoeck und Ruprecht, 1972), 194-204; Throntveit, 6에서 인용함. cf. Braun, 1 *Chronicles*. 다른 학자들은 역대상 1-9장과 23-27장이 역대기서에 본질적인 것이라고 주장한다. 존슨(Johnson)과 윌리암슨(Williamson)은 역대상 1-9장에 나오는 신학이 역대기서의 나머지와 같다고 주장한다. M. D. Johnson, *The Purpose of the Biblical Genealogies*. 2d ed., SNTSMS 8(Cambridge: Cambridge University Press, 1989), 47-55. Williamson, *Israel in the Books of Chronicles*, 81-82; H. G. M. Williamson, "The Origin of the Twenty-Four Priestly Courses", in *Studies in the Historical Books of the Old Testament,* VTSup 30(Leiden: E. J. Brill, 1979), 265; *idem, 1 and 2 Chronicles.* NCB(Grand Rapids: Eerdmans, 1982), 179. "학자들이 이 장들(대상 1-9장)의 목적이나, 또는 이야기의 다음 책과의 관련성을 이해하지 못하기 때문에 이 장들이 무시되었다. 자세히 살펴보면, 이 장들도 같은 역대기적인 언어를 가지고 있고, 레위족과 다윗 왕가에의 집착은 책 전체에 나타난다."

23-27장 이외에도 나타나는 레위적인 관심이 특징이다.[154] 레위인들은 율법의 돌판이 들어 있는 언약궤를 맡는 의무를 발전시켜(대하 5:4-12; 7:6), 율법을 담당하게 되었다(대하 19:4-11; 31:4; 35:3).[155] 역대기서는 레위인의 발흥을 보여 주며 아론이 포로기 이후 사독 제사장들과 레위인들의 공동 조상임을 강조하고 있다.[156] 이는 포로기 이후 사독 제사장들과 레위인들이 모세의 권위 아래에서 타협한 결과였다. 결과적으로, 역대기서의 최종 편집층에서 신현현 전승이 감추어지기는 하였지만, 모세의 권위 아래 제의를 합리화하는 한 여전히 남아 있다.[157]

포로기 이후 시대가 어떻게 말씀 전승의 영향 아래 율법-성전 중심의 사회를 형성하였는지 알기 위하여 에스라-느헤미야서는[158] 중요한 역할을 한다. 이 연구의

De Vries, Ibid., 12-13. "역대상 23-27장은 역대기서의 다윗 이야기에 주변적인 것이 아니다. 구절들과 그 특징들은 이야기와 상충하지 않고, 오히려 이야기를 완성한다. 다윗은 일찍이 선한 왕이었는데 그의 죽음과 솔로몬의 계승을 준비하며 자세하게 그의 왕국을 배치하고 질서를 세운다. 역대상 23-27장은 다윗 즉위에 관한 역대기 사가의 서술에 있어서 핵심적인 구절인 것이다." John W. Wright, "The Legacy of David in Chronicles: The Narrative Function of 1 Chronicles 23-27", JBL 110 / 2(1991): 233.

154) 레위인에게 여러 가지 의무가 있었다(대상 6:31-31; 9:22; 대하 8:14-15; 23:18-19; 29:5 그리고 35:4, 15).

155) J. Blenkinsopp, *Sage, Priest, and Prophet: Religious and Intellectual Leadership in Ancient Israel*(Louisville, Ky.: Westminster John Knox Press, 1995), 95. 다윗이 제의를 시작하게 하는 행위에는 제사장과는 확연하게 구분되는 레위인들을 포함한다(대하 29:4-5).

156) "역대기 사가는 전통적인 순서인 '제사장과 레위인들'을 보존하고 있고, 희생의식을 주관하는 아론의 아들의 권리를 문제 삼지는 않지만, 이 편집자는 제사장들이 레위인들보다는 하나님의 사역에 대한 열정이 적다고 넌지시 말한다(대하 29:34; 35:14)." De Vries, "Moses and David as Cult founders in Chronicles." 638.

157) "이 변화로 인하여 제의는 언약 갱신의 중심이 되었다." D. J. McCarthy, S. J. "Covenant and Law in Chronicles-Nehemiah", *CBQ* 44(1982), 29.

158) 에스라와 느헤미야의 순서와 관련하여, 성경의 문자적인 연대기는 에스라가 먼저라는 것을 지지한다. 1) 에스라는 아닥사스다 7년에 예루살렘에 도착했다(스 7:7-9). 2) 에스라는 혼합 결혼 문제를 다루고 있다(스 9-10장). 3) 느헤미야는 아닥사스다 왕 20년에 예루살렘에 왔다(느 2:1-8; 5:14). 4) 느헤미야는 오십이 일 동안 예루살렘 성벽을 건축했다(느 2:9-6:15). 5) 에스라는 느헤미야 앞에서 모세의 율법을 읽었다(느 8:1-9). 6) 느헤미야는 바벨론에 돌아와 아닥사스다 왕 32년에 다시 예루살렘을 방문했다(느 13:6). 현재 받아들여지는 고정된 연대는 느헤미야가 돌아온 아닥사스다 왕 20년(주전 445년)이다. 에스라가 예루살렘에 온 때에 대해서는 아직 논의 중이다. 에스라

출발점은[159] 에스라－느헤미야서의 마지막 편집이 포로기 이후 시대의 명확한 이념

다음에 느헤미야가 왔다는 전통적인 연대기에 저항하는 증거가 있다. 1) 느 8:9, 12:26 그리고 12:36 이외에는 두 사람이 결코 다시 함께 언급된 적이 없다. 2) 그들의 활동이 매우 비슷하기 때문에 과연 그들이 같은 때 유대공동체에서 각각의 역할을 했는지 의심스럽다. 3) 에스라는 아닥사스다 왕의 인도 아래 율법을 가르치고 집행하기 위하여 왔음에도 불구하고, 그가 도착한 13년 후까지, 느헤미야서 8장에 나타나는 공중 율법 낭독 행사에 참여하지 않았다. 에스라가 예루살렘에 온 날짜에 관한 다양한 견해가 있다. 1) 에스라 설화는 역대기 사가의 창작품이다(Torrey). 2) 에스라를 아닥사스다 7년인 주전 398년으로 돌림. 3) 성경대로 에스라를 주전 458년으로 돌림. 그리고 4) 주전 458년(에스라) 또는 445년(느헤미야)을 그대로 두고, 느헤미야서 8장을 에스라서 8장 뒤에 두거나(Williamson, Talmon), 에스라 10장 뒤에(Mowinckel, Pohlmann) 둠으로써, 에스라의 공적인 율법 낭독을 예루살렘에 도착한 첫해로 돌린다. 역사적인 순서를 찾으려는 이러한 시도들은 실패하기 십상이다. 최종 저자의 의도는 어떤 역사적인 정보를 제공하려는 것이 아니라, 포로기 이후 공동체의 정체를 그리려는 것이다. Shaver, 14－104; P. Ackroyd, "The Jewish Community in Palestine in the Persian Period", in *The Cambridge History of Judaism. Vol.1. Introduction, The Persian Period,* eds. W. D. Davies and Louis Finkelstein(Cambridge: Cambridge University Press, 1984), 130－161; Ralph W. Klein, "Ezra－Nemiah, Books of", *ABD* 2: 731－742; H. G. M. Williamson, *Ezra, Nemiah,* WBC 16(Waco, Tex.: Word Books, 1985), J. Blenkinsopp, *Ezra－Nehemiah*(Philadelphia: Westminster, 1988).

159) 에스라－느헤미야서의 통일성에 관한 연구를 위하여 다음 책들을 참고했다. Tamara C. Eskenazi, "The Structure of Ezra－Nemiah and the Integrity of the Book", *JBL* 107/4(1988) 641－656; *In an Age of Prose. A Literary Approach to Ezra－Nemiah,* SBLMS 36(Atlanta: Scholars Press, 1988), David Kraemer, "On the Relationship of the Book of Ezra and Nehemiah", *JSOT* 59(1993): 73－92; Childs, *Introduction to the Old Testament as Scripture;* J. C. VanderKam, "Ezra－Nemiah or Ezra and Nemiah?", in *Priests, Prophets and Scribes: Essays on the Formation and Heritage of Second Temple Judaism in Honor of Joseph Blenkinsopp,* eds. P. R. Davies, et al., JSOTSup 149(Sheffield: JSOT Press, 1992), 55－75. 나의 논지를 발전시키기 전에 에스라－느헤미야서의 두 가지 중요한 주장을 설명하고자 한다. 첫째, 에스케나지(Tamara C. Eskenazi)의 문헌 연구는 다음 결론에 이르고 있다. 1) 에스라－느헤미야서는 포로기 이후 공동체가 지도자들에 의한 것이 아니라, 전 공동체에 의하여 이루어졌음을 보여 주고 있다. Eskenazi, 648. 2) 성전과 희생제사들은 율법에 의하여 대체되고 있다. "토라의 연구가 희생제사를 대치하고 있다. ……토라는 성전과 희생제사보다 크다." Ibid., 648. 3) 에스라－느헤미야서의 초점은 하나님의 집으로서의 성전이 아니라, 예루살렘 도시이다. Ibid., 647. 에스케나지가 발견한 첫 번째의 두 가지 관찰은 아직도 유효성이 있지만, 밴더캄(VanderKam)과 크래머(Kraemer)는 하나님의 집에 관한 주장을 비판하고 있다. 밴더캄은 이에 대하여 다음과 같이 비판한다. "한 가지 더 말할 수 있는 것은 느헤미야서의

을 반영한다는 것이다.[160] 이 연구를 위하여 본문을 현존 전승과 말씀 전승 사이의 긴장으로 읽는 것이 필요하다. 이 시기에 말씀 전승과 모세의 권위는 권위 있는 것으로 여겨졌다. 제의가 집행되는 성전은 신현존의 장소가 아니라 페르시아 제국이 모세의 율법을 사용하여 유대 백성을 다스리는 장소가 되었다.

나는 에스라-느헤미야서의 문학적인 구조로부터 시작하려고 한다.

표 3: 에스라-느헤미야의 문학적인 구조

I. 성전과 제의의 회복(에스라1:1-10:44)	II. 율법-성전 중심한 공동체의 건설(느 1:1-13:31)
A. 회복의 준비(에스라 1:1-11) 1. 회복계획의 재가(1:1-4) 2. 유대인들의 반응(1:5) 3. 주변국가의 협조(1:6) 4. 성전 기명의 운반(1:7-11)	A. 율법-성전공동체의 건설의 준비(1:1-7:5) 1. 성벽 회복의 준비(1:1-2:10) 2. 성벽의 회복(2:11-7:5)
B. 성전과 제의의 회복 시 귀환한 자들(2:1-70)	B. 성벽 회복에 참여한 귀환자들(7:6-73)
C. 성전과 제의의 회복(3:1-6:22) 1. 제의의 회복(3:1-7) 2. 성전의 기초(3:8-13) 3. 성전의 건축(4:1-6:15) 4. 성전봉헌식(6:16-21)	C. 율법-성전공동체의 건설(8:1-13:3) 1. 율법의 공중 낭독(8:1-18) 2. 공중의 회개(9:1-37) 3. 계약을 지키기로 맹세(9:38-10:39) 4. 예루살렘의 재정착(11:1-34) 5. 제사장들과 레위인들(12:1-26) 6. 성곽 낙성식(12:27-43) 7. 곳간들(12:44-13:3)
D. 제의 개혁(7:1-10:44) 1. 에스라의 파견(7:1-8:14) 2. 에스라의 예루살렘 여행(8:15-36) 3. 에스라의 제의 개혁	D. 느헤미야의 개혁(13:4-31) 1. 곳간들(13:4-14) 2. 안식일(13:15-22) 3. 혼합결혼(13:23-31)(9:1-10:44)

저자는 집과 예루살렘 도시를 계속 구분하고 있기 때문에, 이러한 특징에 대하여 관심을 가지고 있지 않은 것으로 보이는 것이다(e.g. 6:10; 8:16; 10:32-39; 11:11, 16, 22; 13:4, 7, 9, 11, 14). 에스라-느헤미야서 전체를 통하여 하나님의 집이 성전이라고 믿을 만한 이유들이 있다." Kraemer, 73. "그러나 하나님의 집의 중심성이 명백한 에스라서와는 달리 느헤미야의 어느 부분에서도 집이라는 말이 명백하게 언급된 곳은 없다. 사실상, 에스케나지가 느헤미야서에서 하나님의 집을 가리키는 구절들은 사실상 도시와 그 성벽을 의미하고 있다. ……" Kraemer, 75.

160) 정경해석방법을 사용하여, 차일즈는 에스라서와 느헤미야서가 모두 저자의 명백한 의도를 공유하고 있다고 주장한다. 차일즈는 에스라의 작업과 느헤미야의 성벽 건축을 느헤

이 문학적인 구조는 에스케나지(Tamara C. Eskenazi)의 방법과 유사하지만, 그녀의 방법을 보완하고 있다. 고레스의 조서를 에스라-느헤미야서의 서론으로 여기는 에스케나지와는 달리, 나는 이 표에서 고레스의 조서를 에스라서의 서론으로 여기고 있다. 에스라-느헤미야서는 다음과 같은 문학적인 특징을 가지고 있다. 첫째, 전체적으로 에스라서는 느헤미야서와 분리되어 있다. 두 일련표(스 2:1-70 그리고 느 7:6-73)의 중요성에 대해서는 에스케나지가 잘 관찰하고 있다. 두 일련표의 유사성(스 2장 & 느 7장) 이외에도, 우리는 두 책에서 평행되는 표시를 읽을 수 있다. 에스라의 활동은 고레스의 조서를 통하여 재가를 받았고(스 1:1-4), 느헤미야의 작업은 아닥사스다 왕의 재가를(느 2:1-9) 받았다. 두 개혁은 페르시아 왕의 권위 아래 진행되었다. 성전과 제의의 회복에 대한 소개(스 3:1), 그리고 말씀 전승의 권위와 모세의 권위의 확립(느 8:1) 등이 평행된 표현으로 나타난다.

표 4: 에스라 3:1과 느헤미야 8:1의 비교

에스라서 3:1	느헤미야서 8:1
וַיִּגַּע הַחֹדֶשׁ הַשְּׁבִיעִי וּבְנֵי יִשְׂרָאֵל (이스라엘 자손이칠월에 모인지라)	וַיִּגַּע הַחֹדֶשׁ הַשְּׁבִיעִי וּבְנֵי יִשְׂרָאֵל (이스라엘 자손이 칠월에 모인지라)
בֶּעָרִים (본성에)	בְּעָרֵיהֶם (그 본성에)
וַיֵּאָסְפוּ הָעָם כְּאִישׁ אֶחָד (백성이 일제히 모인지라)	וַיֵּאָסְפוּ כָל—הָעָם כְּaאִישׁ אֶeחָד (모든 백성이 일제히 모여)
אֶל־יְרוּשָׁלִָם (예루살렘에)	אֶל־הָרְחוֹב אֲשֶׁר לִפְנֵי ־שַׁעַר־הַמָּיִם (수문앞 광장에 모여)

둘째로, 두 책은 이데올로기에 의하여 연결되어 있다. 에스라서는 성전과 제의의 회복을 다루고 있고, 느헤미야서는 모세의 율법에 기초한 공동체의 건설을 다루고 있다.[161] 에스라는 성전의 재건 후에 개혁을 시작하고, 느헤미야는 공동체의 건설

미야서 8-12장에 나타나는 믿음의 공동체에 대한 종교적인 재편으로 이해한다. Childs, *Introduction to the Old Testament as Scripture*, 635.

161) 이것은 크래머의 연구에서 드러난바, 그는 에스라-느헤미야서를 각각 명백한 이념을

후에 개혁을 시작한다.

셋째로, 에스라-느헤미야서의 최종 편집의 목표는 에스라와 느헤미야의 개혁을 율법-성전공동체의 건설로 이해하는 것이다. 유대공동체는 에스라의 종교적 개혁으로 시작된 개혁이 느헤미야서에서 절대적인 말씀 전승의 형성을 통하여 개혁을 마치게 된다. 유대공동체의 개혁은 에스라와 느헤미야의 개혁의 조화를 통하여 완성되는 것이다. 에스라-느헤미야서의 최종 편집에서 우리는 개혁의 연대기적인 순서가 아니라, 율법-성전공동체의 완성을 통해 형성된 유대공동체의 자기 정체성에 관한 해석을 보게 되는 것이다.[162] 이런 목표를 위하여, 최종 편집자는 에스라의 율법 낭독을 느헤미야서 8장에 두고 있다.[163] 그리하여 개혁된 유다의 이상적인 공동

가진 다른 문헌적인 작품으로 보고 있다. 크래머에 따르면, 에스라서 1-10장은 제의와 성전의 회복을 나타내면서 제사장적인 이념을 강조하고, 느헤미야서 1-3장은 반(反)-성전 이념을 반영한다. 그에 따르면 이 차이점은 또한 에스라라는 인물의 묘사에서도 나타난다. 에스라서 1-10장에서, 에스라는 성전과 정결법 같은 제사장적인 이슈에 관심이 있는 반면에, 느헤미야서 1-13장에서 에스라의 제사장적인 기능은 율법에 비하여 이차적이다. Kraemer, 73-92.

162) 에스라-느헤미야는 명백하게 서로 분리되었지만, 에스라서 4:6-24와 6:14에 나타난 시대착오적인 연대기를 살펴보면 에스라-느헤미야서가 포괄적인 의도를 가지고 편집되었다는 것을 알 수 있다. 즉, 최종 편집자는 에스라-느헤미야서를 율법-성전 중심의 공동체 아래의 한 책으로 이해하고 있었다. 에스라 4:6-24는 문학적인 문맥이 성전 건축에 대한 반대임에도 불구하고 성벽 건축에 대한 반대까지도 다루고 있기에 시대착오적인 것이다. 그러나 이 구절들이 성벽 건축에 대한 반대를 다루는 것은 최종 편집자의 의도로서, 그는 아닥사스다 왕이 다리우스보다 앞에 놓였다는 것을 간과하고 있다(스 4:24). 이 구절이 잘못 놓였다고 주장하는 학자들이 있지만, 이 배치가 의도적이었다는 것을 보여 주는 구절이 있다. "이스라엘 하나님의 명령과 바사 왕 고레스와 다리오와 아닥사스다의 조서를 좇아 전을 건축하며 필역하되."(스 6:14). 이 구절들은 아닥사스다의 조서를 포함하면서 최종 편집자가 이미 에스라 4:6-24의 존재를 알고 있었다는 것을 암시한다. 즉, 에스라 4:6-14가 잘못 배치된 것처럼 보이는 것은 우연이 아니라, 의도적인 것이다. 최종 편집자는 본문을 성전 건축에 대한 반대만이 아니라, 성전 건축과 성벽 건축 모두에 대한 반대로서 설명하려고 시도하는 것이다. 이것은 에스라-느헤미야서의 최종 편집자가 이 책들을 율법-성전 중심의 공동체라는 상(像) 아래 편집하려고 하였음을 보여 준다.

163) 개혁은 율법이 성전을 대치할 때 이루어진다. 느헤미야 8:1의 주석에서(수문), 엘리슨(Ellison)은 토라가 성전과 희생제사보다 더 크다는 것을 인식했다. H. L. Ellison, *From Babylon to Bethlehem*(Exeter: Paternoster, 1976), 47. 느헤미야서 8:4의 주석에서, 윌리암

체의 모습은 다음과 같은 일련의 말씀 전승의 요소로 이루어져 있다. 율법의 공적인 낭독(느 8장), 공적인 회개(느 9장), 계약의 맹세(느 10장), 예루살렘의 재정착(느 11장), 그리고 성전에 관한 규정(느 12:1-13:3).[164] 에스라-느헤미야서의 최종 편집은 율법을 계약으로부터 분리시켜 사람들이 규정 조항을 율법들로 지키도록 만들었다.[165]

에스라-느헤미야의 개혁 후에, 말씀 전승과 모세의 권위는 유대 사회를 지배해 왔다.[166] 그러나 포로기 이후 사회에 말씀 전승과 현존 전승 사이에 긴장의 증거들도 발견되고 있다. 나는 다음 장에서 승천 전승이 말씀 전승에 대한 현존 전승의 방어로 BW라는 묵시문학을 만들고, 다시 말씀 전승은 승천 전승에 맞서 말씀 전승을 옹호하기 위하여 다니엘서라는 묵시문학을 만들었음을 보여 줄 것이다. 먼저 집회서(Sirach)와 희년서(the Book of Jubilees)에서 이 긴장을 살펴보려고 한다.

슨은 이렇게 쓰고 있다. "그들은 에스라를 도와서 포로기 이후 유대교에서 제사장이나 레위족속에게 제한되지 않은 율법 낭독하는 일을 위하여 선택된 대표자였다. 이러한 유추가 옳다면, 에스라가 평신도 가운데 율법을 낭독하는 일을 도울 사람을 뽑았다는 것이 매우 중요하다. 위치의 선택과 함께, 에스라는 과감하게 토라는 출생이나 특별한 능력에 의한 특권을 위한 것이 아니라 모든 사람을 위한 것이라고 선포하고 있는 것이다." Williamson, *Ezra, Nemiah,* 289.

164) 중요한 점은 율법-성전공동체의 형성이 모세의 율법의 권위로 끝나는 것이 아니라, 예루살렘의 재정착화와 성전의 다른 규례화를 포함한다는 것이다. 이러한 이상적인 율법-성전공동체의 형성은 느헤미야 13:4에서 끝난다. "그날에"(느 12:44; 13:1)라는 말은 이 공동체의 이상적인 특징을 서술하고 있다. 느헤미야의 계속적인 개혁은 몇 가지 문학적인 특징을 통해 알 수 있다. "이전에"(느 13:4), "그날에"(느 13:1, 23, 15) 그리고 "느헤미야의 기도"(느 13:14, 22b, 29-31).

165) "역대기 사가는 다윗 언약을 모세 언약으로 대치하였지만, 후자의 조항은 그 자체가 율법이 되었다. 그래서 그는 율법을 계약으로부터 분리시켰다." McCarthy, "Covenant and Law in Chronicles-Nehemiah", 26.

166) 에스라-느헤미야의 개혁은 유대공동체를 율법-성전 중심의 공동체로 만드는 데 공헌을 하였다. 이 공동체는 페르시아의 이익에 부합하는 한 상대적인 자율성을 누릴 수 있었다. 말씀 전승과 모세의 권위는 페르시아의 후광 아래 현존 전승 대신 이스라엘의 역사에 나타났다. 율법은 페르시아의 지지 아래 편집되어 정치적이고 종교적으로 유대 사회를 다스렸다. 유대의 종교는 책과 주어진 전승의 해석의 종교가 되었다. 유대의 경건은 정경인 토라를 모세의 권위 아래에서 읽고 해석하는 것에 기반을 두고 있다.

4 집회서(Sirach)에 나타난 율법과 지혜

제1에녹서와 집회서의 비교를 행하면서,[167] 랜달(Randal A. Argal)은 이 두 책에 나타난 갈등에 주목하고 있다.

> 제1에녹서와 집회서의 저자들은 그들의 책에 포함된 "계시된 지혜"에 대항하는 경쟁 서기관을 알고 있었다. ……이 전략은 유대 내부의 논쟁과 일치되는 것이다. 각 그룹은 "계시된 지혜"를 가지고 있다고 주장하고, 적대자에 대하여 심각한 공격을 가한다. ……집회서와 제1에녹서에 있는 계시를 둘러싼 상세한 논쟁은 각 전승이 상대를 경쟁자로 여겼을 만한 명백한 가능성을 제기한다.[168]

이 갈등이야말로 제2성전 시대에 존재하였던 말씀 전승과 승천 전승을 소유했던 그룹들 간의 갈등의 증거라고 볼 수 있다. 나는 이 갈등을 검토하면서 말씀 전승이 어떻게 지혜를 율법과 동일시함으로써 승천 전승에 맞서 자신을 지켰는지 살펴보려고 한다.

지혜는 자주 낙관적인 인간론과 신정론에 근거한 것으로 알려졌다. 인간론[169]과

---

167) 집회서는 주전 180년에 예루살렘에서 쓰였고, 주전 135－130년에 저자의 손자에 의하여 그리스어로 바뀌면서 서론이 첨가되었다. 이 책에는 안티오쿠스 4세 에피파네스(주전 175－163)가 즉위한 것이나, 유대인들의 박해가 반영되지 않는다. Roland E. Murphy, *Tree of Life: An Exploration of Biblical Wisdom Literature*(New York: Doubleday, 1990), 65. Leo G. Perdue, *Wisdom and Creation: The Theology of Wisdom Literature* (Nashville: Abingdon Press, 1994), 243－246. Alexander A. Di Lella, "Wisdom of Ben－Sira", *ABD* 6: 931－945. BW의 최종 편집은 주전 200년 정도, 다니엘이 주전 164년도, 집회서는 BW와 다니엘서 사이에 놓일 수 있다. 이는 집회서가 BW와 다니엘서의 갈등의 증거로 사용될 수 있음을 의미한다.

168) Randal A. Argall, *1 Enoch and Sirach: A Comparative Literary and Conceptual Analysis of the Themes of Revelation, Creation and Judgment*(Atlanta: Scholars Press, 1995), 95－97.

169) 인간론은(Anthropology) 인간의 행위와 기능에 초점을 맞추고 있다. 침멀리는 지혜의 목표가 삶을 정복하는 것이라고 주장하고 있다. Walter Zimmerli, "The Place and Limit of Wisdom in the Framework of the Old Testament Theology", *SJT* 17(1964), 146－158.

신정론[170]은 인간의 가능성에 대한 믿음을 가지고 있다. 만약 전통적인 지혜를 낙관적인 인간론이나 신정론에 근거한 지혜라고 국한한다면, 단지 잠언의 일부만이 이 정의에 맞을 것이며, 욥기나 전도서는 이른바 지혜의 위기를 보여 주는 것이 될 것이다. 지혜를 인간론에 근거해서 정의하는 것의 문제는 인간이 무한한 존재가 아니고 염세적인 인간론의 그늘 아래 있다는 존재론적인 특징이라는 것이다.[171] 신정론(theodicy)이 중요하기는 하지만, 하나님의 본질과 실재에 대한 기본적인 단언에 대한 신뢰의 부족이나 의문에서 나타나는 이차적인 신학적인 주제이기 때문에,[172] 전체적으로 지혜의 정의를 포괄할 수는 없다. 신정론은 하나님의 특성을 서술하기는

브뤼지만은(W. Brueggemann) 낙관적인 인간론을 다음과 같이 정의하고 있다. 1) 인간의 삶이 인간 존재의 목표이자 의미이다. 2) 인생의 권위는 인간 존재를 통하여 식별된다. 3) 인간은 그들의 운명에 책임을 진다. 4) 인간은 우주에서 질서 있는 역할을 하도록 되어 있다. 5) 인간은 창조의 왕으로 기념된다. W. Brueggemann, *In Man We Trust*(Richmond: John Knox Press, 1972), 14－25. cf. O. S. Rankin, *Israel's Wisdom Literature*(Edinburgh: T. & T. Clark, 1936).

170) 신정론은 혼돈의 위협으로부터 하나님의 정의를 방어한다. 창조신학의 중요성은 옛 지혜의 전제인, 하나님의 정의에 대한 믿음을 강화한다는 사실로부터 나타난다. James Crenshaw, "The Wisdom Literature." *The Hebrew Bible and Its Modern Interpreters,* eds. Douglas A. Knight and Gene M. Tucker(Philadelphia: Fortress, 1985), 389. 크렌쇼는 혼돈의 세 가지 영역으로 인간의 타락, 인간의 무지, 그리고 인간의 의식을 들고 있다. 그는 여성지혜가 초월성과 내재성을 중재한다고 주장한다. James Crenshaw, "Introduction: The Shift from Theodicy to Anthropodicy, *Theodicy" in the Old Testament,* ed. James Crenshaw(London: SCM, 1983), 1－16; *idem,* "The Human Dillemma and Literature of Dissent", *Tradition and Theology in the Old Testament,* ed. Douglas A. Knight(Philadelphia: Fortress, 1974), 235－58; *idem,* "Popular Questioning of the Justice of God", *ZAW* 82(1970): 380－95; *idem,* "In Search of Divine Presence", *RevExp* 74(1977): 353－69; Burton L. Mack, "Wisdom Myth and Mytho－Log", *Int* 24(1970), 46－60.

171) 지혜 문학의 염세적인 인간론은 다음을 포함한다. (1) 죽음은 인간의 한계이다(전 2:15; 3:19; 5:12－16; 6:6; 7:2; 8:8; 9:2－3; 12:1－7; 잠 10:21; 15:10; 19:16; 23:13; 창 3:19). (2) 죽음 가운데, 인간의 영혼은 하나님께 돌아간다(전 3:20; 12:7; 창 2:7; 3:19). (3) 인간의 지혜는 제한되어 있다(욥 23:8－17; 28:12－13; 창 2:17; 전 8:7; 10:14). (4) 인간은 죄를 짓기 쉬운 존재이다(창 3장; 전 7:29; 8:11; 9:3; 잠 5:22; 20:9). (5) 인간의 유한성은 우주의 질서에 대한 하나님의 주권 아래 급진적으로 이해되었다(전 3:10－13; 잠3:19－20; 8:22－31; 욥 38－41장).

172) Perdue, 48－49.

하지만, 사실상 이것은 하나님의 현존을 분별하는 인간의 능력에 대한 도전인 것이다. 그러므로 하나님의 특성을 설명하기 위하여 학자들은 우주론을 말하고 있다.[173] 우주론은 인과응보의 교리를 다루지 않고 하나님의 자유를 허락하고 있기에 신정론과는 다르다. 우리가 지혜를 인간론과 우주론의 긴장으로 정의한다면,[174] 욥기와 전도서에서 예를 들 수 있을 것이다. 물론, 신정론이라는 용어는 인간론과 우주론 사이의 긴장을 깨뜨리는 데 있어서 지혜의 역할을 설명하는 데 아직도 유용하다.

낙관적인 인간론은 잠언과 같은 초기 지혜 문헌에 지배적이며,[175] 염세적인 인간

---

173) 우주론은 우주와 사회적 질서에 초점이 있다. 그러나 하나님의 자유에 대한 강조 때문에 기계적인 인과응보 교리로 발전되지는 않았다. Ibid., 38. cf. Hartmut Gese, *Lehre und Wirklichkeit in der alten Weisheit*(Tübingen: J. C. B. Mohr[Paul Siebeck], 1958), 슈미트는 이 우주론이 포로에 이르기까지 지속적이라고 주장하였다. 그에 의하면, 인간의 행동이 어떤 결과를 이룬다는 기계적인 인과응보 교리와 비역사적인 질서에 대한 개념은 포로기 이후에 일어났다. H. H. Schmidt, *Wesen und Geschichte der Weisheit*, BZAW 101(Berlin: Walter de Gruyter, 1966), idem, "Creation, Righteousness, and Salvation", *Creation in the Old Testament*, ed. B. W. Anderson(Philadelphia: Fortress, 1984), 102－17. Hans－Jürgen Hermission, "Observations on the Creation Theology." in Wisdom, *Israelite Wisdom,* eds. John G. Gammie et al.(Missoula, Mont.: Scholars Press, 1978), 43－57. 지혜 전승에서 우주론은 낙관적인 인간론과 짝을 이룬다. 여호와는 세상의 창조자와 지속시키시는 분이시며, 그의 초월성은 질서들의 기초이다. 이스라엘 사람들은 이 한계를 여호와를 경외하는 것이, 곧 지혜이다(욥 28:28; 잠 1:7; 9:10; 욥 1:1; 전 3:14; 5:6).

174) 폰 라드(Von Rad)는 하나님에 대한 지식과 세상에 대한 사람들의 경험과 지식이 다르지 않다고 주장한다. Gerhard von Rad, *Old Testament Theology,* vol.1, 418－453; *idem, Wisdom in Israel*(Nashville: Abingdon Press, 1972), 61－62; "세상과 창조자는 분리되지 않았다. ……피조물의 자발적인 행동과 하나님의 포괄적인 원인 시발성(causality)은 다 인정되었다." Roland E. Murphy, 114. "내 견해는 인간론과 우주론의 변증법이 지혜 문학의 신학을 표현하는 데 가장 적당하다는 것이다. 내가 평가하기로는 이 변증법이 어느 하나(인간론)에서 다른 하나(우주론)로의 발전이나, 어느 하나의 비교우위적인 강조가 아니라 참된 변증법을 이루어야 한다." Perdue, 48. 퍼듀는 이 이슈를 발전시킨다. "창조 신학은 인간론과 우주론 가운데 전적인 지혜 전승을 위한 기초로 여겨진다. 이것은 지혜 문헌의 근본적인 주제가 바로 하나님의 섭리에 대한 확증, 우주의 질서, 하나님의 생명의 선물, 삶을 통한 인간들의 배양, 그리고 창조와 조화로운 삶의 목표 등이다." Ibid., 46.

175) 잠언은 세 가지 기본적인 신학적인 전제를 가지고 있다. 1) 이 세상은 지혜 있는 창조자이신 여호와를 통하여 다스려지는 질서 있는 세계이다. 2) 이 질서에 대한 지식은 자

론은 욥기나 전도서 같은 후기 지혜서에 지배적이다. 지혜에 있어서의 위기는 바로 인간론과 우주론의 긴장이 깨어질 때 나타났다. 하나님의 정의가 보존되었을 때에 낙관적인 인간론이 지배적이었다. 그러나 하나님의 정의와 인간의 이성이 우주적 질서와 사회적 질서를 설명하지 못할 때, 염세적인 인간론이 전면에 나타나게 되었다. 잠언도 이미 우주론에 속하면서 인간의 한계를 인식하고 있다.[176] 욥기는 욥의 신정론에 관한 질문을 무시하고, 우주론에 근거한 신현현 경험[177]을 제시함으로써 문제를 해결하고 있다. 전도서는 하나님의 정의, 지식, 그리고 우주적인 질서에 대한 믿음을 문제 삼는다. 전도서에서의 회의주의는 하나님의 존재에 대한 염세주의에서 오는 것이 아니라, 그것을 인식하는 사람의 능력에 대한 회의로부터 나타나는 것이다.[178] 이 전도서의 파괴적인 공격은 단지 낙관적이고 전통적인 지혜의 남용에 대한 공격인 것이다. 전도서는 염세적인 시대에, 염세적인 인간론의 그늘 아래 생을 잡으라는 수정된 지혜를 제시하고 있다.[179] 전도서는 모든 미해결된 질문들을 하나

신을 지혜에 개방하는 사람들에게 가능하다. 3) 자신들을 하나님의 질서와 일치시키는 현자들은 선한 것을 경험하는 반면에, 어리석은 자들은 그들의 어리석음 때문에 고통당한다. Alan W. Jenks, "Theological Presuppositions of Israel's Wisdom Literature", *HBT* 7(1985): 44－50.

176) 세계는 때때로 무질서하고 불합리하다(잠 30:11－14; 21－23). 하나님의 방식은 자주 신비롭기도 하다(잠 30:2－4). 겸손한 것들과 경험들도 때로는 너무 이해하기 놀라운 것들이다(잠30:18－19). 정의의 방식은 인간의 악과 폭력에 의하여 왜곡된다(잠28:14).

177) J. Coert Rylaarsdam, *Revelation in Jewish Wisdom Literature*(Chicago: University of Chicago Press, 1946), 74－98.

178) 전도서에서 나타나는 우주론은 염세적이거나 회의적이지 않다. 차라리, 하나님의 전능하심이 인식되었다(3:14). 지혜는 하나님에 대한 경외와 일치되었다(3:14; 7:18; 8:12; 12:13).

179) 학자들은 전도서가 염세적인지 낙관적인지에 대하여 일치하지 않다. 전자는 전도서가 하나님의 세계를 구별할 수 있는 인간의 능력에 대하여 염세적이기 때문에 인간의 한계에 대한 어떤 해법을 제시하지 않는다고 주장했다(e.g. H. Gunkel, O. Eissfeldt, C. C. Forman, J. Pedersen, K. Galling, G. von Rad, A. Lauha, and J. L. Crenshaw. R. B. Y. Scott.). 후자는 전도서가 하나님의 선물로서 삶을 누리는 것을 강조함으로, 낙관적이라고 말하고 있다(e.g. R. Gordis, H. L. Ginsberg, H. W. Herzberg, O. Loretz, N. Lohfink, G. Ogden, and R. N. Whybray). 욥기와 전도서는 그들 자신의 잠정적인 해법을 제시하고 있다. 욥기는 신현현을 강조하는 반면에, 전도서는 "삶을 붙잡으라."고 말한다. 전도서의 밝은 면을 강조하는 자들은 일곱 번 나오는 "기쁨"의 언급에서부터 시작한다(2:24

님의 신비에 돌림으로 우주론을 구하려고 노력하고 있다.

지혜 전승에서 낙관적인 우주론에 대한 강조는 말씀 전승과 관계있다. 전통적인 지혜는[180] 말씀 전승과 몇 가지 특징을 공유하는데 하나님에 대한 경외, 인본주의, 교훈주의, 그리고 응보 교리 등이 그것이다.[181] 신명기 사가들은 지혜를 적절한 행동과 도덕률에 대한 지식과 동일시하고 있다.[182] 그러므로, 지혜 문헌에서 응보 교리에 대한 공격은 또한 말씀 전승의 위기이기도 한 것이다. 집회서는 완전한 회의주의로부터 지혜 전승의 인간론을 구원하려고 시도하여, 전통적인 지혜[183]와 말씀

−26; 3:12−13; 3:22; 5:17−19; 8:14−15; 9:7−10; 11:7−12:1a). 화이브레이는 이 구절들이 전도서의 중심 주제라는 것을 보여 주려고 했다. Whybray, "Qoheleth, Preacher of Joy", JSOT 23(1982), 87−98. 많은 주석가들이 전도서의 충고는 삶을 붙잡고, 그것을 하나님의 선물로 보며, 그 안에서 신비를 즐기라고 보는 것에 대하여 동의하고 있다. e.g. E. Glasser, E. Good, T. Polk, H. Witzenrath, G. Ogden, Whybray. 옥덴(Ogden)은 전도서의 밝은 면을 강조하지만, 이러한 낙관적인 면이 인간의 부활과는 관계없고, 현재의 기쁨과 관계있다. G. Ogden, Qoheleth(Sheffield: JSOT Press, 1987), 62. cf. Robert Gordis, *Koheleth−the Man and His Word: A Study of Ecclesiastes*(New York: Schocken Books, 1968), 129.

180) 나는 전통적인 지혜라는 용어를 낙관적인 인간론에 기초한 지혜라고 정의한다.

181) "신명기서는 잠언과 고대 근동의 지혜 문헌에 나타나는 고대 지혜 전승의 이념에 의해 영향을 받았다고 전제하는 것이 더 바람직하다." Weinfeld, *Deuteronomy and Deuteronomistic School,* 297.

182) Ibid., 255. 크렌쇼는 지혜와 신명기 전승 사이의 차이에 초점을 둠으로써 범−신명기주의를 경고하고 있다. "그렇게 범위를 넓히는 것은 지혜를 회복할 수 없을 정도로 왜곡시키는 것이다." Crenshaw, *Old Testament Wisdom,* 30. 크렌쇼는 신정론이 근동 지방에 지배적이라고 해서 지혜 문헌에 있는 신정론과 신명기에 있는 신정론이 관련되어 있다는 것을 증명할 수는 없다고 본다. "이 개념이 폭넓게 알려져 있기 때문에, 사람들이 아무리 이 개념에 저항하려 해도(예를 들어, 욥기) 이 영향을 벗어날 수 없었다." Crenshaw, "The Deuteronomist and the Writings", in *Those Elusive Deuteronomists: The Phenomenon of Pan−Deuteronomism,* eds. Linda S. Schearing and Steven L. McKenzie, JSOTSup 268(Sheffield: Sheffield Academic Press, 1999), 152. 그의 주장은 한편으로 말씀 전승이 진정성 있는 전승으로 지혜 문헌과 신명기 모두에 지배적이었다는 나의 주장을 뒷받침한다.

183) 집회서와 잠언의 유사성은 다음과 같다. 하나님의 전지(잠언 15:1; 집회서 39:19; 42:18), 하나님에 대한 경외감(잠언 10:27; 15:33; 16:6; 22:4; Sir 2:7−9; 15:7), 인과응보(잠언 10:25, 30; 11:17, 25; 13:6; 집회서 7:1−3; 29:11−13; 40:12−17). John G. Gammie, "The Sage in Sirach", in *The Sage in Israel and the Ancient Near East,* eds. John G.

전승을 옹호하고 있다.

집회서가 율법을 옹호하려는 시도는 부분적으로 묵시적인 지혜의 도전에 대한 대응이다. BW는 승천 전승에 기초하여 다음과 같은 원리에 입각하여 새로운 계시를 받아들였다. 1) 새로운 계시는 승천을 통하여 에녹에게 주어진다. 2) 새 지혜는 모세가 받은 계시보다 더 진정성이 있다. 3) 새 지혜는 낙관적인 인간론에 근거한 전통적인 지혜에 의존하지 않고, 하나님의 자유와 신비에 기초한 우주론에 의존해 있다. 집회서는 모세의 율법을 최종적인 계시로 보면서 BW에서 강조된 지혜를 비판하고 있다.

> 네게 너무 어려운 것을 찾지 말고, 네 힘을 넘어서는 것을 알려고 하지 말라. 감추어진 것은 너에게 필요가 없으므로, 너에게 주어진 것만을 묵상하도록 하라. 인간이 이해하기 힘든 일들은 너에게 보였으므로, 너의 자리를 벗어나는 것을 간섭하려고 애쓰지 마라. 그것들을 급하게 판단하려다가 많은 사람들이 곁길로 가고 잘못된 의견으로 넘어지곤 하기 때문이다(집회서 3:21－24).[184)]

Gammie and Leo G. Perdue(Winona Lake: Eisenbrauns, 1990), 359.

184) 스케한(Patrick Skehan)과 디렐라(Alexander Di Lella)는 이 본문들을 그리스 철학에 맞서는 유대교의 변증으로 간주한다. *The Wisdom of Ben Sira,* AB(New York: Doubleday, 1987), 160－161. cf. Hengel, 139－140. 크렌쇼는 이 구절들이 묵시운동과 그리스 철학에서 왔다고 본다. "묵시운동과 그리스 철학적 사유의 위험성 때문에, 집회서는 명백하게 고대 지혜와의 접촉, 즉 수수께끼와 모든 질문들에 관한 검토를 피하였다." J. L. Crenshaw, *Old Testament Wisdom: An Introduction*(rev. and enl. ed.; Louisville, Ky.: Westminster John Knox Press, 1998), 25. 나아가서, 라이트(B. G. Wright Ⅲ)는 이 구절이 에녹의 지혜와는 배치된다고 보았다. "이 구절이 그리스의 철학적인 질문과 관련 있다기보다는 하나님이 인간으로 하여금 이해하지 못하게 하는 것들에 대하여 관심을 갖지 말 것을 말하고 있다. 집회서는 제1에녹서나 레위의 유언서에서 나타난 주제인 하나님의 창조의 비밀이나 미래의 계시 등은 이해하기 너무 어렵고, 심지어 조사하기에 너무 위험하다고 걱정하고 있다." B. G. Wright Ⅲ, "Putting the Puzzle Together: Some Suggestions Concerning the Social Location of the Wisdom of Ben Sira", in *SBL Seminar Papers*(1996), 140. "집회서는 그의 경쟁자가 신비적인 지혜를 가르치고 있는 것을 암시하는 상세한 어휘를 사용하고 있다. 그의 어휘는 아마도 에녹1서를 염두에 둔 듯하다. 집회서는 학생들에게 너무 놀라운 것, 능력을 넘어서는 것, 비밀스러운 것, 너무 거창한 것 등을 연구하지 말라고 경고하고 있다(집회서 3:21－23)." Argall, 250.

어리석은 사람의 희망은 거짓이요, 허망된 것이며, 바보 같은 자들은 꿈에 따라 우왕좌왕한다. ……복술과(Divinations), 길흉(omen)과 꿈은 어리석은 것이요, 산고 있는 여인처럼 그 마음이 헛된 것이라. 지극히 높은 자로부터 오지 않은 것이라면 그것에 마음을 두지 말라. 꿈은 사람들을 미혹하고, 그것에 소망을 두는 사람들은 다 넘어지느니라. 그러한 미혹함이 없다면, 율법이 성취되며 지혜는 진리를 말하는 입술에서 완전해진다(집회서 34:1, 5－8).[185]

이 본문들은 집회서가 이미 승천을 통한 새 계시에 대하여 알고 있었고, 참지혜가 율법과 같은 것인지 아니면 율법 이외의 다른 새 진리인지에 대한 논쟁을 알고 있었음을 보여 준다. 집회서는 낙관적인 인간론을 강조하고, 파수꾼의 책은 우주론과 하나님의 신비를 강조한다. 집회서는 새 계시에 대한 도전을 반영하고 있다. 집회서는 모세의 권위를 옹호함으로써 말씀 전승을 방어하고 참된 지혜는 오직 모세의 토라라고 주장한다.

집회서의 해법은 지혜를 모세의 율법과 동일시하는 것이었다. 욥기와 전도서에 나타난 극단적인 이성주의의 최종 한계를 목격하면서 집회서는 지혜의 초월성을 받아들임으로 해법을 제시한다.[186] 이 초월성은 파수꾼의 책에서 나타나는 초월과는 전적으로 다르다. 하나님으로부터 오는 지혜를 보존하기 위하여, 집회서는 회의적인 것은 하나님이 아니라 인간이라고 주장한다. 즉, 집회서가 받아들인 초월은 지혜가 인간의 손 안에 있는 것이 아니라 하나님 안에 있다는 것이다. 인간의 능력에 대해서는 회의가 있을 수 있지만, 하나님이 주는 지혜는 확실하다. 그러므로 집회서에 나타나는 지혜는 인간의 능력으로부터 분리되어 하나님의 선물이 된다(집회서 1:1－10). 이것이 집회서가 지혜를 찬양하는 이유이다. 말씀 전승은 원래 인간의 순종을 강조하고, 지혜 전승은 경험적인 방법을 강조한다. 집회서는 지혜 전승의 경험적인

---

185) 34:1b에 있는 주장은(바보는 꿈에 미혹받는다) 아마도 이상주의자들의 승천을 염두에 두었을 것이다(cf. 제1에녹서 14:8). ……꿈을 징조 해석과 연결함으로(34:5a), 집회서는 적들이 토라가 금지한 나라의 우상숭배적인 행위들을 한다고 공격하고 있다(신 18:10－11). ……이것은 전형적인 공격이다(cf. 제1에녹서 7:1; 8:3; 9:8). 아마도 맨틱 지혜 전승에 대한 반대를 찾아내려는 노력이다. Ibid., 82－83.

186) Rylaarsdam, 74－98.

방법을 근본적으로 개혁하고 있다. 집회서에 따르면, 낙관적 인간론 가운데 있는 비회의적인 요소는 단지 율법에 대한 연구나 율법에 대한 순종뿐이라고 주장한다. 율법을 연구하고 순종하는 능력은 하나님의 계시인 율법에 이르는 가장 확실한 길이다(집회서 6:37; 23:27). 이 지혜는 율법을 순종하는 사람들이나(집회서 1:26), 하나님을 경외하는 자들에게 주어진다(집회서 2:15; 15:1; 19:20). 집회서는 하나님의 신비와 신정론에 대한 회의를 율법의 이상화를 통해서 해결을 시도한다. 율법은 인간이 지켜야 할 계명일 뿐 아니라, 하나님의 최종 계시이다. 집회서에 따르면, 응보교리는 이 세상에서 일어난다(집회서 7:1－2; 9:12). 죽음과 지옥은 인간의 한계이다(집회서 38:21; 17:22－23). 집회서는 사후 세계나 부활에 대하여 언급하지 않고, 죽음을 이길 수 있는 방법은 자녀들 가운데 사는 길이라고 주장한다.[187]

집회서에서 지혜와 율법의 일치는 율법을 최종적인 계시로 만듦으로써 이루어진다. 집회서는 묵시지혜에 대항하여 새 계시는 다름 아닌 율법에 대한 해석이요 이해라고 주장한다. 계시는 오직 율법을 통하여 주어진 것이며,[188] 참된 지혜는 율법 자체와 동일시되었다(집회서 24:23). 집회서는 하나님이 율법을 초월케 하는 것을 참된 지혜로 여긴다.[189] 이제 집회서에서 참된 지혜에 이르는 길은 율법서를 연구하는 것으로, 이는 곧 서기관의 일이다(집회서 39:1－11).[190] 서기관의 일은 후기 유대

187) "아버지는 죽을 수는 있지만 죽어 있지는 않는다. 왜냐하면, 자기와 같은 자를 뒤에 남겨 두기 때문이다. 생전에는 그를 보고 기뻐하고, 즐거워하며, 죽어서는 슬퍼하지 않는 것이다."(집회서 30:4－5) "사람의 탄식은 자신의 육체에 관한 것이지만, 죄인의 악한 이름은 사라질 것이다. 이름을 귀하게 여겨야 한다. 왜냐하면, 수천 년 후에도 이름이 남기 때문이다. 삶의 날은 계수되며, 좋은 이름은 영원히 남는다."(41:11－13)

188) "여호와를 두려워하는 자는 이것을 하며, 율법을 붙잡는 자는 지혜를 얻을 것이다."(집회서 15:1) "모든 지혜는 여호와를 경외함이요, 지혜 안에서 율법의 성취가 있다."(집회서19:20)

189) 집회서는 지혜에 관한 시들을 포함하고 있다(집회서 1:1－10; 24:1－34; 그리고 51:13－30). 또한 다른 많은 곳에서 지혜를 찬양한다(집회서 4:11－19; 6:18－31; 그리고14:20－15:10).

190) 신명기를 따라, 잠언과 집회서는 서기관의 기능을 유사하게 이해하고 있다. 왕의 조언자(집회서 39:4; 잠언 14:35; 25:15), 기도(집회서 18:27; 39:5; 잠언 14:2; 15:29, 33), 포도주를 마심(집회서 31:25－29; 잠언 13:20), 그리고 실제적인 친절(집회서 4:1－10; 29:8－13; 잠언 11:17, 24, 25). Gammie, 259.

교의 율법-성전 중심의 경건 안에서 일하는 것이다(집회서 39:1-11).[191]

5 희년서(the Book of Jubilees)에 나타난 현존 전승과 말씀 전승

희년서에 관한 연구에서, 데이븐포트(Gene L. Davenport)는 희년서가 세 단계의 편집 단계를 거쳤다고 말하고 있다.[192] 1) 첫째 편집 부분은 대체적으로 오경에 나타난 말씀 전승을 합리화하는 천사의 강화를 포함한다(1:1-4a, 29a; 2:1-50:4). 2) 두 번째 편집은 이스라엘의 고난의 이유를 설명하면서, 천사의 강화에 새로운 서론이 덧붙여진다(1:4b-26, 29b; 50:5). 3) 세번째 편집은 성전 중심의 새로운 편집이다(1:10b, 17a, 27-28, 29c; 4:26; 23:21; 31:14; 50:6-13). 그의 분석은 희년서가 최소한 전체적으로 토라 중심의 층과 성전 중심의 층으로 이루어졌음을 보여 주고 있

191) Jenks, 67. 사실상, 집회서는 신명기보다는 덜 엄격하다(신 18:18). 신명기가 율법 이외의 어떤 것도 무시하는 데 반해, 집회서는 율법 이외의 어떤 것을 통해 계시가 주어지는 것이 있을 수 있다는 것까지 부정하지는 않는다. 만약 어떤 사람이 율법에 신실하다면, 계시를 향한 길이 열리기도 한다. 집회서 34:6은 다음과 같이 풀어서 읽을 수 있다. "그것이 지극히 높으신 자로부터 온 것이라면, 그것에 네 마음을 두라. 집회서 1:26은 또한 말하기를 지혜를 원하면, 계명을 지키라. 그리하면, 주께서 그것을 너에게 주시리라." 집회서는 계시가 율법 이외의 도구를 통하여 하나님으로부터 올 수 있다는 묵시현상의 개념을 받아들이고 있음을 알 수 있다. 그러나 이 계시는 율법을 연구하는 자에게만 주어진다고 단서를 붙인다. 일반적으로 계시를 향한 문은 열려 있지만, 대부분의 사람들은 그것을 발견하기가 어렵다. 이 태도는 다니엘서에서 더욱 발전하게 된다. 율법이 최종적이며, 가장 높은 권위를 가졌다는 사람들은 파수꾼의 책의 이념에 대항하여, 다니엘서를 쓰게 되었다. 다니엘서는 계시가 하나님으로부터 오며, 모세의 율법을 순종하는 사람들에게만 주어진다고 주장한다.

192) Gene L. Davenport, *The Eschatology of the Book of Jubilees,* Studia Post-Biblica 20 (Leiden: Brill, 1971), 10-18, 72-75.

다. 나는 희년서의 최종 본문에서 정경 토라와 성전의 관계를 설명하려고 한다.[193]

1) 희년서는 전체적으로 정경 토라를 반영한다.

희년서는 현존 전승과 말씀 전승을 모두 포함하고 있다는 점에서 정경 토라를 따르고 있다고 말할 수 있다. 희년서는 모세의 절대적인 권위를 인정하지 않는다는 점만 제외한다면 말씀 전승을 따르고 있다. 신명기에서와 같이, 하나님은 그의 이름을 지상의 성전에 두신다(희년서 1:10; 22:24; 32:10; 49:21). 하나님의 말씀을 들으라는 명령이 강조되었다(희년서 33:19).[194] 신명기적인 용어를 사용하면서(신 7:6; 14:2, 21; 26:19; 28:9), 희년서는 이스라엘을 거룩한 백성이라고 서술한다.[195] "이스

---

193) 희년서의 연대는 오랫동안 논의되어 왔다. 밴더캄에 의하면, 희년서 연대의 상한선은 유다 마카비가 니카노르와의 전투에서 승리한 때로 본다(주전 161년). 연대의 하한선으로는 시몬의 죽음(주전135년), 또는 시몬의 대제사장 선언(주전 140년), 또는 요나단의 왕위 등극(주전 152년)을 잡고 있다. James C. VanderKam, *Textual And Historical Studies in the Book of Jubilees*(Missoula, Mont.: Scholars Press, 1977), 214－85. 니켈스버그는 밴더캄의 주장에 이의를 제기한다. 그는 희년서 34:2－9와 37－38을 마카비 전쟁으로 묘사하는 주장에 대해 공격한다. 희년서 23:16의 묵시문학이 헬레니즘에 대한 논쟁과 관계있기는 하지만, 이것이 안티오쿠스 4세가 성전을 더럽힌 사건을 언급한다고 볼 수는 없다. 니켈스버그는 희년서가 옷 벗음(3:31)과 비－할례(15:34)를 금하기 때문에, 희년서의 핵심은 유대인과 이방인들 간의 대립에 있다고 본다. 이방인들의 축제(6:35)를 위하여, 음력보다는 양력을 취하였다. 유대인들은 이방인들과의 결혼을 허락하지 않았다(20:4; 22:20; 25:1; 27:10; 30:1－15). 우상숭배(20:7－9; 22:16－18)와 피를 마시는 것(6:12－41; 7:30; 21:6) 등은 금지되었다. 유대인들은 할례와 안식일에 있어서 이방인들과 구별되었다. 이러한 금지들은 주전 160년의 재앙 또는 계속된 헬레니즘 개혁 또는 유대－이방인 간의 대립의 결과이다. 이와 같이, 니켈스버그는 희년서를 헬레니즘 개혁기간인 주전 168년경으로 잡고 있다. G. W. E. Nickelsburg, "The Bible Rewritten and Expanded", *Jewish Writing of the Second Temple Period,* ed. M. Stone(Philadelphia: Fortress, 1984), 102－103. 데이븐포트는 세 단계의 편집 단계를 제안하고 있다. 천사의 강화(주전 3세기 후반이나 2세기 초반), 두 번째 편집(마카비 투쟁, 주전 166－160 년), 최종적으로 성전지향적인 편집(주전 140－104년). Davenport, 10－16.

194) 그들에게 이 규례의 말씀을 전하여, 그들이 듣고 조심하여 땅에서 멸망하지 않게 하여라(희년서 33:19).

라엘은 하나님 여호와의 거룩한 백성이기에 지상에서 이루어지는 그들의 성적 부정보다 더 큰 죄는 없다. 하나님이 소유한 것은 민족이다. 그러한 부정을 거룩한 백성들 가운데 보지 못하게 될 것이다."(희년서 33:20). 신명기 신학의 또 다른 요소인 인과응보적인 정의는 희년서에 자주 나타난다.196) 이스라엘의 죄에 대한 예언이나, 하나님께 돌아가기 위해서 마음으로부터의 회개가 강조되는 것은 신명기에 있는 구절과 비슷하다.197)

표 5: 희년서와 정경의 비교

희년서 1장	정 경
희년서 1:7 내가 너의 패역함과 목이 곧음을 아나니	신 31:27 내가 너희의 패역함과 목이 곧은 것을 아나니
희년서 1:7-8 내가 그들을 아브라함과 이삭과 야곱에게 맹세한 땅으로 불러들이리라. 네 후손들에게는 젖과 꿀이 흐르는 땅을 주리라. 그들이 먹어 배부르면, 다른 신들을 섬기리라.	신 31:20 내가 그들의 열조에게 맹세한 바 젖과 꿀이 흐르는 땅으로 그들을 인도하여 들인 후에 그들이 먹어 배부르고 살지면 돌이켜 다른 신들을 섬기며 나를 멸시하여 내 언약을 어기리니
희년서 1:9 그들이 그들의 신을 섬기며, 이것이 덫이 되리라.	수 23:13, 16 그들이 너희에게 올무가 되며 덫이 되며 가서 다른 신들을 섬겨.
희년서 1:12 내가 그들에게 증거 하기 위하여 증인들을 보내리라, 그러나 그들이 듣지 아니하리라.	렘 25:4 여호와께서 그 모든 종 선지자를 너희에게 보내시되 부지런히 보내셨으나 너희가 듣지 아니하였으며 귀를 기울여 들으려고도 아니 하였도다.

195) 다르게 표시되지 않으면, 희년서의 본문은 다음 책에서 온 것이다. J. C. VanderKam, *The Book of Jubilees*(Lovanii: E. Peeters, 1989).

196) 엔드레스가 희년서 19-45장에서 이 예를 제시하고 있다. 이삭의 블레셋 사람들을 향한 맹세(희년서 24:25), 이방 여인과의 결혼(19-45장), 디나의 강간의 결과(희년서 30장), 유다와 다말의 성교(41:23; 44:34), 그리고 다른 죄에 대한 응보 등. John C. Endres, *Biblical Interpretation in the Book of Jubilees,* CBQMS 18(Washington, D. C.: Catholic Biblical Association of America, 1987), 231-232.

197) 데이븐포트는 희년서 1:7b-18이 신명기 4:25-27; 31:16-29; 32:17; 그리고 왕하 17:7-20에 의존하고 있음을 밝히고 있다. Davenport, 23.

희년서 1장	정 경
희년서 1:13 나는 만민들 가운데 그들을 흩으리라.	신 28:64 여호와께서 너를 땅 이 끝에서 저 끝까지 만민 중에 흩으시리니
희년서 1:15 그들이 열방 가운데서 모든 마음을 다해 내게 돌아와.	신 4:29 그러나 네가 거기서 네 하나님 여호와를 구하게 되리니 만일 마음을 다하고 성품을 다하여 그를 구하면 만나리라
희년서 1:15 내가 열방 가운데 그들을 모으리니, 그들이 나를 만나되, 모든 마음과 영혼을 다하여 나를 찾으면 만나지리라.	렘 29:14 나 여호와가 말하노라 내가 너희에게 만나지겠고 너희를 포로된 중에서 다시 돌아오게 하되 내가 쫓아 보내었던 열방과 모든 곳에서 모아 사로잡혀 떠나게 하던 본 곳으로 돌아오게 하리라 여호와의 말이니라 하셨느니라.
희년서 1:16 그들은 머리가 되고 꼬리가 되지 않으리라.	신 28:13 여호와께서 너로 머리가 되고 꼬리가 되지 않게 하시며

희년서는 또한 현존 전승을 포함하고 있다. 희년서에는 하나님의 현존 주제에 관한 표현이 많이 있다. 하나님은 회막, 곧 그의 성전에 계신다(희년서 1:10). 하나님은 백성들 가운데 성전을 세우시고, 그들 가운데 거하신다(희년서 1:17; 출 25:8; 29:45; 레 26:11). 희년서는 제사장적인 관심을 가지고 있다.[198] 희년서 1:2-4는 제사장 문헌에 속한 출애굽기 24:15b-18과 유사하다.[199] 희년서 1:2-4에는 봄(seeing)의 특징인, 여호와의 영광, 신현현의 특징으로서의 구름, 그리고 여호와를 타는 불로 표현하는 것 등이 나타난다.

198) 안식일 법(2:1, 17-33; 50:6-13)은 이 책의 설화의 인클루시오(*inclusio*)이다. 거룩한 달력이 사용되고 있다. 에녹 이야기의 시작(4:17-18), 설명(6:23-38), 절기[칠칠절(6:17-22; 15:1-2; 44:1-4), 장막절(16:20-31; 32:4-7; 27-29), 무교절(18:18-19; 49:22-23), 속죄(34:18-19), 유월절(49:1-22a)], 번제가 수행되었다. 아담(3:27), 에녹(4:25), 노아(6:1-4), 아브라함(21:7-16), 헌물에 대한 표현(15:1-2; 16:20-31). 다른 중요한 제사장적인 관심은 다음과 같다. 피를 마시는 것의 금지(6:7-14; 7:31-32; 21:6, 17-18), 십일조(13:25-27; 32:2, 5, 8-15), 할례(15:25-34; 20:3), 열방으로부터 거룩한 씨의 분리(22:16-18; 25:4-10), 그리고 부정으로부터의 분리(3:8-14; 6:37; 7:20-21; 11:17; 16:5-6; 20:3-7; 21:21-23; 22:16-23; 23:14, 17, 21). James C. VanderKam, “Jubilees, Book of”, *ABD* 3: 1030-1031.

199) Eissfeldt, 189. Friedman, *Who Wrote Bible?* 251; Gottwald, *The Hebrew Bible,* 185.

표 6: 희년서와 제사장 문헌의 비교

희년서 1:2-4	출 24:15b-18
여호와의 영광이 시내 산 위에 머무르고 구름이 육일 동안 산을 가리더니 제 칠일에 여호와께서 구름 가운데 모세를 부르시니라	모세가 산에 오르매 구름이 산을 가리며 여호와의 영광이 시내 산 위에 머무르고 구름이 육일 동안 산을 가리더니 제 칠일에 여호와께서 구름 가운데 모세를 부르시니라
모세의 눈에 산위의 여호와의 영광이 맹렬한 불같이 보였고, 모세는 산에서 사십 일 사십 야를 산에 있으니라.	산 위의 여호와의 영광이 이스라엘 자손의 눈에 맹렬한 불같이 보였고 모세는 구름 속으로 들어가서 산 위에 올랐으며 사십 일 사십 야를 산에 있으니라.

희년서에서 보좌이상 어휘가[200] 직접 사용되지는 않았지만, 하나님이 지상의 성전에 있는 지성소에 거하심이 전제되었다(희년서 23:21).

현존 전승은 거룩을 유지하고 간음과 부정을 막는 데 중요하다.[201] 희년서에 따르면, 천사들의 죄가 부정의 시작이 되었는데(희년서 4:22, 5:1-2, 그리고 7:20-23), 천사들은 세 가지 죄를 범했다. 간음(fornication), 부정(impurity) 그리고 폭력(violence; חמס / ἀδικία; 에티오피아어: 'amaḍā). 희년서는 천사의 부정에 관한 주제를 취하여 성결법전에서의 금지된 성적인 관계의 빛 아래에서 그것을 발전시켰다.[202] 첫째, 근친상간 금지와(레 18:6-25) 관련하여, 희년서는 다양한 부적합한 결합(희년서 20:5)인 천사들의 이야기(7:21), 소돔과 고모라 이야기(16:5), 그리고 르우벤의 죄(33:20) 등에 관하여 설명하고 있다. 나아가서 희년서는 이방인들과의 결혼을 금지하고 있다(희년서 20:4; 22:20; 25:1-9; 27:10; 30:1-15). 둘째로, 희년서는 우상에 관한 규정을 재해석하고 있다. 희년서 30:7-10에는 국제결혼에 대한 규정의

200) "그룹 위에 앉음." 또는 "보좌 위에 앉음."

201) "거룩을 유지하기 위하여, 희년서는 금지된 성적인 관계를 강조한다. 희년서에서 금지된 성관계를 정죄할 때 월경의 부정을 포함하지 않는 것은 의도적인 것으로 보인다. 아마 이 생략은 희년서가 정결법을 파괴하지 않고도 부적절한 성관계는 성전을 더럽힌다는 것을 보여 주려는 것일 것이다." M. Himmelfarb, "Sexual Relation and Reality in the Temple Scroll", *Dead Sea Discoveries* 6(1999): 32-33.

202) 이 견해는 밀그롬에 의하여 충분히 논의되었다. "Impurity in Jubilees and the Temple Scroll", *Revue de Qumran* 63(1994): 281-284.

여러 가지 면을 서술하고 있다. 성결법전은 몰렉 예배를 금한다(레 18:21, 25). 그리고 희년서는 몰렉을 이방인으로 해석하고 있다. 이러한 국제결혼에 대한 금지는 다음과 같이 이방인들에게 딸을 주는 것을 금하는 법에서부터 발전하고 있다.[203)]

표 7: 성결법전과 희년서의 비교

성결법전	희년서(30:7－10)
제사장의 딸(레 21:9)	한 남자의 딸(30:7)
창녀(레 21:9)	이방인과의 자발적인 결혼(30:7)
몰렉(레 20:3)	이방인(30:7)
성전을 더럽힘(레 20:3)	딸을 더럽힘(30:10)
사함 받을 수 없는 죄(레 20:2－5)	사함 받을 수 없는 죄(30:7, 8, 9 그리고 10)

2) 희년서에 나타난 제2성전

희년서는 제2성전의 합법성에 반대하고 있다. 성전의 거룩은 창조 시에 전제되어 있다. 시온과 주변 영역, 그리고 미래의 예루살렘 영역은 창조 시부터 거룩한 것으로 여겨진다(희년서 1:29). 희년서는 또한 지상의 성전에 있는 지성소의 더럽힘을 알고 있다(희년서 23:21). 희년서는 하나님이 하늘에 계심을 암시하고,[204)] 하나님이 이 땅에 존재한다는 언급은 하지 않는다. 이것은 현존 전승에서 오는바, 지상의 성전이 더럽혀졌기 때문에 하나님은 하늘에 거하시게 된 결과이다. 제사장 전승을 따라, 희년서는 하나님의 영광을 표현하기 위해 영광이라는 말을 두 번 사용한다(희년

---

203) 희년서 30장의 혼합결혼에 관해서는 다음을 참조하라. Cana Werman, "Jub 30: Building a Paradigm for the Ban on Intermarriage", *HTR* 90:1(1997): 1－22.

204) 희년서는 하나님이 하늘에 계심을 암시하고 있다. "말씀이 하늘에서 아브라함에게 임하기를"(희년서 7:15), "내가 그를 하늘에서 부르기를"(희년서 18:10), "주께서 아브라함을 하늘에서 부르셨다."(희년서 18:14) 이러한 표현들은 창세기 22:15를 따르고 있다. "여호와의 사자가 하늘에서부터 두 번째 아브라함을 불러", "야곱은 하늘에 오르기까지 기다렸다."(희년서 32:21)

서 1:3). 하나님은 성전이 건설될 때 하늘에서 내려오시는 것으로 되어 있다. "내가 내려와서 그들과 영원히 함께 거할 때까지."(희년서 1:26) 희년서는 성전이 미래에 새롭게 세워질 것으로 예견하기 때문에 지상의 성전은 타락된 것으로 보고 있다.

> 나는 그들 가운데 내 성전을 짓고, 그들과 함께 거하리라(희년서 1:17)
> 내 성전을 그들 가운데 짓고, 영원히 그들과 거할 때까지(희년서 1:27)
> 여호와의 성전이 예루살렘 시온 산에 만들어질 때까지(희년서 1:29)
> 여호와의 성전이 땅에 세워질 때까지(희년서 49:18)

희년서에서 제2성전의 합법성과 타락됨을 동시에 인정한다는 것을 받아들인다면, 다음의 질문은 제2성전이 언제 타락했다고 보는가 하는 것이다. 창조 때부터인가, 아니면 안티오쿠스 4세 때부터인가?

3) 토라와 성전

희년서 23:16-31은 안티오쿠스 4세의 박해 이전에 있었던 유대인들의 투쟁에 대하여 언급하고 있다. 이 구절은 토라에 충실한 그룹과 토라에 불순종한 다른 그룹들 사이의 갈등에 대하여 서술하고 있다. 이 구절에서 악한 세대와 아이들이 대조되고 있다(희년서 23:16). 악한 세대의 죄는 점차적으로 발전하여 성전의 더럽힘에서 절정에 이르고 있다. "그들은 그들의 더러움으로 지성소를 더럽힐 것이다."(희년서 23:21) 따라서 희년서에서 제2성전이 합법성을 결여하게 된 시기는 성전 건설 초기라기보다는 헬레니즘화를 추진하던 세력들의 배교와 함께 시작된다고 주장하는 것으로 볼 수 있다.[205] 희년서 23:21에서는 이러한 죄의 정의가 신명기 신학보다는

205) 니켈스버그는 이 죄를 헬레니즘 개혁가들의 배교, 제이슨의 쿠데타 때 예루살렘에서의 투쟁, 그리고 타락한 제사장 메넬라우스의 계속된 존재 등과 일치시키고 있다. G. W. E. Nickelsburg, *Jewish Literature Between the Bible and the Mishnah: A Historical and Literary Introduction*(Philadelphia: Fortress, 1981), 77.

제사장 전승에 따른 것임을 보여 주고 있다.[206] 희년서 23:22–25는 그들이 겪고 있는 박해를 희년서 23:16–21에서 지은 죄의 업보라고 해석하고 있다. 하나님은 이스라엘을 연단하기 위해 이방 세력을 사용하고 계신 것이다.

희년서 23장을 죄, 심판, 회개, 구원이라는 신명기 신학의 패턴을 사용하여 이해하려는 시도들이 많이 있어 왔다.[207] 사실상, 희년서 1:22–33과 23:16–31은 서로 다르다. 희년서 1:22–33은 죄, 심판, 회개, 구원이라는 신명기 신학의 구조를 따라 모든 이스라엘 사람들에게 메시지를 보낸다는 면에서 민족주의적이라고 할 수 있다. 그러나 희년서 1:22–33과는 달리, 희년서 23:16–31은 이스라엘 사람들을 아이들과 악한 세대로 다음과 같이 나누고 있는 것이다.

표 8: 아이들과 악한 세대(희년서 23:16–32) (1)

아이들	악한 세대
악한 세대를 비판함(16)	죄(17–21)
민족에 대한 심판(22–23)	민족에 대한 심판(22–23)
토라의 연구(26)	부르짖음(24a)
구원(27–31)	구원이 없음(24b–25)

206) 제사법전, 성결법전 그리고 신명기는 죄를 다르게 이해한다. 신명기는 죄를 모세의 율법을 범하는 것으로 이해한다(신 28:15): "신명기적인 견해상, 죄는 자발적으로 일어나지 않으며, 사건의 자연적인 과정에 의하여 악한 자가 백성들로부터 사라지는 것이 아니다. 사람들 자신이 악한 자가 다시는 악을 행치 못하고, 다시는 일부러 죄를 행치 못하도록 그들 가운데 악을 제하여야 하는 것이다(신 13:12; 17:13)." Weinfeld, *Deuteronomy and the Deuteronomistic School,* 242. 성결법전은 죄를 땅의 더럽힘으로 이해한다(레 18:25–30; 26:43). 제사장 문헌은 죄를 성전을 더럽히는 것으로 이해한다(민 19:13, 20). 희년서가 죄를 성전의 더럽힘이라고 이해할 때, 그것은 제사장 문헌을 사용하고 있는 셈이다. "P에게 있어서 공간적인 거룩함은 성전에 제한되어 있으며, H에게 있어서, 공간적인 거룩함은 약속된 땅과 관련이 있다." Milgrom, "Priestly Source", 457.

207) 니켈스버그에 따르면, 배교가 하나님의 처벌을 불러일으킨다면, 하나님의 은혜를 되찾기 위해서는 회개, 즉 의의 길로의 전환이 필요하다. Nickelsburg, *Jewish Literature*, 77. 데이븐포트는 희년서 23:22–25를 희년서 1:4b–26의 빛 아래에서 해석하고 있다. "아이들이 토라로 돌아오고 그로 인하여 하나님이 도우시리라는 청사진은 희년서 1:22–33에 나타나는데, 이곳에서는 사람들이 하나님이 제시하시는 회복에 참여하는 조건으로서 죄를 고백하여야 한다는 것이다." Davenport, 46.

희년서 23:16－21에서 악한 세대는 죄를 범하는 반면에, 아이들은 그들을 비판하고 있다. 희년서 23:22－23에서 아이들과 악한 세대가 심판을 겪고 있기 때문에, 심판은 민족적인 범위에 해당한다고 볼 수 있다. 희년서 23:24－25와 23:26－31은 "그때에"라는 비슷한 어구를 사용하여 시작되는 독립 문맥을 형성하고 있다. 악한 세대와 아이들의 반응과 그 결과는 다음과 같이 비교할 수 있다.

표 9: 아이들과 악한 세대(희년서 23:16－32) (2)

	악한 세대(희년서 23:24－25)	아이들(희년서 23:26－31)
시 기	그때에(In that time),	그때에(In those days),
반 응	그들이 부르짖으며, 울고, 악한 민족들로부터 구원해 달라고 기도할 것이다.	아이들이 율법을 연구하며, 계명을 찾고, 바른길로 돌아가리라.
결 과	그러나 그들을 구원할 자가 없고, 아이들의 머리가 백발이 될 것이다.	사는 날이 길어지고 많아지기 시작할 것이며, 사람들도 많아지리라.

희년서 23:24－25에서는 신명기 신학의 약속과는 달리 악한 세대에게 회개할 기회가 전혀 없다고 말한다. 악한 세대의 운명은 죄, 심판, 그리고 완전한 멸망의 패턴을 따르고 있다. 전적인 멸망이기에 아무도 회개할 기회가 없다. 희년서의 개혁은 민수기 32:10－14에 나오는 제사장 전승만큼이나 철저하다.[208] 희년서 23:26－31은 아이들의 반응과 그 결과를 보여 준다. 희년서는 악한 세대의 죄를 비판하는 아이들의 죄는 언급하지 않는다. 물론 아이들도 전 민족에게 부여된 처벌을 견뎌야 한다. 악한 세대는 부르짖고 울며, 악한 민족으로부터 구원해 달라고 기도하는 것으로 반응하지만(희년서 23:24a), 그들은 구원받지 못한다. 반면에 아이들은 토라를 붙잡

208) "그때에 여호와께서 진노하사 맹세하여 가라사대 애굽에서 나온 자들의 이십 세 이상으로는 한 사람도 내가 아브라함과 이삭과 야곱에게 맹세한 땅을 정녕히 보지 못하리니 이는 그들이 나를 온전히 순종치 아니하였음이니라. 다만 그나스 사람 여분네의 아들 갈렙과 눈의 아들 여호수아는 볼 것은 여호와를 온전히 순종하였음이니라 하시고 여호와께서 이스라엘에게 진노하사 그들로 사십 년 동안 광야에 유리하게 하시므로 여호와의 목전에 악을 행한 그 세대가 필경은 다 소멸하였느니라. 보라 너희는 너희의 열조를 계대하여 일어난 죄인의 종류로서 이스라엘을 향하신 여호와의 노를 더욱 심하게 하는도다."(민32:10－14)

고 구원받았다. 희년서 23:24－31은 대조적인 두 그룹을 소개하는바, 한 그룹은 지성소를 더럽히고 멸망하는 자요, 다른 그룹은 토라를 붙잡고 미래에 구원의 약속을 받는 자들이다. 희년서는 이스라엘 사람들이 참된 회복이 찾아오기 전에 토라에 의존해야 함을 강조하고 있다. 이러한 토라의 강조는 장막절의 축하에 담긴 계약 갱신에 나타나고 있다(희년서 6:17－19).

마지막 질문은 토라 전체의 권위와 성전의 관계에 관한 것이다. 희년서는 성전의 건설이 심판의 날에 이루어짐을 말하고 있다(희년서 4:19, 24; 5:10; 23:11). 희년서는 성전의 건설 이후의 사건을 언급하지 않는다. 즉, 대심판 이후에 찾아오는 하나님의 강림을 마지막 사건으로 두고 있는 것이다. 희년서의 경우에, 성전의 건설은 이 세상 마지막을 위한 사건이 될 것이다. 그러므로 희년서는 역사를 토라 시대와 성전 시대로 나누고 있다. "모세를 위하여 첫 창조 때부터 나의 성전이 그들 가운데 영원히 거할 때까지 기록하라."(희년서 1:27) 하나님은 토라를 모세에게 계시하고 그 잠정성을 명백히 한다. 토라는 새 성전이 세워질 때까지 효력이 있다. 토라는 하나님이 땅에 내려오실 때까지 하나님의 현존의 기능을 담당한다(희년서 1:26). 마지막이 되면 토라는 사라지고 성전 안에 하나님의 현존만이 영원히 있을 것이다.

희년서는 제2성전의 부정과 하나님이 계시는 곳을 알고 있다는 점에서 파수꾼의 책과 유사하기는 하지만,[209] 파수꾼의 책과 다른 점이 있다. 희년서는 말씀 전승과 현존 전승의 조합으로서의 토라의 권위를 받아들인다. 모세의 권위는 절대적이 아니라, 이전 조상들의 권위 중의 하나일 따름이다. 사람들은 새 계시를 받기 위하여 하늘에 올라갈 필요가 없다. 즉, 희년서는 토라 이외의 새 계시의 가능성을 받아들이지 않는다. 토라의 권위는 성전의 건설 때까지 안정되게 유지된다. 마지막 날에 토라는 현존으로 바뀔 것이다.

희년서에 따르면, 토라는 성결법전을 따라 모든 개인과 갱신된다(레 26:42). 모든

209) 후에 언급하겠지만, 파수꾼의 책에서는 제2성전의 비합법성과 제2성전 제사장직의 부정을 강조한다. 파수꾼의 책은 이러한 비합법성이 원래 성전 건축 때부터 시작하였다고 말하고 있다. 천상의 성전과 지상의 성전이 나뉘었기에, 하나님은 천상의 성전으로 올라가셔야 했다.

계약은 한 가지 종류로 통합된다. 노아나 아브라함조차도 한 가지 계약을 준수했다.[210] 그러나 초점은 시내 산 계약을 조상들에게 소급하려는 것이 아니라, 모세계약이 조상들이 지켰던 계약들 중의 하나임을 보여 주는 것이다. 그 결과, 모세의 권위는 상대적이 되고 모세는 이스라엘 역사상 많은 영웅들 중의 하나가 되었다. 희년서는 신명기에 나타난 말씀 전승의 엄격함을 보여 주는 세 가지 특징인, 성전에서의 신현존의 부정, 모세 이전의 역사에 대한 무관심 그리고 신현존과는 분리된 제의의 관심 등을 포기하고 있다. 현존 전승이 모세의 권위를 넘어서는 최고의 계시라고 여기는 것은 전체적으로 모세의 토라와 동일시되었다. 이 토라는 모세가 율법을 받기 이전에 조상 때부터 지켜진 것이기에, 토라의 권위는 더욱 강화되었다. 새 계시는 성전이 세상에 건설되기 전까지 가능하지 않다. 율법이 모세 시대에 새로운 것이 아니기에 모세는 자신의 절대적인 권위를 주장할 수 없다. 모세는 이 율법을 위한 특별한 존재는 아니고, 단지 그 이전부터 있던 계약의 갱신자이다. 결론적으로, 희년서는 모세의 권위를 버리고 말씀 전승과 현존 전승의 조합으로서 토라의 권위를 강화하였다. 토라는 이 세상 마지막 날 새 성전에 하나님이 거하실 때까지 권위가 있는 것이다.

210) Endres, 226－27.

Ⅲ

승천 전승과 말씀 전승

1 서 론

1) 유대 묵시문학 연구사[1)]

케제만(Ernst Käseman)은 묵시현상의 중요성을 다음과 같이 강조했다. “묵시현상(apocalypticism)은 모든 기독교적인 사상의 어머니이다.”[2)] 그의 진술은 묵시현상이

---

1) 코흐의 작품은 묵시현상에 관한 연구사(研究史)를 추적한 첫 번째 최근 시도라고 볼 수 있다. Klaus Koch, *The Rediscovery of Apocalyptic*(London: SCM, 1972). 일반적인 논의를 위하여 다음 논문들을 참조하라. James Barr, “Jewish Apocalyptic in Recent Scholarly Study”, *BJRL* 58(1975): 9−35; Earnest W. Nicholson, “Apocalyptic.” in *Tradition and Interpretation*, ed. G. W. Anderson(Oxford: Clarendon, 1979), 189−213; M. A. Knibb, “Prophecy and the Emergence of the Jewish Apocalypses”, in *Israel's Prophetic Tradition: in Honour of P. R. Acroyd,* ed. R. Coggins, et al.(Cambridge: Cambridge University Press, 1982), 155−80; Michael E. Stone, “Apocalyptic Literature”, in *Jewish Writings of the Second Temple Period,* ed. M. E. Stone(Philadelphia, 1984), 383−441; J. J. Collins, “Apocalyptic Literature”, in *Early Judaism and Its Modern Interpreters,* ed. R. A. Kraft & G. E. Nickelsburg(Chico, CA: Scholars Press, 1986), 345−370; P. R. Davies, “Social World of Apocalyptic Writings.” 핸슨은 이 역사를 비평적으로 검토하였지만, 그의 작품은 묵시적인 종말론에 대한 강조의 그늘 아래 있다. Hanson, *The Dawn of Apocalyptic*; idem, “Prolegomena to the Study of Jewish Apocalyptic”, in *Magnalia Dei: The Mighty Acts of God,* ed. F. M. Cross, W. Lemke, and P. D. Miller, Jr.(Garden City, N.Y.: Doubleday, 1976), 389−413; idem, “Apocalyptic Literature”, in *The Hebrew Bible and Its Modern Interpreters*, ed. Douglas A. Knight and Gene M. Turker(Philadelphia: Fortress, 1985), 465−488. 사회학적인 접근에 관해서는, 다음을 참조하라. Robert R. Wilson, “From Prophecy to Apocalyptic”; F. J. Murphy, “Apocalypses and Apocalypticism: the State of the Question”, CR: BS 2(1994): 147−179: Cook, *Prophecy & Apocalypticism*; Berquist, *Judaism in Persia's Shadow*.

구약성서의 연속적인 흐름 속에 구약과 신약이 어떻게 연결되는지를 보여 준다.[3]) 나아가서 조직신학 분야에서는 판넨베르그(Wolfhart Pannenberg)가 기독교 신학의 중심으로 역사의 묵시적인 개념을 소개하고 있다.[4]) 신구약성서 가운데 다니엘서와 요한계시록만이 정경 안에 자리 잡고 있는 가운데, 두 학자들은 묵시현상의 긍정적인 르네상스의 문을 연 사람들이라고 볼 수 있다.[5])

이제는 묵시문서들이 갑자기 신학 그 자체에서 중요한 역할을 차지하기 시작하였다. 신약성서에서 묵시현상에 관한 논의는 예수의 가르침, 초기 팔레스틴 교회에 관한 관점, 바울의 가르침, 그리고 원시 헬레니즘 기독교의 신학에 영향을 주고 있다. 이러한 이슈들에 관한 논의에 필요한 배경으로서 구약과 신약을 연결하는 유대 묵시문학에 관한 연구의 중요성이 대두된다.[6]) 나는 이 절에서 유대 묵시문학의 연구과 관련되는 세 가지 주제를 다루려고 한다.[7]) 1) 일반적인 용어 정의, 2) 묵시문서에 관한 일반적인 연구, 3) 미래 연구를 위한 결론적인 고찰.

---

2) Ernst Käsemann, "The Beginning of Christian Theology", in *Apocalypticism,* JTC 6 (Tübingen: J.C.B. Mohr, 1969), 40, *idem, New Testament Questions of Today*(1969), 102.

3) Koch, *The Rediscovery of Apocalyptic,* 14.

4) Wolfhart Pannenberg, "Redemptive Event and History", in *Basic Questions in Theology* (1970): 15－80.

5) 코흐는 이러한 묵시현상의 재발흥에 관하여 포괄적으로 서술하고 있다. Koch, 57－97, 98－111.

6) 쿰란 본문이 발견된 이후에 강조점은 신약으로부터 구약으로 옮겨 가게 하였다. 신구약 중간 시대에 위치한 유대 묵시문헌들은 초기 교회의 문헌보다 많고, 내용이 풍부하며, 더 깊이가 있기 때문에, 이들은 구약성서와 신약성서의 연구에 있어서 더 중요해졌다. Koch, 19－20.

7) 유대 묵시문학 연구를 위하여 다음과 같은 자료들이 유용하다. 1) 구약성서에 있는 다니엘서, 2) 구약성서의 위경, 즉, 주전 300년경부터 주후 100년까지 기간 동안의 다양한 문헌들, 그리고 4) 초기 기독교회에 관한 유대 묵시문학의 영향을 보여 주는 신약성서의 묵시문학인 요한계시록. cf. Benedikt Otzen, "Crisis and Religious Reaction: Jewish Apocalypticism", in *Religion and Religious Practice in the Seleucid Kingdom*(Aarhus: Aarhus University Press, 1990), 225.

(1) 용어 정의

묵시현상 연구에 있어서 중요한 출발점은 용어의 정의이다. 묵시현상 연구에서 주로 나타나는 두 가지 용어는 아포캘립틱(apocalyptic)과 아포캘립스(apocalypse)이다. 이들은 신약성서에서 그리스어인 *ἀποκαλύπτειν*(계시하다)와 *ἀποκαλύπσις*(계시)에서 유래했는데, 이 뜻은 구원사가 전개하는 하나님의 계획이 어떻게 드러났는지를 나타낸다.[8] 계시록 1:1에서, 이 용어는 책의 내용이나 그 문학적인 장르를 나타내는 데 사용되지만, 문헌 안에서는 아포캘립스와 아포캘립틱이 구분되지 않는다. 주전 300년부터 주후 100년에 나타난 모든 묵시문헌에서 이러한 용어들이 사용되었다는 증거는 없고, 단지 기독교 시대 이후에만 아포캘립틱이라는 말이 사용되었을 뿐이다. 즉, 이 용어들은 후기 저자들이 유대 묵시문헌을 분류하려고 시도하면서 발전된 것이라고 볼 수 있다.[9] 두 용어들 중에서 "아포캘립스"라는 용어가 문학적으로 사용되었다는 데는 학자들이 동의한다.[10] 그러나 "아포캘립틱"이라는 용어는 성서나 고대 문헌으로부터 나타났다기보다는 후기 학자들이 문헌을 다루면서 이차적으로 나타나게 되었는데, 그 경로에 대하여 학자들의 다양한 연구가 이루어졌다.

첫 번째 시도는, "아포캘립틱"이 사용된 문헌의 공통 특징을 밝히는 것이다.[11] 이

8) 이 역사는 예수의 생애 동안 일어난 사건들이 구원을 위하여 얼마나 중요한지 서술한다(마 16:17; 엡 3:1-5), 파루시아(*parousia*)의 사건들(눅 17:30; 롬 2:5; 살후 1:7; 벧전 4:13), 그리고 바울이 받은 계시(갈 1:11-17). Hanson, "Apocalypticism", 27-34.

9) P. Vielhauer, "Apocalypses and Related Subjects. Introduction", in *New Testament Apocrypha,* Vol.Ⅱ, eds. Hennecke and W. Schneemelcher(London: Lutterworth Press, 1965), 582. 제2바룩서와 제3바룩서 그리고 아브라함의 묵시문학에서 볼 수 있는 것처럼, 기독교 번역자들과 편집자들은 후에 비견할 만한 유대 문헌의 표제로 아포캘립틱(apocalyptic)이라는 용어를 사용하였다. 아포캘립틱(apocalyptic)이라는 말은 묵시문학 연구를 요한계시록과 그 당시의 다른 문헌들의 유사성에 비추어 조직하려는 동기에서 나타난 현대적인 고안이라고 볼 수 있다. Paolo Sacchi, *Jewish Apocalyptic and Its History,* trans. W. J. Short, OFM, JSP Sup 20(Sheffield: Sheffield Academic Press, 1990), 26.

10) 아포캘립스라는 장르의 정의는 콜린스(J. J. Collins)에 의하여 훌륭하게 이루어졌다. J. J. Collins, "Apocalypse: The Morphology of a Genre", *Semeia* 14(1979): 1-20.

11) 문헌적인 집합으로 명백하게 분류하는 것이 타당하다고 여기면서, 러셀은(D. S. Russell) 아포캘립틱의 다양한 특징들을 나열했다. 그가 따랐던 린드블롬(J. Lindblom)은 처음으로

방법의 문제는 아포캘립스와 아포캘립틱을 구분하지 않는 것이다. 아포캘립스는 문헌에 의하여 표현되는 사상들을 의미하는 것으로 명확하지만, 아포캘립틱에 대한 정의는 명확하지 않다. 핸슨은 이와 같이 목록을 제시함으로써 아포캘립틱을 정의한 것은 아포캘립틱의 이해에 유용하지 않다고 말한다.[12)] 베츠(Hans Dieter Betz)도 특성의 제시만으로 아포캘립티시즘(apocalypticism)을 실제로 나타낼 수 있는지 의문을 제기한다.[13)] 스톤(M. E. Stone)은 "이러한 형태의 특징은 현상에 대한 가장 부적절한 형태의 서술이며 정의라고 볼 수 없다."고 말한다. 그는 이 방법이 포함하지 못하는 두 가지 상황을 말하고 있다. 한편으로는 그리스어로 쓰인 바룩의 묵시문학과 같이 이러한 특징을 전혀 갖지 못한 묵시문학이 있는가 하면, 다른 한편, 열두 족장의 약속이나 쿰란 문서의 페샤림(*pesharim*) 등은 비-묵시문학으로서 이러한 특성들을 가지고 있다.[14)]

이러한 특징들을 제안한 사람이다. "초월주의, 신화, 우주적인 이해, 염세적인 역사 이해, 이원론, 시간을 주기로 나눔, 두 세대의 분리, 수리학, 준-황홀경, 인위적인 영감의 주장, 위명, 그리고 구원론 등." 러셀은 다른 특징들을 첨가하고 있다. "역사의 통일성의 개념과 천지를 다루는 우주적인 역사의 개념; 창조와, 인간과 천사의 타락과 관련된 계시를 포함하는 태초의 개념; 우주 안에 있는 악의 기원과 이것에 대한 천사의 힘의 관여; 빛과 어둠, 선과 악, 하나님과 사탄의 갈등; 인자라고 불리는 초월적인 자의 출현; 지옥, 게헨나, 천국과 하늘 등을 포함하는 죽음 후의 생명에 대한 믿음의 발전; 그리고 점증하는 개인의 부활, 심판, 영원한 안락 등." Russell, 105. 다른 특성들을 제시한 학자들도 있다. 스타우퍼(E. Stauffer)는 네 가지 특징을 제시한다. (1) 위명(pseudonymity), (2) 역사의 결정론, (3) 미래와 세속 초월적인 특징, 그리고 (4) 풍부한 상징주의의 사용으로 나타나는 문학적인 표현. Rowley, *The Relevance of Apocalyptic,* 25. n.2. 빌하우어(Vielhauer)는 익명, 이상의 서술, 역사적인 개관, 양식비평 요소의 혼합, 그리고 특별한 특징의 세계관 등을 제시한다. Vielhauer, 582-600.

12) "아포캘립티시즘을 정의하는 데 형식적인 목록을 사용하는 방법은 각 문헌의 검토나 묵시문서의 집합의 한계를 세우는 데 있어서 부적절한 것으로 보인다." Hanson, "Apocalypticism", 27-34.

13) "이러한 원칙 이외에도, 제기되는 방법론적인 질문은 우리가 특성 요소들을 나열함으로써 종교-역사적인 현상을 더 잘 이해하게 할 수 있는지에 관한 것이다. ……이제까지 나열된 것은 묵시현상의 본질에 전형적인 것이라기보다는 전 헬레니스틱-동양적인 종교세계의 시기에 다소 공통적이라는 것뿐이다." Hans Dieter Betz, "On the Problem of the Religio-Historical Understanding of Apocalypticism", in *Apocalypticism,* ed. R. W. Funk, JTC 6(Tbingen: J.C.B. Mohr, 1969), 136.

묵시현상을 정의하려는 두 번째 시도는 아포캘립스와 아포캘립틱을 구분하는 것이다.[15] 코흐(Klaus Koch)는 아포캘립스의 논의를 위해 범주에 해당하는 문헌을 제한하는 가설을 세웠다.[16] 그는 문학적 범주인 아포캘립스만이 아니라, 사상의 운동과 같은 범주로 무엇인가 전제하는 것이 합리적이라고 말한다. 그리하여 이러한 사상의 움직임을 아포캘립틱이라고 정의하는 한편, 다루는 주제를 여덟 개의 그룹으로 나누었다.[17] 코흐의 방법이 절대적인 것은 아니지만 방법론적으로 유효한 것임을 알 수 있다. "이를 통해 알 수 있는 것은 아포캘립틱이 단순히 문헌적인 현상만이 아니라, 특정한 태도의 표현으로 이해할 수 있다는 것이다." 19세기 초에 사용되기 시작한 아포캘립틱이라는 용어가 복합적이기는 하지만 오늘날도 여전히 사용될 수 있다고 코흐는 생각한다. 코흐는 린그렌과 함께 아포캘립틱을 "때로는 알레고리 형태로 역사의 과정을 해석하고 세계의 마지막을 계시하는 사상"으로 이해하고 있다.[18]

---

14) M. E. Stone, "Lists of Revealed Things in Apocalyptic Literature", in *Magnalia Dei: The Mighty Acts of God*, eds. F. M. Cross et al.(New York: Doubleday, 1976), 440.

15) Koch, *The Rediscovery of Apocalyptic,* 18−35; James Barr, "Jewish Apocalyptic in Recent Scholarly Study", 4−19. 스톤은 이 논의의 한계를 비평하고 있다("Lists of Revealed Things", 450, n.64.). 에벨링(Gerhard Ebeling)은 묵시문학(apocalypses)과 독립된 묵시현상(apocalypticism)을 서술하고 있다. "The Ground of Christian Theology", *Apocalypticism,* ed. R. W. Funk, JTC 6(Tübingen: J.C.B. Mohr, 1969), 52. 베츠는 그들 둘을 구분하고 있다. "일반적으로 우리는 아포캘립틱이라는 용어를 두 가지로 적용할 수 있을 것으로 본다. 첫 번째, 초월적인 때와 마지막 때를 드러내는 계시문헌인 묵시문학들의 모음. 둘째로, 이 문헌들에 표현된 개념의 세계에 적용할 수 있다", 134−5.

16) 그는 "셈어적으로 결정된 묵시문학들이 지난 세기 동안 전면에 부상했으므로, 학자들이 오늘날 묵시현상에 대하여 말할 때, 그들이 우선적으로 생각하는 것은 세 번째 그룹의 문헌들이다."라고 말한다. 그의 정의는 단지 히브리어와 아람어로 된 문헌만을 포함하고 있다(다니엘서, 제1에녹서, 제2바룩서, 제4에스라서, 아브라함의 묵시문학 그리고 요한계시록). Koch, 22−24.

17) 코흐는 특징의 목록을 가지고 묵시현상을 정의하려고 시도하지는 않았지만, 묵시현상의 특징으로서 몇 가지를 제시하고 있다. 1) 하나님의 약속의 성취에 대한 절실한 기대, 2) 우주적인 개벽, 3) 마지막 때와 다가오는 인간과 우주의 역사의 관계, 4) 천사론과 귀신론, 5) 개벽 너머에 있는 구원, 6) 하나님의 보좌에서 나오는 구원, 7) 왕의 특성을 가진 구원자, 그리고 8) 많은 다른 특성들. Ibid., 28−33.

18) Ibid., 33.

코흐의 정의는 두 가지 면에서 오늘날 더 많은 연구를 요한다. 첫째로, 후기 학자들은 특별한 묵시문헌들을 포함하는 코흐의 방법뿐 아니라, 그의 결론에 도전하고 있다.[19] 이러한 문헌적인 방법은 문헌의 장르에 관심을 가진 콜린스에 의하여 포괄적으로 연구되었다.[20] 그는 묵시문학의 장르를 연구하는 데 핵심적인 것은 한 그룹의 본문들이 다른 그룹의 본문들과 구별되는 중요한 특징들을 공유하는지에 대한 것이라고 보고 있다. 형태와 내용의 공통 특징에 기초한 그의 연구는 "아포캘립스"를 정의하는 데 유용하다. 그는 아포캘립스를 "종말론적인 구원을 보여 주는 한에서 시간적이며, 또 다른 초자연적인 세계를 보여 준다는 면에서 공간적인, 초월적인 실재를 드러내면서, 계시가 저세상의 존재에 의하여 수납자 인간에게 중재되는 설화 구조를 가진 계시 문헌의 장르."라고 정의한다.[21] 콜린스는 이 정의가 코흐의 것과는 다르다고 주장한다. 코흐는 이 목록들이 모든 묵시문학들에 필요한 요소라고 주장하지 않는 반면에, 콜린스의 정의는 모든 묵시문학들에 해당되고 장르에 관한 공통 특징이라는 것을 나타낸다.[22] 그는 묵시문학을 문헌적인 장르로 연구하는 출발점을 제시한 셈이다. 그의 또 다른 공헌은 묵시문헌을 역사적인 묵시문학과 저세상적인 묵시문학으로 [23] 분류하는 방법을 제시한 것이다.[24]

---

19) 예를 들어, 니브(Michael A. Knibb)가 아포캘립스를 문헌의 장르라고 하는 그의 정의는 유언(testament) 또는 유언 이야기(farewell discourse)까지 확대되어야 한다고 본다. Knibb, "Prophecy and the Emergence of the Jewish Apocalypses", 159.

20) Collins, "Apocalypse: The Morphology of a Genre", 1−20.

21) Ibid.

22) Ibid., 13; J. J. Collins, *Apocalyptic Imagination*(New York: Crossroad, 1984), 4. 그의 정의에 포함되는 책들은 제1에녹서, 다니엘서, 제4에스라서, 제2바룩서, 아브라함의 묵시문학, 제3바룩서, 제2에녹서, 레위의 유언 2−5장, 스바냐의 묵시문학의 단편, 희년서와 아브라함의 유언 등으로 본다. 그는 또한 이 정의를 어떤 기독교 및 영지주의 문헌 그리고 페르시아와 그리스−로마 자료에까지 적용한다.

23) 그는 계시와 설화의 구조를 위해 정황을 제시하는 "저세상으로의 여행"을 포함하는지에 따라 두 종류의 묵시문학을 구분하고 있다. "저세상으로의 여행"이 없는 유대 묵시문학은 역사 회고를 가지고 있으며 역사적 묵시문학이라고 불리는데 다니엘서, 동물의 묵시문학(제1에녹서 85−90장), 10주간의 묵시(제1에녹서 93장, 91:11−19), 제4에스라서, 제2바룩서, 희년서 23장. "저세상으로의 여행"을 담은 묵시문학은 파수꾼의 책, 제1에녹서의 별들의 책, 시밀리튜드, 제2에녹서, 제3바룩서, 아브라함의 언약, 아브라함의 묵시문학, 레위의 언약 2−5장, 스바냐의 묵시문학. Collins, "Apocalyptic Literature", 346.

두 번째로, 아포캘립스와 아포캘립틱의 관계는 아직도 모호하기에 많은 제안들이 나타난다. 콜린스의 묵시문학에 관한 정의는 문헌적인 관찰에 국한되어 있다. 아포캘립스라는 장르는 묵시문헌들 간의 갈등을 서술하는 데는 한계가 있다. 콜린스의 정의는 모든 묵시문학들 간에 어떤 연속성이 있는 것처럼 제안하고 있지만, "역사적인 묵시문학"과 "저세상적인 묵시문학" 간의 분류는 이념의 갈등을 보여 주지는 못한다.[25] 핸슨(P. Hanson)은 세 가지 용어를 사용하여 아포캘립스를 정의하고자 한다. 문헌적인 장르로서의 아포캘립스(apocalypse), 일련의 사상과 동기로서의 묵시적 종말론(apocalyptic eschatology), 그리고 사회적인 이념으로서의 아포캘립티시즘(apocalypticism).[26] 그의 정의는 묵시적인 종말론이 묵시문헌의 핵심이라는 가설에 기초한다. 그는 지혜 같은 다른 요소들은 이스라엘 전승의 역사 가운데 늦게 나타났거나, 이스라엘 전승에 이질적이기 때문에 아포캘립틱을 연구하는 데 중요하지 않다고 보고 있다. 아포캘립틱에 대한 정의에서 이와 같이 묵시적 종말론을 포함하려는 그의 시도는 여러 학자들에 의하여 비판받고 있다.[27]

24) 예를 들어, 콜린스는 원-묵시문학들을 이 장르에서 분리시킨다. 스가랴서 1-8장에서는 일련의 일곱 상징적인 이상들이나 종말론적인 미래 사건은 있지만, 이 종말이 초월되지 않았다. 제3이사야에서는 이사야 묵시문학이 나타나고, 스가랴 9-14장에서는 묵시적인 종말론의 주요 특징들이 명확하지 않게 나타나기는 하는데, 여기에는 묵시적인 계시방식이나 저세상의 중재자가 없기 때문에, 단순히 예언적인 신탁이라고 볼 수 있다. 콜린스는 묵시문학의 장르가 되기 위하여 세 가지의 필수적인 요소를 제시한다. 중재된 계시, 저세상의 현실과 초월적인 종말론. Collins, "Apocalypse: The Morphology of a Genre", 29.

25) "아포캘립스와 아포캘립틱의 관계에 대한 논의는 이전 학자들이 역사적인 묵시문학에만 관심을 가지고, 신비주의와 우주적인 고찰과 관련된 묵시문학들을 무시했다는 데서부터 시작한다." Collins, *Apocalyptic Imagination*, 11. 이러한 인식은 매우 중요하지만, 콜린스의 구분은 역사적인 상황에 대한 분석에서 오지 않고 단지 문헌의 분석에서 왔기 때문에 역사적인 갈등을 찾는 데는 많이 도움이 되지 못한다.

26) Hanson, "Apocalypticism", 29-30. 이러한 정의는 예언적인 종말론, 묵시적인 종말론, 그리고 묵시현상(apocalypticism)이 모두 서로 연결되어 있다는 전제에 기초하고 있다. Hanson, *The Dawn of Apocalyptic,* 1-10.

27) 스톤은 핸슨의 공헌과 그의 한계를 지적하고 있다. "그러나 핸슨은 묵시문학의 기원이나, 묵시문학의 특징에 관해서는 설명하지 않고 있다. 그에 의하면 아포캘립티시즘(apocalypticism)이라는 용어만으로는 묵시문학의 이념이 될 수도 없고, 묵시문학의 내용을 전부 포함하지 못했다는 생각을 가지고, 아포캘립티시즘(apocalypticism)과 묵시적 종

이 모든 용어에 관한 문제를 다루면서 나의 제안은 이 연구를 위하여 다음과 같이 용어를 사용하는 것이다. 1) 아포캘립스(apocalypse)는 단지 문헌적인 장르로서 묵시문학이라고 정의한다. 2) 아포캘립틱은 형용사적으로 사용될 수 있으나 묵시현상이라는 명사적으로는 사용하지 않는다.[28] 3) 나는 묵시현상을 정의하기 위하여 아포캘립티시즘(apocalypticism)이라는 용어를 사용하면서, 그것을 "초자연적인 계시, 천상의 세계, 종말론적인 심판 등을 포함한 특별한 생각의 태도를 보여 주는 현상"이라고 정의한다.[29] 4) 묵시현상(apocalypticism)이라는 용어 정의는 연구의 마지막이 아니고 단지 출발점이기에 연구의 결과를 담으려고 해서는 안 된다. 묵시문학이라

말론 연구에 공헌하였다. ……명백히, 아포캘립티시즘(apocalypticism)은 적절하지 않다. 만약 아포캘립티시즘(apocalypticism)과 묵시적 종말론이라는 기준으로 평가한다면, 에녹이라는 이름으로 묶인 다섯 권의 책들 가운데 최소한 첫 번째 책과 세 번째 책에는 적용되지 않는다. 마찬가지로, 제2에녹서의 대부분, 제3바룩서의 대부분, 제2바룩서와 아브라함의 묵시문학의 일부 등은 완전히 부적절하다." Stone, "Lists of Revealed Things", 442. 스톤에 따르면, 핸슨은 아포캘립티시즘(apocalypticism)을 묵시적 종말론과 일치시킴으로 아포캘립티시즘(apocalypticism)에 관심을 가졌다. 그러나 결과적으로 그는 묵시문학들 중의 어느 한 권을 설명함으로써 몇 권의 묵시문학들을 무시하게 되었다. 스톤은 아포캘립틱(apocalyptic)과 아포캘립티시즘(apocalypticism) 이 두 용어들을 모두 포기하여야 한다고 주장한다.

28) 특히 미국에 있는 많은 학자들은 아포캘립틱이라는 단어는 형용사적으로 사용하면서, 그것을 묵시문학에 전형적인 주제, 상징 또는 관점에 적용한다. F. J. Murphy, "Apocalypses and Apocalypticism", 149. 영어를 말하는 학자들은 한꺼번에 표시하기 위하여 명사 아포캘립티시즘(apocalypticism) 이라는 단어를 만들어 냈다. E. J. C. Tigchelaar, *Prophets of Old and the Day of the End: Zechariah, the Book of Watchers and Apocalyptic*(Leiden: E. J. Brill, 1996), 2.

29) 이 정의는 잠정적인 것으로, 특별한 태도를 보여 주는 현상이라는 아포캘립티시즘(apocalypticism)이라는 용어의 정의를 자세히 하고 더 발전시키는 출발점이 된다. Koch, 33. 아포캘립티시즘(apocalypticism)의 정의는 묵시문학의 일반적인 특징들을 통하여 더 깊어진다. 콜린스는 아포캘립스(apocalypse)와 아포캘립시즘(apocalypticism)의 구별을 명백하게 하려고 노력하였다. "형용사 아포캘립틱과 명사 아포캘립티시즘은 모두 아포캘립스라는 말에서 나온 것이기 때문에, 그들은 모두 아포캘립스에서 유추할 수 있다는 기대를 갖는 것이 합리적이다. 한 운동이 초자연적인 계시, 천상의 세계, 그리고 종말론적인 심판이 중요한 역할을 차지하는 세계관을 옹호하면서, 장르의 개념적인 구조를 공유한다면 아포캘립틱이라고 부를 수 있다." Collins, *Apocalyptic Imagination,* 10. 이 관찰은 계속적인 연구를 위하여 유익한 출발점이다.

는 장르는 당대의 이념적인 장르와 밀접하게 연결되어 있다. 제도권이나 반-제도권 모두 묵시문학이라는 장르를 사용하고 있다. 이 갈등이 개별적인 묵시문학의 문맥에서 이해될 때 묵시현상에 대한 정의가 뚜렷해지고 묵시문학 자체에 대한 더 깊은 이해도 가능할 것이다.

(2) 묵시현상(Apocalypticism)에 관한 연구사

묵시현상의 연구사를 서술하기 위하여 내가 관심을 갖는 것은 두 가지 주제인데, 하나는 묵시현상을 연구하는 다양한 방법론들이며, 둘째는 묵시현상의 뿌리로서 예언과 지혜의 관계가 그것이다. 벨하우젠(J. Wellhausen)의 연구는 오랫동안 묵시현상의 연구에 영향을 주었다. 그의 접근은 유용한 자료들을 철저하게 분석한 문헌비평적인 방법으로 특징지어진다. 포로기 이전과 포로기 이후 시대를 분별하면서, 그는 묵시주의자들을 예언서와 페르시아 문헌들로부터 빌려 온 모방주의자를 의미하는 에피고넨(Epigonen)이라고 불렀다.[30] 벨하우젠을 뒤따르고 있는 찰스(R. H. Charles)의 연구는, 첫째로, 묵시현상을 예언과 관련시키는 것이고,[31] 둘째로, 저자들의 역사성과 신학의 유효성을 증명하기 위하여 묵시문헌들에 관한 문헌적인 검토를 하였다.[32]

---

30) 포로기 이전 종교와 포로기 이후 유대교를 날카롭게 분리하는 드베트의 이론에 기초하여, 벨하우젠은 포로기 이후 유대교가 예언자적인 전승을 율법으로 급진적으로 변화시켰다고 이해하고 있다. Hanson, "Prolegomena to the Study of Jewish Apocalyptic", 422-425.

31) 그는 묵시현상에 대한 문헌비평자들의 비판에 저항하였다. 그는 묵시문헌의 메시지에 관심을 갖고 예언과 묵시의 연결을 강조하였다. R. H. Charles, *The Doctrine of a Future Life in Israel, Judaism and Christianity* (London: A. & C. Black, 1913), 123. 찰스는 묵시현상과 율법주의의의 분파가 유대교를 특징짓는 것이 아니며, 묵시현상은 유대교의 핵심요소이며 율법에의 신실함이라는 면에서 유대교의 정신을 이어받고 있다고 주장했다. 그는 기독교가 유대교의 묵시적인 측면에서 발생했다고 주장했다. Ibid., 387-390. 로울리와 러셀이 묵시적인 언어를 구약성서의 예언에서 찾았다는 면에서 이러한 찰스의 주장을 잇고 있다고 볼 수 있다.

32) 그는 본문들을 정보의 종합으로 보고, 역사적인 암시를 찾아내고 신학적인 교리를 찾아내는 데 힘을 기울였다. 나아가서, 그는 원래 문서가 교리적인 일관성이 있고, 정경의 문체가 당대의 것과 유사하다는 전제 아래, 저자의 삽입을 찾아내고 자유롭게 자음을 변형할 것을 제안하였다. James Barr, "Jewish Apocalyptic in Recent Scholarly Study", 31,

궁켈은 문헌비평 방법 대신 양식비평을 사용함으로써 방법론적인 혁명을 이루었다. 궁켈은 자신의 관심을 충분히 발전시키지는 않았지만, 묵시현상의 두 가지 면인 형식과 내용을 탐구대상으로 삼았다. 저자들의 창의성에 관한 벨하우젠의 관심은 제쳐 두고, 궁켈은 묵시문학에 담긴 전통적이고 신화적인 자료를 회복하기 위해 노력하였으며, 상징적인 특징에 주목하면서 많은 묵시적인 상징의 신화적인 뿌리들을 지적하였다.[33] 그의 연구는 세 가지 의미를 가지고 있다. 첫째, 그의 방법은 예언자들부터 묵시현상에 이르는 장르들의 역사를 추적하게 해 준다.[34] 둘째로, 그의 양식비평적인 방법은 많은 초기 묵시적인 작품들의 사회적인 조합에 대한 질문들을 제공한다.[35] 셋째로, 궁켈은 묵시현상에 나타나는 궁극적인 신화를 바벨론의 갈등 신화와 동일시했다.[36] 이 방법론을 더 발전시켜 모빙켈은 페르시아의 이원론이 묵시현상의 기원이라고 주장하였다.[37] 그러나 페르시아의 이원론을 묵시현상의 기원으로 보는 것은 최근에 비판을 받고 있다.[38]

---

32. 찰스의 유산의 문헌비평적인 면은 후기 학자들에게서 살펴볼 수 있었다. H. L. Ginsberg's *Studies in Daniel,* Texts and Studies of the Jewish Theological Seminary of America 14(New York: Jewish Theological Seminary of America, 1948) and L. F. Hartman and A. A. DiLella, *The Book of Daniel,* AB(Garden City, N. Y.: Doubleday, 1978). cf. Collins, "Apocalyptic Literature", 349.

33) Ibid., 351.

34) Hanson, "Prolegomena", 394.

35) 그는 백성들의 사회학적인 환경 가운데 무엇이 고대 갈등 신화를 적용하도록 유도했는지 설명하려고 추구하였다. Ibid., 394.

36) Ibid., 395.

37) Sigmund Mowinckel, *He That Cometh*(Nashville: Abingdon, 1954). 페르시아나 조로아스터 종교는 유대교에 영향을 준 것으로 알려진다. 라이트젠스타인(R. Reitzenstein)은 묵시문학의 주요 가르침은 이란의 신비적인 종교에서 온 것으로 이해해야 한다고 말하고 있다. 여러 학자들이(R. Otto, H. S. Nyberg, A. Bertholet, E. Meyer, W. Bousset, and Von Gall) 조로아스터교를 묵시문학의 기원의 문제에 대한 해답으로 여겼다. Hanson, Prolegomena, 396.

38) 버퀴스트(Berquist)는 세 가지 면에서 페르시아를 묵시현상의 기원으로 보는 것을 비판한다. 첫째, 페르시아 종교가 과거에 바벨론 종교와 가나안 종교에 영향을 끼친 것처럼 유다에 영향을 끼치지는 못했다. 둘째로, 페르시아 종교를 이원론으로 보는 것은 문제가 있으며 페르시아의 이원론은 다른 종교들과 다르지 않다. 셋째, 묵시문학의 사상의 특징을 이원론적인 입장에서 설명하는 것은 실패하였다. Berquist, 181.

묵시현상에 관한 로울리의 연구는 묵시현상에 관한 더 많은 논의를 위한 출발점이 된다. 첫째, 그는 문화인류학적인 유사성들을 고려하지 않고 유대 묵시현상에만 관심을 가짐으로써 사회학과 인류학을 무시한다고 비판을 받고 있다.[39] 둘째로, 그는 묵시문학이 예언의 아들이라고 주장한다.[40] 셋째로, 그는 다니엘서를 최초의 묵시문학으로 여긴다.[41] 이 주장은 쿰란에서 발견된 에녹서의 아람어판의 발견으로 유효성을 잃게 되었다.[42]

묵시문학의 기원을 이스라엘의 외부에서 찾으려는 시도는 점차적으로 제2성전 시대 이스라엘의 사회적인 배경을 찾는 쪽으로 변화되었다. 프로스트(S. B. Frost)는 이스라엘의 사회적인 정황 안에서 묵시현상을 연구한 첫 번째 학자라고 볼 수 있다. 그는 묵시현상을 종말론과 신화의 조합으로 그리고 있다. 그에 의하면 종말은 역사적인 과정을 여호와가 성취하는 것과 관련된 포로기 이전의 예언의 토속적인 현상인 것이다. 그의 공헌은 신화가 예언적인 종말 속으로 포함된 것을 묵시현상의 기원에 있어서 중요한 요소라고 주장한 것이다.[43]

플뢰거(Plöger)와 핸슨은 사회학적인 가정을 사용하는 반면에, 다른 학자들은 묵시현상을 연구하기 위하여 사회학적이고 인류학적인 방법을 쓰기도 한다.[44] 천년왕국

---

39) Cook, 5.

40) "묵시현상이 예언의 아들이라고 하는 것, 즉, 예언에서 왔다고 하는 것은 논의할 여지가 없다. ……예언의 예견적인 요소와 묵시현상의 영적인 요소가 강조되어야 할 것이다. ……이 모든 저자들에게 역사는 큰 절정과 신실한 이스라엘의 남은 자에게 속하게 될 새 시대의 탄생을 향해 움직이고 있다. 여기에서 묵시주의자들에 의한 이러한 주제들의 취급까지는 단번에 이루어진 일이다." Rowley, *The Relevance of Apocalyptic,* 15, 16, 26. 나아가서, 묵시현상을 원-묵시문서를 통하여 추적하려는 많은 시도들이 있었다. H. Gese(첫 번째 묵시주의자로서의 스가랴), Hanson(이사야서 56-66장, 와 스가랴서 9-14장), W. Millar(이사야 24-27장), D. Peterson(이사야 40-66장, 요엘, 말라기, 그리고 예레미야서 23:34-40), P. von der Osten-Sacken(제2이사야서), S. B. Frost(에스겔서). 핸슨을 참조하라, "Apocalyptic Literature", 476-77.

41) 많은 학자들이 이러한 견해를 가지고 있다. 다니엘 중심의 연구에 포함된다.

42) 제1에녹서의 아람어판 문서의 연대에 대해서는 I. 서론의 각주 5를 참조하라.

43) "그러나 그 관계에 대한 나 자신의 진술은 종말이 히브리인들의 마음에서 탄생했으며, 어림잡아 포로 시대부터 종말에 대한 기대가 점차적으로 신화적인 용어로 설명되어 왔다는 것이다. 우리가 묵시현상이라고 부르는 것은 바로 신화와 종말의 결합인 것이다." S. B. Frost, *Old Testament Apocalyptic*(London: The Epworth Press, 1952), 33.

운동에 관한 연구는 다음과 같은 전제를 가지고 있다.

> 그러나 정경과 고대부터 성경과 관련된 묵시문헌에 표현된 믿음은 사회학자들이 천년왕국운동이라고 부르는 그룹들과 강한 유사성이 있다고 말하기 때문에, 우리들은 이 문헌들이 천년왕국운동과 유사한 가치관을 전제한다고 안전하게 가정할 수 있다. 나아가서, 우리들은 천년왕국운동 그룹들의 사회학적인 동류 그룹 가운데 성경의 묵시문헌 이면에 있는 세계관의 형태를 찾아낼 수 있다.[45]

그라베(Grabbe)도 역시 이 방법을 채택하여, 묵시적이라는 라벨이 붙은 대부분의 공동체들이 천년왕국적이라고 주장함으로써 묵시 공동체를 천년왕국운동의 분파로 이해한다.[46] 그는 이어서 유대 묵시현상의 연구를 위하여 다양한 천년왕국운동에 관한 포괄적인 연구가 필요하다고 생각한다. 그는 묵시문헌들에 대한 검토는 후기 천년왕국운동 그룹과 묵시 그룹들의 광범위한 범위로부터 주어진 사회학적인 모델로 바꿀 수 있다고 주장한다.[47] 이러한 사회학적인 접근의 문제는 일차 문헌을 무시하면서까지 사회학적인 모델에 관심을 갖는다는 것이다. 니켈스버그(G. W. E. Nickelsburg)는 문헌들을 일차적으로 다루어야 한다고 주장한다.[48] 콜린스는 사회학적인 접근의 문제점을 지적하고 있다.

> 우리는 의도적으로 사회학적이고 인류학적인 모델들을 다루는 것을 막을 것이다. 그러한 모델들은 시사하는 바가 있기는 하지만, 유효하게 사용되려면 묵시문헌들에 관한 적절한 문헌적인 이해를 전제해야 한다. 매우 다른 증거에 기초하여 인류학자들이 천년왕국운동 또는 묵시종교라고 부르는 같은 현상을 에녹서가 반영하리라는 전제를 가

---

44) Nickelsburg, "Social Aspects of Palestinian Jewish Apocalypticism", in *Apocalypticism*, ed. D. Hellholm(Tübingen: J. C. B. Mohr, 1983), 641–54; S. R. Isenberg, "Millenarism in Greco–Roman Palestine", *Religion* 4(1974), 26–46.

45) Cook, 26.

46) Grabbe, "The Social Setting of Early Jewish Apocalypticism", 28.

47) Ibid., 39–40.

48) Nickelsburg, "Social Aspects of Palestinian Jewish Apocalypticism", 648.

지고 에녹서 연구를 시작해서는 안 된다는 것이다.[49]

이미 우리는 핸슨이 묵시현상의 기원을 논하면서 지혜의 영향을 무시했다는 것을 기억하고 있다. 그는 말하기를, "묵시운동은 묵시적인 종말론의 기초 위에 세워져야 하지만, 그러한 관점을 확대하고 적용함에 있어서 다양한 자료들을 넓게 취하여야 한다."[50] 이러한 전제는 지혜 전승을 묵시현상의 이차적인 원인으로 만든다.[51] 그러나 초기 묵시문학으로 알려진 파수꾼의 책이(에녹서 1－36장) 임박한 종말론보다는 지혜 전승에 근거한 우주론에 초점이 있다는 관찰은 묵시현상에 있어서 지혜 전승의 위치를 재고하게 만든다.

폰라드는 헬셔(G. Hölscher)의 연구를 재진술하면서 확대하였는데[52] 묵시현상의 기원으로서 지혜 전승에 관한 논의를 시작하게 하였다. 폰라드는 지혜 전승으로부터 묵시현상으로의 일방통행을 말하고 다른 묵시현상과 예언 사이의 모든 관계는 무시하고 있다. 그의 이론은 예언에 대한 독특한 이해로부터 시작한다. 문헌비평 학자들과는 달리, 폰라드는 예언을 윤리적인 사고방식이 아니라 역사와 관련시켰다. 그의 역사 개념은 그의 신학을 구조화하고, 그의 역사적인 개념과 예언자들의 급진적인 메시지를 조화롭게 하고 있다. 그는 묵시현상이 예언과 불연속적이며, 예언자의 메시지로부터 분리된 역사에 관한 염세주의를 담고 있음을 발견하였다.[53] 예언과 묵시현상의 연속성을 포기하면서, 폰라드는 묵시현상과 지혜의 연속성을 보여 주는 다음과 같은 특징을 강조한다.[54] 1) 묵시문헌에서의 영웅들은 다니엘, 에녹 그리고 에

49) Collins, *Apocalyptic Imagination,* 29.

50) Hanson, "Apocalyptic Literature", 478－479.

51) Rowley, *The Relevance of Apocalyptic*, 42－43; Frost, 77; Schmithals, 115－24.

52) 예언서와 묵시현상을 나누었던 벨하우젠을 따라, 헬셔는 지혜를 묵시현상의 기원으로 여겼다. 그는 예언과 묵시가 연결된다는 것을 부정하였다. G. Hölscher, "Die Entstehung des Buches Daniel", *TSK* 92(1919), 113－138.

53) "예언자적인 메시지는 선택 전승을 정의함에 있어서 구원역사에 특별히 뿌리박고 있다. ……이러한 묵시문헌에 있는 역사에 관한 견해는 모든 고백적인 특성이 무시되어 있다. 이것은 구원이 기초하고 있는 하나님의 행위에 대해서는 알지 못하고, 구원역사를 통한 접근을 포기하였다." Von Rad, *Old Testament Theology,* II. 303－304.

54) Ibid., 301－315.

스라 같은 지혜자나 서기관이다. 2) 이 전승들은 역사와는 관계없고, 보편적인 역사에 관한 지식과 고대 시대에 지혜의 일부로 알려진 자연에 관한 지식 등을 포함한 지식과 관련 있다. 3) 두 전승들은 역사에 관한 염세적인 견해와 시간의 결정론을 포함하고 있다. 4) 두 전승들은 신정론과 관련 있다. 폰라드가 묵시현상의 연구에 공헌한 면은 있지만, 두 가지 방법론적인 문제를 가지고 있다.[55] 첫째로, 그는 종말론 또는 예언으로부터 묵시현상에 이르는 연속성에 대해서는 말하고 있지 않다.[56] 두 번째로, 그는 묵시현상과 지혜의 차이에 대해서는 언급하지 않는다.[57]

---

55) 폰라드가 묵시현상의 연구에 상당한 통찰력을 제공하지만, 그가 관심 있었던 것은 묵시문학 그 자체가 아니었기 때문에 그의 방법론은 불완전한 것이었다. 그의 입장의 핵심은 오래된 역사개념의 구원사적인 기초가 묵시현상에서는 포기되었다는 것이다. 즉, 그의 묵시현상에 관한 견해는 역사에 관한 그의 신학의 강조를 정당화하려는 시도인 것이다. 그는 예언과 묵시의 불연속과 지혜와 묵시의 연속성에 의존한 반면, 예언과 묵시의 연속성과 지혜와 묵시의 불연속성에 대해서는 주목하지 않았다. 그는 반대 의견을 제압할 수 있도록 더 상세하게 묵시현상의 기원에 대하여 서술하려고 하지는 않았다. 그의 방법론적인 의미는 곧 예언과 묵시를 나누려는 벨하우젠의 시도, 곧 19세기 독일 학계의 예언적인 연결, 그리하여 묵시현상을 뛰어넘어 예언서로부터 기독교로 다다르려는 변화를 의미하는 것이다. Ibid., 401.

56) 코흐는 묵시현상이 보편적인 역사를 포함하는 초기 예언적인 관점을 확대하였다고 주장한다. 이러한 연속성은 다양한 학자들의 작품에서 찾아볼 수 있다. Rowley, Russell, Frost, Plöger, Hanson 등등.

57) 폰 라드의 지혜에 관한 정의는 관찰과 유추에 기초해 있는데 묵시현상과는 상충되는 부분이다. 지혜를 이성적인 지혜로 정의한다면 존슨(E. E. Johnson)이 지혜와 묵시의 차이를 드러내 줄 수 있을 것이다. (1) 이상적인 지혜자에게, 삶의 의미는 현재 하나님과 우주의 인간적인 경험 가운데 임재해 있고 접근할 수 있다. 묵시를 보는 자에게, 그러한 영역에서 의미를 찾을 수 없고, 차라리 미래의 초월적인 영역에서 찾을 수 있다. (2) 지혜자는 이 생의 삶의 적절한 자리에서 발견되는 반면에, 묵시의 저자는 이제 일어날 하나님의 행동 가운데 의미를 발견할 수 있다. (3) 지혜는 그것을 찾고자 하는 자들에게 주어지지만, 계시는 특별한 사람들에게 주어진다. 지혜자는 관찰을 통하여 지혜를 얻지만, 묵시를 보는 자는 수동적으로 저세상의 존재로부터 계시를 받는다. (4) 지혜자는 하나님이 창조하신 질서에 대한 무한한 확신을 경험하며, 하나님이 주신 질서대로 살면 삶이 의미가 있다. 이러한 세계 속에 의가 보상되고, 죄는 처벌을 받는다. 묵시문헌의 저자는 종말이 오기 전 이 세상에 있는 모든 질서에 절망한다. (5) 지혜자에게 이 세상은 선의 경험을 위한 가능성 있는 곳이며, 인생은 열매 맺을 수 있는 신실한 윤리적인 행동에 대한 책임을 가지고 살게 한다. 묵시를 보는 자에게 오직 종말론적인 미래만이 잠재적으로 유익하고, 이 생은 시대의 징조를 보고 하나님의 간섭과 구속을 준비하여 기다

폰라드 이후에, 그의 논지를 옹호하거나 반대하는 학자들이 있었다. 옹호하는 학자들은 묵시문헌과 지혜 문헌에 나타나는 문학적인 특징과 신학적인 특징에 관심이 있었다. 감미(J. G. Gammie)는 묵시문학 저자들이 지혜 문헌의 공간적이고 윤리적인 이원론을 이어받았다고 주장한다.[58] 드브리스(De Vries)는 그들의 시간과 역사의 개념에 있어서 본질적으로 이념적인 유사성을 보여 주고 있다.[59] 콜린스는 지혜와 묵시의 유사성을 구원에 이르는 길을 보는 우주론적인 확신으로 여기고 있다.[60] 반대하는 그룹들은 기원론적인 면에서 역사적인 발전에 초점을 둔다. 뮐러(H. P. Müller)는 전통적으로 교육적인(proverbial) 지혜와 맨틱(mantic) 지혜를 구분하면서, 종말론과 결정론 가운데 계속되는 맨틱 지혜가 구약성서에 있는 묵시자료의 기초라고 주장한다(단 2장, 4장, 5장; 사 19:11－13, 44:25, 47:13, 렘 50:36, 에 1:13, 그리고 창 41:8).[61] 스미스(J. Z. Smith)는 묵시현상은 토속 왕정의 종말로 말미암은 혼돈의 표현으로서 궁중의 법정과 후견자를 상실한 지혜라고 결론 내린다.[62] 콜린스는 또한

리는 것이 중요하다. E. Elizabeth Johnson, *The Function of Apocalyptic and Wisdom Traditions in Romans 9－11*(Atlanta: Scholars Press, 1989), 70－71.

58) J. G. Gammie, “Spatial and Ethical Dualism in Jewish Wisdom and Apocalyptic Literature”, *JBL* 93(1974): 356－385.

59) S. J. De Vries, “Observations on Quantitative Time in Wisdom and Apocalyptic”, in *Israelite Wisdom: Theological and Literary Essays in Honor of Samuel Terrien,* eds. J. G. Gammie, et al.(New York: Union Theological Seminary, 1978): 263－276.

60) J. J. Collins, “Cosmos and Salvation: Jewish Wisdom and Apocalyptic in the Hellenistic Age”, *HR* 17(1977): 121－42.

61) H. P. Müller, “Mantische Weisheit und Apokalyptik”, in *Congress Volume, Uppsala 1971*, VT Sup 22(Leiden: Brill, 1972), 268－93. 퀴클러는 묵시적인 지혜의 특징을 나열하고 있다. 1) 묵시주의자들은 토라와 지혜를 연결하고 있다. 2) 묵시적인 지혜는 파악한다기보다는 계시된다. 3) 묵시적인 지혜는 인간의 경험으로 얻어진 지혜와는 대조된다. 4) 묵시적인 지혜의 목표는 하나님의 비밀이나 신비이다. 5) 묵시주의자들은 하나님의 임박한 간섭을 대망하고 있다. M. Küchler, *Frühjudische Weisheitstradition: Zum Fortgang weisheitlichen Denkens im Bereich des frühjudischen Jahwehglaubens* OBO 26(Göttingen: Vandenhoeck and Ruprecht, 1979): 52－87.

62) J. Z. Smith, “Wisdom and Apocalyptic”, in *Religious Syncretism in Antiquity: Essays in Conversation with Geo Widengren,* ed. B. Pearson(Missoula, Mont.: Scholars Press, 1975), 131－35.

잠언적인 지혜와 맨틱 지혜의 부조화를 인식하고 있다. 그는 국제적인 지혜인 다니엘서의 이야기(다니엘서 1－6장)가 안티오쿠스 4세 에피파네스의 박해 아래 다니엘서 7－12장의 묵시적 이상으로 변형되었다고 주장한다.[63] 뮐러 이래로, 학자들은 에녹서와 다니엘서에서 발견되는 맨틱 지혜는 이집트와 바벨론의 지혜자들의 지혜와 유사하다는 것을 관찰하게 되었다. "맨틱 지혜에 관한 지식은 자연 현상에 대한 해석을 통하여 유추될 수 있는 신들의 행동과 결정들을 포함하기 때문에 맨틱 지혜는 궁중 지혜와는 다르다." [64] 밴더캄은 "메소포타미아에서 온 맨틱 지혜가 유대의 에녹문헌들이 발생하고 자라 온 정황의 상당한 부분을 제공하였다."라고 말하였다.[65] 사실상, 잠언적인 지혜와 맨틱 지혜의 차이는 주전 2세기의 집회서와 에녹서 1－36장에 나타나는 이념의 갈등을 초래하게 되었다. 집회서는 지혜를 율법과 일치시킴으로 잠언적인 지혜를 옹호하는 반면에, 에녹서 1－36장은 맨틱 지혜를 옹호하고 있기 때문이다.

(3) 결론적인 고찰

결론적으로 나는 이 연구의 전개를 위하여 세 가지 중요한 이슈를 다루기를 원한다. 하나는 에녹서의 중요성이며, 또 하나는 다니엘 중심의 연구와 제1에녹서 중심의 연구의 균형을 이루는 일의 중요성이다. 셋째로, 정경해석방법의 중요성은 다음 절에서 다루기로 한다.

첫째로, 묵시현상의 연구에 있어서 제1에녹서의 점증하는 중요성을 인정해야 한다. 나는 에녹서의 다섯 권의 책 중 첫 번째인 파수꾼의 책(에녹서 1－36장)에 관심

---

63) "우리는 구약 지혜 문헌에 나타나는 잠언적인 지혜와 꿈의 해석과 징조와 이상들을 포함하는 요셉과 다니엘에 의해서 행해졌던 맨틱 지혜를 구분하여야 한다. 맨틱 지혜는 묵시현상에 있어서 기본적으로 중요한 현상이다." J. J. Collins, The Court Tales in Daniel and the Development of Apocalyptic", *JBL* 94(1975): 218－234.

64) P. R. Davies, "The Social World of Apocalyptic Writings", 261.

65) James C. VanderKam, *Enoch and the Growth of an Apocalyptic Tradition,* The Catholic Biblical Quarterly Monograph Series 16(Washington, D.C.: The Catholic Biblical Association of America, 1987), 70.

이 있다.[66] 제1에녹서의 가장 중요한 특징은 오경 가운데 제사장 문헌이 시내 산 계약에 관하여 침묵하는 것처럼 모세의 율법에 관해 침묵한다는 것이다. 학자들은 이러한 모세의 율법에 관한 침묵을 목격해 왔다.[67] 이러한 관찰은 팔레스틴 유대교의 다원화를 계약에 기초한 계약적 율법주의(covenantal nomism)라고 정의하는 샌더스(E. P. Sanders)의 주장과는 다른 것이다. 그에 따르면 계약에 기초한 계약적 율법주의의 형태는 다음과 같은 특징을 가지고 있다.

> (1) 하나님은 이스라엘을 선택하셨다. (2) 하나님은 율법을 주셨다. (3) 이 율법은 선택을 유지하는 하나님의 약속을 허락하고, (4) 순종의 요구를 하였다. (5) 하나님은 순종에 보응하시고, 범죄에 처벌하신다. (6) 율법은 속죄의 도구를 제공하고, (7) 이 속죄는 계약의 관계를 지속하거나, 재건할 수 있도록 도왔다. (8) 순종, 속죄, 그리고 하나님의 자비에 의해 계약 안에서 유지되는 사람들은 구원받을 그룹에 속한 것이다.[68]

---

66) 제1에녹서는 다섯 권의 책으로 이루어졌는데 그 책들은 파수꾼의 책(1－36장), 시밀리튜드(37－71장), 별들의 책(72－82장), 꿈의 책(83－90장), 그리고 에녹의 서신(91－108장) 등이다. 밀릭은 에녹의 오경이 모세 오경에 비견되는 것으로 보는 반면에, 디만(D. Dimant)은 제1에녹서의 순서는 에녹의 일생의 연속성을 반영한다고 주장한다. D. Dimant, "The Biography of Enoch and the Books of Enoch", *VT* 33(1983): 14－29. 파수꾼의 책은 초기 묵시문학으로서 다니엘서보다 일찍 쓰였다. 다니엘서와는 달리, 파수꾼의 책은 임박한 종말을 포함하지 않는다. 초기 에녹과 관련된 묵시 전승은 지혜 전승에 기초한 우주론에 강조점을 둔다. 이 관찰이 묵시현상 연구를 위해 중요한 것이기 때문에, 에녹서의 일부인 파수꾼의 책은 연구할 만한 가치가 있는 것이다.

67) 문제는 율법의 부재가 아니라, 모세의 율법의 부재인 것이다. 제1에녹서의 율법은 모세의 율법과 대조되어 있다. 하르트만(Lars Hartman)은 에녹서 1－5장에서 기준이 되는 배경은 모세의 계약으로 보고 있다. Lars Hartman, *Asking for Meaning: A Study of 1 Enoch 1－5,* ConBNT 12(Lund: Gleerup, 1979). 그러나 콜린스에 따르면, "제1에녹서 2－5장에 나오는 여호와의 율법은 모세의 법이 아니라, 자연법이다. ……확실히, 시내 산 율법이 자연법과 같다는 증거는 없다. 궁극적인 권위는 모세보다 오래되고, 이스라엘만이 아니라 인류 전체에게 적용되었다." Collins, *Apocalyptic Imagination,* 38. 니켈스버그는 말하기를, "에녹의 지혜와 모세의 토라와의 관계는 모호하다. 에녹의 계시는 모세의 계시보다 천 년 앞서 있다. 최소한 동물의 이상에서, 토라의 수여는 시내 산 경험에서 삭제되었다(제1에녹서 89:28－35)." G. W. E. Nickelsburg, "Wisdom and Apocalypticism in Early Judaism: Some Points for Discussion", *SBLSP*(1994): 720.

68) E. P. Sanders, Paul and Palestinian Judaism: A Comparison of Patterns of *Religion* (Minneapolis: Fortress Press, 1977), 422－23.

이러한 특징들은 명백히 팔레스틴 유대교에서 중요한 요소들이다. 그러나 샌더스는 계약 이외의 어떤 전승도 인정하지 않는다. 사실상, 샌더스 자신도 계약을 중요하다고 여기는 문헌 안에 제1에녹서를 분류하는 것이 어렵다는 것을 발견하였다. 이것은 제1에녹서에 대한 그의 관찰 가운데 명백하다.

> 다양한 저자들의 관점에서 한 개인이 어떻게 의로운 생을 살았는지, 죄를 지으면 무엇이 일어나는지, 그리고 의인과 악인 사이의 선은 무엇인지에 대하여 아는 바가 적다. 전체적으로 책의 중요한 문제는 ……의인과 선택된 자의 정체이다. ……대답하기 어려운 질문은 이와 같다. 누가 선택된 자인가, 사람들은 무엇을 순종해야 하는지, 그리고 의인들이라고 여겨지기 위하여 얼마나 순종해야 하는지에 관한 질문들이다.[69)]

제1에녹서에 있는 율법이 시내 산에서 나타나지 않는다는 관찰은 계약적 율법주의(covenantal nomism)의 특징들과는 대립된다. 선택된 자가 되는 것은 모세의 계약을 준수하는 것에 달려 있지 않다. 제1에녹서에서의 최종 계시는 모세의 율법이 아니라, 에녹이 승천을 통해 받은 계시이다. 샌더스는 제1에녹서를 분류할 때, 계약적 율법주의의 기준을 충족하지 못함을 인식하는 듯하다. "연구된 모든 문헌들 하나하나가 나열하는 주제들을 모두 포함하고 있는 것은 아니다. 예를 들어 제1에녹서는 '불완전한(defective)' 것이다."[70)] 그러나 이러한 관찰에도 불구하고 샌더스는 팔레스틴 유대교의 주요 특징들이 계약적 율법주의라는 생각을 바꾸지 않았다.

> 내가 믿기로는 제1에녹서의 다양한 부분에서조차 언급되지 않는 요소들이 전제되었다는 가정을 합리화하기에 충분할 만큼 볼 수 있다. 그러나 우리는 아직도 구원이 선택에 의존해 있고, 선택의 상태, 의로움을 유지하는 데 필요한 것은 하나님과 그의 계약에 대한 충성심과 순종을 유지하는 것이라는 것을 발견한다.[71)]

---

69) Ibid., 348.
70) Ibid., 423.
71) Ibid., 362. 샌더스는 묵시문헌이 랍비 유대교와 공통적인 종교형태를 가지고 있다고 결론 내린다. 콜린스는 샌더스의 결론이 일방적이라고 결론 내린다. "묵시문헌에서 율법의 위치에 대한 강조가 쾌슬러를 수정해 주기는 하지만, 그의 방법도 역시 한쪽으로 치우

그러나 실제로 제1에녹서에서 선택은 모세의 계약이 아니라, 에녹과 함께 선택받은 자에 속하는 것이다. 샌더스의 책의 표제에서 보듯이, 그의 논지는 주전 200년부터 주후 200년까지의 기간을 포함한다. 계약적 율법주의가 이 시기에 지배적이라는 것은 진정한 믿음이 모세의 율법에 대한 신실한 응답으로 여긴다는 것을 의미한다. 이와 같이 파수꾼의 책의 중요성은 주전 2세기에 팔레스틴 유대교에 나타난 계약적 율법주의와는 다른 선택(election)의 기준이 있다는 것이다.

둘째로, 다니엘 중심의 연구와 에녹서 중심의 연구의 균형을 위하여, 묵시현상을 두 가지로 연구할 필요가 있다. 1) 종말론과 우주론의 조합으로서의 묵시현상, 2) 이념을 표현하는 도구로서 묵시현상. 우리는 묵시현상의 연구에 있어서 두 가지 접근을 발견한다. 한 접근은 종말론적인 차원을 강조하는 것이고, 다른 하나는 우주론적인 차원을 강조하는 것이다. 정경에 포함된 두 권의 묵시문학인 다니엘서와 요한계시록 때문에 초기 학자들은 종말론을 묵시현상의 기원이라고 여겼다. 묵시현상에서 종말이 강조될 때, 현재에 관한 염세주의와 하나님의 초자연적인 간섭을 통한 구속을 향한 소망이 강조된다.[72] 그러한 연구는 다니엘서가 최초의 묵시문학이라는 가정에 영향을 받았다. 이에 반하여 제1에녹서는 임박한 종말론을 언급하지 않고, 아직 종말은 임박하지 않고 생존해야 하는 백성들을 위하여 쓰였다(제1에녹서 1:2). 이것은 묵시문학을 역사에 대한 염세주의의 빛 아래서만 이해하려는 시도를 의심스럽게 만든다. 학자들 중에는 묵시현상의 핵심은 진정한 계시라고 보는 자들이 있다.[73] 쿰란에서의 제1에녹서의 발견 후에, 학자들은 종말론과 우주론을 모두 묵시문

쳐 있다." Collins, "Apocalyptic Literature", 359－60.

72) 폰라드를 따라서, 많은 학자들이 역사의 염세주의를 묵시현상의 핵심으로 보았다. Ⅰ장의 각주 2를 참조하라.

73) 폰라드는 묵시문학의 핵심을 지식을 얻으려는 파토스(pathos)라고 정의했다. 보른캄은(Günther Bornkamm) 하나님의 비밀을 밝히는 것이 후기 묵시현상의 참주제라고 말했다. "musthrion", *TDNT* IV: 802－828; 로울랜드(Rowland)는 묵시현상의 핵심에 관하여 전체 운동의 열쇠는 하나님이 직접 사람들에게 비밀을 드러내시고, 그들이 그들의 삶을 조직하기 위하여 그들에게 참된 실재의 본질에 관한 지식을 주신다. ……공통 요인은 하나님의 숨겨진 것이 드러나는 계시의 형식에 의하여 하나님의 의지가 분별된다는 믿음이다. C. Rowland, *Open Heaven*(New York: Crossroad, 1982), 11, 14. 데이비스(P. R. Davies)는 묵시문학의 기본 기능은 인간의 관찰이나 이성에 의하여 획득되는 것이 아니라, 계

학 연구에서 중요한 것으로 보기 시작하였다. 그들은 종말론의 우세만이 묵시문학에서 전형적인 것은 아니라는 것을 발견하게 된다.

묵시현상의 연구에서 한 가지 방법론을 절대적인 것으로 강조하는 방법의 문제와 관련하여, 윌슨의 제안은 우리의 출발점이 될 수 있다.

> 이스라엘의 묵시현상을 예언과 지혜 같은 특정한 전승과 연결하려는 최근 시도는 모든 성서의 증거를 충족시킬 수는 없는 것으로 보인다. 예언 전승과 제사장 전승은 예언서 가운데 소위 원-묵시 구절들 가운데 나타난다. 초기 이스라엘의 묵시문학 중의 하나인 다니엘서는 명백히 예언 전승을 언급하는 것만이 아니라, 동시에 지혜와 관련된 전승과 주제도 담고 있다. ……그러나 어떤 안전한 결론을 끌어내기 전에 이스라엘의 각 묵시 그룹을 개별적으로 검토하여야 한다. 궁극적으로, 이스라엘의 묵시적인 종교와 문헌들의 형성은 각 묵시 그룹의 독특한 특성에 의존해 있다.[74]

이것은 우리가 묵시현상의 뿌리를 찾을 때 한 전승만을 절대적으로 주장할 때 나타나는 문제를 제기한다.[75] 윌슨은 묵시현상을 연구하는 방법이 변해야 한다고 주장한다.

> 성서학자들은 왜 묵시종교와 묵시문헌이 이스라엘에 존재하게 되었는지 하는 질문에 대한 절대적인 관심은 더 이상 관여하지 않는다. 이 질문은 이미 검토된 사회학적이고 역사적인 대답을 가지고 있다. 차라리, 학자들은 이제 왜 이러한 특별한 종류의

시에 의하여 얻어진 구원을 제공하는 지식의 전달이라고 주장한다. P. R. Davies, "The Social World of Apocalyptic Writings", 254.

74) Wilson, From Prophecy to Apocalyptic, 79, 93.

75) 윌슨에 따르면 원-묵시문헌과 묵시문헌은 예언 전승, 제사장 전승 그리고 지혜 전승을 포함한다. 인류학적이고 사회학적인 방법을 사용하여, 그는 어떤 그룹이고 적절한 사회학적인 조건이 충족되면 묵시적인 그룹으로 발전한다고 결론을 내렸다. 예를 들어, 그는 묵시현상을 만들어 내는 세 가지 종류의 가능성 있는 그룹을 제시한다. 1) 권위의 약화와 예언이 실현되지 않는 실패로 인해 혼돈을 느끼는 예언자들, 2) 신명기 신학의 상승과 사독의 관점에서 떠나는 것에 대해 편안하지 않은 이전 제사장들, 그리고 3) 정치적이고 종교적인 사건들의 과정에 편안하지 않은 예루살렘의 제도권의 회원들. 윌슨은 다니엘서가 지혜와 예언적인 뿌리를 가지고 있다는 것을 보여 준다. Ibid., 88-93.

묵시종교와 문헌이 존재하게 되었는지, 어떠한 그룹이 이러한 특별한 형태를 만들었는지 하는 질문을 고려하게 되었다.[76)]

나는 묵시현상의 일반적인 기원에 관한 연구를 포기하고 묵시문헌을 그 자체의 언어로 연구하여야 한다고 주장하는 윌슨의 말에 동의한다. 우리들은 종말론과 우주론의 조합으로서 묵시현상을 이해해야 한다.[77)] 나의 연구는 이 우주론과 종말론의 요소들로 다니엘서와 제1에녹서를 검토하는 것이다.

각 본문을 종말론과 우주론의 조합으로 연구한 후에 우리는 이 문헌들의 중심 이념들을 대조해 보아야 한다. 이러한 관찰은 율법의 권위가 지배하는 사회적이고 이념적인 상황과 관련되어 있다. 데이비스(P. R. Davies)는 묵시문학이라는 장르의 한계를 다음과 같이 인식하고 있다. "일반적으로 장르라는 것은 복잡한 현상을 설명하

---

76) Ibid., 87.

77) 콜린스는 묵시현상에 관한 자신의 이전 연구에서 이미 방법론적인 문제를 지적하였다. 묵시현상은 "어떤 다른 것들의 용어로 이해되어야 하는 파생적인 것은 아니다." Collins, "Apocalyptic Literature", 353-354. 말하자면, 우리는 한 가지 전승을 묵시현상의 유일한 자료로 여겨서는 안 된다. 묵시문헌의 자료들은 이 연구의 마지막이 아니라 시작이다. 우리는 묵시현상 그 자체, 즉 그 기원이 무엇이든지, 내적인 구조와 묵시현상의 조합에 관심을 가져야 한다. 묵시현상을 연구하기 위하여, 우리는 한 전승에서가 아니라 복합 전승들로부터 문헌을 연구해야 하는 것이다. Hengel, 206-207; 189. 이스라엘 전승들과 관련 있는 묵시현상의 자료들은 예언 전승, 제사장 전승, 그리고 지혜 전승이다. 예언 전승은 초월적 종말론에 이르기까지 종말론의 발전을 보여 준다. 묵시문학에서 누가 꿈을 받는가 하는 것의 변형은 천상의 제사장이 있는 성전으로서의 하늘의 개념에 의존한다. 승천은 이러한 하늘에 대한 견해의 발전과 관련이 있다. 묵시문학은 직접적인 계시가 질문에 대한 대답들을 제공한다는 것을 보여 줌으로써 이성적인 지혜를 넘어서고 있다. 이성적인 지혜와는 다른 이러한 지혜 전승은 하늘을 성전으로 보고, 또한 계시 해석과 우주론 등과 같은 제사장 전승과 관련이 있다. 비록 우주론이라는 말이 지혜 전승과 제사 전승을 표현하는 데 완벽하게 들어맞지는 않지만, 나는 지혜 전승의 특징들을 우주론이라고 부를 것이다. 방법론적으로, 콜린스(Adela Y. Collins)는 자신의 원칙을 충분히 발전시키지는 않지만, 묵시현상에 관한 연구를 새로운 방향으로 인도하고 있다. "어떤 학자들은 역사와 미래 즉, 종말론적인 차원에 관심이 있다. 다른 학자들은 하늘의 세계, 즉, 신비적인 차원에 대한 관심을 강조한다. 나의 입장은 고전적인 묵시문학들은 두 가지 관심이 조합되어 있는데, 천상의 세계와의 접촉과 이 세계에 대한 지식은 역사에 대한 이해를 제공하며, 특별한 삶의 방식을 제공한다." Adela Y. Collins, *Cosmology and Eschatology in Jewish and Christian Apocalypticism*(Leiden: Brill, 1996), 6.

려는 문화 속의 개념적인 단순화이다. 그것은 콜린스가 말하는 문학비평에서는 사용될 수 있지만, 역사적인 정확성을 위해서는 적용하기 어려운 범주이다."[78] 보카치니(G. Boccaccini)는 묵시문학에 나타나는 이념적인 차이를 확증하고 있다.[79] 그는 묵시문헌 안에서의 극적인 차이점에 주목한다. 그는 파수꾼의 책(BW)과 집회서를 대조하고,[80] 에녹서에 나오는 꿈의 책(BD)과 다니엘서를 대조하면서,[81] 두 그룹 사이의 이념의 갈등을 보여 주고 있다. 첫 번째 그룹은 파수꾼의 책(BW)과 꿈의 책(BD)을 만든 그룹으로 인간을 악한 힘의 희생자로 보는 반면에, 둘째 그룹은 집회서와 다니엘서를 만든 그룹으로 악의 기원으로 여겨지는 인간의 책임에 대하여 강조하고 있다. 첫 번째 그룹은 모세의 계약이나 모세의 율법에 관한 언급이 없으며, 둘째 그룹은 율법에 대한 신실함을 강조하고 있다. 그러나 집회서는 지혜서로 분류되고, 파수꾼의 책(BW), 꿈의 책(BD) 그리고 다니엘서는 묵시문학으로 분류되고 있다. 꿈의 책(BD)과 다니엘서는 둘 다 역사에 관한 개념을 사용하고 있으면서도, 그 목적이 다르다. 보카치니는 결론 내리기를 "형식적인 관점에서 다니엘서는 소위 묵시적인 부분이 있고, 심지어 꿈의 책(BD)과 같은 세계관을 공유하고 있다. 그러나 이 정경 문서가 표현하는 이념은 포로기 이후 사상 가운데 에녹 전승에 나타나는 원칙들과는 근본적인 면에서 다르다."[82] 보카치니는 유대 전승 가운데 두 줄기를 보여 주고 있다. "다니엘서는 집회서와 함께 반-묵시적인 문서라고 볼 수 있다. 많은 구절들에서 묵시 전승의 주제와 형태를 전제하면서 원래 특징을 무시하고 이념적인 문맥 속에 계약신학을 삽입하고 있다."[83] 그의 에녹서 연구는 더 많은 논의가

78) P. R. Davies, "Eschatology in the Book of Daniel", in *Sects and Scrolls: Essays on Qumran and Related Topics,* ed. P. R. Davies(Atlanta: Scholars Press, 1996), 25. n.7.

79) Boccaccini, *Middle Judaism,* 126-160.

80) "집회서는 욥기와 전도서의 전제(*aporias*)와 의심을 극복하고 계약의 중심과 응보원칙을 재확증하고 있다. 동시에 그는 직접 묵시운동의 제안과 대결하고 있다. 이러한 지혜의 조용하고 조직적인 스타일 때문에 우리가 상당히 명확한 기준과 상당히 시급한 질문을 제시하는 혹독한 논쟁이 있었다는 것을 무시하면 안 된다." Ibid., 80.

81) Ibid., 126-160.

82) Ibid., 160.

83) Ibid.

필요하지만, 최소한 묵시문학이라는 장르적인 특성으로는 이념을 다룰 수 없고, 다른 이념을 가진 그룹들이 동시에 같은 묵시문학이라는 장르를 사용할 수 있다는 것을 보여 준다. 이 결론이 의미하는 것은 에녹서와 다니엘서의 연구를 이념적인 차원에 두어야 한다는 것이다.

결론적으로 묵시현상에 관한 나의 연구는 두 단계로 이루어져 있다. 에녹서가 오래된 묵시문학이지만, 이것은 묵시현상에 관한 연구가 에녹서에 국한되어야 한다는 것을 의미하는 것은 아니다. 장르는 탄생하여 자라고 죽는다는 단계를 거친다는 것이므로,[84] 묵시현상을 논의할 때에도 이러한 장르의 발전단계에 주목하여야 한다.[85] 제1에녹서 1-36장은 초기 묵시 장르를 채택하였지만, 에녹서 연구가 당대의 갈등을 검토하는 데 유일한 것은 아니다. 다니엘서는 이 단계의 장르를 받아들여 자신의 신학에 따라 묵시 장르를 변형시켰다. 이것은 곧, 에녹서부터 다니엘서의 출현까지의 전 과정을 연구할 때만이 묵시문학에 관한 우리의 작업이 완료된다는 것을 의미한다. 이 전 과정을 살필 때만 이 묵시현상의 발전을 충분히 논의하는 것이 된다. 그러므로 묵시현상의 연구는 두 가지 단계를 포함한다. 첫째, 에녹서와 다니엘서에

84) E. J. C. Tigchelaar, "More on Apocalyptic and Apocalypses", *JSJ* 18(1987): 138-139; 장르는 발전하게 된다. 따라서 장르는 역사적으로 접근하여야 한다. ……장르의 역사적인 관점의 의미는 최근에 묵시문학이라는 장르에 적용할 만하다. ……장르에 관한 명확한 정의는 결과적으로 불가능하다. 그러나 그렇다고 장르의 요소를 분별하는 것이 불가능한 것은 아니다. ……소위 혼합된 장르는 저자들이 상당히 자유롭게 일반적인 특징을 재배치한다는 증거를 보여 준다. Tigchelaar, *Prophets of Old and the Day of the End,* 5. 콜린스는 항상 장르에 있어서의 통시적인 발전이 있음을 받아들인다. "Genre, Ideology, and Social Movements", 17-25.

85) "장르에 대한 역사적인 접근은 어떤 특별한 장르와 장르를 변화시키는 발전이 역사적이고 문화적인 환경과 관련 있다는 생각에서 출발한다. 이러한 환경이 변하면, 장르의 사용이 증가하거나 감소하고, 장르 그 자체가 진화한다. 묵시문학이라는 장르 연구는 실제로 연속적인 기간 동안의 장르 연구이다." Tigchelaar, *Prophets of Old and the Day of the End,* 9. 사키는 역사적인 방법을 취하고 있다. "내 연구의 방향은 동시에 바뀌어서, 묵시문학의 선행요소들에 대한 연구로부터 묵시현상의 역사로 나아갔다. 내가 묵시현상이라고 고려된 것과 일치하는 작품 내의 내용, 즉, 일치하지는 않지만 급격한 변화가 일어나고 여전히 형식이 일치하는 그러한 방향으로 나아가는 내용을 반대하는 반면에, 더 이상 동일화의 기초를 형성하는 공통성은 없고, 어떤 역사적인 흐름이 어떤 형식을 사용하는 역사적인 사실만이 있다." Sacchi, 18.

서의 종말론과 우주론의 조합으로서의 묵시현상 연구, 둘째, 에녹서 1-36장에서부터 다니엘서에 이르는 역사적인 과정 또는 이념적인 갈등의 연구.

2) 방법론

나는 BW와 다니엘서의 연구를 위하여 정경해석방법을 사용한다.[86] 이 절에서 논의되는 내용은 1) 정경해석방법의 이론적인 배경, 그리고 2) 정경해석방법을 나의 연구에 두 단계로 적용하는 것이다. 이 두 단계는 첫째, 정경해석방법을 통시적인 방법과 공시적인 방법으로 서술하며, 둘째로, 성경 해석을 위한 권위가 공동체와 본문 사이의 대화에 있다는 관점을 보여 준다.

(1) 정경해석방법의 배경

정경해석은 주로 샌더스(J. A. Sanders)와 차일즈(B. S. Childs)[87]로부터 나오는데,

---

86) 차일즈(Brevard S. Childs)는 정경적인 접근(canonical approach)이라는 말을 좋아하며, 샌더스(J. A. Sanders)는 정경비평(canonical criticism) 이라는 말을 즐겨 쓴다. 본문에서는 두 방법을 통합할 때 정경해석방법이라는 용어를 사용하고자 한다.

87) 차일즈의 작품은 다음과 같다. *Biblical Theology in Crisis*(Philadelphia: Westminster Press, 1970), *Exodus*(London: SCM, 1974), "The Exegetical Significance of Canon", *VTS* 29(1977): 66-88; *Introduction to the Old Testament as Scripture; Old Testament Theology in a Canonical Context.* 정경적인 접근에 대한 다른 작품들도 많이 있다. G. Mark Brett는 다음의 책에서 차일즈를 평가하고 있다. *Biblical Criticism in Crisis?* (Cambridge: Cambridge University Press, 1991) 바아(J. Barr)는 차일즈에게 동의하지 않는다. *Holy Scripture: Canon, Authority, and Criticism*(Philadelphia: Westminster Press, 1983). 다른 에세이들도 있다. G. M. Tucker, et al., eds., *Canon, Theology, and Old Testament Interpretation: Essays in Honor of Brevard S. Childs.* 차일즈에 대한 비평적인 응답을 위하여 *HBT* 2(1980): 117-211에 있는 다음 저자들의 여러 에세이들을 보라. Bruce C. Birch, Douglas A. Knight, James L. Mays, David P. Polk, and James A. Sanders. 또한 *JSOT* 16(1980): 1-60에 나오는 차일즈에 대한 여러 반응들을 참조하라. Bonnie Kittel, "Brevard Childs' Development of the Canonical Approach"; James Barr,

둘 다 역사비평에 필요하다고 인식된 응답을 하였다. 이 필요성의 인식은 성서신학의 역사를 돌아봄으로써 명백해진다. 성서신학의 정의가 다양하고 논쟁을 유발하는 주제이지만, 최소한 성서의 역사적인 연구를 어떻게 교리신학에 관련시킬 것인가에 대한 질문이라고 볼 수 있다.[88] 역사적인 연구와 성서신학은 함께 발전하기 시작하였다. 일반적으로, 역사가들은 성서신학을 교리신학으로부터 독립시킨 가블러(J. P. Gabler)를 성서신학의 아버지라고 불렀다.[89] 그는 성서신학을 교리신학으로부터 분리시킴으로써 성서신학의 역사적인 성격을 강조하였다. 성서신학에서의 이러한 작업의 의미는 분석적인 것(analytical)과 건설적인 것(constructive)을 분리하는 것이다.[90]

"Childs' Introduction of the Old Testament as Scripture"; J. Blenkinsopp, "A New Kind of Introduction: Professor Childs' Introduction to the Old Testament as Scripture"; H. Cazelles, "The Canonical Approach"; G. M. Landes, "The Canonical Approach to Introducing the Old Testament: Prodigy and Problems"; R. E. Murphy, "The Old Testament as 'Scripture'"; Rudolf Smend, "Questions about the Importance of the Canon in the Old Testament Introduction"; Childs, "Response to Reviewers of INTRODUCTION TO THE OT AS SCRIPTURE", *JSOT* 16(1980): 52－60.

88) Ben C. Ollenburger, "From Timeless Ideas to the Essence of Religion", in *The Flowering of Old Testament Theology,* eds. Ben C. Ollenburger et al.(Winona Lake: Eisenbrauns, 1992), 4.

89) 가블러(J. P. Gabler)의 의도는 성경을 이성적으로 방어할 만한 기초를 제공함으로써 전통적인 개신교의 정통 신학을 개혁하려는 것이었다. 그의 원래 강조점은 성서비평을 교리적인 유추로부터 독립하려는 것이 아니라 교리 신학의 기초를 확실히 하려는 것이었다. 그가 교리신학에 관심이 있었지만, 교리신학의 기초는 문법적이고 역사적인 성서 연구에 바탕을 둔 성서신학의 독립을 통하여 이루어졌다. 결과적으로, 그에게 있어서 성서신학의 주요한 작업은 역사적인 특수성에서 더 권위 있는 보편적인 생각들을 찾아내는 것이었다. 가블러의 관심은 어떻게 역사가 신학에 공헌하는가였지만, 그 안에서 신학적인 반성과 역사적인 연구는 긴장을 이루고 있었다. 더 많은 연구를 위하여 올렌버거(Ollenburger)의 여러 글들을 참조하라. "From Timeless Ideas to the Essence of Religion", 3－19; idem, "Old Testament Theology: A Discourse on Method", in Biblical Theology: Problems and Perspective, ed. Steven J. Kraftchick et al.(Nashville: Abingdon, 1995), 81－103; idem, "Biblical Theology: Situating the Discipline", in *Understanding the Word,* ed. J. T. Butler et al.(Sheffield: JSOT, 1985), 37－62.

90) "가블러는 성서 저자 자신들이 생각한 것들을 서술하는 것을 묘사하는 분석적인 과업과 교회가 어떻게 후에 성서를 적용하도록 추구했는지를 해석하는 건설적인 과업을 구분하였다." Childs, *Old Testament Theology in a Canonical Context,* 2.

역사적인 방법론은 가블러 이래로 발전하기 시작하여 성서신학에서 중요한 것으로 간주되어, 차차 본질상 역사적인 것이라는 가정 아래 더 큰 신학적인 질문은 무시되었다.[91] 가블러의 작품의 논리적인 귀결인 자유주의(liberalism)는 "역사는 목적이 있다."고 하는 진보주의(evolutionism)와 "옛것이 더 권위가 있다."고 하는 원시주의(primitivism)라는 두 가지 해석학적인 원리를 가지고 있었다.[92] 자유주의는 신정통주의에 의해 공격을 받았는데, 신정통주의는 일차 세계대전 이후의 인간의 절망과 필요와 그 시대의 실존적인 분위기를 개신교 전승의 개혁주의자적 복음에 적용하였다.[93] 신정통주의는 역사비평을 이스라엘의 종교의 독특성을 증명하기 위한 객관적인 증거를 제시하는 데 사용함으로써, 역사비평을 성서 그 자체에 종속시키고, 역사비평은 자유주의와 신정통주의 아래 성서를 과거에 묶어 두었다.[94]

차일즈와 샌더스는 모두 성서에 관한 건설적인 작업과 분석적인 작업 사이의 간격을 메우는 데 필요한 해석학적인 질문에 관심이 있었다. 역사비평의 남용은 "성서 해석의 권위가 성서 전승의 초기 단계에 있다."는 숨겨진 가정에 있다. 역사비평적인 연구는 후기 편집의 작업이 첨가요 참된 것이 아니라고 전제한다.[95] 정경해석의 경우에, 권위는 본문의 초기 단계가 아니라 마지막 단계에 있다.[96] 이는 권위가 본

91) "이미 바우어(G. L. Bauer)와 드베테(W. M. L. de Wette)의 신학 안에서 역사적인 것과 해석적인 과업들이 유효했었다 할지라도 이미 갈등을 이루었다. 가블러에 의하여 제시된 성서신학의 두 단계는 성서에 대한 역사비평적인 방법 하나로 귀착되었음에 틀림없다. 20세기의 성서신학은 Schlatter로부터 Stuhlmacher까지, 그리고 Vatke로부터 von Rad, G. E. Wright 그리고 Gese까지 전적으로 그러한 통합의 산물이었다." Ollenburger, "Biblical Theology", 47-48.

92) "낭만주의(romanticism)와 실증주의(positivism)의 영향 아래, 역사는 성서 연구를 위하여 지배적인 패러다임이 되었다. 자유주의는 기본적인 기독교 가치를 위하여 18세기와 19세기의 인본주의와 낙관주의를 적용하였다." Sanders, *Canon and Community,* 5.

93) Ibid., 4

94) Ibid., 5.

95) Gerald T. Sheppard, "Canonical Criticism", *ABD* 1:861-866; Mary C. Callaway, "Canonical Criticism", in *To Each Its Own Meaning,* eds. S. L. McKenzie et al.(Louisville: Westminster/John Knox Press,1993), 121-134.

96) "이 변화는 예언서에서 뚜렷하게 나타난다. 최종적인 정경의 형태에 관한 질문은 특별히 역사적인 인물로서 개별적인 예언자의 원래 말에 대한 질문과 명백한 긴장을 이룬다. ……그리하여 예언서의 최종 형태를 진지하게 취한다는 것은 예언자 중의 한 사람에 의

문의 초기 단계에서 최종 본문을 형성한 공동체로 넘어감을 의미한다.[97] 이러한 정경적 차원은 편집비평을 넘어서는 것이다. 차일즈와 샌더스는 모두 권위가 본문의 마지막 단계에 있다는 것에 동의하면서도, 강조점은 서로 다르다.

차일즈는 정경해석방법(canonical approach)이 성서신학운동[98]의 발전 가운데 역사비평방법의 막다른 골목[99]에서 나왔다고 주장한다. 그는 역사비평방법을 여전히 사용하고 있지만, 정경해석방법이 역사비평방법과는 전적으로 다른 것임을 분명히 하고 있다.[100] 그가 정경해석방법을 역사비평방법에서 분리한 이유는 그가 역사비평방

하여 말하여진 말을 의도적으로 변경한 본문에 대하여 신학적인 적절함을 받아들인다는 것을 의미한다." Rolf Rendtorff, *Canon and Theology*(Minneapolis: Fortress, 1993), 50.

97) 성령은 정경 과정의 모든 경로에 역사한다. "원래 화자로부터 청자들에 의하여 이해된 것을 통하여, 제자들이 믿기에 말해진 것과, 후기 편집자들이 말해진 것에 대하여 구전이나 문서로 재형성한 것, 나아가 현대의 청자나 현재 믿음의 공동체에서 나타나는 본문의 이해에 이르기까지." Sanders, *Canon and Community,* xvii. 차일즈는 말하고 있다. "마지막 문헌적인 자료에 의하여 만들어진 본문과 최종 정경의 형성과는 간격이 있다. ……전 오경에 관한 지식을 반영하는 신학적인 힘이 최종 질서를 공급하였다." *Introduction,* 132. 렌토르프는 문헌적인 자료나 구전 단계의 전통적인 연결들보다는 더 큰 단위의 문헌의 중요성을 지적한다. "오경의 형성에 관한 관점의 변화의 결과는 문헌비평적인 반성이 다른 정황에 적용되어야 한다는 것이다. 이러한 반성은 개별적인 더 큰 단위의 형성의 역사 안에서 대답을 찾아야 한다. 새로운 연구 영역이 열린 것은 개별적인 본문을 각각 다른 자료에 위치시키는 것이 아니라, 한 설화가 더 큰 단위의 문헌을 형성하게 되었다는 것을 명확하게 서술하면서였다." Rendtorff, *The Problem of the Process of Transmission in the Pentateuch*, trans. John J. Scullion(Sheffield: JSOT Press, 1990). 190－191.

98) 차일즈는 정경해석방법이 성서신학운동의 종결과 관련이 있다고 말한다. 성서신학운동은 역사비평의 남용에 의하여 도전받았지만, 어떤 해법을 제시하는 데에는 실패하였다. 성서신학운동에 대한 더 자세한 연구는 다음을 참조하라. James Barr, "Biblical Theology", in *IDBS*: 104－11; idem, "The Theological Case against Biblical Theology", in Canon, *Theology, and Old Testament Interpretation: Essays in honor of Brevard S. Childs,* 3－19. Childs, *Biblical Theology in Crisis;* Steven J. Kraftchick, "Facing Janus: Reviewing the Biblical Theology Movement", in *Biblical Theology,* ed. Steven J. Kraftchick. et al.(Nashville: Abingdon, 1995), 54－77.

99) Childs, *Introduction,* 16.

100) 역사비평에 대한 그의 깊은 환멸감은 명백해졌다. James Barr, "Childs' Introduction of the Old Testament as Scripture", *JSOT* 16(1980): 15. "역사비평의 사용에 대하여 내가 만족하지 못하는 것은 역사비평학 자체에 대한 깊은 환멸감에서 온 것이 아니라, 검토

법을 본질적으로 분석적인 방법이요 건설적인 방법이 아니라고 믿는 데 있다. 매 세대에게 유용한 본문의 특성을 밝히려고 노력한 차일즈에게, 본문이란 매 세대가 분석적인 작업과 건설적인 작업 사이의 간격을 어떻게 연결할 것인가에 대한 해석학적인 열쇠이다.

차일즈는 최종 본문과 역사성을 다음과 같이 연결한다. 첫째, 차일즈는 본문의 역사성에 뿌리박고 있다.[101] 그의 출발점은 본문과 그 본문을 형성시킨 공동체[102]의 선역사(prehistory)의 중요성이다. 둘째로, 본문의 최종 형태를 강조하면서 차일즈는 본문을 형성한 역사적인 고정점으로부터 멀어지게 되었다. 차일즈의 정경에 대한 정의는 정경의 과정을 포함시키면서도,[103] 이것을 본문의 최종 형태에 종속시킴으로써 선역사와 공동체를 넘어선다. 셋째로, 최종 본문은 당대의 공동체가 아니라 후대의 공동체를 위하여 만들어진 것이다. 그는 과거로부터의 전승이 그것의 권위 있는 주장을 모든 계속되는 후대의 이스라엘 세대에게 적용하는 방식으로 전해졌다고 주장한다.[104] 차일즈는 본문 해석의 권위를 초기 단계에서 후기 단계로, 다시 후기 단

된 특별한 언어형식에 부적당한 언어가 사용되었을 때 초래되는 혼란이다." Childs, "Response to Reviews of Introduction to the OT as Scripture", *JSOT* 16(1980): 52. 차일즈는 역사비평 그 자체를 포기한 것으로 보이지는 않는다. "내가 역사비평학의 실패를 비평하는 것은…… 구약성서의 정경적인 문헌을 적절하게 다루기 위함이다. 그럼에도 불구하고, 그것을 성서의 비역사적인 읽기로 간주하는 것은 정경적인 접근에 대한 기본적인 오해이다. 차라리, 중요한 이슈는 성서의 역사성에 대한 본질과 그것과 관련된 역사적 접근에 대한 연구이다." Childs, *Introduction,* 71. 차일즈의 출발점은 역사성이었지만 그는 그것을 떠나고 있다.

101) "포로 이전부터 시작하여, 포로 이후 시대에 그 중요성이 커진바, 선택하고, 모으고, 정리되는 문헌의 형성에 영향을 준 이스라엘의 전승에 대한 종교적인 사용에 의하여 나타난 힘이 있었다." Ibid., 78.

102) "정경적인 접근의 관심은 일반적으로 히브리 문헌의 역사를 재건하는 것이 아니라, 고대 이스라엘의 역사적인 공동체가 이 문헌을 어떻게 사용하였는지를 염두에 두고 이 특별한 종교적인 본문들의 특징을 연구하는 것이다." Ibid., 73.

103) "정경은 문헌 그 자체의 형성에 영향을 준 이스라엘의 역사 전체에 걸쳐서 확장되는 과정을 통해 이루어진다." Ibid., 57.

104) "정경의 형성 과정 이면에 있는 동기들은 다양해서 성서 본문 자체에서는 좀처럼 논의되지 않는다. 그러나 명백히 언급된 한 가지 관심은 모든 이스라엘의 세대에게 과거의 전승의 권위 있는 주장이 가해지는 그런 방식으로 전승된다는 것이다." Ibid., 78.

계에서 미래의 단계로 종속시킨다. 결과적으로, 최종 본문에 대한 강조는 초기 역사적인 정황을 넘어서게 된다. 차일즈의 최종 본문에 대한 강조는 그로 하여금 편집 단계와 정경 단계 사이의 차이에 주목하게 만든다. 즉, 정경 편집자는 본문 편집자를 넘어서는 한 형태로 형성시키고, 그리하여 권위는 본문의 최종 형태에만 있게 된다.

> 정경해석 과정의 핵심은 계시의 원래 사건에 동참하지 않았던 세대를 위하여 권위 있는 전승이 성서의 역할을 할 수 있는 형태로 전달되고 배열되게 하는데 있다. 이제 정경 본문의 구조 안에 해석학적인 활동이 정착되었다. 그리하여 성서 본문을 적절하게 해석한다는 것은 역사와 해석의 용어를 사용하여 진지하게 정경 형성을 취하는 것이다. ……성서 본문의 최종 형태가 중요한 이유는 그것만이 모든 계시의 역사에 대한 증거를 하기 때문이다.[105]

차일즈의 정경에 대한 정의가 본문만을 강조하는 정의를 벗어나기는 하지만 그의 본문의 해석학적인 강조로 인하여 다시 정경의 권위를 추적하는 본문의 축으로 돌아가게 된다.

차일즈에게 있어서 중요한 문제점은 그의 본문의 강조가 공동체의 정경 형성 과정을 무시하는 데 있다. 이 특징은 본문이 당 세대를 넘어서서 후기 세대에 이른다는 그의 주장에 나타난다. 그는 원래의 역사적인 정황을 회복하려고 하는 일상적인 역사비평으로부터 벗어나고 있다. 차일즈가 본문의 최종 형태를 강조하는 가장 중요한 이유는 초기 역사적인 재건이 거의 모호하다는 것이다. 이러한 견해는 차일즈로 하여금 사회학적인 연구의 결과들을[106] 받아들이지 않도록 한다. 그는 본문이 재

---

105) Ibid., 60, 75-76.

106) "정경의 형성 과정에 기본적인 것은 본문의 실제적인 편집을 맡은 이들이 그들 자신의 정체를 숨기기 위하여 최선의 노력을 다했다는 것이다. 그리하여 본문이 재작업되는 실제 과정은 전적으로 베일에 가려져 있다. 정경은 현대의 역사학자들이 추구하는 사회학적인 증거들을 감추면서, 유대공동체의 생활을 위한 결정적인 정황을 형성하였다." Ibid., 78. 차일즈와 갓월드 모두 정경 형성의 과정이 성서 전승들의 이면에 있는 원래 사회학적인 요소를 모호하게 만들었다는 것을 인정하지만, 이 모호성의 이유는 서로 다

작업되는 실제 과정은 거의 베일에 가려져 있다고 주장한다. 역사적인 방법론은 그 자체가 역사적인 현장에서 성서의 증인들이 초월성이나 하나님의 활동을 다루는 데 부적당하게 만드는 근본적인 약점이 있다는 것이다. 그는 역사성에 관한 두 가지 원칙을 제시한다. 1) "역사적인 초점이 날카로울수록 해석은 더욱 명확해진다."[107] 2) "본문이 증거하는 한 최대한도로 역사적인 상세함으로써 더욱 들어가라."[108] 차일즈에게 있어서, 첫 번째 주석적인 가정은 정경 본문 안에 있는 역사적인 상세함의 단계에서 둘째 가정에 의하여 제한을 받고 있다. 차일즈가 첫 번째 원칙을 받아들이기는 하지만, 이 원칙이 해석을 위하여 어떤 권위를 갖는 것은 아니다. 역사적인 상세함으로부터 출발하였지만 또한 그것을 벗어나고 있다. 사실상, 역사적인 상세함을 밝히는 것이 모호하기는 하지만, 그것에 대한 완전한 무시는 정당화될 수 없다. 역사적인 상세함이 모호해진다는 주장이 그것을 무시하게 만들지만 그것의 해석학적인 위치가 포기되어서는 안 된다. 마지막 편집본이 초기 편집본의 역사적인 상세함을 잃게 된다면, 마지막 편집본은 그 공동체의 역동적인 과정을 상실하게 되는 셈이다.

차일즈에게 정경의 권위는 믿음의 공동체가 받고 전달한 본문의 마지막 형태에 있다. 차일즈는 우선적으로 본문 그 자체에 담긴 신학적인 원칙에 관심이 있다. 성서 본문에 대한 모든 그의 정경적인 분석은 공동체가 발견하는 어떤 정황 속에서 공동체를 위한 신학적인 관점과 구조를 제공하려고 시도한다. 그에게 있어서, 공동체를 위하여 원칙이 될 수 있는 것은 본문 안에 반영된 공동체 내부의 역사적인 과정이 아니라, 누가 언제 어떤 목적으로 썼든지 책의 문학적인 구조인 것이다. 하나님의 영감 때문에, 주어진 본문은 어떤 역사적인 사건과는 무관하게 권위를 갖게 된다.[109]

르다. 갓월드에 따르면, 정경 형성의 과정은 그것이 일어난 사회적인 모형과 분리해서는 이해될 수 없는 것이다. N. Gottwald, "Social Matrix and Canonical Shape", *Theology Today* 42 / 43(1986): 307－21.

107) Childs, "Response to Reviews of *Introduction to the OT as Scripture*", 205.

108) Brett, 77.

109) "우리의 의견으로는, 성서영감설에 대한 주장은 성경이 역사한 교회의 정경적인 정황의

이제 성서 해석 안에서 차일즈의 연구의 의미를 생각해 보려고 한다. 존 바톤(John Barton)은 차일즈의 정경해석방법의 핵심과 그 한계를 지적하고 있다. 그에 따르면, 차일즈가 정경해석방법을 신학적인 형태의 연구라고 말할 때, 그는 성서비평과 신학 사이의 간격을 치유하려고 시도하고 있다. 차일즈가 동의하지 않을 수도 있지만, 바톤이 주장하는 것은 차일즈의 방법론이 본문이 의미했던 것보다 본문이 의도하는 것을 강조하기 때문에 문학비평(literary criticism)에 가깝다는 것이다.

> 우리가 지금까지 고려한 모든 다른 방법들은 그것들이 우리가 가지고 있는 본문을 형성한 그룹들의 의도를 묻고, 본문이 쓰인 역사적 정황과 사회적 정황에 관하여 알 수 있는 것에 기초하여 이러한 의도를 재건하려고 한다는 측면에서 역사적이라고 말할 수 있다. 이와 달리, 정경해석방법은 정경 본문의 최종 편집자의 마음에 무엇이 있었는지에 우선적인 관심이 있는 것은 아니다. 그랬더라면 그것은 단지 편집비평의 아류가 되었을 것이다. 정경해석방법은 본문 각각이 다른 것들과의 관련을 통하여 갖게 되는 의미들에 관심이 있다. 정경적인 의미들은 정경 형성의 기능이며, 정경을 이룬 자들의 마음을 재건하는 일에 의존하지 않는다.[110]

바톤은 왜 정경해석방법이 신학적인 단계에서 궁극적으로 신빙성이 없는지 그 이유를 제시한다. 그는 정경해석방법이 차일즈가 의도하는 것보다는 신학적으로 더 중립적이라고 표현한다. 정경해석방법은 한 작품이 특정한 문맥 가운데 있다고 전제하지만, 바톤은 구약성서의 정경 안에서 이 범위를 어떻게 한정할 수 있는지 묻고 있다.[111] 나아가서, 내적인 성서적인 원칙은 정경성(canonicity)과는 상충되기도 한다. "차일즈의 방법이 적용되면 이론적으로 이미 정경 안에 있는 어떤 책이든 정

독특성에 대한 주장이다. ……하나님의 영감은 이 한 정황에 대한 특별한 특권을 주장하는 방법이다." Childs, *Biblical Theology in Crisis,* 104.

110) John Barton, *Reading the Old Testament: Method in Biblical Study*(Philadelphia: Westminster Press, 1984), 90.

111) 바톤은 우리의 권위 있는 본문으로 마소라 본문을 택해야 한다는 주장에 대하여 반대하는바, 우리가 비평하는 세 가지 정경이 있기 때문이다. 칠십인역 성경, 신약이 있는 히브리 성경(기독교), 신약이 없는 히브리 성경(유대교). Ibid., 91.

경의 일반적인 흐름과 양립할 수 없도록 읽기는 불가능한 것이 된다. 왜냐하면, 정경해석방법은 위에서 말한 대로, 성경을 서로 상충하는 방식으로는 읽지 마라는 원칙을 적용하고 있기 때문이다."[112] 바톤은 정경해석방법이 구약성서의 문학적인 독서에 제한되어야 한다고 주장하면서, 비평방법을 신학과 분리하려고 한다. 그는 성서비평을 지각 있는 독자들이 본문에 부여하는 질문을 분석하고, 설명하고, 성문화하는 서술적인 추구라고 정의한다.[113] 바톤은 성서비평은 특별한 도구와 전제에 따라 본문을 처리(process)하는 한 방법이기 때문에 절대적으로 옳은 방법을 찾으려는 시도는 실패할 수밖에 없다고 말한다. 그러므로 차일즈의 방법을 절대화하려는 시도는 균형을 이루어야 한다.[114] 성서 연구방법의 전체적인 틀 안에서 정경해석방법은 구약성서를 문학적으로 읽기 위한 준비이다.

샌더스는 정경비평을 역사비평학의 다음 단계라고 정의한다.[115] 그에 따르면, 정경비평은 전승비평의 결과를 취하여 인용된 문맥에서 고대 전승의 권위를 찾으려고 한다. 그는 해석학적인 질문을 인식하지만 역사비평 안에서 이 문제를 해결하려고 한다. 그의 관심은 성경신학의 분석적인 작업과 건설적인 작업이다. 그는 우리가 누구인가라는 정체의식에 관한 질문과 공동체의 사명에 관한 질문 안에서 과거와 현재 간의 유추적인 형태를 발견한다.[116] 샌더스는 정경비평이 최종 본문이 이루어지는 시기의 공동체에 강조점이 있다고 주장한다. 샌더스에게, 권위는 정체의식과 사명에 관한 질문을 묻는 특정한 공동체의 필요와 위기와 관련된다.

샌더스에 따르면 정경비평은 정경 과정(canonical process)과 정경해석학(canonical

---

112) Ibid., 94.

113) Ibid., 6.

114) "그는 몇 가지 입장에 대하여 취할 필요가 없는 비판을 했고, 정경적인 접근이라는 명목으로 너무 많은 과업을 포함하려고 노력했다. 해석학적인 목표에 대한 진술이 어떤 방법에 대한 질문보다 앞선다." Brett, 11.

115) "이 세 사람들은(B. S. Childs, Morton Smith, 그리고 J. A. Sanders) 어느 정도 양식비평과 편집비평의 결과 사이에서 나타난 갈등에 대하여 응답하였다. 이 모든 세 사람은 이 방법을 넘어서 다른 단계에 다다랐다. ……정경비평은 성경비평의 또 다른 방법론으로 초기에 발전된 방법론을 보강하는 것으로 보아야 한다." Sanders, *From Sacred Story to Sacred Text,* 82.

116) Ibid., 17, 63; *Canon and Community,* 28.

hermeneutics)이라는 두 가지 강조점이 있다. 이 중 정경 과정은 정경이 처음부터 마지막까지 전승과 해석으로 이루어졌다고 주장하는 것이다.[117] 차일즈와 달리,[118] 샌더스는 성서 안에 있는 본문의 주석과 해석이 처음부터 본문의 포괄적인 부분이라고 주장한다. 초기 해석에는 또 다른 해석이 붙게 마련이다. 샌더스는 새로운 해석일지라도 최종적인 정경 본문의 일부에 포함되기 때문에, 성서 내적인 재현(re-presentation) 또는 당대화(contemporization)라는 과정을 상실하지는 않는다.[119] 즉, 그는 정경이 전승과 해석으로 이루어져 있다고 이해한다.[120]

정경비평의 두 번째 요소는 정경해석학이다. 정경의 형성을 연구하는 것은 곧 형성되어 온 계속되는 시대의 해석학(hermeneutic)을 질문하는 것이다. 샌더스에 따르면, 이스라엘, 유대교 그리고 교회는 모두 전해진 믿음과 새로운 문화적인 정황 사이의 간격을 다루어 왔다. "정경은 초기에 권위 있는 전승들이 고대 문화적인 도전에 직면하여, 그 도전에 스스로 적응시키고, 믿음의 공동체의 요구에 따라 변형되는 과정을 포함한다."[121] 이 질문에 대한 해답이 정경을 형성한다.[122]

샌더스는 공동체와 본문 사이의 상호관계를 알고 있다. 그는 정경의 개념이 안정(stability)과 적응(adaptability) 사이의 긴장에 있다고 주장한다.

---

117) Ibid., 32.

118) 차일즈는 본문의 최종 형태에 있는 모든 것이 본문이요, 그 시기 후의 첨가는 주석이지 본문이 아니라고 말한다. 샌더스에 따르면, "성경을 충분히 정경의 맥락에서 읽는 것은 기껏해야 성서를 이룬 문헌의 최종 편집자에게 돌릴 수 있을 것이다." Ibid. 35.

119) Ibid., 32.

120) 정경비평이 관심 있는 것은 "초기 수납과 어떤 천재들의 다른 정황에서의 반복에서 나타난 정경 형성의 과정과 그러한 정경작업이 믿음의 공동체 내에서 특별한 거룩함을 지닌 책으로 여겨지는 후기의 시기이다." Ibid., 38.

121) Sanders, *From Sacred Story to Sacred Text,* 65.

122) 모르간(Donn F. Morgan)은 샌더스의 방법을 거시적인 정경해석방법이라고 부른다. 이 방법은 성경의 순서와 특별한 정경의 모음 내에서의 변화를 고려한다. 전승사나 편집비평은 정경해석방법의 과정을 돕는다. 이 방법은 믿음의 공동체 내에 있는 필요와 관심을 찾아낸다. 각각의 책들은 더 큰 전체 안에서의 위치를 염두에 두고 이 문헌들을 사용한 공동체 내에서의 역사적인 동기와 의도를 찾으려는 노력에 의하여 조절된다. Donn F. Morgan, "Canon and Criticism: Method or Madness?" *Anglican Theological Review* 68(1986): 88.

정경 안의 정경(a canon－within－the－canon)은 높은 적응을 본질적인 것으로 또는 본질의 핵심인 것으로 여기지 않고, 최종 결정된 정경의 다른 부분을 덜 힘이 있거나 덜 권위 있는 것으로 무시하기 때문에, 적응할 수 있는 정경의 역동적인 본질을 간과하는 것이다. 성서에 관한 충분한 정경문맥, 즉 성경 안에서 상당한 다원주의를 제공하는 전승과 그 고유의 적응은 일종의 불행한 성서주의라고 잘못 이해될 수 있다.[123)]

그러나 그의 위치는 본문이 무시되지 않는 한도 안에서 공동체를 강조하는 것이다. 그는 적응을 정경비평의 일차적인 특성이라고 여기고, 어떻게 공동체가 그 고유의 정황 안에서 삶의 도전에 대처했는지를 재건하는 데 흥미를 가지고 있다.[124)]

다양한 정경 형성 가운데 샌더스는 토라의 형성이 가장 중요하다고 주장한다. 형식적 권위의 관점에서 토라의 형성은 역사적인 사건에 대한 공동체의 다양한 응답들 중의 하나일 뿐이다. 그러나 정경 안의 정경의 관점에서, 토라의 출현은 모든 권위 있는 전승의 중심에 서 있는 것이다. 왜냐하면, 이 권위 있는 본문을 형성한 자들은 유다의 멸망과 관련된 재앙이 야기한 정체와 생존에 관한 실존적인 질문에 직면하여 응답한 자들이기 때문이다.[125)]

(2) 본 연구를 위한 정경해석방법의 적용

정경해석방법의 적용을 위하여, 차일즈와 샌더스의 공헌을 생각할 수 있다. 차일즈가 최종 본문을 강조한 것은 우리로 하여금 방법으로서 최종 본문을 다루는 것의 중요성과[126)] 성서 해석에 있어서의 최종 본문의 권위에 대하여 다루게 한다. 샌더스

---

123) Sanders, *From Sacred Story to Sacred Text,* 20.

124) Ibid, 5.

125) 모르간은 정경연구에 있어서 샌더스의 중요한 주장을 지적하고 있다. "토라는 특별한 문제와 도전의 빛 아래에서 과거의 권위 있는 전승과의 관계를 이해하려는 공동체에 의하여 형성되었다." Donn F. Morgan, Between Text & *Community: The Writings in Canonical Interpretation*(Minneapolis: Fortress Press, 1990), 17.

126) 나는 바톤을 따라 process the text라는 용어를 이해한다. "방법의 추구는 본문의 읽기를 기술의 과정과 동일시하는 것이다. 방법은 본문을 읽기보다는 본문을 다루려고(process)

의 공헌은 본문을 형성한 공동체를 강조하면서 다음 두 가지 단계를 제시한다. 하나는 본문을 다루는 데 있어서 역사비평의 유효함을 가르치는 것이며, 다른 하나는 성서 해석에 있어서 본문을 형성하는 공동체의 역할을 강조하는 것이다. 그러므로 본 연구에서는 정경해석방법을 두 가지 면에서 적용하려고 한다. 첫째로, 나는 통시적인 방법과 공시적인 방법으로[127] 본문을 다루려고 한다. 둘째로, 나는 최종 본문을 해석할 때, 최종 본문의 형성에서 드러나는 공동체와 권위 있는 본문 전승의 관계를 살필 것이다.

노력한다. ……간단히 말해서, 나의 논지는 비평(criticism)이라는 것은 인식하려는 독자들이 본문에 가하는 질문을 분석하고, 설명하며, 성문화하는 서술적인 작업이지, 어떻게 본문을 읽어야 하는지에 관한 법칙을 만드는 규범적인 작업은 아니라는 것이다." Barton, 5와 6. 예를 들어, 차일즈는 최종 본문의 문학적인 특징에 기초하여, 그것을 분석하고, 설명하며, 성문화하면서 본문을 다룬다. 샌더스는 최종 본문의 역사적인 특징에 기초하여, 그것을 분석하고, 설명하며, 성문화하면서 본문을 다룬다.

127) 현대의 문헌 연구에서, 공시적인 읽기는 우리에게 전달된 최종 형태인 본문의 구조를 정의하고 서술하는 목표를 가진 접근방법이고, 통시적인 방법은 본문의 편집 역사의 정의와 서술을 목표로 하는 접근방법라고 볼 수 있다. Jacob Hoftijzer, "Holistic or Compositional Approach?: Linguistic Remarks to the Problem", in *Synchronic or Diachronic?: Debate on Method in Old Testament Exegesis,* ed. J. C. de Moor(Leiden: Brill, 1995), 98. 통시적인 방법과 공시적인 방법의 구분은 소시르(F. de Saussure)로부터 시작되었는데, 그는 *parole*와 *langue*를 구분하였다. 사실상, 소시르는 *parole*보다는 *langue*를 우선으로 여겼다. 최근에 두 가지 방법은 서로 보완된다고 여겨졌다. James Barr, "The Synchronic, the Diachronic and the Historical: A Triangle Relationship", in *Synchronic or Diachronic?: Debate on Method in Old Testament Exegesis*, ed. J. C. de Moor(Leiden: Brill, 1995), 1－14. 벌린(A. Berlin)은 수평적인 역사의 축(통시적)에서 본문의 전 역사와 후 역사의 중요성을 인식하고, 수평 구조적인 축(공시적)에서 초역사적인 역사의 중요성을 강조한다. *Poetics and Interpretation of Biblical Narrative*(Sheffield: Almond Press, 1983), 111. 폴진은(Robert Polzin) 다음과 같이 쓰고 있다. 성서의 통시적인 방법과 공시적인 연구는 역사적 문헌적인 방법으로서 서로 보완적인 관계를 유지한다. Polzin, 2. c.f. D. J. A. Clines and J. Ch. Exum, "The New Literary Criticism", in *The New Literary Criticism and the Hebrew Bible,* JSOTS 143(Sheffield: JSOT Press, 1993), 11－25; E. Talstra, *Solomon's Prayer: Synchrony and Diachrony in the Composition of 1 Kings 8:14－61*(Kampfen, 1993), 81－2. 공시적이고 역사적인 성서 본문 읽기에 대한 논의는 더 포괄적이고 편견이 없어야 한다. 두 방법은 택일할 방법들이 아니고, 본문을 연구하기 위하여 조화롭게 연결해야 하는 필요한 방법들이다. R. Rendtorff, "Directions in Pentateuchal Studies", *CR: BS 5*(1997), 58.

첫째로, 나는 통시적이고 공시적인 방법을 사용하여 본문을 다룬다. 통시적인 방법을 위하여 한 본문은 다음과 같이 발전했다고 볼 수 있다.

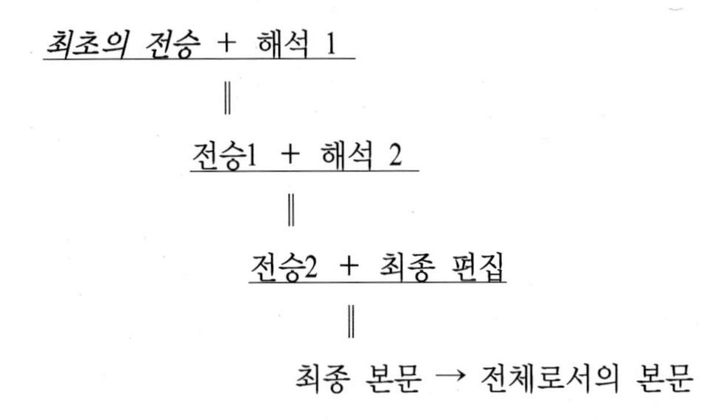

샌더스에 따르면, 최종 본문은 최초의 전승(*traditum*)이 여러 번의 편집을 통하여 계속적으로 확장되면서 형성되어 왔다. 역사비평적인 방법이 원래 층을 더 권위 있는 것으로 여기는 반면, 정경해석방법은 최종 본문을 더 권위 있는 것으로 여긴다. 정경해석방법은 단지 마지막 편집자의 의도에만 관심이 있는 것은 아니다. 정경해석방법은 최종 본문의 공동체적인 형성을 고려하면서 최종 본문에 드러난 편집 과정을 검토한다.[128] 통시적인 방법을 통하여, 나는 토라의 본문 전승에 대한 공동체의 다양한 응답을 검토하려고 한다. 나는 BW에서 저자가 여러 편집의 단계에서 나타난 위기를 승천 전승을 통하여 어떻게 응답했는지를 살피고, 이어서 다니엘서에서 저자가 여러 편집을 통하여 말씀 전승과 모세의 권위 아래 승천 전승을 어떻게 결합시켰는지 살펴볼 것이다.

일단 성서의 최종 본문이 형성되면, 이 최종 본문은 최고의 권위를 가지고 있으며 후대의 편집을 허용하지 않는다. 고정된 최종 본문은 계속되는 해석을 위한 기준점이 된다. 본문은 영원히 고정되고, 본문에 대한 해석들은 시간에 따라 변할 수 있지만, 이제는 과거와 같이 해석이(아래에서 해석 1, 해석 2) 본문 안으로 들어오

128) "정경이라는 말은 본문의 통시적인 차원을 무시하지 않고, 의도적으로 이루어진 최종 통일성을 가진 주어진 형태로서 본문을 이해하려고 시도하는 것이다." Ibid., 58.

지는 않는다.

<u>최종 본문</u> ⇒ 전체로서 본문의 의도
‖
<u>고정된 본문 전승 1</u> ⇒ 해 석 1
<u>고정된 본문 전승 2</u> ⇒ 해 석 2

나는 때로는 공시적인 방법 중에서 서사비평방법을 사용하여 본문을 검토할 것이다.[129] 후기 공동체들은 각각의 삶의 자리에 따라 최종 본문을 다르게 해석하게 되며, 이 해석은 새로운 후기 문헌들을 만들게 된다. 나의 관점은 후기 문헌 자체가 아니라, 이 후기 문헌들을 이룬 공동체들이 그들에게 전해진 본문 전승의 권위를 어떠한 방법으로 받아들였는지에 관심이 있다. BW는 승천 전승을 따라 토라를 모세의 권위에 해석하는 것에 대하여 도전한다. 다니엘서에서는 승천 전승과 말씀 전승 간의 이념적인 숨겨진 긴장이 담겨 있다.[130] 그러나 이 긴장이 말씀 전승이라는 하나의 지배적인 이념 아래 놓여 있다.[131] 공시적인 읽기를 통하여 나는 최종 본문의 권위 있는 본문 전승을 결정한다.

둘째로, 나는 궁극적으로 정경해석방법을 사용하여 통시적인 읽기와 공시적인 읽기를 통하여 나타나는 그 결과를 검토하려고 한다. 나는 차일즈와 샌더스가 공동체와 본문 전승을 각각 선택한 것을 관찰하였다. 차일즈는 이 중에서 본문 전승을 권위 있는 실재 가운데 하나로 이해하고, 권위 있는 본문 전승이 믿음의 공동체에서 어떠한 영향력이 있는지를 보여 준다. 그러나 최종 본문은 본문의 정체적인 면은 강조하지만, 공동체의 역동성은 드러내지 못한다. 샌더스는 공동체의 개념을 붙잡았다. 그는 본문이 무시되어서는 안 된다고 말하고 있기는 하지만, 본문을 불가결한

---

129) 나는 3장 C에서 서사비평(narrative criticism)에 대하여 논하려고 한다.
130) Polzin, 16-24.
131) Meir Sternberg, *The Poetics of Biblical Narrative: Ideological Literature and the Drama of Reading.* Indiana Literary Biblical Series(Bloomington: Indiana University Press, 1985), 36-37.

것으로 보지는 않으며 공동체의 응답에 초점을 맞춘다. 그에 따르면 해석을 본문의 일부로 받아들이는 것은 본문 형성에 공동체의 반응이 포함되었음을 보여 주는 것이다. 샌더스는 본문을 정경해석의 한 요소로 여김으로 그 중요성을 무시하지는 않았지만, 안정되고 권위 있는 본문의 영향을 자세히 명기하지는 않았다. 본문과 공동체의 긴장은 "본문과 공동체 사이의 대화 가운데 권위가 있다."는 모르간의 말로 표현할 수 있다.[132] 나는 하나님의 계시를 식별하는 권위가 본문과 공동체의 대화 안에 있다는 그의 이론에 관심이 있다.

나의 출발점은 샌더스와 모르간으로부터 취하고 있다. 샌더스는 이스라엘 역사 가운데 토라의 형성의 중요성을 강조하는 반면에, 모르간은 이 원칙을 토라와 예언서에 대한 응답의 산물인 성문서의 정경적인 해석에 적용하였다.[133] 나는 모르간의 방법론을 발전시켜 묵시문학의 출현이 토라에 대한 응답이라고 주장하려는 것이다. BW와 다니엘서는 각각 정경 토라의 권위 있는 해석을 가지고 있다고 주장하면서 새로운 계시에 대한 다른 이해를 하고 있다. BW는 승천 전승에 입각하여 모세의 권위를 넘어서는 새로운 계시를 받아들이는 반면에, 다니엘서는 모세의 권위를 넘어서는 새로운 계시를 부인하고 새로운 계시를 말씀 전승에 포함시켰다. BW와 다니엘서는 정경 토라에 대하여 다른 반응을 보여 주면서 새로운 계시를 다르게 해석한 것이다.

나는 두 가지 다른 묵시문학인 BW와 다니엘서의 형성 과정에서 보이는 본문과 공동체 사이의 대화를 보여 주려고 한다. 첫째로, 다니엘서의 형성을 정경해석의 두 가지 관점으로 설명할 수 있다. 한편으로, 다니엘서는 권위 있는 토라 본문 전승에 영향을 받은 공동체에 의하여 형성됨으로 공동체의 반응을 보여 준다. 다른 한편으로 다니엘서에 나타난 권위 있는 본문 전승은 후기 공동체의 문헌 형성에 영향을 주었다. 다니엘서는 그 형성 과정과 정경화의 과정 속에서도 권위 있게 사용되었다. 공동체와 본문 사이에 권위가 있다는 원칙은 다음과 같이 다니엘서에 적

132) Morgan, *Between Text & Community,* 18.
133) "성문서는 모두 새로 출현한 성서인 토라와 예언서에 대한 포로기 이후의 반응들이다." Ibid., 3.

용될 수 있다.

본문　　토라의 본문 전승
　　　　　　↓↑
공동체　　토라에 대한 공동체의 반응=**다니엘서**=다니엘서의 본문 전승　본문
　　　　　　　　　　　　　　　　　　　　　　　　↓↑
　　　　　　　　　　　　　　　　　　　　다니엘서의 후기　공동체
　　　　　　　　　　　　　　　　　　　　본문에 대한 영향

우리가 이 원칙을 BW에 적용할 때, 문제는 가톨릭, 유대교 및 개신교가 BW를 포함한 제1에녹서를 정경으로 받아들이지 않고, 단지 에티오피아 교회만 제1에녹서를 정경으로 받아들인다는 것이다. 그러나 나중에 보듯이, BW는 토라의 제사장 전승에 대한 응답이며,[134] 주전 2세기까지 정경으로 사용되어 왔었다.[135] 다니엘서와는 다른 방식으로 BW이 토라에 응답하고 있다는 관찰은 묵시문학 연구에 깊이를 더해 주기 때문에 중요하다. BW가 없다면 다니엘서에서 발견되는 토라에 대한 응답이라는 요소가 중요하지 않은 것으로 이해될 수도 있을 것이다. BW와 다니엘서는 토라에 대한 서로 다른 반응을 보여 준다. 주전 2세기에 BW와 다니엘서는 모두 권위 있게 사용되었지만, 토라에 대해서는 다른 반응을 보여 주었다. 정경화 시기에 다니엘서는 정경으로 받아들여졌지만, BW는 그렇지 못하였다. 이는 두 책으로 표현되는 두 공동체 사이에 오랜 갈등이 있었다는 것을 보여 준다. 다니엘서를 만든 공동체는 주류로 여겨졌고 BW그룹의 영향을 극복할 수 있었다. 승천 전승과 말씀 전

134) 다음 장에서 이것을 보여 줄 것이다.
135) 제1에녹서는 기원후 1세기에 유대 정경의 일부로서 받아들여지지 않았지만, 제1에녹서가 권위 있게 받아들여졌다는 증거가 있다. 희년서는 제1에녹서를 정경으로 사용하였다(희년서 4:17-19). 초기 기독교 저자인 유다와 오리겐도 역시 제1에녹서를 권위 있게 사용하였다. G. W. E. Nickelsburg, "Scriptures in 1 Enoch and 1 Enoch as Scripture", in *Text and Contexts: Biblical Texts in Their Textual and Situational Contexts,* eds. Tord Fornberg and David Hellholm(Oslo and Boston: Scandinavian University Press, 1995), 347.

승의 대립을 보여 주는 이 갈등은 두 개의 다른 묵시문학들을 만들었다. 나는 이 갈등이 어떻게 두 묵시문학들을 만들었는지를 살피고, 다시 이 묵시문학들이 후기 공동체를 어떻게 형성하였는지에 대한 몇 가지 제안을 하려고 한다.

<table>
<tr><td colspan="2" align="center">토 라</td></tr>
<tr><td align="center">(1)↙ ↗(2)</td><td align="center">(2)↖ ↘(1)</td></tr>
<tr><td align="center">다니엘서</td><td align="center">에녹서</td></tr>
<tr><td align="center">(3)↘ ↖(4)</td><td align="center">(4)↗ ↙(3)</td></tr>
<tr><td colspan="2" align="center">후기 문헌</td></tr>
</table>

정경해석방법을 사용하면, 우리는 공동체와 본문 사이에 네 가지 단계의 대화를 설명할 수 있다. 첫 단계에서, 권위 있는 정경 토라의 본문 전승이 BW와 다니엘서의 형성에 영향을 주었다. 두 번째 단계에서, 공동체들이 정경 토라에 대한 서로 다른 해석을 반영하면서 응답에 대한 표현으로 BW와 다니엘서를 썼다. 세 번째 단계에서, BW와 다니엘서는 권위 있는 본문 전승으로 후기 공동체에 영향을 주었다. 마지막으로, 후기 유대교와 개신교의 공동체들은 BW와 다니엘서의 본문 전승에 대한 공동체의 서로 다른 반응을 보여 주었다. 전 장(前章)에서 나는 BW와 다니엘서에 영향을 준 정경 토라의 본문 전승을 보여 주기 위하여 정경 토라의 최종 본문에 있는 현존 전승과 말씀 전승 사이의 긴장을 보여 줌으로 첫 번째 단계에 대하여 연구하였다. 다음 장에서 나는 통시적 방법과 공시적인 방법을 통하여 BW와 다니엘서의 두 번째 단계와 세 번째 단계에 대하여 연구하려고 한다. 마지막 단계를 위해서는 후기 유대교와 기독교 공동체가 어떻게 BW와 다니엘서에 대하여 응답했는지에 대하여 예비적인 관찰을 하려고 한다.[136)]

---

136) 우리가 사해사본, 헤칼롯 문헌 그리고 다른 묵시문학 문헌을 검토하면, 다니엘서와 BW에서 나온 권위 있는 전승을 발견할 수 있다. 후기 문헌들은 우리에게 다니엘서와 BW가 그 시기에 어떻게 사용되었는지에 대하여 보여 준다. 세 번째 단계는 BW와 다니엘

2 파수꾼의 책(제1에녹서 1-36장)137)

파수꾼의 책이 현재 정경에 속하지 않았음에도 불구하고 다니엘서를 포함한 묵시문학 연구의 폭을 넓혀 주는 책으로 점차로 인식되고 있다. 이 책의 가치는 제2성전 시대의 말씀 전승과 현존 전승에 대한 독특한 이해를 보여 준다는 것이다. 파수꾼의 책에서는 말씀 전승과 현존 전승의 갈등으로 인하여 승천 전승이 나타난다. 파수꾼의 책은 역사적인 상황을 파악하기 어렵지만, 역사적인 상황을 어떻게 해석하였는가에 대한 한 관점을 보여줌으로 묵시문학의 형성 연구에 큰 기여를 하고 있다.

먼저 이 책의 연구는 통시적인 방법과 공시적인 방법을 통하여 행하려고 한다. 우리는 다음과 같이 에녹서 1-36장에서 통시적인 읽기와 공시적인 읽기를 비교할 수 있다.

표 10: 제1에녹서 1-36장의 통시적인 읽기와 공시적인 읽기

통시적인 읽기	공시적인 읽기
전승 1 세미카자 이야기(에녹서 6-11장 A)	전승 6 서론(에녹서 1-5장)
전승 2 아사셀 이야기(에녹서 6-11장 B)	전승 1 세미카자 이야기(에녹서 6-11장 A)
전승 3 에녹의 승천 전승(에녹서 12-16장)	전승 2 아사셀 이야기(에녹서 6-11장 B)
전승 4 에녹의 지혜 전승(에녹서 17-19장)	전승 3 에녹의 승천 전승(에녹서 12-16장)
전승 5 에녹의 지혜 전승의 확장(에녹서 20-36장)	전승 4 에녹의 지혜 전승(에녹서 17-19장)
전승 6 최종 편집(에녹서 1-5장)	전승 5 에녹의 지혜 전승의 확장(에녹서 20-36장)

통시적인 읽기와 공시적인 읽기는 모두 최종 본문에 권위를 부여하지만, 그들의 초점은 서로 다르다. 통시적인 읽기는 다양한 편집 단계가 어떻게 최종 본문을 이

서의 본문에 초점이 있고, 네 번째 단계는 후기문헌에 강조점이 있다. 세 번째 단계에서의 나의 관심은 후기 문헌 자체가 아니고, 어떻게 다니엘서와 BW가 후기 공동체에 영향을 주었는가 하는 것이다. 이 단계는 최종 형태로서의 본문에 관심이 있다. 네 번째 단계에서 이 본문들에 의하여 영향을 받은 후기 문헌 자체에 관한 연구는 결론에서 다룰 것이다.

137) 본 논문에서 다르게 명기하지 않으면 제1에녹서를 에녹서라고 명명한다.

루었는지를 살핀다. 에녹서 1－5장과 20－36장은 6－19장에 비하여 후기 작품으로 여겨진다. 모든 학자들은 에녹서 1－5장이 에녹서 6－36장과 분리 되었다는 것에 동의한다.[138] 에녹서 6－11장은 전승 1(에녹서 6－11장 A)과 전승 2(에녹서 6－11장 B)로 이루어져 있다. 전승 1(세미카자 이야기)은 제2성전 시대에 지배적인 제사장의 죄라는 이슈를 다루고, 전승 2(아사셀 이야기)는 같은 이슈를 발전시키고 있다. 에녹서 6－11장의 역사적인 상황이 명백한 것은 아니지만, 이 두 이야기의 조합은 공동체의 위기를 반영하고 있다.[139] 전승 3(에녹서 12－16장)과 전승 4(에녹서 17－

---

138) 모든 학자들은 에녹서 1－5장이 에녹서 6－36장과 분리되었다는 것에 동의한다. Hartman, *Asking for a Meaning,* 138. 어떤 학자들은 에녹서 20－36장을 에녹서 17－19장과 관련시킨다. D. Dimant, *The Fallen Angels in the Dead Sea Scrolls and in Apocryphal and Pseudepigraphical Books Related to them*(Jerusalem, 1974)(히브리어로 됨), 23－72; P. Sacchi, *Apocrific dell'Antico Testamento,* 2 Vols(Turin, 1981), 423. 인용된 곳은 F. G. Martinez, *Qumran and Apocalyptic: Studies on the Aramaic Texts from Qumran*(Leiden: Brill, 1992), 61. 일반적으로 에녹서 20－36장은 에녹서 6－19장과 분리된 것으로 여겨졌다. R. H. Charles, *The Book of Enoch*(Oxford, 1912), 48－55. 밀릭(Milik)은 그의 아람어판 에녹서 연구를 통하여 이 입장을 강화하였다. 그에 따르면, 초기 자료는(에녹서 6－19장)은 주전 3세기 말 정도 형성된 것으로 본다. 그는 쓰기를 "그러나 우리는 파수꾼의 책의 저자가 자신의 작품(6－19장)에 큰 변화를 시도하지 않고 조합한 초기 자료를 사용하였다는 사실을 명백한 것으로 받아들인다. ……작품의 나머지인 에녹서 1－5장과 20－36장은 전적으로 최종 책의 저자에게 돌려져야 할 것이다." Milik, 24－25. 일반적으로 다른 저자들은 이 논지를 따르고 있다. 니켈스버그는 에녹서 6－11장의 초기 편집이 세미카자 이야기와 아사셀 이야기라는 두 가지 별도의 자료들의 조합이라는 것을 보여 준다. G. W. E. Nickelsburg, "Apocalyptic and Myth in 1 Enoch 6－11", *JBL* 96 / 3(1977): 383－405. 핸슨(Paul D. Hanson)은 에녹서 6－11장이 초기 자료라고 전제한다. Hanson, "Rebellion in Heaven, Azazel, and Euphemeristic Heroes in 1 Enoch 6－11." *JBL* 96 / 2(1977): 195－233. 수터는(David Suter) 에녹서 6－11장이 신화이고 초기 자료이며, 에녹서 12－16장은 에녹서 6－11장에 대한 주석이라고 말하면서, 에녹서 6－16장의 통일성을 제안하고 있다. Suter, "Fallen Angel, Fallen Priest: The Problem of Family Purity in 1 Enoch 6－16", *HUCA* 50(1979): 115－135. 니켈스버그는 에녹서 안에 세 가지 다른 층이 있음을 주장하고 있다."독립 전승인 에녹서 6－11장, 에녹의 승천 전승과 관련된 에녹서 12－16장, 그리고 후기에 첨가된 본문 에녹서 17－19장. "Carol A. Newsom", The Development of I Enoch 6－19: Cosmology and Judgment", *CBQ* 42 / 3(1980): 310－329.

139) 파수꾼의 책에 나타난 역사적인 상황을 검토하려는 시도들은 약간 혼란스럽기도 하다. 콜린스는 파수꾼의 책의 특별한 상황을 찾는 시도를 포기하면서, 단지 헬레니즘 시대

19장)는 이 위기의 해결을 제시한다. 전승 5(에녹서 20－36장)는 전승 4(에녹서 17－19장)의 연속으로서 에녹서 6－16장의 위기의 또 다른 해법을 제시한다. 전승 6(에녹서 1－5장)은 위기를 해결하려는 의도를 가진 작별 강화(farewell discourse)이다. 최종적인 편집으로 이루어진 최종 본문은 다양한 자료들의 집합이 아니라, 전체적으로 일관성 있는 설화의 세계를 가지게 되었다. 공시적인 읽기를 통하여, 후기 공동체에 영향을 준 파수꾼의 책의 본문 전승의 증거를 검토할 수 있다. 이와 같이 나는 통시적인 방법과 공시적인 방법을 사용하여 공동체와 본문 간의 대화를 연구하려고 하는 것이다.

의 불확실한 위기를 나타낼 뿐이라고 제안한다. "파수꾼의 책이 헬레니즘 시대의 어떤 위기를 제안하거나, 특별한 상황을 옹호하는 것은 아니다. 경외감을 불러일으키고 초월적인 세계에 대한 계시와 다가오는 심판에 대한 확신을 고취함으로써, 묵시문학은 신실한 사람들이 현재의 위기를 다루게 해 주고, 그리하여 곤경 앞에서 의로운 행동을 위한 사전 조건을 만든다." Collins, *The Apocalyptic Imagination,* 46. 콜린스의 관심은 저자가 경험한 역사적인 위기로부터 초월적인 세계로 준거점(reference)이 옮긴 것에 대한 것일 뿐이다. J. J. Collins, "Apocalyptic Technique in the Book of Watchers", *CBQ*(1982): 107. 나는 그의 결론이 특별한 역사적인 상황을 찾기 위한 어떤 역사적인 증거를 발견하지 못했기 때문에서 온다고 본다. 니켈스버그는 파수꾼의 책에 있는 역사적인 상황이 디아도키들(Diadochies)의 전쟁(주전 323－302)이라고 제안한다. 그는 쓰기를 "용사들의 전투를 닮은 사건들을 찾는다면, 두 가지의 가능성이 나타난다. 디아도키의 전쟁들(주전 323－302)과 팔레스틴을 통제하기 위한 셀류시드 왕조와 프톨레미 왕조 간의 투쟁(주전 217－198). 전자가 더 그럴듯한 상황을 보여 준다. 전쟁의 장수들의 역할이 더 중요한 것으로 보인다. 이 이십 년 기간은 연속된 전쟁, 피 흘림과 살인으로 점철된 기간이었다." Nickelsburg, "Apocalyptic and Myth", 391. 니켈스버그는 나름대로 증거를 제시했지만, 그는 에녹서 6－11장의 모든 요소들을 일관성 있게 관계시키지도 않고, 역사적인 기준점을 밝히려고 주장한다. 나는 이 연구에서, 파수꾼의 책의 역사적인 상황을 찾으려는 헛된 시도는 더 이상 하려고 하지 않는다. 파수꾼의 책을 제2성전 시대의 제사장들의 죄에 대한 응답으로 보고, 나는 파수꾼의 책의 여러 편집 단계를 통해 그러한 응답의 가능성의 증거들을 제시하려고 하는 것이다.

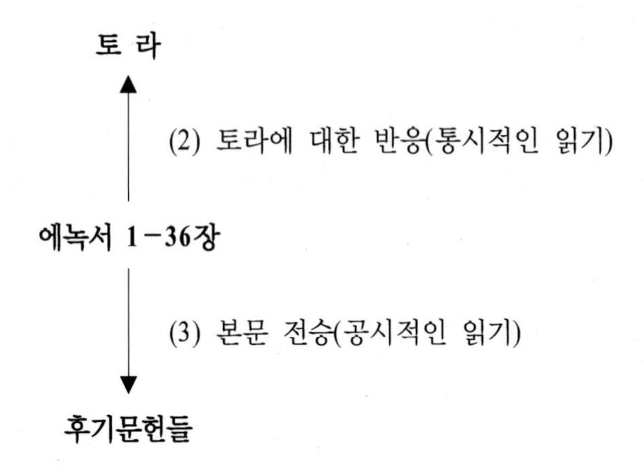

1) 위기(에녹서 6-11장)

먼저 제기되는 문제는 어떤 방법으로 이 책에 접근하는가 하는 것이다. 이 책에서 가장 오래된 전승은 에녹서 6-11장으로 알려져 있다. 이 부분은 세미카자 이야기와 아사셀 이야기라는 두 전승으로 이루어졌다.[140] 니켈스버그는 세미카자 이야기와 아사셀 이야기가 두 종류의 자료에서 왔다는 것을 지적하였다. 그는 에녹서 6-11장에서 여러 문학적인 연결들과 불일치를 찾아내고, 아사셀 이야기(7:1de, 8:1-3; 9:6, 8c; 10:4-8; 10:9-10)와 세미카자 이야기를 분리하였다.[141] 그의 결론은 에녹

140) "사실상, 가장 일반적인 의견은 연대기적으로 가장 오래된 파수꾼의 책의 요소들은 에녹이라는 인물이 전혀 등장하지 않는 에녹서 6-11장으로 이루어진 부분에서 발견된다." Martinez, *Qumran and Apocalyptic,* 65.

141) 니켈스버그에 따르면, 에녹서 8:1-3은 땅의 탄식(7:6)과 사람들의 자신을 위한 탄식(8:4)을 서로 나눈다. 세미카자 이야기에서, 세미카자는 천사들의 지도자(6:3)이며, 아사셀 이야기에서는 세미카자가 단지 여러 천사들 중의 하나이다. 세미카자 이야기에서, 세미카자는 천사들의 부정에 책임이 있고, 그들의 아들인 용사들은 세상의 강포에 책임이 있다(7:3-5). 아사셀 이야기에서, 아사셀은 전쟁에 관한 가르침과 강포를 전하고 있다. 세미카자 이야기에서, 오직 천사들과 용사들이 악의 기원인 반면에, 아사셀 이야기에서 아사셀의 영향 때문에 악에 책임이 있는 것은 바로 인간이다. 나아가서, 니켈스버그는 원-천사(Arch-angel)들에 대한 하나님의 위임 부분에서, 그들의 기능이 반복

서 6－11장이 세미카자에 관한 옛 이야기와 후에 삽입된 아사셀 이야기로 이루어졌다는 것이다. 이러한 관찰에 기초하여, 나는 두 이야기에 나타나는 제사장의 죄를 검토하려고 한다.

수터(Suter)는 파수꾼의 책 연구를 통하여 제2성전 시대의 가족 정결문제를 연구했다.[142] 파수꾼의 책에 나오는 제사장의 죄에 관한 연구에서, 수터는 에녹서 6－16장에 나오는 타락한 천사들과 제사장들 간의 평행점을 발견한다. 그는 파수꾼의 책에서 기원론적인(etiological) 해석보다는 범례적인(paradigmatic) 해석을 제안하고 있다.

> 기원론적인 해석은 악이 외부로부터 인간에게 가한 악의 기원에 관한 이원론적인 설명을 유도하게 된다. 이러한 해결은 하늘에 두 종류의 힘을 가정하는 것이기 때문에 일원론적인 구조에는 잘 적용되지 않는다. ……천사들의 행동을 중심적인 것으로 다루는 범례적인(paradigmatic) 해석으로 타락한 천사들의 신화는 구조적으로 아담신화와 유사해졌다. ……이 신화는 세상에 있는 악이 어느 정도 우주적인 기원이 있음을 암시한다. 그러나 동시에 악에 대한 개인의 책임을 강조하고 있다.[143]

이러한 악들을 인간 이외의 존재에게 돌린 학자들과는 달리, 수터는 파수꾼의 책이 악의 기원을 인간에게 돌리기 위하여 아담신화를 사용했다고 주장한다. 그는 아담신화에서와 마찬가지로, 파수꾼의 책에서 죄는 인간의 책임임을 강조하고 있음을 발견한다. 그는 이어, 에녹서 6－11장에 나타나는 타락한 천사의 신화는 제사장의

되어 있음을 관찰하고 있다(10:7, 9, 15; 16, 그리고 20). 니켈스버그는 서론이 세미카자 이야기에서 어떤 기능도 하지 않는 반면에, 아사셀 이야기에서, 서론은 간음, 불경건 그리고 땅의 황폐 등의 직접적인 결과를 포함하고 있다고 주장한다. Ibid., 384－386.

142) 에녹서에 나오는 타락한 천사들에 관한 신화에 대한 연구들이 많이 있다. 핸슨은 이 신화를 근동과 헬레니즘 시대의 유사 신화들과 연결시키려고 한다. Hanson, “Rebellion in Heaven”, 195－233. 니켈스버그는 이 신화에서 세미카자 이야기와 아사셀 이야기를 나누고 있다. 그러나 내가 믿기로 니켈스버그는 아사셀 이야기의 중요성을 인식하지 못하고, 단지 근동 지방과 헬레니즘 시대의 신화와 관련시키려고만 한다. Nickelsburg, “Apocalyptic and Myth”, 383－405. 수터는 타락한 천사들 이야기를 제2성전 시대의 제사장들의 부정과 관련시킴으로 이 이야기 연구를 진척시켰다. Suter, 115－135.

143) Ibid., 132－133.

정결문제가 핵심인 유대공동체의 내적인 정결문제와 관련 있다고 주장한다.[144] 그의 범례적인 해석은 파수꾼의 책을 단지 악의 기원에 관한 이야기가 아니라 제2성전의 제사장의 죄에 대한 비판으로 읽는 전환점을 제안하고 있는 것이다. 나는 이 논지에 동의할 뿐 아니라, 나아가서 그의 논지를 발전시키려고 한다. 파수꾼의 책의 저자는 제2성전의 정통성과 제사장들의 정결을 범한 죄를 비판하기 위하여 세미카자 이야기와 아사셀 이야기를 사용하고 있다.[145]

(1) 세미카자 이야기(Semichazah Story)에 나타나는 제사장들의 죄

그럼 먼저 세미카자 이야기의 문학적인 특징을 통해 무엇을 비판하려고 했는지를 살펴보기로 하자. 세미카자 이야기에서 파수꾼들의[146] 죄는 화자(narrator), 천사[147] 그리고

---

144) Ibid., 131.

145) 최종 편집된 파수꾼의 책에서 아사셀 이야기가 지배적이라는 것을 깨달은 두 학자들이 있다. 콜린스는 말하기를, "아사셀 / 계시 자료가 후에 첨가된 것이라는 최근의 비평가들의 말이 옳다면, 우리는 편집자가 성적인 신화를 부적절한 계시라고 보는 관점에서 재해석을 제공하고 싶어 했는지 살펴야 한다. ……히브리 예언자들 가운데 종교적인 불신에 대한 상징으로서 간음을 사용한 오래된 전승을 고려한다면, 파수꾼의 강림의 역사를 부당한 계시의 상징적인 표현으로 여길 수도 있는 것이다. ……아사셀 전승은 단지 첨가된 것이 아니라, 책의 최종 형성에 큰 영향을 주었다." Collins, *The Apocalyptic Imagination,* 41. "아사셀 자료는 지식이 어떻게 하늘에서 땅으로 내려왔고, 인간이 이 지식으로 어떻게 악을 행하는 것을 배웠는지를 말하고 있다. ……파수꾼의 책의 현재 형태에서 세미카자 신화는 아사셀 이야기의 삽입으로 확장되고 설명되었지만, 논리적으로 보면 아사셀을 원래적인 반항아요, 재앙의 원래적인 원인인 하늘의 지식을 가져온 것으로 만들고 있다." Barker, 21－22. 희년서는 아사셀 이야기(5:1－2)를 언급하지 않고, 세미카자 이야기만 언급하고 있다. 이것을 보면, 세미카자 이야기는 이스라엘 역사에서 독립적인 전승으로 존재해 왔다는 것을 보여 준다. 그러나 파수꾼의 책에서 아사셀 이야기는 지배적이다. 파수꾼의 책의 전승에 따라 꿈의 책(the Book of Dreams)은 아사셀이 하늘에서 떨어졌으며, 후에 다른 천사들이 그와 합세하였다고 말하고 있다(에녹서 86:1－2). 이와 같이, 아사셀 이야기의 삽입은 세미카자 이야기를 재해석하고 확장하고 있다.

146) 수터의 연구에 기초하여, 나는 파수꾼의 책에 나오는 천사들을 제사장이라고 해석한다. 천사들이나 제사장들은 모두 하나님과 백성들을 중재한다는 면에서 유사하다.

147) 서사비평에 따르면, 반복은 매우 중요하다. 벌린은 쓰기를 "반복된 정보의 변화는 중요할 수 있다. ……다양한 관점을 나타내는 방법 중의 하나는 같은 것에 관하여 다르게

지극히 높으신 자의 다른 관점들(point of view)을 통하여 다음과 같이 설명되었다.[148]

표 11: 세미카자 이야기에서의 다른 관점들

화자(Narrator)	하늘의 천사(Angels in Heaven)	지극히 높으신 자(The Most High)
7:1 그들이 스스로 아내를 취하되, 모든 사람들이 각각 한 여자를 취하여 그들에게 들어갔다.	9:7 주님이 협조하여 세상을 다스리라고 힘을 부여한 세미카자의(일당이) 땅에서 사람의 아들들에게 들어갔다. 8 그리고 그들이 여인들과 함께 누워 스스로 더럽혔습니다.	10:11 여호와께서 미가엘에게 말씀하셨다. "미가엘아, 가서 세미카자와 그와 함께 사람의 딸들과 연합하여, 부정[149] 가운데 자신을 더럽힌 다른 자들에게 알리라."
2 여자들이 임신하여, 키가 삼천 큐빗인 거인들을 낳았다. 3 이 거인들은 모든 백성들의 농산물을 먹어 버려, 백성들이 그들을 먹이는 것을 미워하게 되었다. 4 그래서 거인들이 백성들을 먹기 위하여 그들에게 달려들었다. 5 그들은 새, 야생동물, 파충류, 그리고 고기에 대하여 죄를 범하기 시작하였다. 거인들은 그들을 하나씩 먹어 해치웠고, 피를 먹었다. 6 땅은 압제자들을 비난했다. 8:4 사람들이 울부짖자, 그들의 목소리가 하늘에 올라갔다.	9 여자들의 경우, 그들이 낳은 거인들이 온 땅을 피와 강포로 더럽혔습니다. 10 이제 보십시오. 죽은 자의 영혼이 울부짖고 옷을 하늘 문에 올리며, 그들의 탄원이 올라왔습니다. 땅에 행해진 불법적인 행위 때문에 그치지가 않습니다.	10:9 사생아, 버림받은 자 그리고 간음으로 생긴 자식들에게 나아가라. 15 모든 쾌락의 영혼들과 파수꾼의 자식을 없애라, 왜냐하면, 그들은 사람에게 불의를 행하였기 때문이다.

말하는 다른 인물들을 제시하는 것이다. ……대부분의 이러한 것들은 등장인물들이 일부러 자신의 목적에 맞추어 메시지를 형성하는 경우들이다." Berlin, 76.

148) 다른 표시가 없을 경우, 나는 이삭(Ephraim Isaac)의 번역을 따를 것이다. Ephraim Isaac, "1(Ethiopic Apocalypse of) Enoch", in *The Old Testament Pseudepigrapha,* Vol.I. ed. J. H. Charlesworth(Garden City, N.Y.: Doubleday, 1983). 논쟁이 되는 구절들의 경우, 이 본문을 다른 번역과도 비교할 것이다. Matthew Black, *The Book of Enoch or 1 Enoch: A New English Edition with Commentary* and *Textual Notes,* SVTP 7(Leiden: Brill, 1985) and Milik. 그리스 본문의 경우, 나는 다음 본문을 사용할 것이다. Matthew Black, ed. *Apocalypsis Henochi Graece*(Leiden: Brill, 1970). 그리고 에티오피아 에녹서를 위해서는 다음을 참조한다. Michael A. Knibb, *The Ethiopic Book of Enoch*(Oxford: Clarendon Press, 1978).

타락한 천사의 죄에 대한 화자의 묘사는 네 가지 요소로 이루어져 있다. 1) 타락한 천사들은 금지된 여인들과 성관계를 가졌다. 2) 여자들은 거인들을 낳았다. 3) 거인들은 강포의 죄를 행하였다. 그리고 4) 땅은 압제자들을 비난했다. 화자는 이것들을 상세히 묘사하면서도 판단은 유보하고 있다. 하늘에 있는 천사와 지극히 높으신 자는 화자의 진술을 반복하면서 일종의 해석을 가하고 있다.

첫째로, 화자는 타락한 천사의 죄는 그들이 여인과 동침함에 있다고 말한다(7:1). 하늘의 천사들은 "스스로 더럽혔다(μιαίνω=Eth. mās̄ana=Aram. אסתאב(סאב))"를 첨가했다. 지극히 높으신 자는 이 죄를 "그들의 부정(ἀκαθαρσία=Eth. $r^{e}kws$=Aram. טמא)" 가운데 자신을 더럽혔다고(μιαίνω) 보고 있다(10:11). 둘째로, 화자(7:2)와 천사들은(9:9) 거인의 출생을 서술하고, 지극히 높으신 자(10:9)는 그들이 금지된 성관계에서 나온 자라는 것을 보여 주면서 그들을 "사생아, 버림받은 자 그리고 간음으로 생긴 자식들"이라고 묘사한다. 셋째로, 화자는 거인들의 죄를 상세히 서술하는 반면에(7:3), 하늘의 천사들은 그들의 죄를 피(αἷμα)와 강포(ἀδικία=Eth. 'amaḍā=Aram. שקר 또는 עול)라고 서술한다(9:9). 지극히 높으신 자는 그들의 죄를 "불의를 행하는 것(ἀδῐκέω, ἀδικία 의 동사형 10:15)"이라고 묘사한다. 지극히 높으신 자는 거인들에 대하여 심판을 선포한다. 마지막으로 화자는 거인들을 압제자라고 부르고 인간의 탄원을 서술한다(7:6; 8:4). 하늘의 천사는 이 탄원을 듣는다(9:10). 지극히 높으신 자는 이 비난을 언급하지 않는데, 그 이유는 그가 이 비난을 알지 못해서가 아니라 이미 이 탄원에 대하여 반응을 하였기 때문이다. 세미카자 이야기에서 주요 위기는 거인들의 강포와 제사장들의 부정이다.[150] 여기에서 드러난 거인들의 강포와 제사장들의 부정에 대하여 당대인들은 어떻게 다루고 있는지를 살펴보기로 하자.

---

149) Black, *Apocalypsis Henochi Graece,* 30.

150) 두 가지 용어들이 번역을 필요로 한다. ἀδικία(שקר, עול 또는 Eth. 'amaḍā)는 강포, 압제 또는 불의라고 번역할 수 있다. 나는 지속적으로 이 단어를 강포라고 번역할 것이다. ἀκαθαρσία(Eth. $r^{e}kws$=Aram. טמא)는 더러움(uncleanness) 또는 부정(impurity)으로 번역할 수 있다. 나는 이것을 부정(impurity)이라고 번역한다.

(2) 제2성전 시대 문헌에 나타난 제사장들의 죄

에스라와 느헤미야의 개혁으로 인하여 유대 사회에 율법-성전 중심의 공동체가 형성되었다. 에스라의 개혁은 페르시아의 정치적인 정책과 유대의 종교적인 열심의 조합으로 이루어졌다.[151] 이 개혁은 왕의 명령(스 7:26)과 신명기 법(신명기 7장, 17장, 18장, 19장 그리고 20장)에 기초하고 있다.[152] 느헤미야의 개혁은 신명기 신학을 따르고 있다.[153] 에스라-느헤미야의 개혁은 제사장 전승을 사용하고 있지만 궁

151) 이 개혁은 페르시아 제국의 협조 없이는 이루어질 수 없는 것이었다. 페르시아 제국은 에스라를 임명하였다. 페르시아의 다리우스 왕이 제국을 통하여 율법을 성문화하였기 때문에, 페르시아는 지역 법전을 모았고, 그것들을 왕의 법이라는 형태로 다시 편찬하였다. 그리하여 하나님의 법이 페르시아 제국의 법과 관련된 것으로 보인다. 페르시아에서는 종교적인 법과 시민법이 구분되지 않는다. 페르시아 정책을 통하여, 이 법은 페르시아 관리에 의하여 후원되는 식민법의 기초가 되었다. Berquist, 110-112. 에스라의 사명은 에스라서 7:13-26에 다음과 같이 묘사되어 있다. 1) 예루살렘으로 올라갈 뜻이 있는 자는 누구든지 데려 가라. 2) 하나님의 율법을 좇아 유다와 예루살렘의 정형을 살피라. 3) 궁중의 지불. 4) 정의를 집행하기 위하여 유사와 재판관을 임명함. 그리고 5) 하나님의 율법과 왕의 법에 순종하지 않는 사람들에게 벌을 내림. 이러한 개혁이 제의 문제와 관련 있다면, 에스라가 대제사장을 암시하기 때문에(스 7:1-5), 대제사장이 명백히 관여하지는 않았다. 에스라는 서기관이요 제사장이다. 그리고 그의 개혁은 페르시아 제국과 유다공동체를 이롭게 하였다. 페르시아는 유다를 페르시아에 충성스러운 식민지로 강화하였다.

152) 홀스베리(Horbury)는 신명기 29:20에 나타난 파문(exclusion)이 분리의 계약을 지키지 않은 유대인에게 적용된다는 것을 인식하고 있다(스 10:3, 11). 에스라 10장에 나타나는 신명기 23장의 영향은 계약의 형벌과 관련 있다(스 7:26: 죽음, 정배, 가산 적몰 또는 투옥 등). 이와 같이, 계약 사상과 신명기 사가의 입회법(admission rules)의 일치는 에스겔서 44:6-9와 에스라 10:8의 파문에서 드러난다. W. Horbury, "Extirpation and Excommunication", *VT* 35(1985): 13-38.

153) 느헤미야의 개혁은 페르시아 제국과 유다의 목적에 모두 부합한다. 이스라엘로서는 예루살렘 벽을 건설함으로써 페르시아 제국의 서방을 강화하고, 유대공동체의 연대감을 증진할 필요가 있었다. Berquist, 105-120. 렌토르프에 따르면 이 개혁의 내용은 다음과 같다. 1) 땅의 백성들과의 혼합 결혼 반대(느 10:31; 신 7:3), 2) 안식일과 절기 때에 이방인들을 만나지 않음(느 10:32a; 신 5:12-15), 3) 땅의 안식년과 빚의 탕감(느 10:32b; 느 5장; 신 15:2), 4) 성전세의 지불(느 10:33; 출 30:11), 5) 만물을 드림(느 10:36-38a; 신 26:1-15). Rolf Rendtorff, *The Old Testament,* tr. John Bowden(Fortress: Philadelphia, 1986), 71.

극적으로는 신명기적인 입장에서 이루어졌다고 볼 수 있다. 나는 신명기 신학 아래 이루어진 혼합결혼의 주제를 검토함을 통하여 이 에스라-느헤미야의 개혁의 특징을 살피려고 한다.

혼합결혼의 위기에 직면하여, 느헤미야는 솔로몬의 예를 보여 준다(느 13:26-27).[154] 1) 솔로몬은 이방 여인을 취하였다. 2) 이방 여인은 솔로몬의 죄를 유발하였기에 비난받았다. 3) 사람들은 이방 여인들과 결혼해서는 안 된다. 이러한 충고는 신명기의 메시지와 상응한다(신 7:3-4).[155] 성서의 전승은 이방 여인과의 결혼 때문에 이스라엘 사람들이 종교적인 배교나 혼합주의를 취하기는 하지만(출 34:11-16; 신 7:1-4; 20:10-18), 이방 여인과의 결혼을 항상 금하는 것은 아니다(창 16:3; 41:45; 출 2:21; 민 12:1; 삼하 3:3). 느헤미야는 이 원칙을 혼합결혼이라는 당대의 상황에 적용하였다.

> 그때에 내가 또 본즉 유다 사람이 아스돗과 암몬과 모압 여인을 맞아 아내로 삼았는데 그들의 자녀가 아스돗 방언을 절반쯤은 하여도 유다 방언은 못 하니 그 하는 말이 각 족속의 방언이므로(느 13:23-24).

> 대제사장 엘리아십의 손자 요야다의 아들 하나가 호론 사람 산발랏의 사위가 되었으므로 내가 쫓아내어 나를 떠나게 하였느니라. 내 하나님이여 그들이 제사장의 직분을 더럽히고 제사장의 직분과 레위 사람에 대한 언약을 어겼사오니 그들을 기억하옵소서(느 13:28-29).

느헤미야는 혼합결혼으로 인하여 대제사장직이 부정해진 것과 제사장직의 회복을

---

154) "또 이르기를 옛적에 이스라엘 왕 솔로몬이 이 일로 범죄 하지 아니하였느냐 저는 열국 중에 비길 왕이 없이 하나님의 사랑을 입은 자라 하나님이 저로 왕을 삼아 온 이스라엘을 다스리게 하셨으나 이방 여인이 저로 범죄케 하였나니 너희가 이방 여인을 취하여 크게 악을 행하여 우리 하나님께 범죄 하는 것을 우리가 어찌 용납하겠느냐?"(느 13:26-27)

155) "또 그들과 혼인하지 말지니 네 딸을 그 아들에게 주지 말 것이요 그 딸로 네 며느리를 삼지 말 것은 그가 네 아들을 유혹하여 그로 여호와를 떠나고 다른 신들을 섬기게 하므로 여호와께서 너희에게 진노하사 갑자기 너희를 멸하실 것임이니라."(신 7:3-4)

논하고 있다.[156] 느헤미야의 개혁은 또한 정치적인 측면을 고려하고 있다. 느헤미야는 성전의 지도자들이 이방 정치 지도자들과 결혼 관계를 맺는 것을 경계하였다.[157]

에스라는 느헤미야를 따라 혼합결혼의 대상으로 "이방 여인"이라는 용어를 사용하고 있다(스 10:2, 10, 11, 14, 17, 18, 44). 에스라는 이 죄를 이스라엘 백성들, 레위인들 그리고 제사장들이 범했다고 말한다. "이 일 후에 방백들이 내게 나아와 이르되 이스라엘 백성과 제사장들과 레위 사람들이 이 땅 백성들에게서 떠나지 아니하고 가나안 사람들과 헷 사람들과 브리스 사람들과 여부스 사람들과 암몬 사람들과 모압 사람들과 애굽 사람들과 아모리 사람들의 가증한 일을 행하여."(스 9:1) 이 구절에서 땅의 백성들이 가증한 일을 행하지 않는 한 가나안 족속들과 동일화되지 않는다는 암시를 하고 있다. 이러한 혼합결혼의 금지는 제사장적인 언어로 표현되어 있다. "그들의 딸을 맞이하여 아내와 며느리로 삼아 거룩한 자손이 그 지방 사람들과 서로 섞이게 하는데 방백들과 고관들이 이 죄에 더욱 으뜸이 되었다 하는지라."(스 9:2) 거룩한 씨가 이방 씨와 섞이는 것이 금지되고, 불신으로 간주되었다(레 5:15; 민 5:12).

그러나 이 제사장적인 언어는 엄격성을 강화하면서 신명기 신학을 위하여 사용되었다. 신명기는 혼합결혼 자체보다는 그것이 초래하는 배교나 혼합주의를 가증스러운 것으로 정의하는 반면에, 에스라는 혼합결혼 자체를 가증한 것으로 정의한다(스 9:2). 나아가서, 에스라는 이방 여인이라는 말을 상세하게 설명하지 않고 이념적으로 사용한다. 크리스토퍼(Smith－Christopher)는 이러한 백성들이 실제로 이방인들이었는지 질문을 제기하면서, 에스라의 행동은 위협받는 소수의 내적인 연대감의 형성을

156) 혼합결혼에 대한 느헤미야의 개혁은 또한 경제적인 이유를 반영한다. 이방 여인과의 결혼은 이방인들이 유다의 권력의 중심에 접근할 기회를 부여하게 된다. 알렉산더 즉위시 식민지의 백성들은 자원의 부족을 경험하였다. 페르시아는 경제적인 자원이 다른 지역으로 흘러 들어가는 것을 원하지 않았다. 혼합결혼의 금지는 유다의 자원이 다른 지역으로 흘러 들어가지 못하도록 하였다. Berquist, 113－119.

157) Daniel Smith－Christopher, "The Mixed Marriage Crisis in Ezra 9－10 and Nehemiah 13: A Study of the Sociology of the Post－Exilic Judaism", in *Second Temple Studies 2: Temple－Community in the Persian Period,* eds. Philip R. Davies and David J. A. Clines, JSOTSup 175(Sheffield: JSOT Press, 1994), 259.

위한 시도였다고 말한다.[158] 에스라는 유대인의 범위를 설정하기 위하여 혼합결혼의 금지를 역사적인 상황에 적용하는 개혁을 행한 것이다. 이와 같이, 느헤미야는 제사장의 죄로서의 혼합결혼을 다루고, 에스라는 "유대인 됨"의 범위를 강화하기 위하여 이 주제를 사용함으로써 개혁을 이룬다.

에스라-느헤미야서에서 드러난 제사장들의 죄에 대한 비판은 제2성전 시대 내내 중요한 주제가 되었으며, 제사장의 결혼법과 정결법은 주전 3세기경에 중요해졌다.[159] 레위의 유언서는 제사장의 죄에 관한 이슈를 다음과 같이 언급하고 있다.

> 너는 하나님의 질서와 대립되는 계명을 가르치면서, 모든 사람의 교화를 위하여 너에게 부여된 율법의 빛을 없애기 원하기 때문에 민족에 대한 저주를 초래할 것이다. 너는 여호와의 헌물을 약탈하여, 우상숭배자들과 함께 경멸하며 먹으면서 그 몫을 취할 것이다. 너는 돈에 대한 욕심으로 주의 계명을 가르칠 것이며, 결혼한 여인을 범할 것이고, 우상숭배자와 간음한 자들과 동침할 것이다. 너는 이방 여인을 아내로 취할 것이며, 너의 성적인 범죄는 소돔과 고모라 같을 것이다. 너는 인간적인 기준으로만이 아니라, 하나님의 계명에 반하여 자신을 높이면서 제사장직에 대한 교만으로 차 있을 것이다. 너는 거룩한 것을 경멸과 비웃음으로 대할 것이다(레위의 유언서 14:4-8)

레위의 유언서의 저자에 따르면, 제사장들의 죄는 금지된 성관계를 갖고 부당한 배우자를 취하면서 하나님의 계명을 잘못 가르치고, 사회적인 부정 그리고 정결법을 범하는 것이다. 에스라-느헤미야서와 레위의 유언서는 제사장들의 죄에 대한 다른 견해를 가지고 있다. 세미카자의 이야기처럼, 레위의 유언서는 제사장들의 두 가지 죄인 강포와 부정을 비판하고 있다.

이 전승을 따르면서 다메섹 문서는 제사장들의 죄를 다음과 같이 묘사한다. "그것들은 벨리알의 세 가지 올무인데, 야곱의 아들 레위가 말한 세 가지 형태의 정의

---

158) Ibid., 255-258. cf. Harold C, Washington, "The Strange Woman of Proverbs 1-9 and Post-Exilic Judaen Society", in *Second Temple Studies 2: Temple-Community in the Persian Period,* eds. Philip R. Davies and David J. A. Clines, JSOTSup 175(Sheffield: JSOT Press, 1994), 217-242.

159) Suter, 122.

처럼 그들 앞에 올무로 나타난다. 첫째는 음란이요, 둘째는 부(富)요, 셋째는 성전의 더럽힘이다."(CD 2:15-17) 첫 번째와[160] 세 번째[161]는 제사장의 정결법의 규정의 내용이다. 두 번째 죄인, 부(富)는 또 다른 언어로 묘사되어 있다. "약속이건 서원이건 더럽히는 악한 부, 성전의 부, 가난한 백성들의 부를 빼앗거나, 그들을 과부로 만들고, 전리품을 취하거나, 고아를 죽이는 일을 삼가라."(CD 6:15-16) 나는 이것이 불의에 의하여 취득한 부나 돈을 의미한다고 본다. 레위의 유언서와 세미카자 이야기처럼, 다메섹 문서는 부정과 불의로서의 강포라는 최소한 두 가지의 죄가 있었음을 우리에게 보여 준다.

희년서가 천사들의 부정(희년서 5:1-2와 7:20-23)과 그들의 심판(희년서 5:4, 6, 7-10)을 다루고 있기는 하지만, 이 책에서는 파수꾼의 책에서와는 달리 천사가 제사장을 의미하지 않는다. 레위의 유언서는 레위의 후손이 죄를 범한다고 본 반면에 (14:4-8), 희년서는 레위 제사장의 죄에 대해서는 언급하지 않는다(희년서 31:11-17). 희년서는 제사장들의 거룩함을 모든 백성들에게까지 확대하면서,[162] 제사장들의 죄가 아니라 부정과 강포를 행하는 모든 백성들의 죄에 관심이 있다(희년서 7:20).[163] 에스라-느헤미야서처럼 희년서도 또한 혼합결혼을 금지하고 있다(희년서 22:16-18; 25:4-10; 27:10; 30:7-17).

이와 같이 제2성전 시대에 이미 만연된 제사장들의 죄에 대한 비판은 역시 파수꾼의 책에 의하여 다루어졌다. 그러나 이 책은 이 일반적인 제사장들의 죄라는 주제를 자신의 독특한 신학으로 해석하고 있다. 이와 같은 해석은 어떻게 이루어졌는가? 파수꾼의 책은 창세기 6:1-4에 담긴 자료를 J와는 다른 방법으로 해석하였다. J는 하나님의 아들들과 사람들의 딸들의 관계를 창세기 3장에서부터 이어온 인간의 한계를 넘어서려는 타락의 한 유형으로 타락한 인간을 비판하는 반면에, 파수꾼의 책에서는 이 구절에서 인간을 뜻하는 사람의 딸들을 오히려 수동적인 피해자로 보

---

160) z^{e}*nûth*는 CD에 여러 번 나타난다(2:16; 4:17, 20; 7:1; 8:5). 이것은 이중결혼(레 18:17-18)과 부적절한 결혼(레 21:7)을 의미했다. Suter, 125.
161) 제사장 전승에서의 기본적인 금지는 성전을 더럽히는 것이었다(레 15:31; 민 19:13, 20).
162) Endres, 140.
163) "누구든지 이웃을 사랑하고, 간음과 부정과 모든 악을 멀리하라."(희년서 7:20).

고 제사장을 뜻하는 하나님의 아들들의 죄를 비판한다. 이는 J가 넘겨받은 자료에 대하여 행한 해석(창 6:3)과는 다른 해석으로서 이 자료를 통하여 금지된 성관계를 비판하는 해석을 하고 있는 것이다. 나아가서, 홍수 설화에 나타나는 P의 신학을 당대의 상황에 따라 확대하고 있다. 이제 창세기의 자료에서부터 파수꾼의 책에 이르는 신학적인 변화를 살펴보기로 하자.

(3) 창세기의 홍수 이야기에서 창세기 6:1-4의 역할

창세기에 나타난 홍수 이야기는 네 가지 자료로 이루어져 있다. 네피림과 용사에 관한 자료(창 6:1-2와 6:4), J의 해석(창 6:3), J의 홍수 이야기(창 6:4-8, 7:1)와 P의 홍수 이야기(6:9-22). 파수꾼의 책에서 세미카자 이야기는 네피림과 용사에 관한 자료와 P의 홍수 이야기(창 6:9-22)를 사용한다. 밀릭은 에녹서 6-19장과 창세기 6:1-4에서 구절들과 표현들이 반복되는 것에 근거하여 이 두 본문이 상호 관련이 있다고 주장하였다. 그의 결론은 창세기 6:1-4의 본문이 더 늦게 나타난 것으로 에녹서 6-19장에 나오는 초기 설화를 요약하고 있다는 것이다.[164] 스톤은 이 주장을 따르는 반면에,[165] 밴더캄(J. C. VanderKam)은 이에 반대한다.

> 창세기 6:1-4의 명백히 축소되고 암시된 듯한 형식은 이것이 에녹서에 나오는 긴 설화의 요약이라고 불리게 한다. 그러나 희년서나 위경 창세기에서와 같이 다른 후기 문헌에서 드러나는 방법으로 에녹서의 구절을 성서의 구절이나 다른 전승의 발전으로 보지 말라는 법은 없는 것이다.[166]

---

164) Milik, 31.

165) M. E. Stone, "The Book of Enoch and Judaism in the Third Century B.C.E.", *CBQ* 40(1978): 485.

166) VanderKam, Enoch and the Growth of an Apocalyptic Tradition, 113-114. 파수꾼의 책이 창세기 6:1-4의 자료일 것이라는 밀릭의 제안은 널리 거부되었다. Kenneth E. Pomykala, "A Scripture Profile of the Book the Watchers", in Craig A. Evans and Shemaryahu Talmon eds., *The Quest for Context and Meaning*(Leiden: Brill, 1997), 281.

밴더캄의 입장을 발전시키면서, 나는 파수꾼의 책이 창세기 6:1－4를 어떻게 발전시키는지를 보여 주려고 한다. 첫 번째 살펴보려는 이슈는 창세기 6:1－4의 본문의 통일성에 관한 것이다. 창세기 6:1－4는 옛 전승(6:1－2, 4)과 그것에 대한 해석(6:3)으로 이루어져 있다. 베스터만에 따르면, 창세기 6:1－4의 편집은 다음과 같이 발전되었다.[167] 1) 창세기 6:1－2와 4b는 원래 하나님의 아들과 사람의 딸들의 결합을 통해 표현된 인간의 고양(高揚)에 관한 신화이며, 거인들의 기원에 관한 설명은 단지 이차적인 것으로 보인다. 2) 6:4a는 후에 첨가되었으며, 본문의 문맥을 벗어난다. 3) 6:3은 원래 이야기와 전혀 관계가 없고, 단지 이차적이며 해석적이다. 베스터만의 주장은 다음 표에서 드러난다.

표 12: 창 6:1－4의 편집

옛 전승	새 전승	이차적인 해석
창 6:1 사람이 땅 위에 번성하기 시작할 때에 그들에게서 딸들이 나니 2. 하나님의 아들들이 사람의 딸들의 아름다움을 보고 자기들의 좋아하는 모든 자로 아내를 삼는지라 4b 하나님의 아들들이 사람의 딸들을 취하여 자식을 낳았으니 그들이 용사라 고대에 유명한 사람이었더라.	4a 당시에 땅에 네피림이 있었고 그 후에도	창 6:3 여호와께서 가라사대 나의 신이 영원히 사람과 함께하지 아니하리니 이는 그들이 육체가 됨이라 그러나 그들의 날은 일백이십 년이 되리라 하시니라

내가 믿기로는 본문의 의미를 이해하는 데는 창세기 6:1－4의 최종 본문의 권위를 인정하는 것이 중요하다. 왜냐하면, 창세기 6:1－4는 최종 편집 후에 통일성을 갖게 되었기 때문이다. 나는 전체적으로 창세기 6:1－4에 대한 몇 가지 관찰을 하려

167) Claus Westermann, *Genesis 1－11*, tr. John J. Scullion S. J.(Minneapolis: Augsburg Publishing House, 1985), 365－369.

고 한다. 첫째로, '당시에'와 '그 후에도'라는 표현에 유념해야 한다. '당시에'라는 말은 앞에 있는 구절들을 한 단위로 삼고 그 사건이 일어나고 있는 시대를 가리킨다.[168] '그 후에도'라는 표현은 다음 구절들을 한 단위로 삼으면서 이전 사건보다는 후대의 시대를 가리킨다.[169] 이 두 표현은 창세기 6:1-2와 4b를 나누고 있으므로 6:2와 4b는 원래 두 개의 설화가 아니라 용사의 기원에 관한 단일한 이야기인 것이다. 그러나 최종 편집된 본문에 따르면, 창세기 6:1-4는 네피림(Nephilim)과 용사(giants)라는 두 세대를 서술하고 있다. 두 그룹은 하나님의 아들들과 인간의 딸들의 결합에 의하여 만들어진 자녀라는 면에서 유사하다. 네피림은 용사들 이전에 살았던 신화적인 존재이다. 창세기 6:4a가 삽입된 후에 누가 네피림인가라는 질문은 네피림을 용사들과 동일화시킴으로 대답될 수 있다. J의 신학이 담긴 6:3을 제외하면 이 설화는 네피림과 용사에 관한 원래 신화로 이루어지면서, J에 의하여 하나님의 아들과 사람의 딸들 사이의 결합을 통하여 인간의 힘을 증가하려는 인간의 욕망에 관한 심판 이야기로 바뀐 것을 알 수 있다.[170]

창세기 6:1-4의 구조는 전체적으로 다음과 같다.

Ⅰ. 네피림의 기원(6:1-2 그리고 4a)
　A. 사람의 번성(6:1a)
　B. 사람의 딸들의 탄생(6:1b)
　C. 하나님의 아들들이 사람의 딸들을 아내로 취함(6:2)
　D. 네피림의 존재(6:4a)

---

168) 당시에(bayyāmîm hāhēm)는 사건이 일어나는 과거의 때를 의미한다. 삿 18:1; 19:1; 21:25; 삼상 3:1 등등. *BDB*, 400. Abraham Even-Shoshan ed. A New *Concordance of the Old Testament Using the Hebrew and Aramaic Text*(Jerusalem: Kiryat Sefer Publishing House LTD., 1989), 457.

169) 그 후에도('aḥărê-k̲ēn)는 사건이 일어나는 후기를 나타낸다. 창 15:14; 23:19; 25:26; 32:21; 45:15; 출 3:20; 11:8; 34:32, 등등. *BDB*, 30; Even-Shoshan, 41.

170) 창 6:1-4 가운데 있는 신화에서 이 점을 인식하기는 쉽다. "그것은 원시 시대와 관련되는데, 주요 주제는 신과 여자의 결합의 산물인 초인간 또는 반신에 의한 인간의 고양(高揚)이다." Westermann, 369.

Ⅱ. 하나님의 심판(6:3)
A. 하나님의 영이 죽을 사람과 영원히 함께하지 않음(6:3a)
B. 인간의 수명의 한계(6:3b)

Ⅲ. 용사의 기원(6:4b)
A. 하나님의 아들들이 사람의 딸들에게 들어감(6:4bα)
B. 용사의 탄생(6:4bβ)

이 구조는 6:3의 기능을 보여 준다. 창세기 6:1－4가 창세기 6:5－22 앞에 삽입되기 전에 창세기 6:3이 이미 J(야웨스트)의 신학에 따라 설화를 재형성하였다. 베스터만에 따르면, J(야웨스트)의 목적은 인간의 타락과 심판의 예를 보여 주는 것이다.[171] 야웨스트(6:3)에 의하여 해석되기 전에 주어진 자료는 신적인 존재인 하나님의 아들들과 인간의 딸들에 의하여 네피림과 용사가 생겼다는 기원론적인 신화이다. 이 자료는 어떤 평가는 없이 단지 네피림과 용사의 기원을 말하려고 했을 것이다. 야웨스트는 이 자료를 통하여 창세기 1－11장에서 일관성 있는 자신의 신학을 반영한다. J에 의하여 편집된 본문은 인간의 한계를 넘어서는 것이야말로 죄악이라고 정죄한다. 그리하여 본문에서는 하나님의 아들들이 사람의 딸을 유혹하여 범죄 하지만 하나님의 아들들에 대한 정죄가 없다. 단지 그 유혹에 넘어간 사람의 딸들이 하나님의 아들들과의 결합을 통하여 인간의 한계를 넘어가려는 죄를 범했다는 것이다. 단지 사람만이 벌을 받았고 이것은 야웨스트의 신학과 일치된다. J가 정죄한 이 욕망은 아담의 죄와 연속성이 있다(창 3장; 창 11:1－9). J(야웨스트)가 받은 자료는 네피림과 용사의 기원에 관한 것이었지만, 그의 비판은 불멸을 얻으려는 도구로서 하나님의 아들과 인간의 딸들 사이의 결합이며, 이러한 의도는 창세기 6:3에 나타난 심판 선언을 통해 알 수 있다. 내가 믿기로는 사람에 대한 심판으로서 인간 수명의 제한은 J의 신학에 적절한 것으로 보인다. J는 네피림과 용사의 기원에 관한 자료를 취

171) 베스터만에 따르면, 창세기 2－11장에 있는 여러 J 설화들은 반복적으로 창조와 타락의 구조를 보여 준다는 것이다. 그는 또한 창세기 2－11장에 있는 J가 두 종류의 죄를 보여 주는바, 창세기 3장과 4장의 개인적인 범죄와 창세기 6:1－4와 11:1－9에 담긴 불명확한 번성에 의한 범죄가 그것이다. Ibid., 363－383.

하여, 그것을 창세기 3장, 4장 그리고 11장 등의 J 자료에서 보여 주는 구조와 유사하게 인간이 하나님과 같이 되려는 죄를 보여 주기 위하여 사용하였다.

창세기 6:1-4에서의 두 번째 이슈는 창세기 6:1-4를 창세기 6:5-22 앞에 두었던 최종 편집자의 의도를 찾는 것이다. J가 창세기 6:1-4를 편집할 때, 그는 원래 이 이야기를 홍수 설화와는 관련시키지 않았었다. 두 개를 연결하는 어떤 문학적인 연결점이 없다. 베스터만은 창세기 6:1-22 안에서 창세기 6:1-4의 기능을 잘 설명해 주고 있다.[172] 후에 보겠지만, 이 본문에 담긴 자료(6:1-2, 4)를 다루는 파수꾼의 책은 6:1-4에 나타난 제사장들의 죄를 홍수의 중요한 원인으로 해석함으로써 J와는 차별화시킨다.

(4) 창세기(6:1-7:1) 안의 홍수 이야기

창세기 6:5-7:1은[173] 두 가지 문헌 자료로(J와 P) 이루어졌는데, 다음과 같이 자료에 따라 이야기를 나눌 수 있다.

표 13: 창세기 6:1-7:1에 있는 J와 P의 대조

J(창세기6:5-8; 7:1)	P(창세기6:9-22)
1. 노아는 의인이라(7:1)	1. 노아는 의인이요 완전한 자라(6:9)
2. 인간의 선천적인 악함(6:5)	2. 땅 위의 강포(6:11-12)
3. 땅을 멸하려는 하나님의 결정(6:7)	3. 땅을 멸하려는 하나님의 결정(6:13; 17)

두 설화에서, 하나님은 사람을 쓸어 버리거나(J, מחה), 멸할(P, שחת) 결정을 하셨

172) "이 네 가지 설화들을(창 3장, 4장, 6:1-4, 그리고 11:1-9) 배치하고 또한 창세기 6:1-4를 홍수 설화 바로 앞에 놓은 방식은 6:5에 서술된 타락으로 설명할 수 있다. 그런 창세기 6:1-4는 이 타락의 예에 지나지 않는다. 야웨스트의 의도 또는 1-11장의 최종 편집자의 의도 안에 6:1-4를 홍수에 대한 심판의 이유로 보려는 의도는 없다." Westermann, 368-369.

173) 홍수 이야기의 범위는 창세기 6-9장이지만, 나는 세미카자 이야기를 위해서는 창 6:5-7:1만 다루려고 한다.

다. 그러나 행동 뒤에 있는 신학은 다르다. J(야웨스트)는 인간의 악함을 서술한다. "여호와께서 사람의 죄악이 세상에 관영함과 그 마음의 생각의 모든 계획이 항상 악할(רעה) 뿐임을 보시고"(창 6:5) J에 따르면, 홍수조차도 인간을 변화시킬 수 없었다. "여호와께서 그 향기를 흠향하시고 그 중심에 이르시되 내가 다시는 사람으로 인하여 땅을 저주하지 아니하리니 이는 사람의 마음의 계획하는 바가 어려서부터 악함이라(רע). 내가 전에 행한 것같이 모든 생물을 멸하지 아니하리니"(창 8:21) 하나님께서는 인간이 창조의 원래 상태로 돌아갈 수 없음을 알고 인간의 악함을 견디기로 결정하신다. 이것은 인간이 완전히 타락했으며, 인간의 구속이 인간 안에서 오지 않는다는 창세기 1-11장에서의 J의 신학과 일치한다. J는 구원의 가능성을 두 번 서술한다. "그러나 노아는 여호와께 은혜를(חן) 입었더라."(창 6:8), 그리고 "이 세대에 내 앞에서 의로움을(צדיק) 내가 보았음이라."(창 7:1)[174] 이 구절들에 대해서는 두 가지 결론을 내릴 수 있다. 1) 예외 없이 모든 사람들이 멸망받아야 한다. 2) 노아는 그의 자격 때문이 아니라, 인간을 새롭게 하려는 하나님의 계획 때문에 구원받았다.[175] 노아의 의로움은 노아 자신으로부터 온 것이 아니라 하나님으로부터 왔다.

P(창 6:9-22)에서 드러난 홍수의 이유는 인간 내면의 악함이 아니라 땅 위에서 인간이 행한 강포이다.[176] 이 강포의 의미는 생명, 특히나 피를 흘리는 살인과 관계

---

174) 클락(Clark)은 창 7:1b는 의가 노아 안에 이미 있는 자질이거나, 하나님이 순종의 시험을 통하여 노아가 의롭다는 것을 아셨다거나, 또는 노아가 이미 의롭기 때문에 은혜를 얻었다는 것을 의미하지는 않는다고 말한다. W. M. Clark, "The Flood and the Structure of the Pre-patriarchal History", *ZAW* 83(1971): 184-211. Westermann, 426-427.

175) "하나님께서 멸망하시기로 결정하셨지만, 노아는 하나님의 눈에 은혜를 얻었다. 그리고 하나님은 인간을 보존하기 위한 도구로서 이 세대에 적당한 사람으로 노아를 선택하셨다." Ibid., 427.

176) 내가 믿기로는 학자들이 제사장 문서에 나타난 강포의 독특한 의미를 인식하지 못했다. 베스터만은 강포라는 말은 "원래 피를 흘림, 범죄적인 억압, 강압 가운데 있는 범죄의 의미로 사용되었다."라고 말한다. Ibid., 416. 웬남(Gordon J. Wenham)은 말하기를, "강포는 반사회적, 반이웃적인 행동을 나타낸다. 때로 이 단어는 짐승 같은 힘을 뜻하지만, 강자가 약자를 억압하고 부자가 가난한 자를 착취하는 것(예를 들어 아모스 6:1-3), 또는 순한 자들을 향한 영리한 자들의 수탈이기도 하다(잠언 16:29)." Gordon J. Wenham, *Genesis 1-15*, WBC, 1(Waco, Tex.: Word Books, 1987), 171. 크로스는 인간

있다. 이 강포는 성전이나 땅을 더럽히고, 하나님이 사람을 추방하시도록 만든다. 창세기 6장의 강포는 이러한 문맥에서 이해해야 한다.

> 하나님이 노아에게 이르시되 모든 혈육 있는 자의 <u>강포</u>가 땅에 가득하므로 그 끝날이 내 앞에 이르렀으니 내가 그들을 땅과 함께 멸하리라(창 6:13).

> 그러나 고기를 그 생명 되는 <u>피째</u> 먹지 말 것이니라. 내가 반드시 너희 피 곧 너희 생명의 피를 찾으리니 짐승이면 그 짐승에게서, 사람이나 사람의 형제면 그에게서 그의 생명을 찾으리라. 무릇 <u>사람의 피를 흘리면</u> 사람이 그 <u>피를 흘릴 것이니</u> 이는 하나님이 자기 형상대로 사람을 지었음이니라(창 9:4－6).

P는 홍수의 원인이 사람이 살인하여 피를 흘리는 데 있다고 보았기 때문에, 홍수 후에 P는 피 흘리는 것을 금했다. P가 중요시 여기는 것은 사람의 내적인 선함이나 악함이 아니라, 성전과 땅의 정결함이다. 홍수는 땅을 더럽힘으로부터 깨끗하게 하고, 홍수 후에는 땅을 정결하게 보존하기 위하여 피 흘림을 금했다.[177] 강포의 이러

Wenham, *Genesis 1－15,* WBC, 1(Waco, Tex.: Word Books, 1987), 171. 크로스는 인간의 죄를 이해할 때 J와 P의 차이를 인식하지 못한다. "P에 잘 알려진 홍수 설화는 아담의 반역과 이로 인한 창조의 타락이라는 배경을 전제한다. 강포와 타락을 언급하는 P의 요약 진술은 창조의 타락이라는 구체적인 설화에 대한 지식을 전제하고 있다. …… 동시에 우리가 P를 독립 문헌이라고 고집한다면, P가 인간의 원죄를 무시한다는 명백한 모순을 설명해야 한다." *Canaanite Myth,* 306－307; "P는 홍수를 일으킨 죄에 관하여 더 자세하다. 이 타락은 창세기 1:26 이하에서 세워진 방식을 타락시키고 있다. 특별히 죄는 강포로 이루어졌는데, 이로 말미암아 하나님은 홍수를 일으키셨다." P. J. Harland, *The Value of Human Life: A Study of the Story of the Flood(Genesis 6－9)*(Leiden: E. J. Brill, 1996), 40. 사실상 죄에 대한 P의 견해는 J의 견해와 다르기 때문에 P는 인간의 죄에 대한 J와는 다른 기원 설화가 필요한 것이다. 로핑크는(Lohfink) 홍수 설화에 나오는 강포는 P에 있는 죄의 기원 가운데 하나라고 주장한다. 그러나 그는 P에 나타난 홍수 설화의 강포에 대하여 충분히 발전시키지는 않는다. Lohfink, *Theology of the Pentateuch,* 96－115.

177) 밀그롬은 부정의 기원을 죽음이라고 이해한다. 밀그롬에게 있어서 강포는 생명을 죽이기 때문에 부정의 기원을 이룬다. "창세기에 나타난 P 문서는 하마스(חמס, 강포, 창 6:11)라는 용어로 인류를 정죄한다. 창세기 9장의 노아의 법은 강포(하마스)에 대한 법적인 치유이기 때문에, 후에 예언자의 용례로서 윤리적인 강포의 넓은 의미로 쓰이기는

한 의미는 에스겔서에서 명확해진다. 에스겔 7:22-23은 피 흘리는 범죄를 강포의 동의어로 보고 있다.[178] 에스겔 12:19에 따르면, 땅의 황폐함은 거주민의 강포 때문이다.[179] 그러므로 사람들은 땅을 더럽혔기 때문에 추방될 것이다. 에스겔 28:16에 따르면 강포를 통해 피 흘림으로 하나님의 산을 더럽혔다고 했다.[180] 결과적으로, 사람들은 하나님의 산에서 쫓겨날 것이다.

P의 신학은 노아의 표현에서 또한 잘 드러난다. "노아의 사적은 이러하니라. 노아는 의인이요, 당세에 완전한 자라. 그가 하나님과 동행하였으며."(창 6:9) J에서처럼, 노아는 의인이라고 표현되었다. 그러나 완전함(tāmîm)이라는 말이 추가되었다.[181] 의로움의 의미는 완전함이라는 말로 다시 정의가 되었는데, 이 완전함은 제사언어로서 원래 흠이 없는 동물을 희생제사로 드릴 때 사용하였다(출 12:5; 29:1; 레 1:3; 3:1; 4:3). 그리고 이 말은 사람에게도 적용되었다(창 17:1; 욥 12:4; 시편 15:2; 18:23; 에스겔 28:15). 완전함의 의미는 도덕적이거나 사회적인 것이 아니라, 거룩하게 됨과 관련이 있다. 노아가 완전하다는 증거는 그가 하나님과 동행했다는 데 있다. 이와 같이 J와 P는 의로움을 다르게 이해하고 있다. J는 그것을 인간의 성취가 아니라 하나님의 은혜로 이해하고 있고, P는 그것이 거룩해지려는 인간의 정결함을 통해 얻어진다고 믿고 있다.

하였지만, 하마스는 원래 살인을 의미한다." Milgrom, "Priestly Source", 456-457. cf. T. Frymer-Kensky, "The Atrahasis Epic and Its Significance for Our Understanding of Genesis 1-9", *BA* 43(1977): 241-48.

178) "내가 또 내 얼굴을 그들에게서 돌이키리니 그들이 내 은밀한 처소를 더럽히고 강포한 자도 거기 들어와서 더럽히리라 너는 쇠사슬을 만들라 이는 피 흘리는 죄가 그 땅에 가득하고 강포가 그 성읍에 찼음이라."(겔 7:22-23)

179) "이 땅 백성에게 말하되 주 여호와께서 예루살렘 거민과 이스라엘 땅에 대하여 이르시기를 그들이 근심하면서 그 식물을 먹으며 놀라면서 그 물을 마실 것은 이 땅 모든 거민의 강포로 인하여 땅에 가득한 것이 황무하게 됨이라."(겔 12:19)

180) "네 무역이 풍성하므로 네 가운데 강포가 가득하여 네가 범죄 하였도다. 너 덮는 그룹아 그러므로 내가 너를 더럽게 여겨 하나님의 산에서 쫓아내었고 화광석 사이에서 멸하였도다."(겔 28:16)

181) 같은 형태가 욥기 12:4에서 한 번 더 나타난다. "하나님께 불러 아뢰어 들으심을 입은 내가 이웃에게 웃음 받는 자가 되었으니 의롭고(ṣaddîq), 순전한 자(tāmîm)가 조롱거리가 되었구나." 욥기는 제사장 전승으로부터 "의롭고 순전한 자"라는 용어를 취하고 있다.

(5) 세미카자 이야기는 창세기에 나타나는 홍수 이야기를 해석한다

창세기에 나타나는 홍수 이야기는 네 가지 자료를 가지고 있다. 네피림과 용사 이야기(창 6:1－2와 4), J의 해석(창 6:3), J의 홍수 이야기(창 6:4－8, 7:1), 그리고 P의 홍수 이야기(창 7:9－22). 그런데 세미카자 이야기는 J와는 다르게 네피림과 용사 이야기를 해석한다. J는 이 자료를 인간의 교만을 보여 주는 예로 사용하는 반면에, 세미카자 이야기는 이 자료를 하나님의 아들들과 사람의 딸들의 금지된 성관계를 보여 주기 위하여 예로 사용한다. 세미카자 이야기는 하나님의 아들들을 천사로 해석하면서, 하나님의 아들들과 용사의 배경으로 이 자료를 사용하는 것이다.[182] 세미카자 이야기는 용사를 금지된 성관계의 산물로 보고 용사를 비판하고 있다. J와 마찬가지로 세미카자 이야기는 죄를 초자연적인 존재에게 돌리지는 않는다.[183] 세미카자 이야기는 제사장 전승에 따라 의로움을 정의하면서 동시에 그것을 발전시키고 있다. 세미카자 이야기의 제사장과 용사들은 의인들과 대조되어 있다. “모든 의인들이 달아날 것이요, 살아 있는 자들이 되어, 그들이 번성하며 수효가 많아질 것이라. 그들의 젊음의 때와 노년의 때가 평화 가운데 있으리라.”(제1에녹서 12:17) 제사장들과 용사들은 멸망되며, 의인들은 구원을 얻을 것이다. 이러한 발전은 다음과 같이 의인에 대한 설명에서 드러난다.

표 14: J, P 그리고 세미카자 이야기 안에서의 의인에 관한 묘사

J(창 6:5－8; 7:1)	의로움과 악함
P(창 6:9－22)	완전한 의로움과 강포
세미카자 이야기	의로움과 강포와 부정(impurity)

182) “하늘의 자녀들인 천사들이 그들을 보고 원했다.”(에녹서 6:2)

183) J는 모든 사람들을 의로운 자와 타락한 자로 나누고, 세미카자 이야기는 모든 사람들을 천사, 용사 그리고 무고한 인간들로 나눈다. 천사들(제사장들)과 용사들은 자신들의 죄에 대하여 책임이 있지만, 무고한 인간들은 단순한 희생자들이다.

세미카자 이야기에서 "의로움"이라는 용어는 J 자료보다는 P 자료에서 온 것이라고 볼 수 있다. P는 의로움을 완전함과 동의어로 만듦으로써 의로움을 재해석하였다. 세미카자 이야기는 완전함이라는 말을 사용하지 않은 채, P에서의 의로움의 의미를 채용하였다. P에서의 강포라는 주제는 세미카자 이야기에서 강포와 부정이라는 주제로 발전하였다. 용사의 강포와 제사장의 부정이라는 죄는 모두 제사장 전승에서 율법을 범하는 죄를 뜻한다.

전체적으로, 세미카자 이야기는 창세기 6－9장에 나타난 홍수 이야기의 주제를 발전시킨다. 두 이야기에서의 구조는 다음과 같이 위기와 해결로 이루어졌다.

표 15: 창세기 6－9장과 세미카자 이야기의 비교

창세기 6－9장	에녹서 6－11장의 세미카자 이야기
I. 위기: 강포 1. 인간의 강포(6:11－13a)	I. 위기: 부정과 강포 1. 제사장들의 부정(6:1－7:1a) 2. 용사의 강포(7:2－5)
Ⅱ. 해결: 심판과 땅의 치유 1. 심판의 선포(6:13b, 17) 2. 홍수의 준비(6:14－22) 3. 피 흘림의 금지(9:1－17)	Ⅱ. 해결: 심판과 땅의 치유 1. 심판의 선포(9:1－10:6) 2. 홍수의 준비(10:1－3) 3. 땅의 치유(10:4－22)

홍수 이야기의 구조는 땅이 강포로 더럽혀졌다는 위기와 이 땅을 홍수로 정화시키는 해결로 되어 있다. 창세기 6:9－22에서의 "강포" 주제는 세미카자 이야기에서 "강포와 부정"이라는 주제로 발전한다. 용사들의 강포는 피를 마시는 것과 관련 있다(에녹서 7:6). 하늘의 천사들은 강포로 가득 찬 땅에서 나타난 피 흘림을 목격했다(에녹서 9:1, 9). 세미카자 이야기에서 강포는 또한 피를 흘리는 것과 연결되어 있다. 세미카자 이야기는 피와 관련된 제사장의 부정을 첨가하고 있다. 여자와 동침하는 것은 더럽힘으로 이해한다(μιαίνω).

> 그들이(천사들) 그들(여자들)과 동침하여 그들로 인하여 자신을 더럽히기(μιαίνω) 시작하였다(에녹서 7:1).

> 그들은 땅의 사람들의 딸들과 동침하였다. ……그들은 여자들로 인하여 더럽혀졌다(μιαίνω)(에녹서9:8).

> 사람의 딸들과 합하여 그들로 인하여 그들의 부정(ἀκαθαρσία) 가운데 자신들을 더럽힌……세미카자에게 알리라(에녹서 10:11).

천사들이 여자들과 동침함으로써 범한 죄는 제사장 전승의 관점에서 판단된 것이다. 피와 관련이 있는 이 더럽힘의 죄에 대하여 에녹서 15:4에서 설명하고 있다. "그러나 너는 거룩하고 영원히 살 영혼이지만, 여인의 피로 자신을 더럽히고(μιαίνω), 육체의 피에 의하여(자녀를) 낳았다." 이와 같이 강포와 부정은 땅을 피로 더럽힌다는 면에서 공통된다.

땅을 정화시키는 두 가지 도구인 홍수와 피 흘림 금지법이 있는 홍수 이야기를 따라, 세미카자 이야기는 땅의 정화라는 주제를 더 발전시킨다. 세미카자 이야기는 땅의 더럽힘과 땅의 정화에 관심이 있다. 천사들인 미가엘, 수라펠 그리고 가브리엘은 용사들과 천사들의 죄가 땅을 더럽힘을 목격하였다.

> 그들이 땅에 흘린 많은 피를 목격하였다. 그리고 모든 땅에는 땅에 저지른 불법과 강포가 가득 차 있었다(에녹서 9:1).

> 많은 피가 땅 위에 흘려졌고, 모든 땅이 악함으로써 가득 찼다(에녹서 9:9).

> 그들은 땅에서 행해진 악을 피할 수 없었다(에녹서 9:10).

세미카자 이야기에서 홍수는 땅을 정화하는 첫 번째 단계이며, 이 전승을 발전시킨다(에녹서 10:1－3). 지극히 높으신 자가 심판을 선포하면서 땅의 정화에 관심이 있었다. 심판의 목적은 땅을 더럽히는 모든 강포를 제거하는 것이다.

> 그들이 사람에게 강포를(ἀδικήσαι) 행하기 때문에, 나는 파수꾼들의 타락한 후예들의 영혼들을 멸할 것이다(에녹서 10:15).

> 나는 땅 위로부터 모든 강포를(ἀδικία) 제하여 버릴 것이다(에녹서 10:16).

> 모든 부정(ἀκαθαρσία)과 모든 강포(ἀδικία), 죄악, 불경건함을 땅에서 제거하라. 그리고 땅에 행해졌던 모든 부정을 땅에서 제거하라. 모든 땅은 모든 더럽힘(μίασμα)과 모든 부정으로부터 깨끗하게 될 것이다(에녹서 10:20-22).

(6) 에녹서 6-11장의 아사셀 이야기

세미카자 이야기에서 나타나는 강포와 부정은 아사셀 이야기에서 가르침 주제로 발전되었다. 아사셀의 죄에 관한 묘사는 화자, 하늘의 천사, 그리고 하늘의 지극히 높으신 자에 의하여 세 번 반복되었다.

표 16: 아사셀 이야기에서의 다른 관점들

화 자	하늘의 천사	지극히 높으신 자
7:1de 그들은 마술적인 약, 주문, 뿌리를 자름, 그리고 식물에 관하여 가르쳤다. 8:1-3 아사셀은 백성들에게 검과 칼, 방패, 그리고 흉배 등을 가르쳤다. 그리고 선택된 자들에게 수갑, 장식, 안티몬으로 눈을 그림, 부장품들, 눈썹을 아름답게 함, 모든 종류의 귀금속들, 모든 종류의 염색과 연금술 등을 가르쳤다.	9:6 주님은 아사셀이 행한 것이 무엇인지, 그가 모든 종류의 강포(ἀδικία)를 땅 위에 어떻게 가르쳤는지를 보신다. 그들은 하늘에서 수행되고 인간이 배운 영원한 비밀을 드러냈다. 9:8c 그리고 그들에게 모든 죄를 드러냈다.	10:7 모든 사람의 자녀들은 그들이 자녀들에게 가르친 비밀로 인하여 멸망하지 않으리라. 8 아사셀이 이러한 행동을 가르쳤기 때문에 타락하였다. 그리고 모든 죄는 그의 탓으로 돌리라.

이 표는 아사셀의 죄를 밝히는 데 도움을 준다. 화자는 아사셀의 죄를 평가하지 않은 채로 그의 가르침을 객관적으로 서술한다. 그는 마술적인 약, 주문, 그리고 뿌리를 자르는 것과 식물에 관하여 가르쳤다. 천사들은 그들의 가르침이 강포의 죄요, 영원한 비밀을 드러내는 것이라고 해석하였다(9:6). 지극히 높으신 자는 나아가서 땅이 아사셀의 가르침으로 인하여(10:8 τοῖς ἔργοις τῆς διδασκαλίας 'Αζαήλ) 타락했다고 해석하였다. 이것은 하늘의 천사들의 해석과 일치한다(9:6). 지극히 높으신 자는 아사셀이 강포를 행하였기 때문에 땅이 타락하였다고 선포한다. 최종적인 해석은 아사셀이 모든 죄에 대하여 책임이 있다는 것이다(10:8).

세미카자와 아사셀 이야기의 관찰을 통해 에녹서 6－11장에 나타나는 위기를 이해할 수 있다. 강포와 부정이라는 죄는 제2성전 시대에 널리 퍼져 있었다. 압제받는 자의 탄원은 하나님의 심판에 의하여 해결되었다(에녹서 9－11장). 에녹서 6－11장의 후기 편집자들은 아사셀 이야기를 삽입함으로써 그러한 악들의 기원을 밝히려고 시도한다. 아사셀의 행위를 죄라고 하는 지극히 높으신 자의 선포를 통하여, 편집자는 아사셀이 백성들에게 강포를 가르쳤기 때문에 강포와 부정이 아사셀의 죄로부터 왔다고 해석한다. 천사의 해석을 통하여(에녹서 9:6－7) 편집자는 아사셀이 모든 죄의 기원이라고 해석한다. 전체적으로 세미카자 이야기와 아사셀 이야기는 다음과 같이 악의 발전을 설명하려는 의도를 가지고 있다. 1) 천사들은 부정의 죄를 범하고 그들의 자녀들인 용사들은 강포의 죄를 범했다(9:7－9), 2) 아사셀은 지상에서 강포를 가르치고, 영원한 비밀을 밝히고, 그의 가르침을 통하여 모든 땅을 타락시켰다(9:6와 10:8), 그리고 3) 죄의 기원은 아사셀에게 돌려져야 한다(10:8b).

에녹서 6－11장은 맨티시즘을 사용하여 땅의 위기를 해석하는데, 땅에서는 하늘에서 일어난 사건에 따라 초자연적으로 결정된 역사 과정이 있는 것으로 이해하고 있다.[184] 위에서 주어진 모든 정보를 종합하면, 에녹서 6－11장에 나타난 위기는 하

184) 윌슨(Wilson)은 메소포타미아 맨티시즘의 두 가지 요소를 제안한다. 1) 메소포타미안인들은 현실의 모든 면을 상호 연결되는 전체로 보고 있다. 2) 현실은 자연적이고 초자연적인 요소를 포함하기 때문에, 신들은 매일 매일의 일들에 관련되어 있다. 두 번째 요소가 의미하는 것은 신들의 욕심을 드러내기 위하여 사건들을 적절하게 해석할 필요가 있는 것이다. Wilson, *Prophecy and Society in Ancient Israel*, 91－92. 메소포타미아 맨티시즘

늘과 땅의 사건들을 통하여 설명할 수 있다.

표 17: 에녹서 6-11장의 맨틱 해석

	땅	하 늘
과 거		아사셀이 비밀을 받았다. 아사셀이 강포를 가르쳤다. 아사셀이 비밀을 드러냈다.
현 재	천사들의 부정 용사들의 강포	천사와 용사의 처벌 땅의 정화
미 래	천사와 용사들의 처벌 땅의 정화	

이 표는 하늘과 땅에서 과거, 현재, 미래의 사건을 보여 준다. 현재 땅에서 사람들은 천사(제사장)들의 부정과 용사들의 강포를 보고 있다. 세미카자 이야기는 사건이 하늘에서 일어나고 있고, 하늘에서 이루어진 것처럼 천사와 용사들이 멸망할 것으로 초자연적으로 결정되었다고 말한다. 나아가서 에녹서 6-11장의 편집자는 아사셀 이야기 이외에도 그들의 죄의 기원을 설명함으로써 맨티시즘을 과거에까지 확장한다. 이 해석에 따르면, 아사셀은 하늘의 비밀을 받아 백성들에게 강포를 가르치고 그들에게 비밀을 가르쳤다. 그래서 아사셀이 가르친 강포와 부정이 현재의 위기를 만들어 냈으며, 미래의 심판이 예고되어 있다. 아사셀 이야기는 아사셀이 마지막 심판 때에 멸망할 것이라는 희망을 갖게 한다. 이 두 이야기의 조합은 이 위기를 해결하려는 계획을 가진 하나님의 관점을 제안하고 있는 것이다.

과 에녹서의 차이에 관해서는 밴더캄(VanderKam)이 잘 연구한 바 있다. "메소포타미아의 맨틱 전승은 유대의 에녹 문헌이 만들어지고 발전하는 정황의 상당한 부분을 제공하였다고 보는 것이 더 합리적이다. 이러한 종류의 메소포타미아로부터의 영향은 오랜 역사 기간 동안 계속되었고, 포로기를 지나 그리스 시대에 이르기까지 가능했다." VanderKam, *Enoch and the Growth of an Apocalyptic Tradition,* 70. 데이비스(Davies)는 맨틱 지혜들이 자연 현상들의 해석을 통하여 유추되는 행동과 결정을 알게 한다는 면에서 궁중의 지혜와는 다르다고 주장한다. P. R. Davies, "Social World of Apocalyptic Writings", 261.

(7) 아사셀과 레위인들

파수꾼의 책은 타락한 제사장들의 대표인 아사셀과 에녹을 대조하고 제사장의 죄를 발전시킴으로써, 예루살렘 성전과 제사장들에 대한 공격의 근거로 삼는다. 이 절에서 나는 이스라엘의 전승 가운데 아사셀은 무엇을 의미하는지를 밝히려고 한다. 파수꾼의 책에서 알려진 것은 1) 아사셀은 한때 하늘(성전)에 있었고, 2) 아사셀은 다른 천사들과 용사들이 죄를 짓도록 하고, 3) 아사셀은 더 이상 하늘에 올라갈 수 없고, 4) 세상의 종말에 아사셀은 멸망될 것이다.

이러한 아사셀의 주장을 제사장들의 갈등으로 이해할 때 에스겔서 44:6-14를 통하여 이 갈등을 더 잘 이해할 수 있다. 여기에서 제사장들 간의 갈등에 대한 주장들이 다음과 같이 나타난다.[185] 1) 레위인들은 일찍이 제사장으로 봉사했다(44:12a), 2) 레위인들은 우상을 숭배하여 이스라엘 백성들이 죄짓게 했다(44:12b), 3) 레위인들은 하나님 앞에서 그들의 제사장직을 결코 수행하지 못할 것이다(44:13), 4) 사독인들은 이스라엘 백성들이 그릇 행하여 하나님을 떠날 때, 성소의 직분을 행하고 하나님께 기름과 피를 드렸다(46:15). 사독인들과 레위인들 간의 이러한 갈등은 왕정 이전과 성전 건축 이전 시대까지 소급된다.[186] 우리는 성서를 통하여 레위인들의 상황을 읽

185) 핸슨은 에스겔의 원래 전승을 사독들의 후기 변형과 비교한다. 에스겔의 원래 전승은 제사장들과 레위인들을 구분하지 않는 반면에, 사독들의 후기 변형은 중앙 제사장들로부터 모든 비-사독 요소들을 제거하고 있다(겔 40:46b; 43:19; 45:1-8a; 46:19-24와 48:11). Hanson, *The Dawn of Apocalyptic*, 239-240. 제시된 구절들이 후기 편집을 통하여 재편되었다는 것을 받아들일 수는 있지만, 이 모든 층들이 초기층과 다르다고 결론 내리기는 어렵다. 내가 믿기로는 이 두 본문들이 옛 전승들과의 연속성을 보여 주고 있다. “초기 층에서도 싹이 보였던 전승이 발전되었다. 그러므로 다른 사상을 가진 학파들에 의한 삽입을 말하는 것이 아니라, 에스겔 학파 가운데 나타나는 사상의 발전과 점증하는 엄격성에 관하여 말하는 것이다. 사실상, 학파는 사독적인 신현존을 반영하기 위하여 프로그램을 편집하려는 조직적인 노력을 하였다.” Levenson, *Theology of the Program of Restoration of Ezekiel 40-48*, 131. 포로기 이전의 사독 제사장들과 포로기 이후 제사장들은 이 옛 전승으로 자신들을 합리화하기 위해 노력하였다. 에녹서의 지지자들이나 또는 CD의 지지자들은 이 문장들 가운데서 자신들의 정체의식을 발견하였다. “이스라엘 자손들이 나로부터 떠나 있을 때에 내 성전을 지킨 사독은 기름과 피를 드릴지니라.” CD 4:1.

을 수 있다.[187] 나아가서, 파수꾼의 책에 나오는 아사셀과, 에스겔서에 나오는 레위

---

186) 이스라엘 제사장의 역사에 관한 논의는 벨하우젠으로부터 시작한다. 벨하우젠은 세 단계를 주장한다. 1) 정해진 제사장이 없던 초기 시대, 2) 레위인들이 예루살렘 성전에서 봉사하기 시작한 왕정 시대, 3) 아론 제사장들이 제사장직을 독점하고 레위인들은 그들을 보좌하는 포로기 이후 신정정치 시대. Wellhausen, *Prolegomena,* 151-161. 드보(De Vaux)는 이 구조를 그대로 취하고 있다. 1) 비-레위인 제사장, 2) 레위 제사장들, 그리고 3) 제사장들과 레위인들. De Vaux, 361-362. 코디(Aelred Cody)는 드보와 유사하다. Cody, 113-114; 190-192. 크로스는 초기 시대부터 제사장들 간에 갈등이 있었다고 주장한다. "다윗이 특별하게 두 제사장을 선택한 것은…… 상당히 정치적인 기준을 가지고 있었던 것이다. 그는 경쟁관계에 있는 제사장 집안에서 각각 제사장을 뽑았다. 이들은 모세 시대부터 내려온다고 주장하는 실로에 있는 엘리 집의 아비아달이요, 다른 하나는 아론의 후손임을 강조하는 헤브론 족속인 사독이었다." *Canaanite Myth,* 215. 아론의 후손들은 사독인들과 동일시되었다. 렘(Merlin D. Rehm)은 다음과 같이 말한다. "사독이라는 말은 시대착오적인 용어이기 때문에, 광야 시대에 대하여 말할 때 아론의 자손이라는 말을 사용한다. 다른 한편, 에스겔이 자신의 시대와 미래에 관하여 말할 때는 자유롭게 사독의 자손이라는 말을 사용한다." Merlin D. Rehm, "Levites and Priests", *ABD* 4: 309. 밀러의 책의 주요 주제는 히브리 성경이 형성되는 과정에 나타난 사독인들과 레위인들 간의 갈등이다. John W. Miller, *The Origins of the Bible: Rethinking Canon History*(New York: Paulist Press, 1994).

187) 예루살렘 제사장의 성서적인 전승은 다음과 같다. 엘리의 아들들이 죄를 지은 후에 여호와는 사독으로 여겨지는 또 다른 제사장을 삼상 2:35에서 약속하고 있다. "내가 나를 위하여 충실한 제사장을 일으키리니 그 사람은 내 마음 내 뜻대로 행할 것이라. 내가 그를 위하여 견고한 집을 세우리니 그가 나의 기름 부음을 받은 자 앞에서 영구히 행하리라." 아비아달이 자신의 가족에게 닥친 재앙 후에,(삼상 22장) 다윗에 의하여 예루살렘 제사장으로 임명되었다. 다윗은 아비아달과 사독 둘을 예루살렘 제사장으로 임명했지만(삼하 8:17), 솔로몬은 자신과 반대 입장에 있는 아비아달을 파면하였다(왕상 2:17). 이때부터, 사독인들이 요시야 개혁 때까지 전적인 예루살렘 제사장이었다. 요시야의 개혁과 함께, 레위인들이 잠시 동안 등장하였다. 요시야의 개혁 시 발견된 신명기는 솔로몬 시대 이래로 요시야 이외에는 어떤 왕도 모세의 율법을 지키지 않았다고 말하고 있다(왕하 23:25). 이러한 사독인들과 레위인들 간의 갈등은 다메석 문서(Damascus Document)에 다음과 같이 나타난다. "왕에 관해서는 신명기 17:17에 쓰여 있기를 '왕은 스스로 아내를 많아 두지 말지니라.' 그런데 법궤에 있는 율법은 엘리아살과 여호수아의 죽음 이래로 이스라엘에 개봉되지 않았고, 사독이 제사장직을 시작할 때까지 아스다롯을 섬긴 장로들이 대중 앞에 감추었기 때문에, 다윗 시대에 이 율법은 개봉되지 않았다. ……그리하여 그들은 성전을 더럽혔다. 왜냐하면, 그들은 율법에 따라 구별하지 않았고, 대신 여인들의 월경 시 피가 유출한 것을 보았기 때문이다."(CD 5:1-7) 밴더캄은 CD의 저자는 법궤가 예루살렘 성전에 들어갈 때까지 율법이 개봉되지 않았다고 주장한다. J. C. VanderKam, "Zadok and the SPR HTWRH HHTWM in Dam.

인들 사이에 유사성을 다음과 같이 발견하게 된다.

표 18: 레위인, 아사셀 그리고 타락한 천사들 간의 비교

레위인들	아사셀과 타락한 천사들
1) 레위인들은 제사장으로 봉사했다(왕상 2:35).	1) 타락한 천사들은 일찍이 제사장으로 일했다(에녹서 16:3).
2) 레위인들은 우상숭배의 죄를 범하고, 이스라엘 사람들이 죄를 짓게 하였다(겔 44:10, 12).	2) 타락한 천사들은 부정과 강포라는 죄를 범했다. 아사셀은 그의 가르침을 통하여 이스라엘 사람들이 죄를 짓게 하였다(에녹서 9:6).
3) 레위인들은 하나님 앞에서 제사장직을 결코 수행하지 못할 것이다(겔 44:13).	3) 아사셀과 타락한 천사들은 결코 하늘에 올라갈 수 없을 것이다(제사장직을 수행하지 못하리라).
4) 그러나 내가 그들로 성전의 의무를 맡게 하고, 그 안에서 행하는 모든 일을 맡게 하리라(겔 44:11, 14).	4) 하늘에서 수행할 더 이상의 기회가 없다.
5) 사독인들, 곧 레위 제사장들은 이스라엘 사람들이 하나님을 떠났을 때 하나님의 성전을 지켰다(겔 44:15a).	5) 천사들은 타락한 반면에, 에녹은 천사들과 함께 있었다(에녹서 12:1－2).
6) 사독 제사장들은 하나님을 섬길 것이며, 그들이 하나님께 피와 기름을 드리기 위하여 하나님께 수종 들 것이다(겔 44:15b).	6) 에녹은 승천을 통하여 하나님을 만나며, 제사장직을 수행한다.

레위인들과 아사셀에 대한 전승은 명백하게 다음과 같은 것을 드러낸다. 1) 둘 다 일찍이 하늘(성전)에 있었다. 2) 둘 다 이스라엘 사람들(천사들)을 죄짓게 하였다. 그리고 3) 둘 다 하늘에 올라갈 수 없다. 그러나 레위인들에 관한 그들의 견해는 약간 다르다. 에스겔은 레위인들이 성전에서 의무를 이행하는 것을 허락한 반면, 아사

Doc. V, 2－5", *RevQ* 11(1984): 561－70. 이 율법은 요시야의 개혁 시에 발견된 율법과는 다른데, 사독으로부터 시작하는 것이다. 사독의 적들은 성전을 더럽히고 여인과 잠으로써 제사장 전승의 정결법을 위반했다. 이것은 에녹서에 있는 천사들의 죄와 유사하다.

셀은 더 이상 하늘(성전)에서 임무를 수행할 수 없다. 그렇다면 그들의 죄는 무엇인가? 파수꾼의 책에 따르면, 아사셀의 죄는 백성들에게 비밀을 드러낸 것이다. 비밀들은 오직 하늘에서만 알려지는 것이기에, 하늘 바깥에 있는 사람들에게 비밀을 전하는 것은 죄라고 생각되었다(에녹서 9:6). 아사셀의 죄는 레위인들의 죄에 비견되는데 이것은 부정과 거룩을 분리하는 제사장 전승과 비교하면 명백해진다.

> 그리하여야 너희가 거룩하고 속된 것을 분별하며 부정하고 정한 것을 분별하고(레10:10).

> 그 제사장들은 내 율법을 범하였으며 나의 성물을 더럽혔으며 거룩함과 속된 것을 구별하지 아니하였으며 부정함과 정한 것을 사람이 구별하게 하지 아니하였으며 그의 눈을 가리어 나의 안식일을 보지 아니하였으므로 내가 그들 가운데에서 더럽힘을 받았느니라(겔 22:26).

말씀 전승은 거룩한 영역의 세속화를 통하여 이러한 경계를 없애려고 노력하였다.[188] 현존 전승에 따르면, 말씀 전승이 지상의 성전을 세속화하였기에, 하나님은 이제 천상의 성전에만 계시며, 하나님을 만나기 위해서는 지상의 성전이 아니라 천상의 성전으로 승천하여야 했다. 파수꾼의 책에 따르면, 영원한 비밀이 거룩하지 않은 사람들에게 계시됨으로 이 영원한 비밀은 인간의 죄를 위하여 사용되었다. 에녹서 16:3에 보면, 레위인들은 하늘에서 계시를 받았지만, 그것을 남용하였다고 주장한다. 하나님은 모세를 통하여 토라를 주었지만, 그것이 남용된다면 계시로 사용될 수 없다고 보고 있다. 이러한 남용은 토라를 해석하는 해석학적인 열쇠로서 모세의

188) 와인펠드가 제사장 문서와 신명기의 차이에 대하여 연구하였다. P에게 있어서, 거룩은 제의 도구를 통한 신현존을 나타낸다. P는 제사장을 성전의 불가피한 요소로 보고, 그들의 거룩을 이스라엘 백성들의 거룩보다 큰 것으로 보았다. D에서, 거룩의 개념은 모든 이스라엘 사람들에게 확장되지만, 결국 지상의 성전에서의 신현존은 상실되고 만다. D에게 있어서, 모든 이스라엘 사람들은 하나님의 선택에 의하여 거룩해진 것처럼, 하나님은 지상의 성전이 아니라, 천상의 성전에 있다는 전제를 가지고 있다. D의 특징으로는 인간적인 동기, 세속화, 비신화화 등이다. Weinfeld, *Deuteronomy and the Deuteronomistic School,* 179－243.

권위가 절대화되어 현존 전승을 억압할 때 나타났다. 이러한 말씀 전승의 자기 절대화의 위협에 대항하여, 현존 전승은 승천 전승으로 발전하게 된다.

2) 해결: 에녹의 승천 전승(에녹서 12-16장)과 지혜 전승(에녹서 17-36장)

에녹서 6-11장이 용사들의 강포와 제사장들의 부정에 의하여 초래된 위기를 다루고 있는 반면에, 에녹서 12-30장은 에녹의 권위를 통하여 해결을 제공하고 있다. 지난 절에서 본 바와 같이, 세미카자 이야기는 강포와 부정에 의하여 땅을 더럽힌 것과 이에 따른 땅의 정화에 관심이 있었다. 아사셀 이야기는 제사장들의 부정으로 인한 제사장들의 자격 박탈과 하늘로 이르는 다리 역할로서의 제2성전의 부적합성에 관심이 있다. 이러한 주제를 발전시키면서, 에녹서 12-36장은 제2성전의 합법성과 제사장들의 자격을 문제시하고 있다.[189] 아사셀의 권위와는 대조적으로, 이 부분은 에녹의 권위의 내용인 승천 전승(에녹서 12-16장)과 지혜 전승(에녹서 17-36장)을 해법으로 제시한다.

(1) 파수꾼의 책에서의 제2성전

타락한 천사들과는 대조적으로, 에녹은 하늘에 올라갈 수 있다. 에녹이 지상의 성전에 들어가지 않는 이유는 에녹이 제2성전의 합법성을 인정하지 않는 것과 관련이 있다(에녹서 89:73). 제2성전이 적합하지 않기에, 제사장들은 지상의 성전에서 하나님의 현존을 경험할 수 없다. 하늘에 올라가기 위하여 에녹은 예루살렘 성전으로 가지 않고 단으로 간다. 파수꾼의 책에서 단은 하늘과 땅이 만나는 장소이다.

189) 에녹서 1-36장이 예루살렘 제사장들에 대한 정죄를 반영한다는 것은 많은 학자들이 인정하고 있다. G. W. E. Nickelsburg, "Enoch, Levi and Peter: Recipients of Revelation in Upper Galilee", *JBL* 100(1981): 575-600; Suter, 115-135; Wright Ⅲ, 140.

나는 가서 헤르몬의 남서쪽인 단의 물가에 앉아 있었다. 거기에서 암송 기도를 드리다가 잠이 들었다. 내가 보니, 한 꿈이 나에게 오고 이상이 내려오는데, 재앙의 이상을 보았기에 나는 하늘의 자녀들에게 말하고 그들을 꾸짖을 수 있다(에녹서 13:7-8).

단은 미가가 제사장으로 일했던 곳이며(삿 17-18장), 여로보암 Ⅰ세가 세운 두 성소 중의 하나이다(왕상 12:26-31). 여로보암의 다른 성소 중의 하나인 벧엘은 단의 중요성을 이해하는 데 도움을 준다. 야곱은 벧엘에서 자고, 그곳이 바로 천사들이 하늘과 땅을 오르내리는 하늘 문임을 발견한다(창세기 28장). 에녹서 13:8의 아람어 본문은 이렇게 쓰여 있다. "보라, 꿈들이 내게 오고, 이상들이 내려오니 내가 눈을 들어 하늘의 문을 바라보았다."[190] 창세기와 에녹서는 하늘의 문의 역할을 하는 두 개의 성소를 서술하고 있다. 에녹은 신명기 개혁 이전의 성소 전승에 따라, 하늘에 오르기 위한 장소로 단을 택한 것이다.[191] 파수꾼의 저자는 예루살렘이 승천의 장소로는 적합하지 않다고 본다. 그래서 제사장들이 예루살렘 성전에 들어간다 해도, 하늘에서 오는 신현존을 경험할 수 없다.

힘멜팔브(Himmelfarb)는 다음과 같이 주장한다.

에녹이 천상의 성전에서 그룹을 보았을 때, 그 그룹의 상(picture)의 기원(source)은 제2성전이다. 제2성전은 제1성전의 중요한 상징을 더 이상 가지고 있지 않고 토라의 제사장 문헌에 있는 성막을 건축하는 지침도 포함하지 않는다. 차라리 제2성전에는 하나님의 영광을 호송했던 수레에 관한 에스겔의 이상이 있다."[192]

나는 에녹서가 사용한 직접적인 자료가 에스겔의 이상이라는 말에 동의한다.[193]

---

190) Milik, 195.
191) Nickelsburg, "Enoch, Levi, and Peter", 582-587.
192) Himmelfarb, *Ascent to Heaven,* 10.
193) 더글러스(Douglas)는 에스겔의 성전과 솔로몬의 성전의 차이를 서술한다. 에스겔의 성전에는 대제사장, 시은좌가 있는 법궤, 놋그릇, 성전의 기름 부음, 그리고 열 개의 촛대 등이 없다. George C. M. Douglas, "Ezekiel's Temple", *Expository Times* 9(1898): 365-67, 420-22, 468-70, 515-18.

에스겔이 정화된 제1성전에 근거해 있기 때문에 에녹의 성전이 제1성전과 관계없다고 볼 수는 없다. 에녹서에 나타난 보좌 전승은 제1성전의 지성소에서 나타난다. 이 관찰은 승천 전승을 정의하는 데 매우 중요하다. 힘멜팔브(Himmelfarb)는 말한다.

> 제2성전 시대에 살던 사람들 중에서 특별히 제사장들의 행동에 편안하지 않은 사람들은 에스겔의 영향을 받아서 성전을 더 이상 하나님의 적절한 거처 또는 하늘과 땅이 만나는 곳으로 이해하지 않았다. 그들은 차라리 지상의 성전을 하늘에 있는 참성전의 단순한 복사판일 뿐이라고 이해한다. 이와 같이 파수꾼의 책에서 에녹이 승천했다는 사상이 나타날 수 있었던 것은 천상의 성전을 옹호하는 대신 지상의 성전을 비성역화하였기 때문이었다. 유대 문헌에서 등장한 첫 번째 승천은 이와 같이 지상의 성전을 벗어나서 참성전을 향하여 여행하는 것이었다.[194)]

파수꾼의 책이 지상의 제2성전에 대한 비판 위에 기초해 있다는 말은 설득력이 있는 말이다. 그렇지만 파수꾼의 책이 역사에 대한 염세주의를 표방한다고 보기는 어렵다. 이 책은 제2성전 시대의 중요한 이념인 모세의 권위를 넘어서는 진정성 있는 계시가 있다고 강조함으로써 기존의 예루살렘 성전을 비판한다. 그러나 이 책은 천상의 성전을 향한 여행을 강조하는 것이 아니라, 지상의 성전을 통하지 않고 천상의 성전을 향한 승천을 제시함으로써 그들이 가지고 있는 새로운 계시를 강조하면서 기존의 제사장들과는 차별된 권위를 강조하고 있는 것이다. 계시의 확실성을 보증하는 신현존 경험을 하기 위하여 그들은 승천을 강조한다. 파수꾼의 책은 계속 살아가야 할 이 세상에서 보다 더 진정성 있는 권위를 쟁취하려는 제사장들의 갈등을 보여 준다. 에녹은 예루살렘 제사장들과는 다른 제사장 전통 안에서 참된 계시를 가지고 있다고 주장하는 그룹을 대표한다.

---

194) Himmelfarb, *Ascent to Heaven,* 13.

(2) 제사장들에 대한 비판

파수꾼의 책은 제사장 전승에 나타난 정결법에 따라 천사들을 비판하였다. 에녹, 아사셀, 그리고 타락한 천사들은 모두 타락하기 전에 천사의 역할을 하면서 천국에 있었다.

> 거룩하고 영원한 자리인, 지고의 천국을 버린 하늘의 파수꾼들(에녹서 12:4)
> 네가 높고, 거룩하고, 영원한 하늘을 버린 이유(에녹서 15:3)
> 너는 (일찍이) 하늘에 있었으나(에녹서 16:3)

이러한 구절들은 제사장들이 하늘에 있었다는 것을 보여 준다. 천상의 성전과 지상의 성전의 일치라는 개념에 따르면, 제사장들은 지상의 성전에 들어갈 때마다 천상의 성전을 경험할 수 있었다. 제사장들이 천상의 성전에 있다고 말할 때, 이 말은 그들이 지상의 성전에서 제사장의 기능을 수행하고 있다는 것을 의미한다. 그러므로 그들이 하늘에 들어갈 수 없다고 하는 것은 그들이 더 이상 제사장의 기능을 수행하지 못함을 의미한다.

파수꾼의 책은 세 가지의 죄를 명기하고 있다. 용사들의 강포, 제사장들의 부정, 그리고 잘못된 가르침. 첫 번째 죄인 용사들의 강포는 땅을 더럽히는 것이고, 모든 종류의 부정과 강포를 땅에서 제한 후에야 땅이 깨끗해졌다. 두 번째 죄인 제사장들의 부정으로 인하여 지상의 성전이 더럽혀졌으므로, 더럽혀진 제사장들을 천상의 성전으로부터 추방하고, 하나님은 지상의 성전이 아닌 천상의 성전에만 거하시게 함으로써 현존 전승이 보호되었다. 제사장 전승에 따르면, 성전을 더럽히는 것을 부정(ἀκαθαρσία=טמא=ṭāmê')이라고 말한다.

> 누구든지 죽은 사람의 시체를 만지고 스스로 정결케 아니 하는 자는 여호와의 성막을 <u>더럽힘이라</u> 그가 이스라엘에서 끊쳐질 것은 정결케 하는 물을 그에게 뿌리지 아니하므로 깨끗하게 되지 못하고 그 부정함이 있음이니라(민 19:13).

사람이 부정하고도 스스로 정결케 아니 하면 여호와의 성소를 더럽힘이니 그러므로 총회 중에서 끊쳐질 것이니라. 그는 정결케 하는 물로 뿌리움을 받지 아니하였은즉 부정하니라(민 19:20).

너희는 이와 같이 이스라엘 자손으로 그 부정에서 떠나게 하여 그들로 그 가운데 있는 내 장막을 더럽히고 그 부정한 중에서 죽음을 면케 할지니라(레 15:31).

파수꾼의 책은 부정을 통하여 성전이 더럽혀진 것과,[195] 성전의 거룩함에 관하여 말하고 있다. 제사장들은 성전을 더럽힘으로 인하여 더 이상 제사장으로 일하기 위하여 성전에 남아 있을 수가 없다. 그래서 파수꾼의 책에서 서술된 대로 더럽혀진 제사장들은 승천할 자격이 없는 것이다. "지금부터 너희들은 영원히 하늘에 올라갈 수 없을 것이다. 너희들은 영원히 땅에 속박되도록 명령되었다."(에녹서 14:5). 한때 제사장들은 지상의 성전을 통하여 천상의 성전에 올라갈 수 있었다. 그러나 이제 타락한 제사장들 때문에 지상의 성전이 천상의 성전에 이르는 다리 역할을 하지 못하고, 지상의 성전에서 더 이상 신현존을 경험할 수 없다.

셋째, 파수꾼의 책은 아사셀이 백성들에게 강포를 가르치고 비밀을 드러내는 죄를 범했다고 말한다:

ἐδήλωσεν τὰ μυστήρια τοῦ αἰῶος τὰ ἐν τῷ οὐρανῷ ἃ ἐπιτηδεύουσιν καὶ ἔγνωσαν ἄνθρωποι.

그들은 하늘에서 수행되고, 사람들이 배우게 되는 영원한 비밀을 드러냈다(에녹서 9:6).

파수꾼에 따르면, 영원한 비밀이 거룩하지 않은 백성들에게 전해졌기 때문에 남용되고 인간의 죄를 위하여 사용되었다:

195) "부정에 관한 제사법(에스겔 11－15장)과 관련되는 조직들에 관하여 검토해 보면 어디에서든 초래된 부정은 잠재적으로 성전에 위험하게 되어 있다는 것을 보여 주었다." J. Milgrom, *Leviticus 1－16*, AB(New York: Doubleday, 1991), 1007.

Ὑμεις ἐν τῷ οὐράνῷ ἦτε,
καὶ πᾶν μυστήριον ὃ οὐκ ἀεκαλύφθη ὑμῖν
καὶ μυστήριον τὸ ἐκ τοῦ θεοῦ γεγενημένον ἔγωτε,
καὶ τοῦτο ἐμηνύσατε ταῖς γυναιξὶν ἐν ταῖς σκληρηκαρδίαις ὑμῶν,
καὶ ἐν τῷ μυστηρίῳ τούτῳ πληθύνουσιν αἱ θήλειαι
καὶ οἱ ἄνθρωποι τὰ κακὰ ἐπὶ γῆς (에녹서 16:3).

네가 하늘에 있을 때 모든 계시가 너에게 계시된 것은 아니지만,
너는 하나님께로부터 온 계시를 알고 있다.
너는 강퍅함 가운데 여자에게 이 계시를 폭로하였다.
그 계시로 여자와 남자들이 땅에서 악한 행동을 저질렀다(에녹서 16:3).

에녹서에 따르면, 아사셀은 하나님으로부터 계시를 받아서 세속적인 악한 목적으로 그것을 사용하였다. 제사장들이 지상의 성전을 통하여 하늘에 들어갈 때에, 그들은 하나님으로부터 계시를 받을 수 있다. 그러나 지상의 성전을 통하여 하늘에 이를 수 없는 제사장들은 새로운 계시를 받을 수 없다. 나아가서 그들이 받은 어떤 초기 전승은 이미 남용되었다. 이것은 두 가지 의미를 가진다. 첫째, 타락한 제사장들은 더 이상 하나님을 만나지 못하기 때문에 성전에서 봉사하지 못하고, 하나님과 사람의 중재자가 될 수 없다. 둘째로, 모세의 권위의 절대성 아래 이루어진 토라 해석은 거절되었다. 파수꾼의 책은 제2성전의 합법성과 사독 제사장들에 대한 철저한 비판을 보여 준다.

(3) 에녹의 승천 전승(에녹서 14장)

이제 승천 전승이 현존 전승으로부터 어떻게 발전했으며, 현존 전승과 어떻게 다른지 살펴보려고 한다. 에녹서에 나타난 승천 전승은 보좌이상과 신현현 전승을 가지고 있다는 면에서 현존 전승과 유사하다. 에녹의 승천 전승은 보좌이상과 관련 있다. 에녹은 천상의 성전에서 하나님의 현존을 경험하는데 이 성전은 벽(14:9), 큰

집(14:10－14), 그리고 둘째 집(14:15－17) 등 세 가지 요소로 이루어졌다.

> 나는 하늘을 향해 가면서, 마침내 하얀 대리석으로 지어진 벽에 다다랐다(에녹서 14:9).

> 나는 불처럼 뜨겁고, 얼음처럼 차갑고, 그러면서도 그 안에는 아무것도 없는 집 안으로 들어갔다(에녹서 14:13).

> 내가 보니 내 앞에 문이 있는데, 첫 번째 집보다 더 큰 둘째 집이었다(에녹서 14:15).

에녹은 예루살렘 성전의 형태를 닮은 천상의 보좌로 올라갔다.[196] 이러한 배치는 입구, 성전 그리고 지성소로 이루어진 지상의 성전의 모습을 재현하고 있다. 하나님이 하늘의 구조의 내실에 앉아 계신 보좌는 그룹 보좌(14:18), 즉 예루살렘 성전의 지성소에 있는 그룹에 비견된다. 불타는 그룹은(14:11) 성막(출 26:1, 31; 36:8, 35)의 벽걸이에 있는 형상 또는 성전의 벽에 새겨진 형상과 상응한다(왕상 6:29, 대하 3:7, 겔 41:15－26). 천사들은 천상의 성전에 있는 하나님의 보좌 앞에 서 있는 제사장 기능을 한다(14:22－23). 에녹이 타락한 천사의 기도를 전해 줄 때, 제사장의 중요한 기능인 중보가 천사들의 적절한 기능으로 보였다(15:2). 신현존에 관한 경험 가운데, 에녹은 높은 보좌 앞에 서 있는데(θρóνος)(에녹서 14:18),[197] 이것은 또한 열왕기 상 22:19, 이사야 6:1 그리고 에스겔 1:26에 또한 나타난다. 보좌이상과 아울러, 신현현은 동반되는 현상과 인간의 응답으로 이루어졌다. 에녹서 14장은 성경의 신현현을 반영하듯이 불과 두려움에 초점을 맞춘다(출 3:2; 19:18; 24:17).

---

196) Maier, 127; Mary Dean－Otting, *Heavenly Journey: A Study of the Motif in Hellenistic Jewish Literature*(Frankfurt Am Main: Verlag Peter Lang, 1984), 49－50; C. R. A. Morray－Jones는 이렇게 쓰고 있다. “세 단계로 된 일련의 승천은 예루살렘 성전을 모델로 한 것으로 보인다. 하얀 대리석의 벽은 ……성전의 내부 마당 주변의 벽과 유사하다. ……두 개의 동심의 집(에녹서 14:10－17)은 성전과 지성소와 상응한다.” C. R. A. Morray－Jones, “Paradise Revisited(2 Cor 12:1－12): The Jewish Mystical Background of Paul’s Apostolate. Part I. Jewish Sources”, *HTR* 86:2(1993): 204.

197) “내가 보니 그 안에 높은 보좌가 있었다(θρóνος ὑψηλός, Aram כרסא=Heb כסא).”(에녹서 14:18).

> 벽은 하얀 대리석으로 지어지고, 혀 같은 불로 둘러싸였으며, 나를 놀라게 하기 시작하였다. 나는 불의 혀 안으로 들어갔다(에녹서 14:9).

> 타는 불이 벽을 둘러싸고, 그 문은 불타고 있었다. 나는 불처럼 뜨거우면서도, 얼음처럼 차가운 집으로 들어갔다(에녹서 14:12).

> 두려움이 엄습하고, 떨림이 나를 덮쳤다. 떨면서……불의 혀같이 지어진 두 번째 집(에녹서 14:15).

> 바닥의 경우는 불이었고, ……천장의 경우는 타는 불이었다(에녹서 14:17).

> 바닥으로부터 보좌는 타는 불줄기를 품어내고 있었다(에녹서 14:19).

> 타오르는 불이 그 곁에 있었고, 큰 불이 그 앞에 서 있었다(에녹서 14:22).
> 그때까지 나는 얼굴을 숨기고 떨고 얼굴을 숨기고 있었다(에녹서 14:24).

다른 한편, 천상의 보좌와 지상의 보좌의 일치가 깨어졌다는 면에서 승천 전승은 현존 전승으로부터 벗어난다. 지상의 보좌는 더 이상 공간적인 차원이 초월되는 장소가 아니다. 하늘에 올라가는 현상은 에녹서 14장에 나타난다: "이제부터 너는 영원히 하늘에 오르지(ϵἰς τὸν οὐρανὸν ἀναβαίνω) 못하리라"(에녹서 14:5). 하늘에 오르는 것은 에녹의 승천에서 자세히 묘사되었다: "이상 가운데 바람이 나를 나르게 하고(ἐπ-αίρω μϵ ἄνω), 하늘 높이 올라가게 하였다(ϵἰς-φέρω μϵ ϵἰς τὸν οὐρανόν). 나는 계속 앞으로 나아가서(ϵἰς-ἔρχομαι) 마침내 벽에 다다르게 되었다. ……"(에녹서 14:8−9). 그리스 본문에는,[198] ἐπαίρω와 ϵἰςφέρω가 모두 올라가는 데 사용되고, ϵἰς ἔρχομαι는 하늘에 들어가는 데 사용되었다.

이 문맥에서, 승천은 일련의 세 가지 행동을 포함하고 있다. 에녹서의 아람어 본문[199] 은 약간 다르다: "이상 가운데 있는 바람은 나를 날아가게 하였고(פרח "날아

---

198) Black ed. *Apocalypsis Henochi Graece,* 28.

가게 하다"), 나를 위로 취하여(נטל "취하다"), 나를 위로 데려갔으며(יבל "데려가다"), 하늘로 들어가게 하였다(עלל "들어가게 하다"). 그리하여 마침내 들어가게 되었다(עלל). ……"(에녹서 14:8-9). "[지금부터 너는 하늘에] 돌아가지 못할 것이며 [영원히 올라가지도 못하리라(נסק or סלק) …]"(에녹서 14:5). 여기 세 가지 용어들은 에녹이 올라가서 하늘에 들어가는 것을 표현하기 위하여 사용되었다. 에녹서 14:5에서, נסק 또는 סלק가 사용되었다. 후자는 아람어에서 차용한 언어인데, 성서에서는 단지 한 번 나타난다: "내가 하늘에 올라갈지라도(אֶסַּק), 주님이 거기 계시며."(시편 139:8).

히브리 성서에서 עלה는 올리는 것의 동의어이기도 하다. 히브리 성서는 승천에 대한 직접적인 표현보다는 간접적인 표현이 있다:

하나님이 아브라함과 말씀을 마치시고 그를 떠나 올라가셨다(עלה)창17:22).

여호와의 사자가 단 불꽃 가운데로 좇아 올라간지라(עלה)(삿 13:20).

엘리야가 회리바람을 타고 승천하더라(עלה)(왕하 2:11).

하늘에 있는 것이 아니니 네가 이르기를 누가 우리를 위하여 하늘에 올라가서(עלה) 그 명령을 우리에게로 가지고 와서 우리에게 들려 행하게 할꼬 할 것이 아니요(신 30:12).

하늘에 올라갔다가(עלה) 내려온 자가 누구인지 ……너는 아느냐(잠언 30:4).

네가 네 마음에 이르기를 내가 하늘에 올라(עלה) 하나님의 뭇별 위에 나의 보좌를 높이리라 내가 북극 집회의 산 위에 좌정하리라(사 14:13).

하늘로 올라갈지라도(עלה) 내가 거기서 취하여 내리울 것이며(암 9:2).

---

199) Milik, 177-178; 192-199.

처음 세 본문들은(창 17:22; 삿 13:20; 왕하 2:11) 승천 전승과 유사한 구절들을 사용한다. 다음 네 구절들은(신 30:12; 잠 30:4; 사 14:13; 암 9:2) 암시적으로 승천 전승이 담긴 구절들을 사용한다. 왜냐하면 성서의 전승들은 어떤 사람들도 하늘에 오르는 것을 허용하지 않기 때문이다.

에녹서의 승천 전승은 새 계시가 하늘로부터 신앙영웅에게 주어질 수 있다는 가능성을 허락한다는 면에서 독특하다. 에녹서 14장은 천상의 성전과 지상의 성전이 분리된다는 것을 강조한다는 면에서 현존 전승을 떠나고 있다. 이사야는 지상의 성전에서 현존 전승을 경험하지만, 천상의 성전과 지상의 성전의 일치는 에스겔서에서 깨지고 있다. 하나님 자신이 지상의 성전과 분리시켜 이동하기 위하여 하나님의 보좌에는 바퀴가 달리게 되었다. 이 불일치는 일시적인 것으로서 에스겔서 40-48장은 예루살렘 성전에서 하나님의 보좌가 회복되는 것을 기대하고 있다. 에녹서 14장은 보좌에 바퀴가 달렸다는 면에서,[200] 에스겔서를 닮았지만 이 바퀴가 실제 움직임을 위하여 사용된 것으로 보이지는 않는다.[201] 하나님이 더 이상 거하실 수 없는 제2성전에서 하나님의 새 계시가 가능한 것으로 보지 않기 때문에, 에녹서에서 에녹은 새 계시를 얻기 위하여 하늘에 올라가야 했다.

(4) 에녹의 지혜 전승

에녹서의 해법은 에녹이 승천을 통하여 새 계시를 얻을 수 있는 능력에 기초하고 있다. 에녹서의 첫 번째 해법은 어떻게 새 계시를 얻는가 하는 것이며, 둘째는 새 계시의 내용을 보여 주는 것이다. 계시의 내용은 에녹서 17-19장에 있는 에녹의

200) "생물이 행할 때에 바퀴도 그 곁에서 행하고 생물이 땅에서 들릴 때에 바퀴도 들려서" (겔 1:19), "내가 보니 그 안에 높은 보좌가 있는데, 그 모양은 수정 같고 그 바퀴는 (τροχοϛ) 빛나는 태양 같았더라."(에녹서 14:18)

201) 이 차이점은 하나님이 유동성이 더 이상 필요하지 않은 상황을 의미한다. "에스겔서 1-2장과는 달리, 수레는 더 이상 예언자들에게 소명을 주기 위하여 예언자들을 만나시는 이 땅으로 내려오시는 도구의 역할을 담당하지 않는다. 수레는 천상의 성전에 고정된 기구와 같은 것이다. 하나님은 지상에 내려오시지 않는다." Nickelsburg, "Enoch, Levi, and Peter", 581.

지혜 전승에 있으며, 이 지혜 전승은 에녹서 20－36장에서 더 발전된다. 다윗슨(Maxwell J. Davidson)은 에녹서 20－36장에 나오는 종말론과 우주론에 관하여 연구하였다.[202] 사실상, 에녹서 17－36장에 있는 종말론은 우주론에 종속되어 있다고 볼 수 있다.[203] 에녹서 17－36장의 종말론은 임박한 종말론이 아니다. 종말론의 교훈은 궁극적인 심판이 있다는 것이다. 에녹이 우주를 여행하는 목적은 인간의 운명이 우주의 구조 안에 자리 잡았고, 구원이란 우주의 구조에 관한 계시를 아는 것과 관련이 있다고 보는 이해와 관련된다. 뉴삼(Newsom)은 에녹서 17－19장에 있는 이 여행이 인간의 능력을 넘어선 하나님의 힘의 우주적인 표현임을 보여 주고 있다. 그녀에 따르면 에녹의 여행 가운데 나타나는 우주론은 하나님과 인간의 왕권의 이념을 표현한다는 것이다. 에녹의 우주론에 관한 지식은 정경 지혜 문헌에서 발견되는 것을 넘어선다.[204] 이와 같이, 에녹의 이상은 구원론적인(esoretic) 지혜를 가지고 있다고 주장한다. 뉴삼은 에녹의 전승을 가진 그룹들이 타락한 천사들에게 알려지지 않은 한 지혜를 가지고 있으며, [205] 이 계시는 아사셀의 가치 없는 계시와 대조를 이룬다고 주장한다.

(5) 에녹인들과 모세의 율법

에녹서에 관한 이탈리아 학문을 대표하는 보카치니는[206] 에녹인들을 포로기 이전

---

202) Maxwell J. Davidson, *Angels at Qumran: A Comprehensive Study of 1 Enoch 1－36, 72－108 and Sectarian Writings from Qumran,* JSPSup 11(Sheffield: JSOT Press, 1992), 62－78.

203) “종말론이 포괄적인 우주관의 한 요소일 뿐이라는 것은 사실이지만, 그것은 필수적인 요소로서 우주적인 고찰과 충분히 관련되었다.” Collins, *The Apocalyptic Imagination,* 45.

204) “에녹에게 보여 준 많은 요소들은 하나님이 욥에게 던진 질문의 목록 가운데 있다(욥 38－39장). 여기에 있는 것들은 땅의 기초(욥 38:4; 에녹서 18:2), 땅의 넓이(욥 38:18; 에녹서 23:1; 33:1), 빛과 어둠(욥 38:19; 에녹서 17:4; 23:4), 천둥(욥 38:25; 에녹서 17:3; 20:2), 별들의 움직임(욥 38:31－32; 에녹서 33:3－4), 번개(욥 38:35; 에녹서 17:3) 그리고 동물들(욥 39:1－30; 에녹서 33:1) 등이다.” Davidson, 74.

205) Newsom, 310－329.

206) 나는 에녹인들과 포로 후기 사독인들 간에 갈등이 있었다는 견해를 받아들인다. 하지만 그들과는 달리 나는 에녹인들이 오경 안에 있는 제사장 전승을 사용하였다고 믿는 것

의 사독 제사장들의 후예라고 주장한다. 그는 에녹 그룹은 오경 바깥에 있는 잃어버린 전승을 사용하고, 오경 전체를 모세의 토라로 인정하지 않았다고 주장한다.

> 에녹인들은 우주의 두 기둥이라고 할 수 있는 모세의 토라와 예루살렘 성전을 완전히 무시한다. 더욱이, 에녹이 제사장적인 전승을 가지고 있다고 봄으로써 순수한 홍수 이전, 타락 이전의 제사장직의 존재를 알리는 한편, 이 에녹 전승은 출애굽 시대의 아론의 후예라고 주장하는 사독 제사장직의 기초를 붕괴시키면서, 그들이 천사의 죄 이후와 홍수시기에 이미 타락해 버렸다고 이해하고 있다.[207]

보카치니는 에녹인들이 오경에 나타나는 제사장 문헌들과 관계되지 않은 제사장 전승과 관련이 있다고 본다. 에녹인들은 자신들이 진정성 있는 제사장 전승에 속한다고 주장하고, 포로기 이후 사독인들은 진정한 제사장 전승에 속하지 않는다고 말하고 있다. "에녹 유대교가 주전 3-4세기에 나타났는지 아닌지는 불확실하지만, 한 가지는 확실하다. 에녹 유대교는 제도권인 사독 제사장들의 힘과는 배치되는 반-사독 제사장 그룹들로부터 나타났다는 것이다. ……수 세기 동안, 사독인들은 자신들이 에스겔의 예언을 성취하였다고 주장했다. 그러나 이 에녹인들은 제2성전의 사독인들이 옳지 않다고 주장한다. 정통성 있는 사독의 후예들은 에스겔의 예언을 참으로 이어받은 에녹인들이라는 것이다."[208] 에녹인들과 사독인들은 서로가 자신들을 참된 사독의 후예라고 주장한다. 보카치니는 에녹인들이 모세의 토라보다도 더 진정성 있는 제사장 전승을 가지고 있다고 말한다. 이와 같이, 그의 제1에녹서 연구는 에녹 그룹과 사독인들과의 갈등을 말하고 있다. 그러나 그는 에녹인들이 가지고 있다고 주장하는 제사장 전승이 무엇인지는 자세히 언급하지 않는다. "우리는 에녹인들이 누구이며, 그들이 족보적으로 사독인들과 관련 있는지, 또는 경쟁 제사장 그룹에 속했는지를 정확하게 알지 못한다."[209]

이다.

207) Boccaccini, *Beyond the Essene Hypothesis,* 74.

208) Ibid., 77, 125.

209) Ibid., 78.

보카치니와 동의하면서, 니켈스버그는 제1에녹서가 타낙(유대인 히브리 성서)의 권위를 감소시키고, 에녹의 권위를 축하하려 한다고 주장한다. 그러나 그도 역시 제1에녹서가 모세의 토라를 대체하려 했던 것인지를 상세히 설명하지 않는다.[210] 포미칼라(Kenneth E. Pomykala)는 이러한 가능성에 대하여 마음을 열어 놓은 것으로 보인다. "저자에게 에녹서 1-36장의 권위는 이론적으로 성서의 권위와 같다고 보고 있다. 왜냐하면 에녹서 문헌을 보존한 그룹에서 에녹서 1-36장의 권위가 기능적으로 우월할 수도 있다고 하기는 하지만 둘 다 그들의 권위를 직접적인 하나님의 계시에서 왔다고 주장하기 때문이다."[211] 이러한 결론은 두 가지 관찰에서 온다. 1) 에녹서 1-36장은 파생적인 권위가 아니라 독립적인 권위를 가지고 있다고 강조한다. 2) 에녹서 1-36장은 히브리 성서를 포괄적으로 사용하고 있다.[212]

내가 믿기로는 에녹서의 제사장 전승은 오경 내의 제사장 전승과 관련이 있다. 또한 에녹인들과 사독인들 간의 갈등은 정경 토라 안에 나타난다. 이 갈등은 정경 토라와 비정경 토라 간에 있는 것이 아니고, 정경 토라의 권위를 전제한 정경 토라를 해석하는 해석학적인 열쇠들 간에 있는 것이다. 에녹서는 이 시기까지 이미 형성되어 권위를 가진 오경 자체를 공격하는 것이 아니었다. 에녹인들은 포로 후기 사독인들이 현존 전승을 포기하고, 말씀 전승만을 정경 토라를 해석하는 유일한 방법으로 봄으로써 지배제국인 페르시아를 이롭게 하였다고 믿고 있다. 에녹서 1-36장은 토라를 해석하는 또 다른 방법을 제시하고 있다. 말씀 전승은 모세가 시내 산에서 율법을 받았지만, 모세의 율법 가운데 하나님은 초월해 계신다. 하나님은 하늘에 계시고 율법을 통하여 사람들을 다스리신다. 제2성전 시대에 토라를 모세의 절대적인 권위 아래 해석하는 모세의 토라는 정경 토라와 같은 것으로 인식되었다. 에녹인들은 이 일치를 공격하고 승천 전승의 빛 아래에서 정경 토라를 해석할 것을 제안하고 있다.

---

210) 에녹인들이 토라를 대체하려고 시도했는지는 아직 밝혀지지 않았다. Nickelsburg, "Scripture in 1 Enoch and 1 Enoch as Scripture", 333-354.

211) Pomykala, 283.

212) "파수꾼의 책은 히브리 성서를 포괄적으로 사용하고, 다시 쓰고, 언어와 주제를 사용하고, 직간접적으로 언급하고 있다." Ibid., 281.

3) 최종 편집(에녹서 1－5장)

에녹서의 서론(에녹서 1－5장)[213]을 형성된 연대기적으로 볼 때, 우리는 최종 편집자의 관점을 다음과 같이 알 수 있다.

1) 종말론적인 심판 2(2:1－5:9)
2) 종말론적인 심판 1(1:3－9)
3) 이차적인 서론(1:2)
4) 일차적인 서론(1:1)

(1) 종말론적인 심판 2(2:1－5:9)

종말론적인 심판 2는 에녹서 1－5장에서 처음으로 편집되었고, 종말론적인 심판 1(에녹서 1:3－9)과는 다르다. 이 본문에서, 우리는 세 종류의 등장인물을 확인할 수 있다. 에녹, 에녹의 적, 그리고 에녹의 그룹. 에녹은 에녹서 6－36장에 나타나는 "아사셀과 파수꾼들에게 평화가 없으리라."고 하는 메시지를 선포한다.

> 그들에게 더 이상 죄의 용서나 평화가 없으리라(12:5).

---

213) 에녹서 1－5장은 에녹1서 전체의 서론으로 쓰였다고 주장하는 학자들이 있다. Charles, *The Book of Enoch*, 2－3. 그런데 에녹서 1－5장은 에녹서의 다른 부분보다 앞서는 사본들을 나타내기 때문에 이러한 입장은 더 이상 유효하지 않다. 에녹서 1－5장은 에녹1서 전체의 서론이라기보다는 6－36장의 서론으로 보아야 한다. 왜냐하면, 에녹서 1－5장은 꿈의 책(에녹서 83－90장)보다는 최소한 오래된 아람어 단편 사본인 4Qena 안에 포함되기 때문이다. Hartman, *Asking for a Meaning,* 138. "더욱이 4QEn[a]와 4QEn[b]는 이미 서론 장들의 부분들을 포함하고 있으며, 4QEn[a] 1:2－3와 4QEn[b] 1:2는 에녹서 5장의 마지막과 6장의 시작의 연결점을 가지고 있는 것으로 보아서, 에녹서 1－5장은 에녹서 전체의 서론이라기보다는 에녹서 1－36장의 서론이라는 것을 증명하고 있다." F. G. Martinez and E. J. C. Tigchelaar, "The Books of Enoch(1 Enoch) and the Aramaic Fragments from Qumran." RevQ 14(1989): 138.

그들에게 영원히 평화가 없으리로다(12:6).
아사셀, 너에게 평화가 없으리라(13:1).
그들에게 말하라, 그러므로, 너희들은 평화가 없으리라(16:3).

에녹서 12:5, 6에서 에녹은 그들에게 평화가 없으리라는 메시지를 전하라는 명령을 받았다. 에녹서 13:1과 16:3에는 에녹이 아사셀 또는 파수꾼들을 강력히 비난하는 하나님의 심판을 선포한다. 이 심판은 멸망받을 사람들인 너희를 언급한다. 이러한 평화 없음의 주제는 종말론적인 심판 2(에녹서 2-5장)에서 나타난다. "오, 강퍅한 너희들은 평화가 없으리라."(5:5) 에녹서 2-5장과 6-36장은 모두 너희를 에녹의 적으로 간주한다.

그러나 "선택된 자"는 에녹서 2-5장에서 "그들"이라고 표현된다. 그들의 지도자들만이 적들과 투쟁하고 있다. 그들에 관한 보호는 너희에 대한 심판과 대조된다.

그러나 너희는 오래 참지 못하며, 주의 명령을 행하지 아니하고, 불순한 입으로 하나님을 향하여 율법을 범하고, 망령되이 말하였다. ……그리하여 지혜는 택한 자들에게 주어지리라. 그들 모두가 살고 다시 죄로 돌아가지 않으리라. ……그들이 심판받지 않을 것이며, 수를 채우되, 평화가 그들의 생명을 연장하리라(에녹서 5:4, 8).

요약하면, 종말론적인 심판 2가 보여 주는 것은 에녹서 6-36장은 아사셀의 그룹과 에녹의 그룹 사이의 투쟁을 반영하고, 동시에 그들의 지도자들의 싸움이 에녹서 2-5장에서 아직도 남아 있다는 것이다. 이 심판을 듣는 자는 아사셀의 그룹인 반면에, 종말론적인 심판은 간접적으로 에녹의 그룹에게 전하여졌다. 왜냐하면, 그들 의로운 자들은 이 투쟁을 목격만 할 뿐, 투쟁에 참여하지는 않기 때문이다.

(2) 종말론적인 심판 1(1:3-9)

에녹서 2-5장처럼, 약속을 받은 사람들은 에녹서 1:3-9에서 "그들"이라고 언급되었다. "그들이 하나님께 속하여 번성하고 복을 받고, 하나님의 빛이 그들에게 임하리라."(에녹서 1:8) 그러나 에녹서 1:3-9에는 여러 가지 새로운 면이 있다. 신현현과 사람들의 응답이 강조된다. 대명사 "너희"와 "너희"에 대한 심판은 사라졌기 때문에 직접 듣는 실제 청자는 사라졌다. 메시지는 간접적으로 선택된 자들에게 주어졌다. 이는 에녹서 1:3-9이 선택된 자에게 희망과 위로와 축복을 전하고, 타락한 자에게는 심판을 선포하면서 선택된 자를 강조하고 있음을 의미한다.

(3) 두 번째 서론(1:2)

두 번째 서론(1:2)은 편집자에 관한 실마리를 제공한다. 첫째, 이 구절은 자체적인 통일성이 있고, 화자는 삼인칭에서 일인칭으로 변화된다. 편집자는 민수기 24장에서 발람 이야기로부터 "눈을 뜬 자"와 "이때의 일은 아니며, 가까운 일은 아니로다."라고 하는 표현을 빌려 온다.

표 19: 에녹서 1장과 민수기 24장

에녹서1장	민수기 24장
2 그의 눈이 열려 말하기를…… 이것은 하늘에서 내려온 거룩한 이상인데, 이 세대를 위함이 아니요, 다가올 먼 세대를 위함이로다.	15 엎드려서 눈을 뜬 자가 말하기를 17 내가 그를 보아도 이때의 일이 아니며 내가 그를 바라보아도 가까운 일이 아니로다.

민수기 24장의 두 가지 표현은 에녹서에 나타나는데, 에녹서는 선택된 자와 의로운 자를 위하여 쓰였으되, "이 세대를 위함이 아니요, 다가올 먼 세대를 위함이로다."(1:2)라고 말하고 있다.

두 번째로, 에녹서 1:2를 삽입한 편집자는 그가 편집한 책이 다음 세대를 위한 것임을 보여 주기 위하여 발람의 이야기에서 용어를 빌렸다. 신명기에 나오는 발람의 신탁 형태를 취하여, 에녹서 1:2 편집자는 미래 사건을 예측하며, 독자들이 이미 에녹서 6-36장에 나오는 사건을 먼 과거의 사건으로 이해하고 있다는 것을 전제함을 알 수 있다. 편집자가 보기에 새로운 독자들이 이해할 수 있도록 에녹서 6-36장의 사건을 갱신할 필요가 있었다. 에녹서 1:2의 독자들은 "제사장들의 부정"과 "용사들의 강포"의 피해자들이 더 이상 아니었다. 이 두 번째 서론은 에녹서 6-36장의 사건을 알지 못하는 현재 세대를 위하여 에녹서를 편집한 것이다.[214] 이 노력은 차일즈의 접근과 유사하다. "정경적인 과정 뒤에 있는 동기들은 다양하고 좀처럼 성서 본문에서 논의되지는 않는다. 그러나 표현된 한 가지 관심은 권위 있는 주장을 모든 이스라엘의 계속되는 세대들에게 부여하는 그러한 방법으로 전달되었다는 것이다."[215]

(4) 첫 번째 서론(1:1)

또 다른 서론은(에녹서 1:1) 에녹서 1:2보다는 후에 첨가되었다. 에녹서 1:1은 에녹을 "의로운 택한 자들을 축복하는 자"로 서술하되, 두 번째 서론은 에녹을 축복받고 의로운 자로서 그리고 있다. 이제 축복받던 사람이 축복하는 사람이 되어 버린 것이다.

(5) 에녹의 지위의 발전

에녹서 1-36장에서 에녹의 지위는 발전하는데, "의로운 자"로부터 "의로운 택한 자들을 축복하는 사람"으로 변화되었다. 첫째, 이 책의 문맥에서 의로운 자는 무엇

---

214) "강조점은 역사적인 사건의 독특성이 아니라, 역사적이건, 신화적이건 과거의 어떤 사건에 어떤 특별한 위기를 대입할 수 있는 반복된 형태인 것이다." Collins, *Apocalyptic Imagination,* 40.

215) Childs, Introduction, 78. 이러한 후기 세대를 위한 최종 본문의 편집은 이사야의 편집에서도 나타난다. "특별히 제2이사야서에 관련하여, 최종 형태의 문헌은 예언 메시지를 위하여 완전히 새롭고 비역사적인 구조를 제공하는바, 이러한 예언 메시지는 메시지를 원래 역사적인 분위기로부터 단절되어, 모든 미래 세대들이 접근할 수 있도록 변형되었다." Ibid., 337.

을 말하는지 설명할 필요가 있다. 파수꾼들은 에녹을 의의 서기관이라고 불렀다.

> 의(δικαιοσύνη)의 서기관인 에녹이여! 가서 높은 하늘, 거룩한 장소를 버리고, 여인들과 더불어 자기 몸을 더럽힌 하늘의 파수꾼들에게 전하라. 그들에게 더 이상 평화나 죄의 용서가 없을 것이다. 왜냐하면 그들의 자녀들이 그들의 사랑하는 자들을 죽인 자들을 보고 기뻐하기 때문이다. 그러나 그들이 그들의 자녀들의 멸망에 대하여 신음하며, 그들에게 결코 평화가 없으리라(에녹서 12:4-6).

의의 서기관이라는 직함은 에녹의 도덕적인 특성과 관련 있는 것이 아니라, 타락한 파수꾼에 대한 심판을 선언하는 그의 사명과 관련 있다. 에녹서는 의를 부정과 강포와 관련 있는 심판의 선언으로 이해한다. 의라는 말은 한 번 더 나온다. "두려워 말라, 의로운(ἀλήθεια) 자, 의(ἀλήθεια)의 서기관, 에녹이여."(에녹서 15:1) 이 두 본문에서 δικαιοσύνη와 ἀλήθεια는 아람어 קשטא와 히브리어 צדק에 해당된다. 에녹의 직함은 타락한 천사들에 대한 심판을 선언하는 에녹의 사명을 반영한다.

창세기 6-9장에 있는 홍수 설화는 의에 대하여 통찰력을 제공한다. P는 노아를 완전히 의로운 자(창 6:9)라고 설명한다. J에서 의는 악함(창 6:5; 7:1)과 대비된다. 그러나 P에서, 의는 강포와 대비된다(6:8, 11). 에녹서는 의를 땅을 더럽히는 부정과 강포와 대비시킨다. 제사장 전승에 따르면, 의로운 자와 땅을 더럽히는 자라는 두 부류가 대비된다. 이러한 대비는 에녹서 6-19장에 있는 에녹의 의에 대한 두 번의 언급에서 보인다.

> 나는 의의 말씀을 전하고, 하늘의 파수꾼들을 꾸짖기 시작하였다(에녹서 13:10).
>
> 이것은 어떻게 거룩하신 이가 이 이상 가운데 명령하셨는지에 따라, 의와 영원한 파수꾼들에 관한 질책에 관한 말씀이다(에녹서 14:1).

이 두 구절에서 의는 파수꾼들에 관한 질책과 대비된다. 파수꾼들이 땅을 더럽혔기 때문에 제사장 전승에 따라 심판이 선포된다.

에녹서의 저자는 창세기 6:8에 있는 완전한 자라는 용어의 사용으로부터 이 개념을 취하였다. 그리하여 에녹서는 제사장 전승의 용례대로 "의로운"이라는 말을 사용하고 있는데, P에서 "의로운"이라는 말은 하나님과 동행하는 완전함을 의미한다.

> 노아는 의인이요, 당세에 완전한 자라. 그가 하나님과 동행하였고(창 6:9).
> 너는 내 앞에서 행하여 완전하라(창 17:1).

에녹도 또한 하나님과 동행하였다. "에녹이 하나님과 동행하더니, 하나님이 그를 데려가심으로 세상에 있지 아니하더라."(창 5:24) 이 구절을 통하여 에녹이 제사장 전승을 따라 역시 완전히 의로운 자라는 것을 알 수 있다.

> 이 모든 일(이 일어나기) 전에, 에녹은 숨겨져 있었고, 사람들 가운데 아무도 그가 숨겨진 것과 그가 있는 장소를 알지 못했다. 그의 활동뿐 아니라 그의 거처는 파수꾼들과 거룩한 자와 함께하였다. 나 에녹은 전능하신 여호와, 우주의 왕을 경배하기 시작하였다(에녹서 12:1-3).

에녹은 거룩한 자와 함께 있으면서, 지극히 높으신 자를 축복하기에 하늘로 올림을 받았다. 성서의 전승을 따르면, 오직 완전한 자만이 하나님의 거룩한 산에 거할 수 있다. "여호와여 주의 장막에 유할 자 누구오며 주의 성산에 거할 자 누구오니이까. 정직하게 행하며 공의를 일삼으며 그 마음에 진실을 말하며."(시 15:1-2) 이 구절에서, 에녹은 완전히 의로운 사람이며 하늘에 올라갈 자격이 있다고 결론 내리기는 어렵지 않은 것이다.

의라는 용어는 에녹서 6-19장에 오직 두 번 나온다.

> 모든 의인들은 피할 것이요(에녹서 10:17).
> 모든 사람의 자녀들은 의롭게 될 것이요(에녹서 10:21).

이러한 표현들은 지극히 높으신 자의 심판의 일부이다. 의로운 자들은 타락한 죄인들과의 투쟁에 결코 참여하지 않고, 마지막 때에만 나타난다. 의로운 자들은 심판을 피할 것이며, 마지막 날에는 모든 사람들이 의롭게 될 것이라. 의는 또한 에녹의 그룹들에게 적용되었다. 에녹을 따라, 거룩하고 지극히 높으신 자는 의인들의 의로움을 선포하신다(에녹서 10:21). 에녹과 의인들은 에녹서 6–36장에서 구분되지 않는다.

에녹서 1:1–5:9에서, 의인의 이해는 변화된다. 에녹만이 의로운 것이 아니다(에녹서 1:2). 의는 에녹의 그룹에게 두 번 사용되었다(에녹서 1:8; 5:6). 서론은 새로운 용어인 선택된 자(ἐκλεκτός=בחירין)를 사용한다:[216)]

1:1 그는 의로운 선택된 자를 축복을 한다.
1:3 나는 선택된 자에 관하여 말한다.
1:8 그는 선택된 자를 보호하고, 친절함이 그들에게 부여된다.
5:7 그러나 선택된 자들에는 빛이 있다.
5:8 지혜는 선택된 자에게 주어질 것이다.

저자는 이 용어를 의인과 선택된 자를 구분하기 위하여 사용하고 있다. 에녹서 6–19장에서 에녹은 의인이지만, 에녹에 관한 기억이 사라진 후에 저자는 에녹과 후기 의로운 자들을 구분할 필요성을 느꼈다. 그러므로 선택된 자라는 용어를 사용하여 에녹의 위치는 이제 선택된 자의 지도자로 바뀐다. 의로운 자와 선택된 자는 지극히 높으신 자에 의하여 보호될 것이다. 에녹서 6–19장에서 에녹은 의로운 자들에게 속하고, 에녹서 1:3–5:9에서는 의로운 자들의 지도자에 속한다. 최종적으로 한 의로운 사람으로 시작한 에녹은 에녹서 1:1에서 의로운 자들의 지도자로서 의로운 자들을 축복하고 있다. 에녹서 1:1에서 의로운 자와 선택된 자의 조합은 창세기 6:9를 보는 듯하다.

에녹은 의로운 선택된 자를 축복하였다(에녹서 1:1).
노아는 완전히 의로운 자이다(창 6: 9).

---

216) 에녹서 1–5장 바깥에서, 선택된 자라는 용어는 한 번 나온다. "선택된 자들은 생명열매를 얻을 것이다."(에녹서 25:5) 내가 믿기로는 이 용어의 사용은 에녹서 6–19장의 편집 이후에 나타난 것이며, 최종 편집자의 영향을 드러낸다.

창세기의 저자가 "완전"이라는 용어를 가지고 "의로운"이라는 용어에 새로운 의미를 더한 것처럼, 에녹서의 저자는 선택된 자를 "의로운"이라는 용어를 사용하여 정의한다. 최종 편집본에서, 에녹은 의로운 선택된 자들의 지도자가 된다. 이 편집은 에녹이 훗날 백성들의 대표자가 되고, 인자 사상으로 발전되는 것을 준비하고 있다(시밀리튜드).

4) 최종 본문으로서의 에녹서

이 절은 공시적인 읽기를 통하여 에녹서의 최종 본문을 검토하면서, 후기 공동체에 영향을 준 에녹서의 본문 전승을 살펴보려고 한다. 에녹서의 최종 본문의 구조는 다음과 같이 정리될 수 있다.

Ⅰ. 서론: 계속되는 세대 가운데 의로운 선택된 자를 위한 에녹의 축복(1:1-2)
Ⅱ. 종말론적인 심판(1:3-5:9)
  1. 하나님의 현존
  2. 의인들의 보호
  3. 불의한 자들에 관한 심판
Ⅲ. 위기(6-11장)
  1. 세미카자 이야기: 땅의 더럽힘(강포와 부정)
  2. 아사셀 이야기: 죄의 기원(가치 없는 계시)
  3. 심판과 땅의 회복
Ⅳ. 해결(12-36장)
  1. 에녹의 승천 전승
  2. 에녹의 지혜 전승

에녹서는 여러 단계를 통하여 편집되었다. 그러나 최종 편집을 통하여 통전적인 통일성을 갖게 된다. 예를 들어, 에녹서 1:1-2는 최종 편집을 통하여 에녹서를 전체적으로 정의하고 있으므로, 이제 에녹서의 최종 본문에서 서론(1:1-2)의 기능을 설명할 수 있다. 에녹의 승천 전승(에녹서 6-16장)과 지혜 전승(에녹서 17-30장)은 위기를 해결하는 데 유용하기 때문에, 에녹서 6-36장은 실제로 에녹서 1-5장의 메시지를 정당화하기 위하여 주어졌다. 최종 본문에서, 이 전승들은 계속되는 세대에게는 적합하지 않다. 최종 편집본에서 이 계시들의 기능은 계속되는 세대를 향하여 전하는 메시지, 즉 의로운 자들의 보호와 아사셀 그룹에 대한 심판을 정당화하는 데 있다. 첫째, 에녹은 이미 의로운 선택된 자들과는 구별되는 존재가 되었다. 둘째로, 에녹은 의로운 선택된 자들의 대표자로서 그들을 축복하고 있다. 셋째로, 에녹서는 본문의 역사적인 정황이 이미 과거가 되어 버린 세대를 위하여 쓰였다. 저자는 계속되는 세대를 위하여 과거의 경험을 갱신할 필요성을 느꼈다. 넷째로, 에녹서는 에녹 그룹과 아사셀 그룹 사이의 갈등을 전제하고 있다. 에녹 그룹은 의로운 선택된 자(에녹서 1:1)라고 불리면서 에녹과 분리되었다. 에녹 그룹원들은 제사장 전승에 따라 의로운 존재들이며, 이 그룹의 의무는 강포와 부정 앞에서 거룩을 유지하는 것이다. 다섯째로, 에녹서에서의 종말론은 임박한 것이 아니다. 에녹의 그룹은 자신들과 아사셀 그룹 간의 갈등이 여전히 있는 이 세상에 살고 있다. 에녹의 그룹원들이 전제하는 것은 그들에게는 구원이, 아사셀 그룹에게는 심판이 임할 것이라는 것이다.

에녹서의 최종 본문은 신명기와 대비될 수 있다. 신명기의 절정은 모세가 최고의 권위를 가진 하나님의 계시인 율법을 받는 시내 산 사건이라고 볼 수 있다. 그러나 에녹서는 모세의 권위 아래 있는 말씀 전승과 모세의 권위를 계시의 유일한 근원이라고 인식하지 않고, 차라리 현존 전승에 초점을 맞춘다. 서론에서, 에녹은 모세와 대비되었다.

> 이것은 하나님의 사람 모세가 죽기 전에 이스라엘 백성들을 축복한 축복이다(신33:1).
> 이것은 의로운 선택된 자를 축복한 에녹의 축복이라(에녹서 1:1).

신명기는 모세의 고별 유언이며, 에녹서는 에녹의 고별 유언이다.[217] 모세는 이스라엘 사람들의 지도자로서 그들에게 말하고, 에녹은 선택된 자들의 지도자로서 그들에게 말한다. 이 두 유언들은 다음 표에서 대비된다.

표 20: 신명기와 에녹서의 비교

신명기	에녹1서
신 33:2 일렀으되 여호와께서 시내에서 오시고 세일산에서 일어나시고 바란산에서 비취시고 일만 성도 가운데서 강림하셨고 그 오른손에는 불같은 율법이 있도다.	1:3 우주의 하나님, 거룩하신 자가 그의 거처로부터 오시리라. 4 거기에서 그가 시내 산 위로 오시고 전능으로 하늘로부터 오사 그의 진에 나타나시리라. 모든 자들이 두려워하며, 보는 자들이 떨리라.
33:3 여호와께서 백성을 사랑하시나니 모든 성도가 그 수중에 있으며 주의 발아래에 앉아서 주의 말씀을 받는도다.	5:8 지혜는 선택된 자들에게 주어지리라. 그들은 모두 살며, 악해짐을 통해, 또는 교만을 통해 다시는 죄로 돌아가지 않으리라.
신 33:4 모세가 우리에게 율법을 명하였으니 곧 야곱의 총회의 기업이로다.	지혜를 얻은 자들은 겸손해지고, 다시는 죄를 짓지 않으리라.

두 본문들은 하나님이 시내 산에 계신다는 것에 동의한다. 신명기는 시내 산이 모세가 토라를 받은 장소라고 말한다. 신명기처럼, 에녹서는 하나님이 하늘에서 거기로 나타난다고 말한다. 이 신현존의 묘사는 인간의 경외감 인식(에녹서 1:5)과 자연의 반응(에녹서 2:1－5:3)을 첨가함으로써 더 생생해졌다. 하나님은 오직 중재를 통해서만 사람들과 접촉하므로, 모세와 에녹은 하나님의 계시를 받은 지도자였다. 에녹서에서, 에녹이 받은 지혜는 모세의 권위로부터 독립되어 있다. 마지막 때에 하나님이 백성들을 판단하는 원칙은 모세가 받은 계시에 기초하는 것이 아니라, 에녹의 승천을 통하여 사람들에게 주어진 지혜에 기초하여 있다. 에녹서에서 지혜는 모세가 받은 계시와 대비되어 있다. 지혜는 천상의 성전에서 에녹에게 주어진 반면에, 율법은 시내 산에서 모세에게 주어졌다. 신명기는 "이스라엘 백성" 또는 "야곱"이라

217) Hartman, *Asking for a Meaning,* 126.

는 말로 하나님의 백성을 표현하고, 에녹서는 "선택된 자" 또는 "의로운 자"라는 용어를 사용한다. 신명기는 모든 백성을 이스라엘 백성이라고 말함으로써 민족주의를 드러내고,[218] 에녹서는 이스라엘 백성들을 에녹 그룹과 아사셀 그룹으로 나눔으로 종파적인 경향을 드러낸다. 이와 아울러, 에녹서의 저자는 에녹 그룹을 아사셀 그룹과 대비시킨다. 에녹서 1-5장은 종말에 에녹 그룹의 안전을 강조한다. 전체적으로 에녹서의 목적은 적들을 향해 심판을 선언하는 것이며, 서론에 나타난 메시지의 합법성을 보여 주는 기능을 담당한다. 과거의 위기와 해결을 서술하면서, 에녹서 6-36장은 아사셀의 가치 없는 계시와 에녹이 승천과 우주여행을 통해 얻은 참된 계시를 대비하고 있다.

에녹서 6-36장에 있는 두 그룹들 사이에 이념의 구조는 다음과 같이 나타난다.

표 21: 에녹과 아사셀의 비교

영 웅	에 녹	아 사 셀
그 룹	의로운 자	타락한 제사장들(예루살렘 사독 제사장)
해석학적인 열쇠	승천 전승	말씀 전승과 모세의 권위
새 계시	새 계시인 지혜는 승천 전승을 통해 가능하다.	모세의 권위 아래 새 계시가 가능하다.

에녹과 아사셀은 주요 인물로서 대비될 뿐 아니라, 그들의 권위도 대비될 수 있다. 에녹과 아사셀은 두 그룹의 지도자들이다. 에녹의 계시를 주장하는 그룹은 의로운 자들이라고 불린다. 에녹의 정의에 따르면 그들의 상대는 타락한 천사들이다. 물론 타락한 천사들 당사자는 그들이 타락하였다고 생각하지 않는다. 각 그룹의 주장은 이념적이다. 예루살렘 제사장 그룹들은 타락한 천사로 여겨지는데 부정의 죄를 졌는지 강포의 죄를 졌는지 당사자들은 알지 못한다. 에녹의 그룹과 아사셀의 그룹이 이스라엘의 전승의 진정한 후계자라고 각자 주장한다면, 그들이 토라 자체를 공

218) 사실상, 신명기의 편집은 왕권이라는 제도에 대항하는 이념적인 경향을 보여 준다. 그러나 주전 2세기에 신명기에 나타나는 모세의 율법은 이미 민족적인 유산이 되어 버렸다.

격하지는 않을 것이다. 토라의 권위는 이미 이 시대에 안정되었다.

그들의 질문은 새 계시에 관한 것이다. 에녹서는 승천을 통하여 받은 지혜가 바로 새 계시라고 이해한다. 반면, 말씀 전승에 따르면 새 계시는 단지 모세의 권위 아래에서만 가능하다. 승천 전승과 말씀 전승의 차이는 해석학적인 열쇠이다. 에녹의 그룹은 토라의 권위를 부정하지는 않고, 단지 모세의 절대적인 권위 아래 있는 예루살렘 사독 제사장들의 해석을 받아들이지 않는 것이다. 왜냐하면, 이들은 제2성전 자체의 정통성을 부정하고, 예루살렘 사독 제사장의 자격을 의심하였기 때문이다. 승천 전승은 새 계시를 분별하는 데 있어서 모세의 절대적인 권위를 인정하지 않는다. 승천 전승을 통하여 하나님은 지혜를 모세보다 오래된 에녹에게 주었다. 승천 전승을 통하여 계속되는 계시가 모세의 권위에 독립되는 공동체의 지도자에게 주어진다고 이해한다. 계속되는 계시는 정경 토라와 구분되는 완전히 새로운 계시를 의미하는 것이 아니라, 정경 토라의 제사장 전승의 권위 아래 있는 새 계시이다.

3 다니엘서

다니엘서는 말씀 전승이 새로운 계시에 대한 도전을 어떻게 다루고 있는지를 보여준다. 정경 토라의 권위는 다니엘서가 편집된 시기에 이미 정착되어 있었다. 에녹서에 따르면 새로운 계시는 토라에 있는 제사장 전승의 권위 아래 있는 승천 전승을 통하여 가능하다. 다니엘서의 정책은 에녹서의 도전을 완전히 부정한 것이 아니라, 에녹서의 중요한 특징을 모세의 권위 아래 통합시킨다는 것이다.[219] 에녹서에

219) 말씀 전승이 어떻게 새로운 계시를 다루고 있는지를 살피는 것이 필요할 것이다. 말씀 전승은 모세의 율법에 순종하는 사람에게만 새로운 계시가 열려 있다고 주장함으로써 모세의 율법을 옹호하고, 나아가 승천 전승을 모세의 율법에 결합시켰다. 승천 전승에 사용된 이상이나 꿈은 하나님의 말씀과 동일시되었다. 나아가서, 하나님 말씀에 대한

대한 다니엘서의 반응은 여러 가정에 기초하고 있다. 첫째, 정경 토라의 권위는 재확인되었다. 새로운 계시를 평가하기 위한 권위 있는 원칙은 모세의 권위 아래 해석되어야 하는 정경 토라이다. 즉, 다니엘은 정경 토라를 모세오경과 동일시하고 있다. 둘째로, 이전의 말씀 전승을 발전시키면서, 다니엘서는 주전 2세기 또는 3세기경 주요 주제였던 새로운 계시를 받아들이고 있다. 그러나 다니엘서는 에녹서의 공격에 대하여 모세의 권위 아래 있는 말씀 전승을 방어하였다. 다니엘서는 말씀 전승 아래 있는 새로운 계시를 다루는 원칙을 세운다. 새로운 계시는 모세의 율법을 순종하는 사람들에게 주어지며, 새로운 계시는 모세의 권위 아래 있어야 한다. 이와 같이 새로운 계시에 관한 질문은 모세의 권위에 관한 질문으로 바꾸어 말할 수 있다. 에녹서는 새로운 계시가 모세의 권위를 넘어선다고 주장하는 반면에, 다니엘서는 새로운 계시가 모세의 권위와 관련이 있다고 주장한다. 에녹서에 있는 승천 전승은 토라 자체에 대한 공격이 아니라 모세의 절대적인 권위에 대한 도전이며, 다니엘서는 승천 전승보다 모세의 권위의 우월성을 강조한다. 다니엘서에서의 나의 관심은 이 긴장이 어떻게 다니엘서를 형성했는가 하는 것이다.

다니엘서에 관한 연구사에서 주요 이슈는 다음과 같다. 첫 번째 이슈는 이 책의 형성에 관한 것이다. 다니엘서의 형성에 관한 이론[220]에는 로울리(H. H. Rowley)와[221] 긴스버그(H. L. Ginsberg)[222]로 대표되는 단편가설(fragments-hypothesis)과 통일가

해석은 이상의 중요한 형태가 되었다. 이러한 작업은 모두 꿈과 이상을 모세의 권위 아래 둠으로써 승천 전승의 여러 요소들을 말씀 전승 아래 두려는 시도들이다.

220) 로울리의 통일 가설은 1950년대와 1960년대에 그리고 긴스버그의 단편가설은 1970년대에 지배적이었다. David, *The Composition,* 20.

221) 로울리는 다니엘 2-7장의 편집을 주전 3세기의 초기 저자에게 돌리려 하지 않는다. 그에 따르면, 마카비 시대의 저자는 이러한 이야기들을 작업하여, 동료들의 격려를 위해 아람어로 별도로 편집하였다. H. H. Rowley, "The Bilingual Problem of Daniel", *ZAW* 50(1932), 256-268. 로울리는 한 저자가 이 책을 네 단계로 썼다고 말한다. 1) 이야기의 아람어 편집(다니엘서 2-6장), 2) 아람어로 쓰인 종말론적인 이상(다니엘서 7장), 3) 히브리어로 쓰인 나머지 종말론적인 이상들(다니엘서 8-12장), 그리고 4) 히브리어로 쓰인 더 상세한 서론(다니엘서 1장). cf. Rowley, "The Composition of the Book of Daniel: Some Comments on Professor Ginsberg's Article", *VT* 5 / 3(1955), 272-276.

222) 로울리와는 달리, 긴스버그는 최종 편집자가 원래 독립적인 이야기와 묵시문학들을 편집하였다고 주장한다. 그에 따르면, 다니엘은 두 가지의 문서로 이루어졌다는 것이다.

설(unity－hypothesis)[223] 등의 두 가지 견해가 있다. 후기 학자들은 로울리[224] 또는 긴스버그[225]를 따르거나 두 견해를 조합하였다.[226] 두 번째 이슈는 다니엘서의 단락

첫째로, 다니엘 1－6장은 한 개의 일반적인 묶음이다(주전 292－261년 또는 304년). 둘째로, 최종 편집자인 다니엘서 9장의 저자는 다른 저자에 의하여 쓰인 네 층을 조합하였다. 다니엘서 7장(마카비 시대, 주전 175년과 167년 사이), 다니엘서 8장과 10－12장(주전 166－165년), 그리고 다니엘서 9장(최종 편집자). 이어서 최종 편집자는 다니엘서 7－12장을 1－6장에 연결함으로써 한 권의 전체 책을 만들었다. H. L. Ginsberg, "The Composition of the Book of Daniel", 246－275; *idem*, In "Re My Studies in Daniel", *JBL* 68(1949): 402－407.

223) 데이빗(Pablo S. David)은 다니엘서에 관한 연구사를 이렇게 정리한다. 단편가설은 다른 저자들로 돌릴 수 있는 원래 독립적인 단위의 편집물들을 받아들이고 있다. 통일가설은 다니엘서가 한 저자의 작품이라고 주장한다. 17th－19th세기경에, 다니엘서의 문학적인 통일설은 여러 학자들에 의하여 도전을 받기도 하고(B. Spinoza, I. Newton, J. G. Eichorn, L. Bertholdt, and G. Dalmann), 또한 J. D. Michaelis, De Wette, and F. Bleek 등에 의하여 옹호받기도 하였다. 20th세기에 들어서는 A. F. Von Gall이 통일가설을 주장하고, 그의 뒤를 C. H. Cornill, K. Marti, R. H. Charles, M. J. Lagrange, B. Duhm, 그리고H. Junker 등이 뒤따르고 있다. 나아가서, 단편가설(fragment hypothesis)은 층 가설(layer hypothesis)로 발전하였는데, 이는 다니엘서가 다른 층의 편집물로 이루어졌다는 것이다(H. Gunkel, E. Sellin, and G. Hölscher). Sellin과 Hölscher의 주장은 후기 학자들이 약간씩 수정하여 받아들였다(M. Noth, M. Haller, B. D. Baumgarter, B. D. Eerdman, 그리고 J. A. Montgomery). 다른 학자들은 통일가설을 새롭게 이해하였다(Rowley, R. H. Pfeiffer, O. Eissfeldt, G. Fohrer, A. Lenglet, 그리고 D. W. Gooding). 이러한 통일가설의 재출현은 층 가설의 재출현에 의하여 도전을 받았다(H. L. Ginsberg, M. Delcor, J. G. Gammie, J. J. Collins, Di Lella, 그리고 Lacocque). Pablo S. David, *The Composition and Structure of the Book of Daniel: A Synchronic and Diachronic Reading*(Katholieke Universteit Leuven Dissertation, 1992), 1－40.

224) 로울리의 이론은 렝글렛(A. Lenglet)이 이어받았는데 그의 작품은 구딩(Gooding) 에 의하여 발전되었다. 구딩은 평행 장들에 관한 관찰로부터 시작한다. "다니엘서 1장과 6장, 다니엘서 2장과 7장, 다니엘서 3장과 8장, 다니엘서 4장과 8장 그리고 다니엘서 5장과 10－12장. 다니엘서가 모든 구성요소들이 다른 문맥과 책 전체에 관하여 조심스럽게 쓰이고, 조심스럽게 자리를 잡아서 이 책은 그 메시지를 균형 있게 배치한 셈이 된 것이다. 이렇게 구조적으로 복잡한 것들의 통일성은 한 마음을 가진 사람의 작품이기 때문이다. 그렇기 때문에 두 사람 이상의 편집자들로부터 현재의 형태가 나왔다고 말하는 것은 가능성이 없다고 볼 수밖에 없다." D. W. Gooding, "The Literary Structure of the Book of Daniel and Its Implication", *The Tyndale Bulletin* 32(1981): 43－66.

225) 긴스버그는 다섯 개의 독립 모음의 독립성을 강조한다. 감미(Gammie)는 세 개의 다른 층을 밝히고 있다. 첫째, 2:4b－7:18(7:7b－8, 11a, 12는 제외; 221－204 B.C.E.), 둘째, 1:1－2:4a; 10장; 12:1－4(주전 104 / 3년, 198년), 그리고 셋째, 7:19－28; 8장, 9장, 그리

구분에 관한 것이다. 1) 다니엘서 1－6장은 다니엘을 환상을 해석하는 지혜자로 묘사하고, 다니엘서 7－12장은 다니엘을 하나님으로부터 직접 계시를 받는 사람으로 묘사한다. 2) 다니엘서는 히브리 부분(1:1－2:4a와 8:1－12:13)과 아람어 부분(2:4b－7:28) 등의 이중 언어로 이루어졌다. 그러므로 다니엘서 1:1－2:4a는 주제적으로는 다니엘서 2－7장과 관련되지만, 언어적으로는 8－12장과 관련되어 있다.[227] 다니엘 A는 원래 독립 아람어 부분인 다니엘서 2－7장으로 정의된다. 여러 학자들은 다니엘서 2－7장이 초기에 형성된 독립문헌이었는데, 후기 마카비 시대의 편집자에 의하여 재작업되었다고 주장한다.[228] 세 번째 이슈는 다니엘서 1－6장과 8－12장의

고 11장; 12:5－13; 7:7b－8, 11a, 12(안티오쿠스 Ⅳ세). J. G. Gammie, "The Classification, Stages of Growth, and Changing Intention in the Book of Daniel", *JBL* 95 / 2(1976): 191－204. 콜린스는 다음과 같은 편집의 단계를 강조하고 있다. 1) 다니엘서 1－6장의 모음은 마카비 시대 이전에 독립적으로 유포되었다. 2) 마카비 시대의 편집자가 다니엘서 1장을 히브리어로 번역하였다. 3) 이 마카비 시대의 편집자는 자신의 편집물을(다니엘서 7장과 8－12장) 다니엘서 1－6장에 연결하였다. J. J. Collins, *The Apocalyptic Vision of the Book of Daniel*, HSM 16(Missoula, Mont.: Scholars Press, 1977), *idem, Daniel with an Introduction to Apocalyptic Literature*(Grand Rapids: Eerdman, 1984), 27－32.

226) 라코쿠(A. Lacocque)는 두 가지 견해의 중간에 서 있다. 그는 다니엘서 1－6장이 마카비 시대 이전 층을 포함한다는 것을 받아들이고 있지만, 그 편집과 재 작업을 마카비 시대의 편집자에게 돌리고 있다. 나아가서, 그는 다니엘서 7－12장에 있는 네 개의 다른 층들의 저자들의 존재를 받아들이지 않는다. 각주 12를 참조하라.

227) 언어의 분리가 이야기나 이상의 부분과 일치하지도 않고, 익명(anonymity)에서 위명(pseudonymity)으로의 전이가 어느 한쪽과 일치하지도 않는다. H. H. Rowley, "The Unity of the Book of Daniel", in *The Servant of the Lord and Other Essays on the Old Testament*(London: Lutterworth, 1952), 250.

228) 다니엘 A와 관련하여 여러 가지 견해들이 있다. 다니엘서 1－6장, 다니엘서 1－7장, 다니엘서 2－6장, 그리고 다니엘서 2－7장. 많은 학자들은 다니엘서 1:1－2:4b가 아람어 원본으로부터 히브리어로 번역된 것으로 보고 있다. Ginsberg, *Studies in the Book of Daniel, 249; The Composition of the Book of Daniel,* 246－275. E. W. Heaton, *The Book of Daniel,* Torch Bible Commentary(London: SCM, 1956), 32－47; G. Fohrer, *Introduction to the Old Testament,* tr. David E. Green(Nashville: Abingdon, 1965), 478; Hartman and Di Lella, *The Book of Daniel*, 14－15; P. R. Davies, *Daniel*(Sheffield: JSOT Press, 1985), 35－38. 콜린스는 두 가지의 가능성을 모두 받아들이고 있다. 다니엘서 1장을 아람어 원본에서 히브리어로 번역했거나, 아람어 부분 둘레에 히브리어 부분을 위치시키도록 하였다는 것이다. Collins, *The Apocalyptic Vision*, 8－11; "Daniel",

연결부인 다니엘서 7장의 기능에 관한 것이다. 다니엘서 7장은 마카비 시대 이전에 만들어져서 마카비 시대에 재작업되었다.[229] 네 번째 이슈는 다니엘서 8－12장 가운데 다니엘서 9장의 기능에 관한 것이며, 다섯 번째 이슈는 다니엘서 1－6장과 8－12장의 관계에 관한 것이다. 최종 마카비 편집자가 다니엘서 2－6장을 자신의 신학에 따라 재작업한 것으로 보인다.[230]

다니엘서는 다음과 같이 통시적인 방법과 공시적인 방법으로 비교할 수 있다.

ABD 2: 31. 아람어 부분을 페르시아 시대로 돌리고, 히브리어 부분을 마카비 시대에 돌림으로, 비크(M. A. Beek)는 옛 아람어 모음은(단 2:4b－7:28) 마카비 시대의 저자에 의하여 자기 고유의 히브리 부분으로(다니엘 1－2:4a; 8－12) 조합되었다고 주장한다. M. A. Beek, Das *Danielbuch*(Leiden, 1935), 91. 섀더(H. H. Schaeder)는 다니엘서와 에스라서에 나오는 아람어를 두 책을 페르시아 시대로 소급할 수 있는 증거로 보고 있다. *Iranische Beitrge* I, SKG 6(1930), 199－296. 아람어 본문이 히브리어 본문보다 오래되었다는 주장은 렌토르프를 포함한 여러 학자들에 의하여 옹호되었다. “내 견해로는 가장 적절한 가정은 전체 책의 저자는 이미 아람어로 쓰인 이 책의 다소 중요한 부분을 가지고 있었다는 것이다. 그리고 이것들이 이런 형태로 그의 작품에 포함되었으며, 그리하여 동시에 아람어 문맥을 가지게 되었다는 것이다.” Rendtorff, *Old Testament*, 274. 다른 문학비평적인 방법으로, 감미는 다니엘서 2:4b－7:28(7:7b, 11a 그리고 12절 제외)이 다니엘서의 발전의 첫 단계에 속한다는 것을 보여 주었다. Gammie, 196－202.

229) 우데(Van Der Woude)와 헬셔(G. Hölscher)는 유사한 견해를 가지고 있다. 우데는 다니엘서 7장의 마카비 시대 이전의 층이 마카비 시대의 편집자에 의하여 다니엘서 2－6장에 포함되었다고 보는 반면에, 헬셔는 마카비 시대 이전에 이미 2－6장에 포함되었다고 주장한다. A. S. van der Woude, “Erwägungen zur Doppelsprachigkeit des Buches Daniel”, in H. L. J. Vanstiphout et al. eds. *Scripta Signa Vocis: Studies about Scripts, Scriptures*(Groningen: Forsten, 1986), 305－316.

230) 라코쿠에 따르면, 마카비 시대의 저자가 다른 단계에 있는 다니엘서 7－12장을 쓰고 후에 재편집하였다. 더욱이 마카비 시대의 저자는 다니엘서 7－12장에 있는 신학에 따라 다니엘서 1－6장을 편집하였다. “주전 2세기 전반부 동안, 다니엘서를 쓴 진짜 저자가 다니엘에 관하여 떠도는 이야기를 사용하였다. 그의 의도는 안티오쿠스 4세의 박해와 헬레니즘 개혁에 직면하여 경건한 자의 영적인 저항을 독려하는 것이었다. 그는 떠도는 다니엘에 관한 이야기를 사용한 대중적인 이야기를 받아서, 자신의 목적에 따라 변형시켰다. 이것이 다니엘서 1－6장 또는 다니엘서 A이다. 다니엘서 7－12장, 또는 다니엘 B는 같은 저자의 더 원래 작품이라고 볼 수 있다. 이것들의 문학적인 장르는 묵시문학이고, 메시지는 주전 167－164년경의 순교자들을 위하여 손질되었다.” Lacocque, *Daniel in His Time*, 75.

표 22: 다니엘서의 통시적인 읽기와 공시적인 읽기

통시적 읽기	전승 1 궁중 이야기(다니엘서 3-6장) 전승 2 네 왕국(다니엘서 2장) 전승 3 네 번째 동물과 인자(다니엘서 7장) 전승 4 네 번째 동물과 거룩한 자의 성도(다니엘서 7장) 전승 5 묵시문학(다니엘서 8, 10-12장) 전승 6 말씀 전승(다니엘서 9장) 전승 7 최종 편집(다니엘서 1장 12:5-13)
공시적 읽기	전승 7 A 서론(다니엘서 1장) 전승 2, 1, 3 다니엘서 A(다니엘서 2-7장) 전승 4, 5, 6 다니엘서 B(다니엘서 7-12장) 전승 7 B 결론(다니엘서 12:5-13)

나는 통시적인 읽기를 통하여 어떻게 공동체가 본문을 형성했는지를 살필 것이다. 다음으로, 공시적인 읽기를 통하여 어떻게 본문의 권위 있는 전승이 후기 공동체에 영향을 주었는지를 살필 것이다. 이와 같이 나는 통시적인 읽기와 공시적인 읽기를 통하여 공동체와 본문 간의 대화를 보여 줄 것이다.

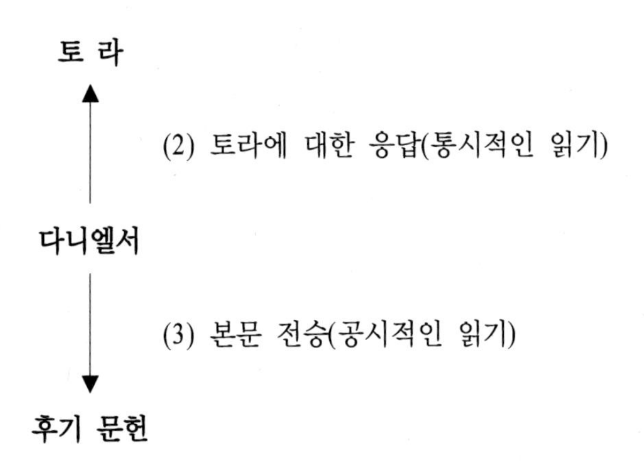

1) 다니엘서 2장과 다니엘서 3-6장[231]

렝글렛(A. Lenglet)은 다니엘서 2-7장에서 의도적인 대칭과 대조가 담긴 동심원적인 구조가 있다는 것을 보여줌으로써, 이 안에 언어적인 통일성과 주제적인 통일성이 있음을 보여 주고 있다. 다니엘서 2장과 7장, 다니엘서 3장과 6장 그리고 다니엘서 4장과 5장은 평행을 이루고 있다. 다니엘서 2장과 7장은 네 왕국 구조를 가지고 있고, 다니엘서 3장과 6장은 믿음의 시험 이야기이며, 다니엘서 4장과 5장은 왕들에 대한 비판을 담고 있다.[232] 다니엘서 3-6장은 다니엘서 2-7장과는 독립적으로 떠돌았던 것으로 보인다. 다니엘서 2장은 복잡한 편집 과정을 거쳤다.

(1) 믿음의 시험: 다니엘서 3장과 6장

다니엘서 3장과 6장은 동부 유대 디아스포라들이 어떻게 포로생활을 견뎠는지를 다루고 있다. 설화의 장르는 순교 이야기[233] 또는 궁중 대결 이야기로 여겨진다.[234]

---

231) 다음의 작품들은 이 연구를 위한 자료들이다. Collins, "The Court-Tales in Daniel and the Development of Jewish Apocalyptic", 218-234; W. L. Humphreys, "A Life-Style for the Diaspora: A Study of the Tales of Esther and Daniel", *JBL* 92(1973): 211-23; Roger Alan Hall, *Post-Exilic Theological Streams and the Book of Daniel*(Yale University Dissertation. 1974), Wills, *The Jew in the Court of the Foreign King*.

232) A. Lenglet, "La Structure Litteraire de Daniel 2-7", *Bib* 53/2(1972), 169-190; David, 62-72에서 인용함. 라코쿠도 다니엘서 2-7장의 이러한 구조를 확증하고 있다. *Daniel in His Time*, 8-12.

233) W. Baumgartner, *Das Buch Daniel*(Giessen: Töpelmann, 1926), 7; Fohrer, *Introduction to the Old Testament*, 474. 포어러(Fohrer)는 다니엘서 1-6장을 궁중 이야기와 순교 전설의 조합으로 보고 있다.

234) Ginsberg, *Studies in Daniel*, 27; A. Jeffery, *The Book of Daniel*, IB 6(Nashville: Abingdon, 1956), 359-360. 험프리스(Humphreys)는 궁중 갈등(다니엘서 6장)과 궁중 대결(다니엘서 4장과 5장)을 구분하고 있다, 211-223. 궁중 갈등의 이야기는 일상적인 구조를 가지고 있다. 1) 영웅들은 성공하고 있다. 2) 그들은 자주 음모에 의하여 위협을 느끼고 있다. 3) 그들은 죽음이나 옥에 갇힐 운명이다. 4) 그들의 지혜가 인정될 때, 그들은 놓임을 받거나 신분이 상승된다. Collins, "The Court Tales", 224-225.

다니엘서 3장은 포로기를 사는 여러 유대인들에 관한 이야기로서 최종 편집자들은 세 친구들의 이야기와 다니엘을 연결시켰다. 두 이야기들은 모두 유대인들의 신앙의 일반적인 원칙을 보여 준다. 여호와는 주님이시며, 왕은 여호와로부터 진정한 계시를 받는 대표자이고, 유대인들은 율법을 준행하여야 한다. 유대인들은 포로 기간 동안 이방의 왕들의 통치를 당연한 것으로 받아들였고,[235] 이방 권세에 대하여 긍정적인 견해를 가지고 있었다.[236] 그러나 이것도 왕이 여호와의 권위 아래 있을 경우에만 해당한다. 왕들이 여호와의 권위를 인정하지 않을 때 위기가 발생한다. 다니엘서 3장과 6장은 유대인들이 이러한 위기를 어떻게 극복했는지를 보여 주고 있다.

---

235) "이러한 네 가지 예외(마카비 혁명, 로마에 대항한 유대인들 또는 이스라엘 사람들의 두 번에 걸친 주요 반란들; 이집트, 구레네, 그리고 사이프러스 지역의 유대인들이 주전 115－117년에 로마에 대항한 반란들)에도 불구하고, 이스라엘 땅과 디아스포라들의 유대인들에 관한 기본적인 정치적인 입장은 반란이 아니라 적응이었다. 유대인들은 하나님께서 그들을 구속하기에 적당하다고 보실 때까지 국가를 옹호하여야 한다." Shaye J. D. Cohen, *From the Maccabees to the Mishnah*(Philadelphia: The Westminster Press, 1989), 34. 그들은 이 포로가 유대인들의 죄의 결과이며, 그들의 운명은 포로생활을 견뎌야 한다는 것을 받아들이고 있다. 포로민들을 향한 예레미야의 메시지는 바벨론에 의한 예루살렘의 멸망을 정당화한다(렘 25:8－9), 느부갓네살은 "나의 종"이요, 하나님의 뜻의 대행인이라고 불렸으며, 예루살렘을 파괴하도록 보냄을 받았다(렘 27:6－8, 11). 이 메시지는 이미 예루살렘의 멸망을 경험하고, 이제는 바벨론 왕들을 섬기는 한 포로민들 가운데서 발전되어 갔다(렘 29:4－7). 이 구절 가운데 어느 정도가 예레미야로부터 왔으며, 어느 정도가 후기 제자들로부터 왔는지 명백하지 않다. 그러나 이방 제국의 통치에 관한 신학이 후기 유대인들의 개념에 영향을 준 것만은 확실하다. 다니엘서 3장과 6장은 하나님이 이스라엘의 이방인들에 의한 지배를 허용한다는 이러한 믿음을 반영한다.

236) 많은 학자들은 이것에 동의하고 있다. N. W. Porteous, *Daniel: A Commentary*(Philadelphia: Westminster Press, 1965), 19－20, 29; J. A. Montgomery, *Daniel,* ICC(Edinburgh: T. & T. Clark, 1927), 88－90. Fohrer, 474－75; von Rad, *Old Testament Theology* II, 309－310.

표 23: 다니엘서 3장과 6장의 구조

다니엘서 3장	다니엘서 6장
A. 유대인을 향한 잠재적인 위험(1-7절) B. 유대인들을 향한 공격과 응답(8-18 절) C. 형벌의 집행(19-23절) D. 구원의 이적(24-27절) E. 왕의 여호와 찬양(28-29절) F. 성공적인 유대인들의 지위 향상(30절)	A. 다니엘을 향한 잠재적인 위험(1-9절) B. 다니엘에 대한 공격과 다니엘의 응답(10-15절) C. 형벌의 집행(16-18절) D. 기적적인 구원과 보응(19-24절) E. 왕의 여호와 찬양(25-27절) F. 성공적인 다니엘의 지위 향상(28절)

이 설화들은 정상적인 삶보다는 이방인들이 유대인들을 질시하고 왕들이 여호와의 권위를 거부했을 경우의 위기에 대하여 다루고 있다.[237)]

> 그때에 어떤 갈대아 사람들이 나아와 유다 사람들을 참소하니라(단 3:8).

> 그들이 이르되 이 다니엘은 그 하나님의 율법에서 근거를 찾지 못하면 그를 고발할 수 없으리라 하고(단 6:5).

유대인들이 박해를 받는 이유는 유일한 한 하나님에 대한 신앙 때문이다. 이 설화들은 유대인들이 이 박해 가운데에서도 승리는 오직 여호와에 대한 절대적인 신앙에서 온다는 것을 강조하고 있다. 율법에 대한 순종이 그들이 박해받은 원인이면서 동시에 승리의 원인이 되는 것이다. 다니엘서 3장은 제2계명에 대한 순종에 기초하고 있다(출 20:4-5; 신 5:8-9).[238)] 다니엘서 6장에서 다니엘은 율법에 따라 기도했기 때문에 참소를 받았다(단 6:13). 다니엘서 3장과 6장의 목표는 이와 같이 이방인의 땅에서 살아남기 위해서는 율법에 순종해야 함을 강조하는 것이다. 이는 전체적인 민족 자체보다는 율법에 대한 개인적인 신앙에 관심이 있는 것이다.

---

237) 다르게 표시되지 않으면, 성서 번역은 개역개정판 성경으로부터 온 것이다.
238) 너를 위하여 새긴 우상을 만들지 말고 또 위로 하늘에 있는 것이나 아래로 땅에 있는 것이나 땅 아래 물속에 있는 것의 아무 형상이든지 만들지 말며 그것들에게 절하지 말며 그것들을 섬기지 말라(출 20:4-5).

다니엘서 3장은 다니엘이 겪는 위기를 다루고, 6장에서의 관심은 이제 세 사람의 유대인들로부터 다니엘로 바뀐다. 다니엘서에서의 위기는 우상에게 예배하지 않으려고 하는 유대인들에 대한 참소에 의하여 이루어진다. 이 설화는 이 신실함에 대한 보상이 반드시 이 세상에 있는 것을 보증하지는 않는다는 것을 말한다.

> 왕이여 우리가 섬기는 하나님이 계시다면 우리를 맹렬히 타는 풀무 불 가운데에서 능히 건져내시겠고 왕의 손에서도 건져내시리이다. 그렇게 하지 아니하실지라도 왕이여 우리가 왕의 신들을 섬기지도 아니하고 왕이 세우신 금 신상에게 절하지도 아니할 줄을 아옵소서(단 3:17－18).

다니엘서 6장은 다니엘서의 주제를 발전시킨다. 다니엘은 율법 때문에 참소되었다(단 6:5). 세 번의 기도는 율법과 관련된 경건이었다.

> 이에 총리들과 고관들이 국사에 대하여 다니엘을 고발할 근거를 찾고자 하였으나 아무 근거, 아무 허물도 찾지 못하였으니 이는 그가 충성되어 아무 그릇됨도 없고 아무 허물도 없음이었더라(단 6:4).

> 나의 하나님이 이미 그의 천사를 보내어 사자들의 입을 봉하셨으므로 사자들이 나를 상해하지 못하였사오니 이는 나의 무죄함이 그 앞에 명백함이오며 또 왕이여 나는 왕에게도 해를 끼치지 아니하였나이다 하니라(단 6:22).

나아가서, 다니엘의 무죄 증명은 다니엘의 생존으로 끝나는 것이 아니라, 그의 적들에 대한 신원으로 이어진다(단 6:24). 최종 결과는 다니엘의 승진이다. 다니엘은 포로 시대에 이방 문화에 살면서 율법에 순종하면서 살 수 있었던 유대인들의 한 예이다.

(2) 왕들의 시험: 다니엘서 4장과 다니엘서 5장

다니엘서 4장과 5장은 다니엘서 3장과 6장과는 다른 이슈를 발전시킨다. 다니엘서 4장과 5장은 유대인들이나 다니엘을 비난하지도 않고, 율법에 대한 개인의 신실함을 강조하지도 않는다. 초점은 유대인들로부터 왕으로 바뀐다. 다니엘의 이미지는 율법에 신실한 자로부터 꿈을 해석하는 자로 바뀐다. 전체적으로, 다니엘서 4-5장은 신명기 신학에 있는 예언-성취에 기초하여 왕의 시험을 다루고 있다.

다니엘서 4장에, 다니엘은 마치 신명기 역사 문헌에 나타나는 예언자처럼 예언하며, 회개를 요구한다. 이 예언은 곧 성취되었다.[239]

표 24: 다니엘서 4장에 있는 예언과 성취

예 언(단4:25)	성 취(단4:33)
왕이 사람에게서 쫓겨나서 소처럼 풀을 먹으며 하늘 이슬에 젖을 것이요	내가 사람에게 쫓겨나서 소처럼 풀을 먹으며 몸이 하늘 이슬에 젖고

이러한 예언-성취 구조에는 회개에 대한 요구를 동반한다. "그런즉 왕이여 내가 아뢰는 것을 받으시고 공의를 행함으로써 죄를 사하고 가난한 자를 긍휼히 여김으로 죄악을 사하소서. 그리하시면 왕의 평안함이 혹시 장구하리이다 하니라."(단 4:27) 다니엘서 4장에 따르면, 느부갓네살은 교만했지만, 연단을 받은 후에 회복되었다.

다니엘서 4장과는 달리, 다니엘서 5장은 율법에 순종하는 데 실패한다. 다니엘서 5장에 나타난 해석은 회개할 기회가 없는 자에 대한 심판이다.

---

239) 예언과 성취는 이전 예언자들에게 있어서 지배적이다. "전달된 말씀과 역사적인 성취 사이의 일치는 신명기 신학의 특징인데, 그가 그의 작품에 포함했던 많은 예언서 안에서 더 놀랍게 된다. ……신명기 신학자는 전달된 예언자적인 예측과 그것들의 상응하는 성취라는 전체적인 구조에 의하여 역사적인 사건의 과정 안에 내적인 리듬과 신학적인 증명을 제공하였다." Ibid., 340.

벨사살이여 왕은 그의 아들이 되어서 이것을 다 알고도 아직도 마음을 낮추지 아니하고 도리어 자신을 하늘의 주재보다 높이며 그의 성전 그릇을 왕 앞으로 가져다가 왕과 귀족들과 왕후들과 후궁들이 다 그것으로 술을 마시고 왕이 또 보지도 듣지도 알지도 못하는 금, 은, 구리, 쇠와 나무, 돌로 만든 신상들을 찬양하고 도리어 왕의 호흡을 주장하시고 왕의 모든 길을 작정하시는 하나님께는 영광을 돌리지 아니한지라 이러므로 그의 앞에서 이 손가락이 나와서 이 글을 기록하였나이다. 기록된 글자는 이것이니 곧 메네 메네 데겔 우바르신이라 그 글을 해석하건대 메네는 하나님이 이미 왕의 나라의 시대를 세어서 그것을 끝나게 하셨다 함이요 데겔은 왕을 저울에 달아 보니 부족함이 보였다 함이요 베레스는 왕의 나라가 나뉘어서 메대와 바사 사람에게 준 바 되었다 함이니이다 하니(단 5:22－28).

벨사살의 교만은 바벨론에 대한 이사야의 신탁에 나타난 계명성과 비견된다.

너 아침의 아들 계명성이여 어찌 그리 하늘에서 떨어졌으며 너 열국을 엎은 자여 어찌 그리 땅에 찍혔는고. 네가 네 마음에 이르기를 내가 하늘에 올라 하나님의 뭇별 위에 내 자리를 높이리라. 내가 북극 집회의 산 위에 앉으리라. 가장 높은 구름에 올라가 지극히 높은 이와 같아지리라 하는도다(사 14:12－14).

가령 바벨론이 하늘까지 솟아오른다 하자. 높은 곳에 있는 피난처를 요새로 삼더라도 멸망시킬 자가 내게로부터 그들에게 임하리라 여호와의 말씀이니라(렘 51:53).

벨사살의 죄는 하나님에 대한 공격이기 때문에 용서받을 수 없다. 미래 세대를 위한 교훈으로서, 다니엘서 4장과 5장은 두 왕들의 행동과 결과를 대조하고 있다. 느부갓네살은 회개하고 왕조로 복귀되었지만, 벨사살은 용서받을 수 없는 죄를 지었다. 이러한 대조는 신명기 역사에서 문학기법으로 빈번하게 사용되었다.[240]

---

240) 신명기서에서 왕에 대한 비판은 신명기 17장에서 보는 바와 같이 신랄하다. 우리는 두 종류의 왕들을 볼 수 있다. 솔로몬과 여로보암은 신명기 신학의 관점에서 보면 실패자로 여겨진다. 솔로몬은 우상을 허용했고, 여로보암은 북쪽에 우상 숭배를 주도한 왕이다. 다윗과 요시야는 성공적인 왕들이다. 다윗은 이상적으로 율법에 순종하였고, 요시야는 신명기서를 따라 우상숭배를 개혁하였다.

다니엘서 4장과 5장의 어떤 부분들은 하나님의 말씀이 오직 예언자로부터 왔다는 신명기 신학이 인정하지 않는 부분이다.[241]

> 너는 네 하나님 여호와 앞에서 완전하라. 네가 쫓아낼 이 민족들은 길흉을 말하는 자나 점쟁이의 말을 듣거니와 네게는 네 하나님 여호와께서 이런 일을 용납하지 아니하시느니라. ……여호와께서 내게 이르시되 그들의 말이 옳도다. 내가 그들의 형제 중에서 너와 같은 선지자 하나를 그들을 위하여 일으키고 내 말을 그 입에 두리니 내가 그에게 명령하는 것을 그가 무리에게 다 말하리라(신 18:13－18).

이 구절에서 복술자의 말은 정죄되었고, 예언자들이 이 기능을 대신한다.[242] 다니엘서 4장과 5장 뒤에는 계시받는 자인 왕과 해석자 다니엘의 개념에 관한 초기 전승이 담겨 있다. 이 전승은 메소포타미아에서 온 맨티시즘(manticism)을 반영하고,[243] 신명기 역사 안에 삽입되어 있다. 요셉 이야기도 역시 이상을 해석하는 신앙 영웅의 모델을 사용한다.[244]

(3) 다니엘서 2장

다니엘서 2장은 다니엘서 3－6장과 관계가 있다. 다니엘서 2장은 다니엘서 3장과

---

241) VanderKam, *Enoch and the Growth of an Apocalyptic Tradition,* 72.

242) "이러한 가증스러움의 예들은 그 땅에서 존재하도록 허락되지 않은 다양한 중보자들을 서술하는 일련의 표현들의 형태로 주어진다. ……신명기는 축출된 중보자들 대신 하나님이 주기적으로 모세 같은 예언자, 즉 그 행동과 기능이 모세와 같은 예언자를 세울 것을 약속한다. 사람들은 다른 종류의 중보자보다는 모세 같은 예언자의 말을 들어야 한다." Wilson, *Prophecy and Society,* 16－162.

243) P. R. Davies, "Social World of Apocalyptic Writings", 251－271.

244) 홀(Hall)은 다니엘과 요셉 이야기 사이의 유사성을 제안한다. 왕에게 나타난 꿈을 해석해 줌(창 41:1, 5, 15와 단 2:1; 4:2), 왕의 술사들이 실패한 후에 해석을 제공함(창 41:8와 단 2:10; 4:4; 5:8), 그의 꿈이 하나님으로부터 옴을 왕에게 알림(창 41:25와 단 2:29; 4:21), 모든 땅의 지도자가 됨으로 보상받음(창 41:41와 단 2:48; 5:29), 그리고 귀한 옷과 금목걸이를 부여받음(창 41:42와 단 5:29, 2:48). Hall, 144－145.

6장의 주제를 믿음의 시험으로 발전시킨다. 다니엘서 4장과 5장처럼, 다니엘서 2장은 계시받는 왕과 해석자 다니엘이라는 패러다임을 사용한다. 다니엘서 2장은 초기 전승과 후기 첨가로 이루어져 있다.

표 25: 다니엘서 2장에 나타난 초기 전승과 후기 전승

초기 전승	후기 전승
a. 갈대아 술사들의 위기(2:1–12)	
	b. 지혜의 추구(13–23)
c. 왕 앞에서(24–30) d. 네 왕국에 관한 꿈(31–35)	
	e. 해석(36–45)
f. 느부갓네살 왕의 찬양(46–47) g. 다니엘의 승진(48)	
	h. 다니엘의 친구들의 승진(49)

다니엘서 2장의 초기 전승에서, 대결은 꿈에 대한 정확한 해석이 아니라 꿈 자체를 먼저 밝힌 후에 그 해석을 밝히는 것이다. 이러한 시험은 다니엘과 술사들과의 대결이며 동시에 여호와와 바벨론 신들과의 싸움이다. 술사들, 다니엘과 왕은 그들의 해석을 통하여 여호와의 우월성을 보여 준다.

> 왕께서 물으신 것은 어려운 일이라 육체와 함께 살지 아니하는 신들 외에는 왕 앞에 그것을 보일 자가 없나이다 한지라(단 2:11).

> 다니엘이 왕 앞에 대답하여 이르되 왕이 물으신 바 은밀한 것은 지혜자나 술객이나 박수나 점쟁이가 능히 왕께 보일 수 없으되 오직 은밀한 것을 나타내실 이는 하늘에 계신 하나님이시라 그가 느부갓네살 왕에게 후일에 될 일을 알게 하셨나이다. 왕의 꿈 곧 왕이 침상에서 머릿속으로 받은 환상은 이러하니이다(단 2:27–28).

> 왕이 대답하여 다니엘에게 이르되 너희 하나님은 참으로 모든 신들의 신이시요 모

든 왕의 주재시로다. 네가 능히 이 은밀한 것을 나타내었으니 네 하나님은 또 은밀한 것을 나타내시는 이시로다(단 2:47).

다니엘서 2:11에서 술사들은 신들 이외에는 이상들을 해석할 자가 없다고 말한다. 다니엘서 2:27-28에서 다니엘은 오직 하나님만이 은밀한 것을 나타낼 수 있다고 말했다. 마지막으로 다니엘서 2:47에서, 느부갓네살 왕은 여호와만이 은밀한 것을 나타낸다고 고백한다. 전체적으로, 이 장은 지혜가 하나님으로부터 온다고 말하면서 하나님을 은밀한 것의 계시자라고 강조하고 있다.[245] 다니엘서는 두 가지 주장을 하고 있다. 1) 지혜는 여호와로부터 온다. 2) 지혜는 율법에 신실한 자들에게 온다.

다니엘서 2장의 후기 첨가는 다음 장의 이야기들을 준비하고 있다. 다니엘서 2:13-23은 후기 첨가로 여겨진다.[246] 이 첨가들은 지혜가 하나님으로부터 옴을 강조하여, 초기 전승의 주제를 강조하고 있다. 이러한 후기 전승 층들이 후기 편집자들로부터 왔다는 것을 인정한다면, 마지막 절(단 2:49)은 독자들로 하여금 다니엘의 세 친구들에 대한 이야기를 준비하게 하는 도구가 된다. 2장에서 꿈과 해석이 명백히 일치하지 않는다. 해석은 꿈에 대한 해석이 아니라, 꿈에 나타난 네 왕국 사상에 대한 발전일 뿐이다. 다음에서 보다시피 다니엘서 2장의 해석(단 2:34-45)은 꿈(2:31-33)과 완전히 일치되지 않는다.

245) 콜린스는 왕이 자신의 꿈의 내용에 관심이 없음을 주목하고 있다. Collins, “The Court-Tales”, 220.

246) 다니엘은 왕에게 이미 소개되었으나(2:16), 왕은 유대인 포로에 관하여 듣지 못하고 있었다(2:25).

표 26: 다니엘서 2장에서 꿈과 해석

꿈	해 석
	36 그 꿈이 이러한즉 내가 이제 그 해석을 왕 앞에 아뢰리이다.
31 왕이여 왕이 한 큰 신상을 보셨나이다. 그 신상이 왕의 앞에 섰는데 크고 광채가 매우 찬란하며 그 모양이 심히 두려우니	
32 그 우상의 머리는 순금이요	37 왕이여 왕은 여러 왕들 중의 왕이시라 하늘의 하나님이 나라와 권세와 능력과 영광을 왕에게 주셨고 38 사람들과 들짐승과 공중의 새들, 어느 곳에 있는 것을 막론하고 그것들을 왕의 손에 넘기사 다 다스리게 하셨으니 왕은 곧 그 금 머리니이다.
가슴과 두 팔은 은이요	39 왕을 뒤이어 왕보다 못한 다른 나라가 일어날 것이요
배와 넓적다리는 놋이요	셋째로 또 놋 같은 나라가 일어나서 온 세계를 다스릴 것이며
33 그 종아리는 쇠요	40 넷째 나라는 강하기가 쇠 같으리니 쇠는 모든 물건을 부서뜨리고 이기는 것이라 쇠가 모든 것을 부수는 것같이 그 나라가 뭇 나라를 부서뜨리고 찧을 것이며
그 발은 얼마는 쇠요 얼마는 진흙이었나이다.	41 왕께서 그 발과 발가락이 얼마는 토기장이의 진흙이요 얼마는 쇠인 것을 보셨은즉 그 나라가 나누일 것이며 왕께서 쇠와 진흙이 섞인 것을 보셨은즉 그 나라가 쇠 같은 든든함이 있을 것이나 42 그 발가락이 얼마는 쇠요 얼마는 진흙인즉 그 나라가 얼마는 든든하고 얼마는 부서질 만할 것이며 43 왕께서 쇠와 진흙이 섞인 것을 보셨은즉 그들이 다른 민족과 서로 섞일 것이나 그들이 피차에 합하지 아니함이 쇠와 진흙이 합하지 않음과 같으리이다.

꿈	해 석
	44 이 여러 왕들의 시대에 하늘의 하나님이 한 나라를 세우시리니 이것은 영원히 망하지도 아니할 것이요 그 국권이 다른 백성에게로 돌아가지도 아니할 것이요 도리어 이 모든 나라를 쳐서 멸망시키고 영원히 설 것이라
34 또 왕이 보신즉 손대지 아니한 돌이 나와서 신상의 쇠와 진흙의 발을 쳐서 부서뜨리매 35 그때에 쇠와 진흙과 놋과 은과 금이 다 부서져 여름 타작마당의 겨같이 되어 바람에 불려 간 곳이 없었고 우상을 친 돌은 태산을 이루어 온 세계에 가득하였나이다.	45 손대지 아니한 돌이 산에서 나와서 쇠와 놋과 진흙과 은과 금을 부서뜨린 것을 왕께서 보신 것은
	크신 하나님이 장래 일을 왕께 알게 하신 것이라 이 꿈은 참되고 이 해석은 확실하니이다 하니.

데이비스는 다음과 같이 꿈과 해석의 불일치를 언급하고 있다. 1) 해석에 나타나는 발가락과 영원한 왕국에 대한 설명(2:41－43)이 꿈에는 나타나지 않는다. 2) 꿈에서 돌이 산이 되지만(단 2:35), 해석에서 돌은 산에서 나타난다(2:45). 3) 꿈에서 네 금속은 점차적인 열등의 순서로 배열되어 있는데, 해석에서는 이들이 연속적인 세상 왕국을 나타낸다. 4) 꿈에서 네 금속 상은 동시에 멸망되는 반면에, 해석에서 왕국들은 연속적으로 파괴되었다.[247] 이러한 불연속성을 생각한다면, 이 해석은 네 왕국의 실체가 밝혀진 후에 쓰였음이 틀림없다. 데이비스는 이 꿈의 원래 정황을 찾으려고 시도했다. 그에 의하면, 네 왕들은 느부갓네살과 그의 열등한 세 왕인 아멜－마르둑, 네리글리살 그리고 나보니두스라고 주장한다. 나아가서, 마지막 왕인 나보니두스는 벨사살에게 왕국을 맡기고 데이마로 돌아감으로 이루어진 철과 흙이라는 두 요소로 이루어진 다리를 나타낸다. 그렇다면 이 꿈은 나보니두스의 시대보다 이를 수 없었을 것이다. 꿈은 바벨론 통치 후에 영원한 왕국에 대한 유대인들의

247) P. R. Davies, “Daniel Chapter Two”, *JTS* 27(1976): 397.

소망을 포함하고 있는 것이다. 꿈은 바벨론 왕국의 말기에 쓰여서, 네 왕국의 실체가 판명된 때에 재해석 되었다.[248]

2) 다니엘서 7장

학자들은 다니엘서 7장이 안티오쿠스 4세 시대를 반영하면서 천상의 왕국에 대한 소망을 간직하고 있다고 말한다.[249] 다니엘서 7장의 편집에 관해서는 노트와[250] 긴스버그로[251] 대표되는 두 가지 가설이 있다. 알렉산더 대왕 때의 편집 이외에는 둘 다 다니엘서 7장이 안티오쿠스 4세의 정황을 반영한다는 주장에 동의하고 있다. 긴

---

248) Ibid., 398–400.

249) 이 책이 주전 164년 조금 전에 쓰인 것이라는 결론을 내릴 만한 증거들은 다음과 같다. "언어학적인 증거, 이상들이 바벨론과 페르시아 시대에 관하여 모호한 지식을 보여준다는 사실, 점차적으로 안티오쿠스 4세 즉위 시대에 이르는 그리스 시대에 관한 점증하는 바른 지식 등." Porteous, 13; "다른 역사적인 묵시문학과의 유비는 이러한 '예언들이' 실제로 박해 기간 동안 그러나 왕이 죽기 전 쓰였거나 혹은 그의 죽음이 예루살렘에 선포되기 전에 쓰였다는 결론을 지지하고 있다. 편집의 시기는 주전 167년의 성전 더럽힘과 주전 164년 말 사이라고 볼 수 있다." J. J. Collins, *Daniel, With an Introduction to Apocalyptic Literature*(Grand Rapids: Eerdmans, 1984), 36. *Idem*, "Daniel", *ABD* 2: 33.

250) 노트는 다니엘서 7장의 편집 단계에 관하여 다음과 같이 제안하고 있다. 1) 다니엘의 원래적인 이상인 네 짐승들과 그들의 파괴에 관한 서술(2–7ab와 11b절)은 알렉산더 시대에 나타났다. 2) 원래 이상의 첫 번째 마카비 시대의 재작업은 주전 175년과 168년 사이에 나타났다(7bb, 8, 12, 15, (16), 17, 19, 20, 23, 24, 25aa, 26b), 3) 두 번째 마카비 시대의 재작업은 주전 168년과 164년 사이에 나타난 것으로 제1에녹서에 나타나는 묵시문학의 전승에서 온 기다리는 심판(9–10, 13, (14), 26a, 27), 안티오쿠스에 대한 언급((11a), 21–22, 25ab, 25b), 종말론적인 구절들(21, 22b), 그리고 성도들과 그들의 왕국 소유에 관한 다른 구절들(18, 27, 25aa). Martin Noth, "Zur Composition des Buches Daniel", *TSK* 98 / 99(1926): 143–163.

251) 노트와는 달리, 긴스버그는 다니엘서 7장의 편집의 두 단계를 제안하고 있다. 안티오쿠스 4세의 즉위 초기의 첫 번째 편집(1–7, 9–10, 11b–20a, 26–28), 그리고 유대인의 종교적인 실천에 대한 금지(8, 11a, 20b–22, 24b–25). Ginsberg, *Studies in the Book of Daniel*, 29–30.

스바그는 다니엘서 7장이 초기 전승에서 왔다는 것을 인정하지 않지만, 노트는 초기 전승이 마카비 시대에 재편집되었다고 주장한다.

모빙켈에 따르면, 다니엘서 7장에서 꿈과 해석의 차이는 유대교에서 인자에 관한 개념이 다니엘서 7장과는 독립적으로 존재했는데, 다니엘서 7장이 이것을 이스라엘 백성의 상징으로 재해석했기 때문이라는 것이다.[252] 모빙켈은 꿈과 해석의 불일치를 발견했지만, 그의 방법론은 시밀리튜드, 제2바룩, 심지어 요한계시록 같은 후기 자료에 의존하고 있다. 모빙켈은 이 자료들이 초기의 독립 전승들을 포함한다고 주장하지만 이러한 자료들이 다니엘서 7장의 인자 사상에 직접 영향을 주었다고 말하기는 어려울 것이다. 콜린스(J. J. Collins)는 시밀리튜드가 문자적으로 다니엘서를 따르는 것이 아니고 주전 1세기 당시의 특정한 유대 그룹의 가치관을 표현한다고 말하고 있다. 콜린스는 다니엘서 7장과 시밀리튜드에 인자에 관한 전승이 있었다고 받아들인다.[253] 그러나 시밀리튜드는 다니엘서보다 후기에 기록된 것이기 때문에,[254] 다니엘서 7장에 직접 영향을 준 전승을 찾기 위하여 시밀리튜드를 검토하는 것은 방법론적으로 바람직하지 못하다. 에녹서 1−36장은 다니엘서보다 오래된 묵시문학이기 때문에 다니엘서에 영향을 줄 수 있는 위치에 있었다. 글래슨(T. F. Glasson)은 다니엘서 7장의 인자 사상이 에녹서 14장의 장면의 적용으로 보고 있으며,[255] 맨슨(T. F. Manson)은 다니엘서 7장이 승천사상을 반영한다는 것을 인식했다.[256] 그러나 그들은 이 차이점의 의미를 깨닫지 못했다.[257]

---

252) "이와 같이 인자 사상은 다니엘서 7장과 독립적으로 존재하였었다. 다니엘서 7장을 포함하여 이 모든 다양한 형태는 초기 개념에 의존해 있고, 후기 유대교의 어떤 단체에 퍼져 있었다. 다니엘서는 이 사상에 대한 상징적인 재해석을 하는 반면에 에녹은 이 사상을 직접 제시한다." Mowinckel, 353.

253) J. J. Collins, "The Son of Man in First−Century Judaism", *NTS* 38(1992): 459

254) 시밀리튜드는 주전 105−161년경으로 연대가 추정된다. Isaac, 7.

255) T. F. Glasson, *The Second Messiah: The Origin of the New Testament Doctrine*(London: The Epworth Press, 1947), 1−6.

256) "다니엘서가 그리고 있는 것은 구원을 주기 위하여 신적이거나, 반신적인 존재, 또는 하늘에서 온 천상적인 존재가 아니라, 구원을 받기 위하여 하늘에 올라간 인물이라는 것을 강조해도 지나치지 않다." T. W. Manson, "The Son of Man in Daniel, Enoch, and the Gospels", *BJRL* 32(1950): 174.

다니엘서 7장에 관한 나의 연구에서,[258] 나는 이차적인 작업인 이방적인 기원을 찾으려고 노력하는 대신, 다니엘서 7장에 담긴 초기 이스라엘적인 전승을 발견하려고 노력할 것이다. 나아가서, 나는 에녹서와 다니엘서 내에서 서로 다른 권위 있는 전승에서 온 상충하는 요소들을 발견하려고 시도할 것이다. 다니엘서 7장은 다니엘서 내의 초기 전승과 에녹서에 있는 승천 전승의 재해석에 의하여 이루어졌다. 다니엘서 7장에 나타나는 꿈은 다니엘서 2장에 나타나는 네 왕국 사상과 에녹서에 나타나는 승천 전승을 취하여 당대의 신학에 맞추어 재해석하였다. 다니엘서 7장에 나타난 해석은 다니엘서 7장의 꿈을 취하여, 편집자의 신학을 반영하기 위하여 인자의 사상을 지극히 높으신 자의 성민으로 변형시켰다.

(1) 다니엘서 7장에 나타난 네 왕국 사상과 승천 전승

다음의 표는[259] 다니엘서 7장의 네 왕국 사상의 구조가 다니엘서 2장에서 왔음을 보여 주고 있다.

---

257) 나는 이미 파수꾼의 책과 시밀리튜드에서 인자 전승을 검토하였다. 이 절에서는 파수꾼의 책에서 나타나는 이 인자 전승이 어떻게 다니엘서 7장에서 편집되었는지를 검토하려고 한다.

258) 20세기에 종교사적이고, 문헌비평적인 제안들이 다니엘서 7장의 연구에 공헌해 왔다. 학자들은 다니엘서, 제1에녹서, 제4에스라서 그리고 신약성서들이 초기 신비적인 전승을 공유한다는 것을 인식하였다. 다니엘서 7장을 바벨론, 이집트, 이란, 헬레니즘, 영지주의 그리고 우가릿 문헌에 나타난 성경 외적인 자료의 인자 사상과 연결하려는 시도들이 많이 있었다. cf. Arther J. Ferch, *The Son of Man in Daniel 7*(Berrien Springs, Mich.: Andrews University Press, 1979). 그러나 이러한 종류의 연구는 비판받아 왔다. "다니엘서 7장의 저자가 이 장에서 명백하게 밝힌 메시지를 전할 도구로서 이방적인 요소를 받아들였다고 하는 것은 지극히 의심스러운 것이다." Ziony Zevit, "The Structure and Individual Elements of Daniel 7", *ZAW* 80(1968): 390－391. 특별히, 중요한 것은 이스라엘 백성들이 이방인의 전승을 직접 받아들일 리가 없다는 것이다. 그러한 전승이 이미 권위 있는 이스라엘 전승 안으로 정착되었다고 보는 것이 합리적이라고 볼 수 있다. 그렇다면 우리의 우선적인 작업은 어떻게 이 전승들이 진정성 있는 이스라엘 전승에 뿌리박게 되었는지를 발견하는 일이다.

259) 이 표는 다윗의 작품에서 많이 인용하고 있다. 137－139.

표 27: 다니엘서 2장과 7장에서 네 왕국

2:36 그 꿈이 이러한즉 내가 이제 그 해석을…….	7:1 다니엘이…… 환상을 받고 그 꿈을 기록하며 3 큰 짐승 넷이 바다에서 나왔는데……
38 ……왕은 곧 그 금 머리니이다. 39 왕을 뒤이어 왕보다 못한 다른 나라가 일어날 것이요.	4 첫째는 사자와 같은데…… 5 다른 짐승 곧 둘째는 곰과 같은데……
셋째로 또 놋 같은 나라가 일어나서 온 세계를 다스릴 것이며	6 그 후에 내가 또 본즉 다른 짐승 곧 표범과 같은 것이 있는데……
40 넷째 나라는 강하기가 쇠 같으리니 쇠는 모든 물건을 부서뜨리고 이기는 것이라 쇠가 모든 것을 부수는 것같이 그 나라가 뭇 나라를 부서뜨리고 찧을 것이며	7 내가 밤 환상 가운데에 그 다음에 본 넷째 짐승은 무섭고 놀라우며 또 매우 강하며 또 쇠로 된 큰 이가 있어서 먹고 부서뜨리고 그 나머지를 발로 밟았으며 이 짐승은 전의 모든 짐승과 다르고 또 열 뿔이 있더라. 8
41 왕께서 그 발과 발가락이 얼마는 토기장이의 진흙이요 얼마는 쇠인 것을 보셨은즉 그 나라가 나누일 것이며 왕께서 쇠와 진흙이 섞인 것을 보셨은즉 그 나라가 쇠 같은 든든함이 있을 것이나	내가 그 뿔을 유심히 보는 중에 다른 작은 뿔이 그 사이에서 나더니 첫 번째 뿔 중의 셋이 그 앞에서 뿌리까지 뽑혔으며 이 작은 뿔에는 사람의 눈 같은 눈들이 있고 또 입이 있어 큰 말을 하였더라.

다니엘서 2장은 마지막 왕국의 분열을 자세하게 서술하면서 네 왕국 사상을 서술하고 있다(단 2:40－43). 다니엘서 7장은 네 왕국의 개념을 취하여 자세히 설명하고 있다. 다니엘서 7장은 분열된 왕국의 뿔만이 아니라, 또 다른 작은 뿔을 서술하고 있다. 영원한 왕국에 관한 전승은 다니엘서 2장과 7장에서 발전된다. 다니엘서 2장은 네 왕국 후의 영원한 왕국과 네 왕국을 무너뜨리는 돌이라는 두 요소로 이루어져 있다. 다니엘서 2장은 네번째 왕국의 마지막을 일반적인 용어로 서술하는 반면에, 다니엘서 7장이 네번째 왕국의 작은 뿔에 대하여도 관심을 가지고 있기는 하지만, 작은 뿔 이후에 짐승이 멸망함으로써 세상 나라가 멸망하는 것에 더 큰 관심이 있다. 그 마지막은 이미 결정되었다고 주장한다(단 7:12의 정한 시기).

영원한 왕국이 어떻게 올 것인가를 성명하기 위하여, 다니엘서 7장은 에녹서에서 승천 전승을 사용한다. 나는 다니엘서 7장이 어떻게 다니엘서 2장에 있는 네 왕국 사상의 구조에 승천 전승을 삽입하였는지를 보여 주려고 한다. 다니엘서 7장은 맨티시즘에 따라 하나님의 심판과 영원한 왕국의 형성에 관한 이슈를 강화한다. 다니엘서 7장에 있는 꿈은 다음과 같이 맨티시즘의 구조를 사용하여 승천 전승의 영향을 받았음을 보여 준다.

표 28: 다니엘서 7장에서의 Manticism

	현 재	미 래
하 늘	짐승은 죽임을 당하고 영원한 왕국은 인자에게 주어졌다.	
땅	네 번째 짐승	짐승은 죽임을 당할 것이고 영원한 왕국은 인자에게 주어지리라.

이 꿈은 땅에서 일어나고 있는 사건을 먼저 서술한다. 저자는 위기의 원인인 짐승의 운명에 관심이 있다. 네 번째 왕국의 임박한 마지막을 설명하기 위하여, 다니엘서 7장은 맨티시즘을 사용하고 있다. 즉, 작은 뿔이 죽임을 당하고 영원한 왕국이 인자에게 주어졌다. 맨티시즘에 따르면, 하늘에서 일어난 사건은 땅에서 일어나게 되어 있으므로, 땅에서도 역시 짐승이 죽임을 당하고, 영원한 왕국이 인자에게 주어진다는 소망을 가지고 있다. 사람들은 이미 네 번째 짐승과 작은 뿔에 관한 사건을 알고 있다. 다니엘서 7장의 꿈에서 그리스 왕국에 관한 서술은 그 시대 백성들에게 익숙한 것이다. 저자는 네 번째 왕국의 운명을 보여 주기를 원한다. 짐승에 대한 심판과 영원한 왕국의 임재는 일어나게 될 것이다.

맨티시즘을 사용한다면, 다니엘서 7장은 에녹서와 비슷하다.

표 29: 에녹서 6-19장과 다니엘서 7장

구 분	제1에녹서 6-19장	다니엘서 7장에서의 꿈
위기의 이유	아사셀	네 번째 짐승 / 안티오쿠스 4세
심판의 무대	보좌이상이 있는 천상 심판대	보좌이상이 있는 천상 심판대
죄인의 운명	하나님의 심판	하나님의 심판
하나님의 대행인	에 녹	인 자

위기의 원인은 아사셀과 네 번째 짐승/안티오쿠스 4세이다. 하나님의 심판을 위한 무대는 보좌이상을 가진 천상의 심판대이다. 에녹서와 다니엘서에서는 땅에서 일어날 것을 예상하면서, 하나님의 심판이 선포되었다. 에녹서에서는 에녹이 하나님의 대행인이다. 돌(단 2:45)을 영원한 왕국의 대행인으로 발전시키면서, 다니엘서는 인자의 개념을 소개하고 있다(단 7:13－14).

다니엘서 7장에서 가장 두드러지는 특징은 에녹서의 승천 전승에서 온 보좌이상에 관한 서술이다. 다니엘서 7:9－10은 에녹서 14:18－22와 대조된다. 다니엘서 7장은 에녹서의 보좌이상을 취하고 있다. 크반비히(Helge S. Kvanvig)는 다니엘서 7장과 에녹서 14장의 언어적인 유사성을 관찰하였다.[260]

표 30: 다니엘서 7장과 에녹서 14장

다니엘서 7장[261]	에녹서 14장
9) 내가 보았는데(ἐθεώρουν), 왕좌가(θρόνοι) 놓이고, 옛적부터 항상 계신이가 좌정하셨는데(ἐκάθητο), 그 옷은(περιβολὴν) 희기가 눈 같고(ὡσεὶ χιόνα), 그 보좌는 불꽃이요(ὁ θρόνος ὡσεὶ φλὸξ πυρός), 그 바퀴는(τροχός) 붙는 불이요 10) 불이(πυρός) 강처럼 흘러 그 앞에 나오며 그 앞에 시위한 자는 만만이며(μύριαι μυριάδες παρειστήκεισαν αὐτω)	18) 내가 보았는데(ἐθεώρουν), 그 안에 높은 왕좌(θρόνον)를 보았다. 20) 큰 영광이 그 위에 좌정하셨는데(ἐκάθητο) 그 옷은(περιβόλαιὸν)…… 눈보다 더 희고(Χιόνος). 19) 보좌(τοῦ θρόνου) 아래로부터 불같이 흐르고 있고(πυρὸς φλεγόμενοι). 18) 그 바퀴는(τροχὸς) 뜨거운 태양 같고 22) 큰 불이(πῦρ) 그 앞에 서고. 그 앞에 시위한 자는 만만이며(μύριαι μυριάδεσ ἑστήκασιν ἐνώπον).

---

260) H. Kvanvig, *Roots of Apocalyptic*(Neukirchen－Vluyn: Neukirchener Verlag, 1988), 558－564. 그는 여러 글에서 그의 논지를 전개하고 있다. *idem*, “Struktur und Geschichte in Dan. 7:1－14”, *Studia Theologica* 32(1978): 95－117; *idem*, “An Akkadian Vision as Background for Daniel 7?” *Studia Theologica* 35(1981): 85－89; *idem*, “Henoch und der Menschensohn: Das Verhaeltnis von Hen 14 zu Daniel 7”, *Studia Theologica* 38(1984): 101－133; *idem*, “Struktur und Geschichte in Daniel 7:1－14”, *Studia Theologica* 32(1978): 95－117. 콜린스의 비판은 크반비히의 범－바벨론적인 경향과 본문의 파편만으로는 지지하기 어려운 지하세계에 관한 이상에 관한 주장들이다. “Genre, ideology, and Social Movement”, 31. 크반비히는 왕권과 같은 이스라엘의 오래된 전승과의 연결을 탐구하지 않은 채, 너무 성급하게 에녹 전승을 메소포타미아 전승과 연결시킨다. 그는 에녹과 다니엘 전승들이 메소포타미아 전승에서 왔다는 것을 이미 전제하고 있다. 유감스럽게도 그의 연구는 파수꾼의 책과 다니엘서에 나타난 갈등을 고려하지 않으면 초래되는 문제를 보여 주고 있다.

다니엘서 7장과 에녹서 14장은 여러 가지 면에서 유사하다. 두 책에서 보좌이상이 심판대 앞에 있고(제1에녹서 14－16장; 다니엘서 7:9－10), 불이 보좌 곁에 있고, 하늘의 천군이 옛적부터 항상 계신 자를 보위하고(단 7:10과 에녹서 14:22). 에스겔서 1장처럼, 에녹서에는 옛적부터 항상 계신 자가 바퀴를 사용하고 있다. 이 바퀴들이 보좌의 일부이기는 하지만, 하나님의 움직임을 위하여 사용된 것은 아니다. 보좌이상의 목적은 에녹과 다니엘이 선포하는 메시지의 진정성을 증명하는 것이다. 아사셀과 타락한 천사들을 향한 에녹의 심판 선포가 보좌이상 때문에 진정성이 있는 것처럼, 그리스 왕국과 안티오쿠스를 향한 다니엘의 심판선언도 진정성이 있음을 보여 준다.

다른 한편, 에녹서와 다니엘서의 차이도 명백하다. 에녹서에서, 에녹은 계시의 수신자로 나타나고, 최종적으로는 인자와 동일시되었다. 다니엘서에서 다니엘과 인자는 에녹의 기능을 나누고 있다. 다니엘서 1－6장과는 달리, 다니엘서 7장은 다니엘이 마치 이상 가운데 계시를 받는 왕처럼 다니엘의 특징을 해석자에서 계시의 수신자로 바꾸고 있다. 다니엘서 7장과 에녹서에서, 꿈의 수신자가 꿈을 해석하는 것이 아니라, 오직 천사만이 꿈을 해석할 수 있기 때문에(단 7:16; 제1에녹서 18:14－16) 다니엘은 그의 꿈을 해석하는 천사가 필요하다. 그러나 에녹서와는 달리, 다니엘은 계시 사건에서 어떤 역할을 담당하지는 않는다. 다니엘은 그저 구경꾼이다. 지난 장에서 본 것처럼, 이것은 열왕기 상 22장과 이사야 6장의 비교와 유사하다.[262] 에녹서에서, 에녹은 하늘에 올라 보좌이상을 보고, 아사셀과 타락한 천사들에 대한 심판을 선포한다. 다니엘은 하늘에 오르지 못하고 꿈에서 보좌이상을 본다(단 7:9－10). 그는 비전이나 소명 장면에 참여하지 않고, 보좌이상으로부터 분리되어 있다. 다니엘서에서 보좌이상의 기능은 그리스 왕국과 안티오쿠스 4세에 대한 심판의 진정성

261) 다니엘서의 그릭어 본문은 다음 책에서 왔다. *Septuaginta*, ed. Alfred Rahlfs(Stuttgart: Deutsche Bibelgesellschaft, 1979).

262) Ⅱ장에서 나는 이 장들의 차이를 보여 주었다. 열왕기 상 22장에서 미가야는 이상을 보았지만 이상에 참여하지 않았다. 이상의 기능은 미가야의 심판의 진정성을 증명하는 것이다. 미가야와는 달리 이사야는 천상의 이상을 목격하고 이상에 참여하여 소명을 갖게 되었다.

을 보여 주는 것이다. 나아가서 성전 정황이 보좌이상로부터 분리되어 있다. 그룬발드(Gruenwald)는 "열왕기 상 22장과 다니엘서에 있는 이상은 성전을 명확히 서술하지는 않더라도, 성전의 존재를 전제로 하는 사상과 모순되는 어떠한 것도 발견할 수 없다."라고 말하고 있다.[263] 그의 이해는 열왕기 상 22장과 다니엘서가 모두 성전 정황이 필요하다고 전제하는 것이다. 그러나 그룬발드는 왜 편집자가 성전정황을 제거했는지에 대해서는 설명하고 있지 않다. 내가 믿기로는 열왕기 상 22장과 다니엘서에 있는 성전정황은 편집자의 신학을 지지하기 위하여 제거된 것이다. 에녹서에서 존재하던 성전 정황이 다니엘서에서는 제거되었다. 최종 편집자는 천상의 성전과 지상의 성전이 더 이상 일치하지 않는다는 신명기적인 신학에 기초하여 이 전승을 변형한 것이다.

이러한 신학을 기초로 하여 다니엘서에 나타나는 다니엘은 보좌이상에 참여하지 않는다. 대신 인자가 백성들의 대표로서 보좌이상과 소명에 참여한다. 에녹서에서는 에녹이 아직 인자라고 직접 표현되지는 않았지만, 의로운 자들의 대표로 인식되었다. 승천 전승에서는 원래 하나님의 대행인으로서의 백성의 지도자가 강조되었다. 다니엘서 7장은 다니엘서에 있는 돌에 관한 주제를 받아서, 에녹서의 도움으로 인자의 개념을 발전시켰다. 에녹서와는 달리, 하나님의 보좌는 복수이다(단 7:9).[264] 시밀리튜드와는 달리, 인자는 인자 같은 이로 표현되었다. 마지막 장면에서(단 7:14), 영원한 왕국은 백성들의 대표로서 인자에게 주어진다.

(2) 다니엘서 7장에 나타난 승천 전승의 변형

다니엘서 7장은 다니엘서와 에녹서에 있는 전승을 받아들여 편집자의 신학에 따라 변형시켰다. 이러한 특징들은 다니엘서 7장의 꿈과 해석을 비교해 보면 명확해진다.[265]

---

263) Gruenwald, *Apocalyptic and Merkavah Mysticism* 31.

264) 모빙켈은 이것이 인자 같은 이를 위한 것이라고 말하고 있다. "보좌가 복수로 나타난 것은 원래 개념 가운데 사람의 모양을 한 이가 세상에 대한 심판에 참여했다는 것을 보여 준다." Mowinckel, 352.

265) 다니엘서 7장의 본문은 두 개의 인크루시오 표시들로 둘러싸여 있다: 그 일의 대략(rēʾš

표 31: 다니엘서 7장에서의 꿈과 해석

꿈	꿈의 해석
1) 바벨론 왕 벨사살 원년에 다니엘이 그 침상에서 꿈을 꾸며 뇌 속으로 이상을 받고 그 꿈을 기록하며 그 일의 대략을 진술하니라. 2) 다니엘이 진술하여 가로되 내가 밤에 이상을 보았는데	
하늘의 네 바람이 큰 바다로 몰려 불더니 3) 큰 짐승 넷이 바다에서 나왔는데 그 모양이 각각 다르니	15) 나 다니엘이 중심에 근심하며 내 뇌 속에 이상이 나로 번민케 한지라 16) 내가 그 곁에 모신 자 중 하나에게 나아가서 이 모든 일의 진상을 물으매 그가 내게 고하여 그 일의 해석을 알게 하여 가로되 17) 그 네 큰 짐승은 네 왕이라 세상에 일어날 것이로되 18) 지극히 높으신 자의 성도들이 나라를 얻으리니 그 누림이 영원하고 영원하고 영원하리라.
4) 첫째는 사자와 같은데 독수리의 날개가 있더니 내가 볼 사이에 그 날개가 뽑혔고 또 땅에서 들려서 사람처럼 두 발로 서게 함을 입었으며 또 사람의 마음을 받았으며 5) 다른 짐승 곧 둘째는 곰과 같은데 그것이 몸 한 편을 들었고 그 입의 이 사이에는 세 갈빗대가 물렸는데 그에게 말하는 자가 있어 이르기를 일어나서 많은 고기를 먹으라 하였으며 6) 그 후에 내가 또 본즉 다른 짐승 곧 표범과 같은 것이 있는데 그 등에는 새의 날개 넷이 있고 그 짐승에게 또 머리 넷이 있으며 또 권세를 받았으며	
7) 내가 밤 이상 가운데 그 다음에 본 넷째 짐승은 무섭고 놀라우며 또 극히 강하며 또 큰 철이가 있어서 먹고 부서뜨리고 그 나머지를 발로 밟았으며 이 짐승은 전의 모든 짐승과 다르고 또 열 뿔이 있으므로 8) 내가 그 뿔을 유심히 보는 중 다른 작은 뿔이 그 사이에서 나더니 먼저 뿔 중에 셋이 그 앞에 뿌리까지 뽑혔으며 이 작은 뿔에는 사람의 눈 같은 눈이 있고 또 입이 있어 큰 말을 하였느니라.	19) 이에 내가 넷째 짐승의 진상을 알고자 하였으니 곧 그것은 모든 짐승과 달라서 심히 무섭고 그 이는 철이요 그 발톱은 놋이며 먹고 부서뜨리고 나머지는 발로 밟았으며 20) 또 그것의 머리에는 열 뿔이 있고 그 외에 또 다른 뿔이 나오매 세 뿔이 그 앞에 빠졌으며 그 뿔에는 눈도 있고 큰 말하는 입도 있고 그 모양이 동류보다 강하여 보인 것이라

---

millîn, 다니엘서 7:1)과 "그 말이 이에 그친지라"(sôpā' dî−milletā', 다니엘서 7:28)이 표시 바깥의 본문은 이상과 해석에 속하지 않고, 단지 편집자의 작업임을 보여 준다.

꿈	꿈의 해석
	21) 내가 본즉 이 뿔이 성도들로 더불어 싸워 이기었더니 22) 옛적부터 항상 계신 자가 와서 지극히 높으신 자의 성도를 위하여 신원하셨고 때가 이르매 성도가 나라를 얻었더라. 23) 모신 자가 이처럼 이르되 넷째 짐승은 곧 땅의 넷째 나라인데 이는 모든 나라보다 달라서 천하를 삼키고 밟아 부서뜨릴 것이며 24) 그 열 뿔은 이 나라에서 일어날 열 왕이요 그 후에 또 하나가 일어나리니 그는 먼저 있던 자들과 다르고 또 세 왕을 복종시킬 것이며 25) 그가 장차 말로 지극히 높으신 자를 대적하며 또 지극히 높으신 자의 성도를 괴롭게 할 것이며 그가 또 때와 법을 변개코자 할 것이며 성도는 그의 손에 붙인 바 되어 한 때와 두 때와 반 때를 지내리라
9) 내가 보았는데 왕좌가 놓이고 옛적부터 항상 계신 이가 좌정하셨는데 그 옷은 희기가 눈 같고 그 머리털은 깨끗한 양의 털 같고 그 보좌는 불꽃이요 그 바퀴는 붙는 불이며 10) 불이 강처럼 흘러 그 앞에서 나오며 그에게 수종하는 자는 천천이요 그 앞에 시위한 자는 만만이며 심판을 베푸는 데 책들이 펴 놓였더라. 11) 그때에 내가 그 큰 말하는 작은 뿔의 목소리로 인하여 주목하여 보는 사이에 짐승이 죽임을 당하고 그 시체가 상한 바 되어 붙는 불에 던진 바 되었으며 12) 그 남은 모든 짐승은 그 권세를 빼앗겼으나 그 생명은 보존되어 정한 시기가 이르기를 기다리게 되었더라.	26) 그러나 심판이 시작된즉 그는 권세를 빼앗기고 끝까지 멸망할 것이요.
13) 내가 또 밤 이상 중에 보았는데 인자 같은 이가 하늘 구름을 타고 와서 옛적부터 항상 계신 자에게 나아와 그 앞에 인도되매 14) 그에게 권세와 영광과 나라를 주고 모든 백성과 나라들과 각 방언하는 자로 그를 섬기게 하였으니 그 권세는 영원한 권세라 옮기지 아니할 것이요 그 나라는 폐하지 아니할 것이니라.	27) 나라와 권세와 온 천하 열국의 위세가 지극히 높으신 자의 성민에게 붙인 바 되리니 그의 나라는 영원한 나라이라 모든 권세 있는 자가 다 그를 섬겨 복종하리라 하여
	28) 그 말이 이에 그친지라 나 다니엘은 중심이 번민하였으며 내 낯빛이 변하였으나 내가 이 일을 마음에 감추었느니라.

다니엘서 7장에서의 꿈은 네 왕국과 승천 전승을 반영하는 반면에, 다니엘서 7장의 해석은 말씀 전승을 반영한다. 그러므로 우리가 다니엘서 7장에 나타나는 꿈과 해석을 비교할 때, 편집자가 어떻게 승천 전승을 변형했는지를 이해할 수 있는 것이다. 다니엘서 7장의 해석은 다니엘서 7장의 꿈과 일치한다. 네 짐승들의 존재는 과거의 일이기에 한절로 표현되었다(7:17). 네 번째 짐승은 최근의 일이므로, 저자는 네 번째 짐승과 열 뿔에 대하여 관심이 있다(7:23－25). 보좌 전승, 인자 사상 그리고 그의 왕국은 계시의 내용이 아니고, 계시의 진정성을 증명하려는 요소들이다. 그러므로 해석자는 보좌이상을 언급하지 않고, 심판대에서의 심판과(7:26a) 네 번째 짐승의 멸망(7:26b)을 서술하고 있는 것이다.

저자는 꿈을 해석할 뿐 아니라, 인자 같은 이와 지극히 높으신 자의 성도들을 일치하기 위하여 꿈의 내용을 변형하였다.[266] 이 변형은 승천 전승과 말씀 전승의 긴

---

266) '지극히 높으신 자의 성도들'이라는 말은 주로 천사 또는 사람으로 해석되어 왔다. 노트, 드퀘커(Dequeker) 그리고 콜린스는 이 말이 천사를 뜻하는 초기 전승으로부터 왔다는 것을 명백히 했다. 다니엘서 7장의 주요 부분에서, '지극히 높으신 자의 성도'는 하나님의 천상의 조력자로 여겨져 왔다. Noth, *The Law in the Pentateuch and Other Studies*, 228. 거룩한 자를 천사로 이해하는 것은 다니엘서에서의 용어와 당대의 문헌상 지배적인 용법에 비추어 가장 연속성 있는 해석이다. J. J. Collins, *Daniel: A Commentary on the Book of Daniel*, Hermeneia(Minneapolis: Fortress, 1993), 318. 다니엘서 7장 그 자체는 두 명의 마카비 시대의 편집자의 손길을 보여 준다. 그중 두 번째 편집자는 이 구절의 원래 의미를 급진적으로 변화시켰다. '지극히 높으신 자의 성도'라는 표현은 원래 이상에 속하며, 하나님의 거룩한 자 또는 천사, 즉, 천상회의의 회원으로서 천상의 왕국에서의 하나님의 대행인을 말한다. L. Dequeker, "The 'Saints of the Most High' in Qumran and Daniel", *OtSt* 18(1973): 109. 브레클만스(Brekelmans)는 이 구절의 문맥이 사람임을 보여 준다고 말한다. 다니엘서 7장에서 왕국이 거룩한 자들에게 주어진다는 것은 거룩한 자와 하나님의 사람을 동일시하려는 시도임을 가르쳐 준다. C. Brekelmans, "The Saints of the Most High and their Kingdom", *OtSt* 14(1965): 329. 다니엘서 바깥의 구약성서에서, 이 말은 하나님의 천상회의에 참석하는 천사를 말한다(출 15:11; 신 33:2, 3; 시편 9:10; 89:6; 욥기 5:1; 15:15; 슥 14:5; 집회서 42:17). 그러나 그것은 또한 사람을 뜻하기도 한다(시편 34:10). 다니엘서가 쓰인 시대를 전후하여, 이 말은 천사와 사람 양자에게 적용되어 왔다. 이 의미를 결정하려면 다니엘서의 문맥이 중요하다. Brekelmans, 328. 즉, 다니엘서는 초기 편집에서 거룩한 자를 천사로 사용하는 초기 전승을 따르고 있었다(단 4:10, 14, 20; 8:13). 그러나 다니엘서 7장은 그것을 이스라엘 백성을 나타내도록 변형하였다. 노트는 이러한 변화를 인식하고 있다. "다니

장을 강화하는 것이다. 신명기 신학을 따르는 말씀 전승은 모세의 율법을 최종 계시로 본다. 말씀 전승에서 강조하는 것은 대표자가 아니라 공동체인 백성이다.[267] 신명기 신학은 모든 사람이 모세의 율법에 순종해야 할 의무를 가지고 있다고 주장한다. 에스라-느헤미야의 개혁을 통해 율법-성전 중심의 공동체가 형성된 이후에 모세의 전승 아래 있는 말씀 전승은 제2성전 시대에 유대공동체에 지배적이었다. 승천 전승과 말씀 전승이 서로 동의하는 것은 그들이 안티오쿠스 4세의 박해 때문에 혹독한 시대에 살고 있다는 것이다.

다니엘서 7장의 초기 전승은 승천 전승에서 오는 해법을 보여 주고 있다. 네 번째 짐승은 망할 것이며, 왕국은 백성들의 대표자인 인자에게 넘겨질 것이다. 백성들의 유일한 선택은 인자를 따르든지 짐승을 따르든지 하는 것이다. 다니엘서 7장의 초기 저자는 안티오쿠스 4세에 대한 심판을 선포하기 위하여 승천 전승을 사용하였다. 다니엘서 7장의 최종 저자는 인자를 지극히 높으신 자의 성도로 바꿈으로써 그

엘서 7장의 해석 부분에서 작고 이차적인 요소-21-22절 그리고 21b-가 이스라엘의 택한 백성들을 언급하기 위하여 '거룩한 자'의 의미를 바꾼 것을 소개하고 있다." Noth, 228. 드퀘커는 또한 다니엘서 7장의 편집자가 '지극히 높으신 자의 거룩한 자들'을 '성도들'이라고 치환하고, 이제는 '지극히 높으신 자의 백성들'에 대하여 말함으로써 원래 개념을 변화시키고 있다. 109. 그러므로 다니엘서 7장의 문맥은 거룩한 자라는 말을 천사로 사용할 수 없음을 보여 주고 있다. 나는 말씀 전승이 거룩한 자를 이스라엘의 백성으로 해석하고, 나아가서 인자의 기능을 이스라엘의 백성에게 전이했음을 보여 주려고 한다.

267) 이 전이는 오브리엔(Mark A. O'Brien)도 발견한바, 그는 신명기 사가의 본문의 마지막 편집에서 성전 파괴의 책임을 왕으로부터 백성에게 돌리고 있다. 이 단계에서 백성에게 경고하는 것을 강조한다. "신명기 4장 그리고 29-30장; 여호수아 23장; 사무엘 상 12장; 왕상 17:7-19; 그리고 삿 2:12-13, 17, 20-21, 23a; 6:7-10; 10:10-16. 이러한 편집 구절들은 신명기 역사서를 이스라엘의 지도자의 이야기로부터 백성들의 이야기와 신명기 율법 준수에 대한 백성들의 실패로 바꾸고 있다." Mark A. O'Brien, *The Deuteronomistic History Hypothesis: A Reassessment,* OBO 92(Freiburg: Universittsverlag, 1989), Antony F. Campbell, *The Study Companion to Old Testament Literature: An Approach to the Writings of Pre-Exilic and Exilic Israel,* OTS(Collegeville: Minn.: The Liturgical Press, 1989), 238-241에서 인용함. 이 연구는 다니엘서 7장에 나타난 신명기 신학이 왜 왕국을 인자 같은 이로부터 지극히 높으신 자의 성도로 전이했는지 이해하도록 도와준다. 신명기 신학은 지도자보다는 공동체의 백성들에게 관심이 있다.

것을 급진적으로 변형시켰다. 다니엘서 7장의 최종 저자에 따르면, 지극히 높으신 자의 성도들이 영원한 왕국을 받을 것이라고 한다(7:18). 안티오쿠스 4세가 성도들을 박해하기는 하지만, 안티오쿠스 4세의 심판이 임박하였다(7:21). 백성들은 오직 하나님의 심판 후에 영원한 왕국이 올 것을 기다리기만 하면 된다. 꿈에서 인자 같은 이가 왕국을 받을 것이며 모든 백성과 나라들과 각 방언하는 자로 그를 섬기게 하였다(7:14). 이것은 왕국에서 인자 같은 이의 주권을 의미한다. 그러나 해석에서 지극히 높은 자의 성도들이 이 역할을 감당한다. 그리하여 모든 나라들이 그들을 섬겨 복종하게 될 것이다(7:27bb). 승천 전승에 있는 인자의 기능은 지극히 높으신 자의 성도에게로 전이되었다.

7장에 두 가지 다른 전승이 함께 있다는 것을 어떻게 설명할 수 있을까? 인자전승과 지극히 높으신 자의 성도 사상이 만약 양립할 수 없는 것이라면 이 두 가지 사상 중 어느 하나만 존재하였을 것이다. 그러나 이 두 가지 전승 중 어느 하나가 제거되지 않고 두 개가 조화롭게 존재한다는 사실에서 우리는 두 전승이 함께 있는 최종 본문이 주는 의미를 찾아야 할 것이다. 즉, 7장의 편집에서 공통적인 것은 마지막 왕국의 멸망과 함께 하나님 나라가 임하리라는 것이며, 그 왕국을 받는 자가 인자와 백성이다. 그것은 바로 인자를 백성과 동일하게 이해하기를 원하기 때문이다. 인자 사상에서는 이스라엘이 왕정의 거듭된 실패를 통하여 하나님의 뜻대로 그들을 다스릴 이상적인 왕을 기다리고 마침내 이 왕정사상은 미래에 인자를 통해 통치하리라는 인자 사상을 발전시켜 왔다. 인자는 메시아로서 하나님과 백성의 중보자 역할을 감당하리라는 것이다. 그리고 동시에 왕은 백성들의 정체성과 일치해 온 것처럼, 인자는 마침내 교회 자체와 동일시되는 과정을 겪는 것이다. 종말에 이상적인 왕인 메시아가 왕국을 받는 것은 바로 왕이 다스리는 백성이 받는 것과 다르지 않다. 왕과 백성은 운명공동체이다. 그것은 신약에서 교회의 머리가 메시아 되시는 예수 그리스도로서 마지막 날에 우리의 왕이 되시며, 동시에 성도들은 그분의 통치 아래 왕국을 유업으로 받는 것과 마찬가지이다.

다니엘서 2장과 7장의 비교는 위기에 대한 응답을 위하여 서로 다른 해석을 보여준다.

표 32: 다니엘서 2장과 7장에서의 전승의 발전

위 기	해석학적인 열쇠	전 승
바벨론 왕국	네 왕 / 돌(고레스)	다니엘서 2장에서의 꿈
그리스 왕국	네 왕국과 열 왕	다니엘서 2장에서의 해석
그리스 왕국	인 자	다니엘서 7장에서의 꿈
안티오쿠스 4 세	지극히 높으신 자의 성도	다니엘서 7장에서의 해석

유대인들은 다니엘서 2장의 꿈에서 바벨론 왕국 이후에 나타나는 영원한 왕국을 기다리면서, 네 왕들과 돌이라는 해석학적인 구조를 사용하였다. 헬레니즘 시대에는 다니엘서 2장의 해석부분에서 네 왕을 네 왕국으로 재해석함으로써 그리스 왕국 이후의 영원한 왕국을 기다렸다. 안티오쿠스의 박해가 시작된 후에 유대인들은 그리스 왕국의 멸망을 기대함으로써 이 위기에 응답하였다. 이 응답은 승천 전승에서 오는 요소들에 의하여 영향을 받았다. 즉, 보좌이상 아래의 하나님의 심판과 영원한 왕국을 받는 인자 사상이 그것이다. 안티오쿠스 시대의 후기에, 말씀 전승이 승천 전승을 모세의 권위 아래 두려고 시도하였다. 이 작업의 중요한 기능은 인자의 개념을 지극히 높으신 자의 성도와 일치시키는 것이다.

3) 다니엘서 8장과 10-12장

(1) 다니엘서 8장과 10-12장에 나타난 제2성전

앞에서 나는 에녹서가 제2성전이 처음 건설될 때부터 예루살렘 성전을 비판한 반면에, 희년서는 헬레니즘 개혁가들의 개혁 이후부터 제2성전을 비난하기 시작하였다고 주장하였다. 다니엘서가 제2성전에 관심이 있는 것은 명확하다. 레브람(J. C. H. Lebram)은 예루살렘에 있는 제사장 그룹이 다니엘서를 썼다고 주장한다. 그에 의하면, 다니엘서에서 예루살렘 성전은 중요하며, 예루살렘 성전의 더럽힘에 관하여 관심을 보인다. 레브람은 역사와 우주적인 영역(cosmic scope)의 주기화(periodization)를 제사장적인 특징으로 여긴다.[268] 다니엘서가 성전의 제의를 중요하게 여기는 것은 사실이다. 그러나 문제는 "제의가 율법보다 더 중요한가?" 하는 것이다. 다니엘서에서 예루살렘의 제의는 적법하다. 다니엘서 8장 및 10－12장은 두 번의 매일 제사의 금지에 대하여 비판적이다. 멸망케 하는 미운 물건이 성전에 세워지기 전에는 위기가 없었다(단 8:13; 11:31; 12:11). 안티오쿠스 4세에 의한 박해는 예루살렘 성전을 더럽혔고, 하나님은 제의와 성전을 회복하시기 위하여 의로운 행위를 사용하신다. 다니엘서는 당시의 일상적인 성전에 근거한 경건을 보여 주며,[269] 성전의 더럽힘에 대하여 한탄하고 있다(단 8:12－14; 11:31).

이와 같이 다니엘서는 제2성전의 합법성을 옹호하기는 하지만, 또한 제2성전 없이도 존재하는 종교를 준비하고 있다. 마스길림(지혜자)들은 성전의 대체를 생각하면서, 성전의 부재를 준비하고 있다. 긴스버그는 많은 사람을 의롭게 한다는 표현(단 12:3)은[270] 이사야 53:11의 종을 언급하는 것으로 이해한다.[271] 의는 성전 없는 고난으로 성취되었다.[272] 다니엘서 10－11장에서 성전의 회복이 언급되고 있기는 하지만, 다니엘서 12장은 언급하지 않는다. 이것은 에녹서 전승 가운데 있는 꿈의 책(Book of Dream)에서 역사의 절정을 성전의 건축으로 보는 것과는 차이가 난다.

> 그때 내가 서서 변화된 옛집을 보았다. 모든 기둥들은 뿌리 뽑혔고, 집의 장식품들은 땅의 남쪽에 버려졌다. 나는 양의 주가 첫 번 것보다 더 크고 높은 새집을 가져와서, 첫 번 것의 위치에 세우되, 기둥들이 새것이며, 장식품들도 처음 것보다 새로운 것

---

268) J. C. H. Lebram, "Apocalyptic und Hellenismus im Buche Daniel", *VT* 20(1970): 503－524; "Perspectiven der gegenwärtigen Daniel forschung", *JSJ* 5(1974): 1－33; *Das Buch Daniel*(Zurich: Theologischer Verlag Zurich, 1984).

269) 다니엘은 희생제사(9:21, 12:11－12)와 기도(6:11)를 행한다.

270) "지혜 있는 자는 궁창의 빛과 같이 빛날 것이요 많은 사람을 옳은 데로 돌아오게 한 자는 별과 같이 영원토록 비취리라."(단 12:3)

271) H. L. Ginsberg, "The Oldest Interpretation of the Suffering Servant", VT 3(1953): 400－404.

272) P. R. Davies, "Reading Daniel Sociologically", 359－360.

을 알았다. 모든 양들이 그 안에 있었다(제1에녹서 90:28－29).

(2) 다니엘서 8장과 10－12장에서의 승천 전승과 말씀 전승

다니엘서 8장과 10－12장에는 승천 전승이 말씀 전승 안에 포함되었다. 승천 전승과 말씀 전승의 특징을 다음과 같이 서로 비교할 수 있다. 승천 전승의 특징은 다음과 같은 것이다. 계시로서의 이상, 보좌이상, 이상의 수신자로서의 다니엘, 그리고 천사들의 해석. 말씀 전승의 특징은 칠십 년의 재해석을 통한 포로의 마지막에 대한 이해, 지극히 높으신 자의 성도들, 그리고 율법 중심의 경건 등이다.

다니엘서 8장은 다음의 문학적인 구조를 가지고 있다.

Ⅰ 서론: 이상의 수납(8:1－2)
Ⅱ. 이상 보고(8:3－12)
Ⅲ. 인자의 모습을 한 자의 현현(8:13－16)
Ⅳ. 천사의 해석(8:17－26)
Ⅴ. 다니엘의 반응(8:27)

다니엘이 받은 이상은 천사가 해석해 주어야 이해할 수 있었다. 신현존 사상은 보좌이상이 아닌 인자 같은 이의 현현으로 표현되었다. 이상은 네 왕국을 포함하지만, 다니엘서 7장과는 다르다. 다니엘서 8장에서의 해석은 네 왕국을 더 자세히 표현하였지만, 바벨론에 대한 언급은 사라졌다. 다니엘서 7장은 안티오쿠스의 죄를 종교적인 절기와 율법을 변화시키고(7:25), 지극히 높으신 자의 성도들을 박해하는 것으로 여긴다. 반면에 다니엘서 8장은 안티오쿠스의 죄를 제사장 전승의 언어인 교만, 번제의 제거, 그리고 성전의 훼파 등으로 설명한다. “지극히 높으신 자의 성도들”이라는 용어는 다니엘서 8장에서 나타나지 않는다. 다니엘서 8장의 꿈은 다니엘서 8장의 해석과 일치한다. 이상은 말씀 전승에 따라 마지막 때에 관한 설명에 초점을 맞춘다. 포로의 마지막 때에 관한 관심은 다니엘서 7:25와 다니엘서 8:13－14

에 나타난다. 이상의 해석에서 서론은 두 번 반복되어 나온다. "이 환상은 정한 때 끝에 관한 것이니라."(8:17, 19) 정한 때의 끝은 박해의 기간에 대한 서술과 관련이 있다(8:13－14).

다니엘서 10－12장은 또한 승천 전승을 반영하고 있다.

Ⅰ. 이상의 출현(10:1)
Ⅱ. 이상의 이해를 위한 준비(10:2－3)
Ⅲ. 보좌이상(10:4－9)
Ⅳ. 천사의 출현(10:10－21)
Ⅴ. 이상의 해석(11:1－12:4)
Ⅵ. 후기(12:5－13)

후기로 여겨지는 다니엘서 12:5－13을[273] 제외한 이 구절들에는 이상이 없고, 단지 보좌이상, 천사들, 해석이 있다. 즉, 이상은 원래 구절에서 사라졌다. 에녹서에서 나타난 승천 전승은 일반적으로 이상과 천사에 의한 해석을 담고 있었다. 그러나 다니엘서 10－12장의 최종 편집자는 원래 묵시문학을 재작업 했다. 이상은 말씀으로 대치되고, 말씀이 계시로 여겨졌다.

> 한 일(말씀＝dābār)이 다니엘에게 계시되었는데…… 그 일(말씀＝dābār)이 참되니, 곧 큰 전쟁(복역＝ṣāḇā)에 관한 것이라. 그가 그 일(말씀)을 분명히 알았고, 그 이상(mar'e)을 깨달으니라(단 10:1).

이상이라는 단어는 다니엘서(8:16, 27; 9:23; 10:1)와 현존 전승(겔 8:4; 11:24; 43:3)에 나타난다. 이상이라는 단어는 에스겔이 보좌이상을 경험할 때마다 나타난다. 다니엘서 10장의 편집자는 말씀이 다니엘서 10:1에 나타난 이상 대신 다니엘에게

273) 홀은 몇 가지 이유를 제시한다. 1) 단 12:5－10에서 이것은 다시 확인하는 짧은 계시이며, 2) 12:9는 12:4의 사상을 반복하고, 3) 12:10은 내용상 11:35와 가깝고, 4) 12:11와 12는 고난의 기간이 서로 다르고, 이어서 7:25와 12:7와도 다르다. Hall, 211.

나타났다고 결론을 내리고, 이 용어를 동의어로 사용함으로써 이상을 말씀과 동일화했다. 천사들은 이상 대신 말씀을 해석한다.

이 대체의 의미는 다른 구절들과의 비교를 통해 잘 드러난다:

> 오묘한 일은(nistārōt) 우리 하나님 여호와께 속하였거니와 나타난 일은(niglōt) 우리와 우리 자손에게 속하였나니 이는 우리로 이 율법의 모든 말씀을 행하게 하심이라(신 29:29).

폰라드는 이 절이 인간이 오묘한 일과 나타난 일과 어떠한 관계가 있는지를 다루고 있다고 주장한다.

> 이 용어들은(nistārōt, niglōt) 상당히 비신학적이기 때문에, 이 격언은 주로 인간이 인식할 수 있는 것과 인식할 수 없는 것들과 인간이 어떠한 관계에 있는지에 관심이 있다. 그리하여 모든 인간 지혜의 한계라는 문제에 관심을 가지는 것이다. 인식할 수 있는 것은 인간의 영역 아래 있지만, 인식할 수 없는 것은 하나님의 손에 달려 있다는 인식은 지혜의 교사들에게 매우 중요한 것이었다. 이러한 율법의 말씀을 사용함으로써, 이 격언은 어느 정도 변화되게 된다. 즉, 율법에 계시된 여호와의 말씀은 명백하며, 항상 이스라엘에 속한 것은 이러한 것들로서 추론할만한 것들이다. 그리고 그 밖의 모든 것은 하나님의 손에 놓인 것이다.[274]

신명기서는 사람들이 인식할 수 있는 것과 인식할 수 없는 것을 구분하고 있다. 사람들이 인식할 수 있는 것은 여호와의 말씀과 동일시되고, 여호와의 말씀 이외의 계시는 인간에게 주어지지 않았다. 다니엘서의 저자는 다니엘서의 이상을 여호와의 말씀과 동일시하였다. 나아가서 다니엘서의 편집자는 이 이상을 이사야서 40:1에 나오는 것처럼 큰 복역(ṣāḇā')으로 정의하고 있다.[275] 다시 말하면, 다니엘이 받은 이

---

274) G. von Rad, *Deuteronomy*, OTL(London: SCM, 1966), 180－181.

275) A. Lacocque, *The Book of Daniel,* trans. David Pellauer(Atlanta: John Knox Press, 1979), 204.

상은 다니엘서 9장과 같이 포로의 기간에 관한 것이다. 다니엘서 9장에서 기도가 필요하듯이, 다니엘서 10장에서는 세이레 동안 슬퍼하는 것이 필요하였다. 서론은 이 이상의 해석을 위해 필요한 조건들을 제시하고 있다. "그때에 나 다니엘이 세이레 동안을 슬퍼하며 세이레가 차기까지 좋은 떡을 먹지 아니하며 고기와 포도주를 입에 넣지 아니하며 또 기름을 바르지 아니하니라."(단 10:2-3) 라코쿠(Lacocque)는 이 구절에 나오는 의식이 바로 속죄일이라고 주장한다.[276] 편집자의 주장에 따르면, 다니엘의 관심은 환란의 마지막까지의 기간이었으며, 이상을 이해하기 위하여 다니엘은 율법에 순종하여야 했다.

우리는 다니엘서 10:4-9를 보좌이상이라고 이해할 수 있다. 어떤 학자들은 다니엘서 10:5에 나오는 사람을 가브리엘로 여기는 반면,[277] 다른 학자들은 이것이 잘못이라고 말한다.[278] 승천 전승은 일반적으로 이상, 보좌이상, 그리고 천사들의 해석 등의 몇 가지의 요소로 이루어져 있는데, 다니엘서의 편집자는 여러 요소들의 순서를 변화시키고 있다.[279] 다니엘서 10:5-6은 바로 보좌이상에 관한 부분이고, 이 장에서 사라진 이상은 원래 다니엘서 10:9와 10:10 사이에 있어야 한다고 나는 믿는다.

다니엘서 10-12장에서 사라진 이상은 다니엘서 8장과 10-12장의 구조와의 비교를 통하여 드러난다고 볼 수 있다.[280]

---

276) Ibid., 205.

277) "다니엘은 이름이 주어지지 않은 천사 같은 존재에 관한 이상을 받았다. 그러나 다니엘에게 말하는 방식으로 판단할 때, 그는 가브리엘로 이해할 수 있을 것이다." 포티어스, 151.

278) Jeffery, *Daniel*, 502; Lacocque, *The Book of Daniel,* 206.

279) 내가 묵시 전승이라는 말을 사용할 때, 이것은 묵시문학의 일반적인 특징을 말하는 것이 아니라, 초기 묵시문학인 파수꾼의 책에서 나타나는 승천 전승을 말하는 것이다. 이 파수꾼의 책에서는 승천 전승의 특징인, 이상, 보좌이상, 그리고 중재를 통한 해석의 틀이 있다.

280) David, 193-194.

표 33: 다니엘서 8장과 다니엘서 10-12장

다니엘서 8장	다니엘서 10-12장
15) 사람 모양 같은 것이 내 앞에 섰고 17) 내가 두려워서 얼굴을 땅에 대고 엎드리매 18) 내가 얼굴을 땅에 대고 엎드리어 깊이 잠들매 그가 나를 어루만져서 일으켜 세우며	10:5) 한 사람이 세마포 옷을 입었고 7) 그들이 크게 떨며 도망하여 숨었었느니라. 9) 내가 얼굴을 땅에 대고 깊이 잠들었었느니라. 10) 한 손이 있어 나를 어루만지기로 내가 떨더니
19) 이 이상은 정한 때 끝에 관한 일임이니라.	14) 이 이상은 오래 후의 일이니라.
20) 네가 본바 두 뿔 가진 수양은 곧 메대와 바사 왕들이요 21) 헬라 왕 첫째 왕 22) 이 뿔이 꺾이고 그 대신에 네 뿔이 났은즉 그 나라 가운데서 네 나라가 일어나되 그 권세만 못하리라.	11:2) 바사에서 또 세 왕이 일어날 것이요 그 후의 넷째는 그들보다 심히 부요할 것이며...... 헬라국을 칠 것이며 4) 그 나라가 갈라져 천하 사방에 나누일 것이나 그 자손에게로 돌아가지도 아니할 것이요 또 자기가 주장하던 권세대로도 되지 아니하리니
23) 이 네 나라 마지막 때에 패역자들이 가득할 즈음에 한 왕이 일어나리니 그 얼굴은 엄장하며 궤휼에 능하며 24) 그가 장차 비상하게 피괴를 행하고 자의로 행하여 형통하며 강한 자들과 거룩한 백성을 멸하리라 25) 그가...... 스스로 서서 만왕의 왕을 대적할 것이나 그가 사람의 손을 말미암지 않고 깨어지리라 26) 너는 그 이상을 간수하라 이는 여러 날 후의 일임이니라.	21) 한 비천한 사람이라 나라...... 그가 평안한 때를 타서 궤휼로 그 나라를 얻을 것이며 36) 이 왕이 자기 뜻대로 행하며...... 33) 지혜로운 자가...... 칼날과 불꽃과 사로잡힘과 약탈을 당하여 여러 날 동안 쇠패하리라 36) 비상한 말로 신들의 신을 대적하며 45) 그의 끝이 이르리니 도와줄 자가 없으리라 12:4) 다니엘아 마지막 때까지 이 말을 간수하고 이 글을 봉함하라

이 비교는 다니엘서 10-12장이 순서대로 다니엘서 8장의 해석과 일치한다는 것과 8장의 이상에 관한 부분이 다니엘서 10-12장에서 빠져 있다는 것을 보여 준다. 다니엘서 10-12장의 저자가 다니엘서 10-12장에 나타난 이상에 관한 부분을 말씀으로(단 10:1) 바꾸었다는 것을 알 수 있다. 나의 결론은 다니엘서 8장과 10-12장이 원래 승천 전승과 관련되었지만, 최종 저자에 의하여 편집 되었다는 것이다. 최종 편집본에서, 다니엘서 8장은 포로의 기간에 관하여 관심을 가진 반면에, 다니엘

서 10-12장은 이상을 말씀으로 바꾸었다. 다니엘서 8장과 10-12장에서의 변화는 다니엘서 9장에서도 나타난다.

4) 다니엘서 9장, 1장, 그리고 12:5-13

(1) 다니엘서 9장

내가 믿기로는 다니엘서 9장은 다니엘서의 최종 편집자의 신학을 보여 준다. 다니엘서 9장에서 제기되는 중요한 문제는 기도(단 9:4-19)와 나머지 문맥 간의 관계에 관한 것이다. 기도는 명백히 신명기 신학을 보여 준다.[281] 그런데 기도를 제외한 나머지 문맥을 살필 때 우선 1-3절에서는 칠십 년의 예언을 말하고, 20-23절에서는 이제 칠십 년의 예언을 깨닫는데 24-27절에는 칠십 이레가 어떻게 성취되는지 설명한다. 칠십 이레는 포로의 시작부터 종말까지의 기간을 말하는데 신명기적인 기도와 다른 문맥의 관계에 대하여 다양한 견해들이 있다. 일반적으로 칠십 이레의 성취를 묵시문학에서 나오는 종말까지의 결정론적인 시간관에서 나온다는 견해가

281) 이 기도는 에스라 9:6-15와 왕상 8:23-53과 비교해 보면 모두 신명기 신학을 보여 줌을 알 수 있다. A. 기도는 참회로 시작한다. 1) 우리가 범죄 하고, 패역하고, 행악하며, 반역하여(스 9:6-7; 왕상 8:47; 단 9:5a, 9), 2) 주의 법도와 규례를 떠났사오며(스 9:10; 왕상 8:58; 단 9:5b, 10), 3) 주의 종 선지자들의 말을 듣지 아니하였나이다(스 9:11; 단 9:6, 10). 4) 그들이 주께 죄를 범하였음이니다(스 9:7; 왕상 8:46; 단 9:7a, 11), 5). 쫓아 보내신 각국에서(스 9:9; 왕상 8:46; 단 9:7b(12-13)), 6) 하나님의 종 모세의 율법에 기록한 대로(왕상 8:53; 단 9:13), 7) 여호와의 모든 일은 공의로우나, 우리가 목소리를 청종치 않음(스 9:13; 단 9:14). B. "이제"라는 말로 시작하여 구원을 간청한다. 1) 우리를 애굽에서 구원하신 것을 기억하소서(왕상 8:51; 단 9:15). 2) 주의 분노를 떠나게 하옵소서(스 9:15; 단 9:16). 3) 예루살렘과 성전을 보호하소서(스 9:9; 단 9:16). 4) 사면에 있는 자에게 수욕을 받음이니이다(스 9:7; 단 9:16). 5) 주여 들으소서(스 9:14; 왕상 8:28; 단 9:17, 19). 6) 우리의 황폐한 상황을 보옵소서(왕상 8:29a; 단 9:18). 7) 우리를 용서하소서(스 9:14; 왕상 8:30; 단 9:19). 8) 주의 성과 백성을 위하여 행하소서(스 9:14; 단 9:19). Reddītt, 148.

있다. 그런가 하면 칠십 이레는 단순히 예레미야의 예언의 성취로 본다면 이것은 묵시문학의 견해가 아니라 신명기 신학에서 말씀의 성취로 볼 수 있는 것이다. 나의 견해는 후자의 입장에서 원래 결정론적인 종말론에서 온 칠십 이레의 과정이 신명기 신학의 말씀의 성취로 변형되었다고 주장하는 것이다. 그리하여 기도가 삽입되었지만 결국은 문맥과 불연속이 아니라, 기도와 신명기 신학이 통전성(integrity)을 가지고 있다고 주장하려는 것이다.

학자들의 주요 견해는 기도(단 9:4－19)와 이 책의 나머지의 문학적인 문맥 간의 부조화를 강조하는 것이다. 이 기도가 삽입이 아니고 원래적이라고 주장한 그룹[282]과 후기 첨가라는 그룹들의 견해도[283] 기도와 그 문맥 간의 갈등에 대하여 효과적으로 설명해 주지는 못한다. 다니엘서 9장에 대한 지배적인 학자들의 견해로는 기도에 담긴 신명기 신학이 이 책의 나머지 묵시문학적인 문맥으로 포함되었다는 주장이다. 존스(B. W. Jones)에 따르면, 다니엘서 9장에 원래 있었던 기도는 역사를 보상과 처벌로 이해하는 신명기적인 이해를 반영한다. 그리하여 이스라엘이 계약을 깨뜨렸기 때문에 고난을 받는다고 설명한다. 그런데 그들이 포로의 기간이 끝나고 귀환한 후에도 여전히 고난을 받는 것을 보면 이 기도로는 충분하지 않다는 것이다. 신명기적인 인과응보로는 충분하지 않기 때문에, 다니엘서 9장은 묵시적인 결정론에 초점을 맞추게 되는 것이다.[284] 이와 같이 존스는 기도와 문맥의 관계는 의도

---

282) 이러한 입장은 기도가 원래 이 자리에 있지 않았고, 후에 삽입되었다는 것을 강조한다. "다니엘에게 돌려진 긴 고백과 간구의 기도는 저자 시대의 경건에 관하여 이해할 수 있는 실마리를 제공한다. 실제로, 이 장에 중요한 것은 어떤 비평가들이 삽입이라고 여기는 이 기도인 것이다." Norman W. Porteous, *Daniel*. A Commentary(Philadelphia: Westminster Press, 1965), 133. "우리가 말할 수 있는 것은 이 기도가 이 책의 어느 다른 곳에서는 표현되지 않은 그의 사상의 일면을 보여 준다는 것이다." E. W. Heaton, *The Book of Daniel*. Torch Bible Commentary(London: SCM, 1956), 204.

283) 긴스버그는 다니엘서 9:4－20을 삽입된 기도로 보고 있다. Harold Louis Ginsberg, *Studies in the Book of Daniel*. Texts and Studies of the Jewish Theological Seminary of America 14(New York: Jewish Theological Seminary of America, 1948), 33.

284) B. W. Jones, "The Prayer in Daniel ix", *VT* 18(1968): 492－93. 이와 같은 견해는 왕대일의 다음과 같은 진술에서도 나타난다. "다니엘서 9장의 경우, 묵시문학의 시작에서 전통적인 인과응보를 수정한다. 다니엘서 9장의 의도는 저지른 죄 때문에 이스라엘 민족이 벌을 받는다는 면에서 신명기적인 사상을 수정하는 데 있다." 왕대일, 「묵시문학

적이며, 결론적으로 기도의 주제를 더 이상 언급하지 않음으로써 신명기 신학이 사라졌다고 본다.[285)]

타우너(W. S. Towner)에게 있어서, 기도에 나타나는 신명기적인 인과응보는 하나님의 응보를 전환하려는 장치나 종말론적인 사건들을 해석하는 도구도 아니다. 그는 다니엘서에서 종말은 그 당시의 새로운 시대가 도래하면서 하나님의 의를 옹호하는 도구라고 주장한다.[286)] 라코쿠(Lacocque)는 9:1－4와 9:5－19의 차이에 주목하면서 기도의 기능을 질문하고 있다. 그에 따르면, 다니엘서 9:1－4에서 다니엘은 예루살렘 성전의 파괴와 회복 사이의 칠십 년에 관한 예레미야의 예언의 바른 해석을 기다리고 있다. 그러므로 9:5－19에 있는 기도는 9:1－4와는 맞지 않는 문제를 다루고 있다는 것이다. 그는 마카비 시대의 문제는 이스라엘의 악이 아니라 안티오쿠스의 악으로 이해한다. 라코쿠에 따르면 다니엘서 9:5－19에 나타난 기도는 성경의 신비를 이해하려는 다니엘의 준비에 대한 해답을 제공한다. 나아가서, 그는 원래 기도에 존재했던 신명기적인 문맥은 묵시적인 문맥에 의하여 대치되었다고 본다. 다니엘의 의도는 하나님의 목적을 바꾸려는 것이 아니라, 안티오쿠스로 인하여 핍박당하는 이스라엘에 대한 신원을 보여 주는 것이다. 그에 따르면, 기도에서 다니엘이 죄에 대해 고백하는 것은 하나님의 신원에 대한 마지막 장벽을 제거하는 기능을 한다.[287)] 위의 학자들과는 달리, 윌슨(Gerald H. Wilson)은[288)] 다니엘서 9:1에 있는 책이라는 말은 예레미야 29장에 있는 두 편지를 언급하기 때문에, 이 기도에 관한 해석은 예레미야 29장의 도움을 받아야 한다고 주장한다. 그의 결론은 기도가 회복의 지연에 관한 혼란스러움 때문에 나타난 것이 아니라, 다니엘로 하여금 예레미야 29:12－14에 나타난 회복을 위한 조건을 이루려는 시도라는 것이다.

과 종말론: 다니엘의 묵시문학, 새롭게 읽기」, 334, 335.

285) B. W. Jones, ibid.

286) W. S. Towner, "Retributional Theology in the Apocalyptic Setting", *USQR* 26(1971): 203－14.

287) Andre Lacocque, *The Book of Daniel.* trans. D. Pellauer (Atlanta: John Knox, 1979), 177.

288) Gerald H. Wilson, "The Prayer of Daniel 9: Reflection on Jeremiah 29", *JSOT* 48(1990): 91－99.

나는 다니엘서 9장에 있는 기도가 다니엘서 9장이나 다니엘서 전체에서 유일한 신명기적인 구절이라는 주장을 받아들이는 것이 아니다. 나의 입장은 다니엘서 9장의 저자는 다니엘서 전체를 자신의 신학의 입장에서 편집을 했다는 것이다. 다른 말로 말하면, 다니엘서 9장의 저자는 당대에 지배적인 묵시문학적인 작품에 나타나는 결정론적인 종말론을 사용하여, 그것을 신명기 신학에 따라 편집을 시도한 것이다. 그리하여 다니엘서 9장에 있는 기도와 전후 문맥에는 모두 다니엘서의 최종 편집자의 신학인 신명기 신학이 지배적인 것이다. 나는 나의 논지를 다음과 같이 발전시키려 한다. 1) 다니엘서 9장은 승천 전승의 이상을 모세의 권위 아래 있는 말씀 전승에 포함하였다. 2) 다니엘서 9장에 나타난 종말은 묵시문학의 결정론이 아니라 말씀과 성취의 신명기 신학에서 왔다. 3) 다니엘서 9장은 신명기 신학 가운데 심판에 초점이 있는 것이 아니라, 이미 현실이 되어 버린 심판의 현실 가운데 회개를 통한 회복을 소망하는 데에 초점이 있다.

첫 번째로, 다니엘서 9장의 구조 가운데 이상이란 새로운 계시가 아니라 하나님의 말씀이고, 이상에 대한 해석은 주어진 하나님 말씀에 대한 이해이다. 기도 후에 천사 가브리엘이 말씀을 해석한다: “너는 이 일(말씀=dābār)을 생각하고, 그 이상을(mar'e) 깨달을지니라.”(단 9:23) 말씀은 다니엘서 10:1에서와 같이 이상과 동일시되었다. 그리하여 이상은 이미 계시된 말씀에 종속되게 되었다. 이와 같이 다니엘서 9장에서 핵심적인 요소인 말씀과 이해는 승천 전승의 핵심 요소인 이상과 해석에 비견되는 것이다. 다니엘서 9장의 저자는 이상을 이미 예레미야에게 주어진 계시인 말씀과 동일시함으로써 말씀 전승 아래 이상을 포함하였다. 말씀은 예레미야에게 주어졌지만, 신명기에 따르면 예언서는 모세의 권위 아래 있는 것이다.

> 내가 그들의 형제 중에서 너와 같은 선지자 하나를 그들을 위하여 일으키고 내 말을 그 입에 두리니 내가 그에게 명령하는 것을 그가 무리에게 다 말하리라(신 18:18).[289]

---

289) “모세 예언자라는 신명기적인 개념은 다음과 같은 특징을 가지고 있는 것으로 보인다. 이 특별한 형태의 예언자는 이스라엘의 요청에 따라 하나님에 의하여 권위를 부여받았고, 하나님과 백성 사이에 유일하게 적법한 중재자로 나타난다.” Wilson, *Prophecy and Society,* 164.

그 후에는 이스라엘에 모세와 같은 선지자가 일어나지 못하였나니 모세는 여호와께서 대면하여 아시던 자요(신 34:10).[290)]

이 구절들은 예언자들이 모세의 권위 아래 있음을 보여 준다.[291)] 그러므로, 다니엘서 9장은 이상과 천사의 중보를 통한 해석을 포함한 승천 전승의 구조를 가지고 있지만, 이미 신명기 신학의 전승 안에 있는 편집자는 이상이 말씀 전승과 모세의 권위 바깥에 있지 않다는 것을 보여 주려고 한다. 이상은 모세의 권위 아래 있는 예레미야를 통한 하나님의 말씀과 동일시되었다. 천사의 해석도 아직 남아 있다. 신명기 신학을 반영하는 말씀의 해석은 하나님 말씀인 칠십 년간의 포로가 성취될 것을 보여 준다. 이와 같이 우리는 다니엘서 9장의 문학적인 구조를 다음과 같이 나타낼 수 있다.

Ⅰ. 이상: 하나님의 말씀
- A. 연대(1－2절)
- B. 70년이라는 의미를 이해하려는 시도(3절)

Ⅱ. 이해의 추구: 율법 중심의 경건
- A. 기도의 준비(4a절)
- B. 죄의 고백(4b－11a절)

---

290) "그러므로 신명기 34:10에 나타난 구절은 모세의 죽음부터 신명기를 쓸 때까지의 기간에 대한 회고적인 평가를 의미한다. 이 구절은 모세와 다른 예언자를 동일시하는 것을 배격하고, 전 예언의 역사를 모세 시대보다 열등한 낮은 단계에 두고 있다." Blenkinsopp, *Prophecy and Canon*, 86.

291) 토라와 예언서 간의 긴장은 아직 충분히 해결되지 않았다. 결론은 다음과 같이 요약할 수 있다. "예언자들은 율법의 설교자나 이스라엘에 있어서 새로운 도덕성의 창시자들로 이해되지는 않는다. 한편으로, 예언자들의 설교는 신명기의 율법과는 다르며, 다른 한편 예언자들은 율법의 전승을 포함하여 옛 전승에 의존하고 있다." Gene M. Tucker, "Prophecy and the Prophetic Literature", in *The Hebrew Bible and Its Modern Interpreters* (Philadelphia: Fortress, 1985), 331. 정경해석방법은 토라와 예언서와의 관계를 다음과 같이 이해한다. "많은 구약 예언자들의 활동은 역사적으로 최종 모세의 토라가 형성되는 시대를 앞서지만, 예언자들의 기능은 예언서들을 모세의 토라에 대한 주석으로 읽는 방식으로 정경으로 편집되었다." Sheppard, *ABD* 1: 865.

C. 하나님의 심판에 대한 표현(11b-15절)
D. 회복을 위한 기도(16-19절)
E. 기도와 천사의 출현(20-23절)
Ⅲ. 해석: 하나님의 말씀의 이해(24-27절)
A. 포로의 기간으로서의 칠십 이레(24절)
B. 일곱이레(25a절)
C. 육십이 이레(25b절)
D. 이미 정한 종말까지의 마지막 한 이레(26-27a절)
E. 마지막 이레의 절반(27b절)

두 번째로, 다니엘서 9장이 관심 있는 것은 묵시문학에서 온 종말론적인 결정론이 아니라, 신명기 신학의 약속-성취에 근거한 예레미야의 예언으로부터 온 포로의 마지막이다. 예루살렘 성전의 파괴 후에 신명기 신학은 보상과 처벌이라는 인과응보 원리에 따라 하나님의 심판이 정당함을 강조했다.[292] 그런데 학자들 가운데 포로를 하나님의 심판으로 보면서, 이 포로의 원인을 포로기 동안에 범한 죄 때문이라고 보는 견해가 있다.[293] 내가 믿기로는 이러한 견해에 반대되는 많은 증거들, 즉 심판을 포로기 동안에 지은 죄 라고 보지 않는 증거들이 있다. 첫째로, 기도는 이스라엘의 죄를 인식하는 정도만이 아니라 은혜를 갈망하는 길을 열어 놓는다. 이 기도는 용서와 회복 가운데 하나님께서 백성들에게 돌아오시기를 바라는 간구를 포함한다(9:15-18). 둘째로, 다니엘서 9:24-27은 포로 기간 동안 이스라엘 사람들이 범한 죄를 상세하게 명기하려고 하지 않는다.[294]

---

292) 다음 글을 참조하라. Ackroyd, *Exile and Restoration,* 39-83
293) 이 의견의 대표적인 사람은 크닙(Knibb)이다. "포로기 이후 시대는 24절에 나타난다. 죄악의 시대로서 ……차라리 이 시대는 죄악이라는 특성 면에서 통일성을 가진다. …… 이 외에도 우리는 포로기와 포로기 이후 시대는 전적으로 죄악의 시기라는 다니엘서의 견해를 기억해야 한다." M. A. Knibb, "The Exile in the Literature of the Intertestamental Period", *HeyJ*(1976): 257.
294) "이 신탁에서 포로기 이후 시대 전체를 악의 시대로 보고 있는 직접적인 표시는 나타나지 않는다." John E. Goldingay, *Daniel,* WBC 30(Dallas, Tex.: Word Books, 1986), 259.

> 네 백성과 거룩한 성을 위하여 칠십 이레로 기한을 정하였나니, 허물(pešaʿ)이 마치며, 죄(ḥaṭṭāʾôt)가 끝나며, 죄악(ʿāwōn)이 영속되며(kappēr) 영원한 의가 드러나며, 이상과 예언이 응하며 지극히 거룩한 자가 기름 부음을 받으리라(단 9:24).

이 본문은 세 가지 부정적인 표현을 사용한다: 허물, 죄 그리고 죄악. 첫 번째 용어인 허물은(pešaʿ) 다니엘서 8:23에 한 번 더 나타난다: "이 네 나라 마지막 때에 패역자들이(pešaʿ) 가득할 즈음에 한 왕이 일어나리니 그 얼굴은 엄장하며 궤휼에 능하며." 내가 믿기로는 허물이라는 용어는 이스라엘의 죄가 아니라, 안티오쿠스의 박해를 언급하는 것이다. 다음 두 용어인 죄(ḥaṭṭāʾôt)와 죄악(ʿāwōn)은 이스라엘 사람들의 행위를 나타내는데, 오직 다니엘서 9장에서만 나타난다.

> 모세의 율법에 기록된 대로 이 모든 재앙이 이미 우리에게 임하였사오나 우리는 우리의 죄악(ʿāwōn)을 떠나고 주의 진리를 깨닫도록 우리 하나님 여호와의 은총을 간구치 아니하였나이다(단 9:13).

> 이는 우리의 죄(hăṭaʾênû)와 우리의 열조의 죄악(ʿāwōn)을 인하여 예루살렘과 주의 백성이 사면에 있는 자에게 수욕을 받음이니이다(단 9:16).

> 내가 이같이 말하여 기도하며 내 죄(ḥaṭṭāʾṯî)와 및 내 백성 이스라엘의 죄(ḥaṭṭāʾt)를 자복하고 내 하나님의 거룩한 산을 위하여 내 하나님 여호와 앞에 간구할 때(단 9:20).

다니엘서 9:16에서, 죄와 죄악은 동의어로 사용된다. 이것들은 이스라엘의 죄이지만, 이스라엘 백성들이 포로기간동안 범한 죄가 아니다. 다니엘서 9 장의 저자에 따르면, 이스라엘 사람들은 포로이전에 범한 죄 때문에 고통을 받고 있다. 이 모든 죄가 속할 때가 가까왔다. 이사야 40장에는 비슷한 구절이 있다.[295)]

295) "저자는 이스라엘의 고통이 자신들에게 적절한 형벌이라는 것을 사용하지는 않는다. 그러나 여기에서 앞의 기도에서와 마찬가지로 이스라엘의 죄에 관한 사상을 받아들이는 예언자적인 가르침의 영향 아래 있는 것으로 보인다. 이 견해에 대하여, 저자는 제2이사야의 메시지를 나타내고 있다(40:1－2)." Heaton, 212.

> 너희 하나님이 가라사대 위로하라, 내 백성을 위로하라. 너희는 정다이 예루살렘에 말하며, 그것에게 외쳐 고하라 그 복역(ṣəḇā'āh)의 때가 끝났고 그 죄악('ăwōnāh)의 사함을 입었느니라. 그 모든 죄를 인하여 여호와의 손에서 배나 받았느니라(사 40:1－2).

"그 복역의 때가 끝났고, 그 죄악의 사함을 입었느니라."에서 두 문장은 서로 평행이다. 복역이나 죄악이라는 용어는 포로 기간 동안 범한 죄를 뜻하는 것이 아니다. 다니엘서 9장에서와 같이 이스라엘은 포로기 이전에 범한 죄 때문에 고난을 겪고 있다. 죄악('āwōn)이라는 말은 복역(ṣāḇā')이라는 용어의 의미를 검토할 때 명확해진다. 저자는 칠십 년(단 9:2) 또는 큰 복역(단 10:1)으로 표현된 포로의 마지막에 관심이 있다. 다니엘서 9장은 신명기 신학과 연속성이 있는 하나님의 심판 이후의 칠십 년인 포로의 마지막에 초점이 있다. 다니엘서는 많은 학자들이 주장하듯이 두 번째 포로를 언급하는 것은 아니라, 첫 번째 포로를 언급하는 것이다. 이것은 다니엘서의 저자가 포로기 이후의 이스라엘의 고난에 관심 있는 것이 아니라, 포로 이전의 죄로 인하여 첫 번째 포로가 계속되고 있다고 이해하고 있는 것을 의미한다. 죄에 대한 고백은 회복을 간구하는 기도의 한 요소에 불과하다.

다니엘서 9장은 예레미야를 통한 하나님의 말씀의 성취를 의미하는 포로의 마지막에 관심이 있다. 최종 편집된 다니엘서에 따르면, 다니엘서에 나타난 설화는 느부갓네살에 의한 예루살렘 성전의 파괴라는 포로의 시작에 대한 서술로 시작한다. 이 구조 안에서 설화는 포로의 마지막으로 끝날 것을 암시해 주고 있는 것이다. 포로의 마지막을 계산하려는 다니엘의 시도(9:27b; 7:25; 8:14; 12:7)는 최종 편집자의 손길을 보여 준다.

마지막으로, 다니엘서 9장은 회개를 통한 이스라엘의 희망에 관심이 있다. 다니엘서 9장에서의 초점은 칠십 년의 신비를 이해하려는 것이 아니라, 포로로부터의 회복을 간구하는 것이다.

> 기도는 회복의 지연에 대하여 당황하였기 때문에 주어진 것이 아니다. 예레미야가 예언한 칠십 년의 마지막 시기에 다니엘이 기도를 시작한 것으로 보이는 것에는 전혀

문제가 없다. 기도는 다니엘로 하여금 예레미야 29:12－14에 나타난 회복을 위한 조건을 이루도록 하려는 시도로 이해하는 것이 가장 적절한 것이다.[296)]

이 책들(단 9:2)이 예레미야서 29장에 나타나는 예레미야의 편지라는 윌슨의 주장은 신빙성이 덜하기는 하지만, 나는 기도를 회복의 조건이라는 그의 이해에 동의한다.

> 너희는 내게 부르짖으며 와서 내게 기도하면 내가 너희를 들을 것이요 너희가 전심으로 나를 찾고 찾으면 나를 만나리라 나 여호와가 말하노라 내가 너희에게 만나지겠고 너희를 포로된 중에서 다시 돌아오게 하되 내가 쫓아 보내었던 열방과 모든 곳에서 모아 사로잡혀 떠나게 하던 본 곳으로 돌아오게 하리라 여호와의 말이니라 하셨느니라(렘 29:12－14).

여호와를 찾으라는 회복을 위한 조건은 예레미야 29장에만 나타나는 것이 아니라, 신명기 역사의 포로기 재편집에 빈번히 나타난다(신 4:27－31; 30:1－10; 왕상 8:46－53). 이러한 재편집의 특징은 다음과 같다. 1) 하나님의 심판(신 4:27－28; 30:1; 왕상 8:46), 2) 죄의 고백, 회개, 그리고 회복을 위한 기도(신 4:29; 30:2; 왕상 8: 47－48), 그리고 3) 포로의 마지막과 회복(신 30:3－5; 왕상 8:49－53). 열왕기 상 8:46－53에는 이스라엘 백성이 죄를 고백하고 회개하며 회복을 간구하면, 여호와가 이 기도에 응답하여 나라를 회복시키리라는 약속이 담겨 있다. 다니엘서 9장에서의 죄의 고백은 회복을 요구하는 기도의 요소인 것이다. 다니엘서 9장은 회개를 통하여 회복이 이루어지기를 소망하는 것을 강조한다. 나아가서 기도는 말씀 전승으로부터 오는 율법 중심의 경건을 보여 준다. 그들의 회복을 위하여 백성들은 기도를 통하여 율법 중심의 경건을 보여 줄 필요가 있다.

296) Wilson, “The Prayer of Daniel”, 97.

(2) 다니엘서 1장과 12:5 – 13

다니엘서 1장이 다니엘서 2–6장 또는 다니엘서 전체의 서론이라고 볼 만한 증거들이 있다. 다니엘서 1장은 다니엘서 1–6장의 다른 이야기의 정황과 배경을 제시하면서 다니엘서에 있는 모든 인물들을 소개한다.[297] 다니엘서 1장은 다니엘서 2장과는 독립적이다. 다니엘서 1장의 연대기적인 표현은 다니엘서 2장과 충돌한다. 다니엘은 포로가 시작한 후에(단 2:1), 느부갓네살 즉위 2년에 왕의 꿈을 해석해 준다. 그런데 다니엘과 그의 친구는 포로 후 최소한 삼 년을 이미 보냈다(1:5와 1:18). 뮐러(H. P. Müller)에 따르면, 다니엘서 3장과 6장은 궁중의 지혜를 다룬 반면에, 다니엘서 2장, 4장, 그리고 5장은 맨틱(mantic) 지혜를 다루고 있다. 다니엘서 1장은 궁중의 지혜를 다룰 뿐 아니라, 다니엘서 1:17의 삽입을 통하여 맨틱 지혜를 다루기도 한다.[298] 다니엘서 1장은 전체 책에 대한 서론이기도 하다. 다니엘서 1:1–2는 포로의 시작을 자세히 서술하면서 다니엘서의 최종 편집자의 주요 관심사인 포로의 마지막을 바라보고 있다. 다니엘서 1장은 책 전체의 방향을 인도하기 위하여 몇 가지의 주제를 제시한다. 포로기의 시작은 포로기의 마지막에 대한 기대를 가지고 있다. 다니엘과 그의 친구들은 모세의 율법에 신실한 유대 디아스포라들이다. 다니엘은 이상과 꿈을 해석할 수 있다. 나아가서 다니엘서 1장은 예루살렘 의식을 제안함으로써 다니엘서 1–6장으로부터 7–12장으로 전환하게 한다.[299]

후기에서(단 12:5–13), 다니엘은 포로기의 마지막까지 얼마나 남았는지에 관심이 있다. 기간이 한 때, 두 때와 반 때라고 명기되기는 하였지만, 다니엘은 그것을 이해하지 못한다. 이 기간에 관한 용어는 단 12:9에서 보는 바와 같이 감추어져 있다. "이 말은 마지막 때까지 간수하고 봉함할 것임이니라."(단 12:9) 다니엘은 두 가지를 알고 있다. 1) 고난을 통하여 지혜자들이 연단을 받아 스스로 정결케 되며(단 12:10),

---

297) Nickelsburg, *Jewish Literature,* 20, 38.

298) Müller, "Mantische Weische", 279.

299) 다니엘서 1장의 저자는 아람어 대신 히브리어를 사용함으로써 디아스포라 대신 포로와 팔레스틴 땅에 관심이 있음을 보여 주고 있다. Wills, *The Jew in the Court of the Foreign King,* 80. cf. Lebram, *Daniel*, 22–23, 43, 48, 51–52.

2) 그들이 포로기가 끝날 때까지 포로를 견뎌야 한다. 포로의 유익은 이스라엘을 정화하는 것이다. 모든 사람들은 박해의 마지막을 기다려야 한다. 후기는 성도들이 위기 가운데 어떻게 행동해야 하는지를 제안하고 있다. 이 대답은 묵시적인 결정론에서 온 것이 아니라, 신명기 신학의 예언-성취의 구조에서 오는 것이다. 이스라엘은 예언된 하나님의 말씀이 성취되는 포로의 마지막을 기다리고 있다.

5) 최종 본문으로서의 다니엘서

나는 공시적인 읽기를 통해 최종 편집된 다니엘서를 분석하고자 한다.

Ⅰ. 서론(다니엘서 1장)
Ⅱ. 다니엘서A(다니엘서 2-7장)[300]
Ⅲ. 다니엘서B(다니엘서 7-12장)
Ⅳ. 후 기(다니엘서 12:5-13)

다니엘서에서 승천 전승과 말씀 전승 간에 긴장이 있기는 하지만, 최종 편집은 모세의 권위 아래 있는 말씀 전승이라는 한 개의 지배적인 이념 아래[301] 이루어졌다. 다니엘서는 박해가 심각하고 끝이 예측되지 않을 때 어떻게 포로기를 견딜 것인가라는 질문에 답하려는 것이다. 다니엘은 포로기의 시작에 대한 서술로부터 출발하여, 언제 포로기가 끝날지에 대한 질문을 계속한다.[302] 나는 다니엘서 7-12장부터 시작하여 공시적인 읽기를 통하여 다니엘서의 메시지를 검토하려고 한다.

다니엘서 7-12장의 구조는 최종 저자의 시기에 나타난 위기를 밝히면서 다니엘서 9:24-27에 절정을 가진 순환적인 구조(ABCXC'B'A')를 가지고 있다.

---

300) 다니엘서 7장은 다니엘서 2-6장과 8-12장의 연결 고리이다.
301) "Sternberg", 36-37.
302) "다니엘서의 이상들의 목적은 열방 가운데 이스라엘의 고통의 시작과 마지막을 예언자적으로 서술하는 것이었다." Childs, *Introduction*, 620.

A. 심판: 지극히 높으신 자의 성도에 대한 신원(다니엘서 7장)
B. 네 번째 왕국의 마지막 왕(다니엘서 8장)
C. 칠십 이레: 금식(다니엘서 9장)
X. 칠십 이레 동안의 포로기 후의 회복(단 9:24－27)
C' 복역: 슬퍼함(다니엘서 10장)
B' 네 번째 왕국의 마지막 왕(다니엘서 11장)
A' 심판: 백성 / 지혜자에 대한 신원(다니엘서 12장)

이 구조가 보여 주는 것처럼, 다니엘서 7－12장의 초점은 포로기의 마지막이다. 다니엘서 7장과 12장은 같은 주제인 심판 장면을 가지고 있다. “심판을 베푸는 데 책들이 펴 놓였더라.”(7:10), “그때에 네 백성 중, 무릇 책에 기록된 모든 자가 구원을 얻을 것이요.”(단 12:1) 두 구절들은 마지막 때의 심판을 전제하고 있다. 책이 펴 놓였다는 말이나 이름이 책에 쓰였다는 말이나 모두 마지막 때의 구원과 심판을 전제한다. 다니엘서 7장과 12장은 공동체를 옹호하고 있다. 박해로 인하여 고통받음(7:21; 25; 12:1), 지극히 높으신 자의 성도들의 승리(7:18; 22; 27), 백성이나 지혜자들이 궁창의 빛과 같이 구원을 얻음(12:1－3). 다니엘서 8장과 11장은 모두 안티오쿠스 4세 때의 종교적인 박해의 절정을 유사한 용어로 표현하고 있다: 제사(תָּמִיד 8:11,12,13; 11:31), 정한 때 끝에 관한 일(קֵץ מוֹעֵד 8:19; 11:27; 35), 영화로운 땅(הַצְּבִי 8:9; 11:16; 41; 45).[303] 다니엘서 9장과 10장은 다음과 같이 유사한 표현을 사용하고 있다.

표 34: 다니엘서 9장과 10장에서의 용어 비교

	다니엘서 9장	다니엘서 10장
이상	칠십 이레: 포로기의 기간	복역(צָבָא 10:1): 포로기의 기간
해석 전	기도	슬퍼함
(율법 중심의 경건)		은총을 크게 받은 사람(אִישׁ־חֲמֻדוֹת 10:11, 19)
다니엘의 호칭	은총을 입은 자(חֲמוּדוֹת 9:23)	

303) David, 195－199.

최종 편집자는 칠십 이레에 대한 해석을 다니엘서 7－12장의 핵심으로 만들었다. 다니엘서 7－12장은 지극히 높으신 자의 성도의 현재와 미래의 운명을 보여 주고 있다. 현재는 그리스 왕국의 안티오쿠스 4세의 박해로 나타나고, 미래는 칠십 이레 후에 영원한 왕국의 도래로 표현된다. 남은 포로기의 기간은 세이레와 반 이레로 나타난다. 이와 같이 다니엘서 9:24－27은 남은 포로기의 기간을 보여 주면서 다니엘서 7－12장의 절정을 이룬다.

다니엘서 2－7장과 7－12장 간의 관계에 대하여서는 “어떻게 후기 마카비 저자가 포로의 6세기의 옷을 입었는가?”라는 질문에 기초하여 논쟁을 불러일으키고 있다. 차일즈는 다음과 같이 해답을 제시하고 있다.

> 후기 저자는 자기 자신의 고유의 새로운 예언을 만들거나 의식적으로 창조적인 문학적인 장치를 고안하지도 않았다. 차라리, 그는 성경의 계속적인 계시라는 기준 아래 마카비 시대의 청중을 위하여 다니엘서 2장에 근거하여 다니엘서의 비전을 확증하고 설명하는 방법을 택했다. ……다니엘서 7－12장은 예언의 진리 됨을 증명하고 이스라엘 안의 신실한 자들을 격려하려는 목표를 가지고 마카비 시대의 저자와 동시대로 2장의 이상을 확대한 것이다.[304)]

차일즈는 다니엘서 2－7장에서 7－12장으로 다양한 주제가 발전하고 있음을 보여 준다.[305)] 나는 이 두 부분을 연결하는 또 다른 주제를 제시하려고 한다. 다니엘서 7－12장의 편집 과정에서 저자는 말씀 전승을 따라 승천 전승을 하나님의 말씀의 성취 안으로 조합시켰다. 포로기의 시작과 마지막에 기초한 문학적인 구조는 전적으로 말씀 전승에 속한다. 최종 편집자의 작업은 안티오쿠스 4세의 운명을 예언과 성취의 구조 안에 넣는 것이다. 다니엘서 7－12장의 편집자는 다니엘서 2－7장을 취하여 그것을 편집하되 다니엘서 7－12장의 지극히 높으신 자의 성도들이 어떻게 포로기를 겪으며, 안티오쿠스 4세에게 어떤 일이 일어날 것인가를 보여 주게 된다.

---

304) Childs, *Introduction,* 616－618.
305) 왕국, 영광(2:37; 7:27) 그리고 네 왕국들(2장, 7장, 8장, 11－12장). Ibid., 617.

이 이야기들이 주전 2세기 이전에 문서의 모음으로 존재했다고 하는 견해들로 인하여 우리들은 우리가 알고 있는 어떤 다른 시대보다는 마카비 시대에 더 적절한 의미가 있는 이러한 문서의 모음을 준비하였으며, 이와 같이 마카비 시대의 편집자에 의하여 이 문서의 모음이 그의 작품 안으로 들어왔다고 생각할 수 있게 된다.[306]

다니엘서 2－7장의 편집에는 최종 저자의 상황이 반영되었다. 최종 저자는 다니엘서 7－12장의 빛 아래서 다니엘서 2－7장을 편집하였다. 나는 최종 편집자가 다니엘서 7－12장에 드러난 역사적인 위기를 어떻게 해석하였으며, 다니엘서 2－7장의 빛 아래서 이 위기의 해결을 모색하는지를 보여 주려고 한다. 다니엘서 2－7장은[307] 다음과 같은 구조를 가지고 있다.

A. 네 왕국들과 천상의 왕국(다니엘서 2장)
  B. 믿음의 시험 1: 다니엘의 세 친구(다니엘서 3장)
    C. 느부갓네살의 시험: 시험과 연단(다니엘서 4장)
    C' 벨사살의 시험: 시험과 폐위(다니엘서 5장)
  B' 믿음의 시험 2: 다니엘(다니엘서 6장)
A' 네 왕국들과 천상의 왕국(다니엘서 7장)

다니엘서 2장과 7장은 책 전체의 역사적인 구조를 형성하고 있다. 네 왕들, 네 왕국들, 작은 뿔, 그리고 영원한 왕국. 다니엘서 3장과 6장은 안티오쿠스 4세의 시대를 견디도록 지극히 높으신 자의 성도들을 격려하고 있다. 이야기에는 다니엘과 다니엘의 세 친구만 나타나지만, 그들은 지극히 높으신 자의 성도, 즉 유대 디아스포라를 나타낸다. 다니엘서 3장과 6장에서는 유대 디아스포라가 어떻게 포로기의 박해를 견딜 것인가의 예를 보여 준다. 다니엘과 친구들은 모세의 율법에 대한 순종 때문에 고난을 받았으며, 동시에 모세의 율법에 대한 순종을 통하여 이 박해를 이

306) Rowley, “The Unity of the Book of Daniel”, 278.
307) 두 가지 면이 받아들여졌다. 1) 다니엘서 2－6장의 자료는 다니엘서 7－12장의 자료보다 더 오래된 자료들을 포함한다. 그리고 2) 이 자료들은 다니엘서 7－12장과의 통일성을 위하여 마카비 시대에 재편집되었다. Collins, “The Court－Tales”, 218.

길 수 있었던 것이다. 모든 유대인들은 마찬가지로 율법 중심의 신앙을 지키기 위하여 목숨을 바쳐야 한다. 다니엘서 3장과 6장에서와 마찬가지로, 다니엘서 7-12장에서도 박해의 원인은 모세의 율법에 대한 순종이다. 다니엘서 3장과 6장의 이야기는 안티오쿠스의 박해를 받고 있는 사람들에게 모세의 율법을 지키라고 격려하고 있다. 다니엘과 친구들이 극렬히 타는 풀무와 사자 굴의 위협을 이긴 것같이, 안티오쿠스 시대에 백성들은 박해를 이길 수 있을 것이다. 그들의 승리를 위해 필요한 것은 모세의 율법에 대한 순종인 것이다.

다니엘서 4장과 5장에서, 초점은 다니엘이나 그의 친구들로부터 왕으로 옮겨 간다. 우리가 이 이야기들의 편집자들이 다니엘서 7-12장의 자료를 알고 있었다면, 우리는 다음과 같이 다니엘서 4-5장과 다니엘서 7-12장의 접촉점을 말할 수 있다. 다니엘서 4-5장은 두 왕, 느부갓네살과 벨사살에 관한 것인데, 그들은 신앙에 있어서 두 극단적인 인물들이다. 느부갓네살의 생은 교만, 폐위와 7년간의 포로, 그리고 회복으로 이루어져 있다. 벨사살의 즉위는 교만, 폐위 그리고 멸망으로 이루어진다. 이 두 사람은 모세의 율법에 순종하는 왕과 순종하지 않고 신성모독을 범하는 왕의 예를 드러낸다. 이것은 벨사살의 행위가 느부갓네살의 행위와 대조되는 다니엘의 해석 가운데(단 5:18-31) 나타난다.

다니엘서 4-5장의 서술은 예언과 성취의 구조 안에 놓여 있다. 이 이야기들 속에서 느부갓네살은 칠 년 후에 자신의 죄를 용서받았다. 그러나 벨사살은 죄를 용서받지 못했다. 벨사살의 용서받을 수 없는 죄는 안티오쿠스의 죄와 비견할 만하다.[308] 다니엘서 4장에서, 벨사살이 신성모독을 범한 후에 폐위되고 죽임을 당하였다. 벨사살과 마찬가지로, 안티오쿠스는 신성모독의 죄를 범한 후에 폐위되고 죽임

308) 많은 학자들은 벨사살 왕의 이야기 이면에 안티오쿠스의 이미지가 있음을 받아들인다. "안티오쿠스 에피파네스에 의한 성전 보물 약탈에 대한 숨겨진 언급이 의도되었다(마카비 상 1:20-28). ……이 이야기는 신성모독이 범죄자에 대한 즉각적이고도 타당한 형벌을 초래한다는 교훈을 제시하는 것이다." 포르티우스, 76. "그러나 벨사살의 이면에서 안티오쿠스를 볼 수도 있다. 안티오쿠스는 성전 우상숭배로 더럽히기 전인 주전 169년에 예루살렘 성전을 약탈했다. 간단히 말해서, 우리는 다니엘서 5장이 주전 2세기보다는 오래된 기원을 가지고 있지만, 주전 169년의 사건의 빛 아래서 편집자에 의하여 현대적인 의미로 재해석된 것이다." Lacocque, *The Book of Daniel,* 92.

을 당할 것이다. 다니엘서 7-12장의 메시지는 안티오쿠스의 신성모독에 대한 응답이다. 다니엘서 2-7장에서 예언이 성취된 것처럼 안티오쿠스의 멸망은 성취될 것이다. 다니엘서 2-7장은 다니엘서 7-12장의 위기 속에서 유대인들이 포로기 동안 어떻게 살아야 하며 박해를 다루어야 할지를 가르쳐 준다. 다니엘서 2-7장의 설화들은 7-12장에 비추었을 때 다음과 같이 두 가지 초점을 가지고 있는 것이다:

A. 네 왕국들과 천상의 왕국(다니엘서 2장)
 B. 박해와 극복 1: 율법 중심의 경건(다니엘서 3장)
  C. 교만, 폐위 그리고 칠 년 후의 회복(다니엘서 4장)
  C' 신성모독, 폐위와 멸망(다니엘서 5장)
 B' 박해와 극복 2: 율법 중심의 경건(다니엘서 6장)
A' 네 왕국들과 천상의 왕국(다니엘서 7장)

이 구조는 두 왕들의 운명에 관하여 관심이 있다. 나아가서, 예언-성취의 유형론 가운데 이 책의 통일성을 발견할 수 있다.

결론적으로 다니엘서의 구조는 다음과 같다:

Ⅰ. 서 론 (다니엘서 1장)
Ⅱ. 예언
 A. 네 왕국들과 천상의 왕국 (다니엘서 2장)
  B. 박해와 극복1: 율법중심의 경건 (다니엘서 3장)
   C. 교만, 폐위와 칠년 후의 회복 (다니엘서 4장)
   C' 신성모독, 폐위와 멸망 (다니엘서 5장)
  B' 박해와 극복 2: 율법 중심의 경건 (다니엘서 6장)
 A' 네 왕국들과 천상의 왕국 (다니엘서 7장)
Ⅲ. 성취
 A. 심판; 지극히 높은 자의 성도들의 신원 (다니엘서 7장)
  B. 네 왕국의 마지막 왕 (다니엘서 8장)
   C. 칠십년; 금식 (다니엘서 9장)

X. 포로와 칠십이레 후의 회복 (다니엘서 9:24-27)

C' 복역; 애통 (다니엘서10장)

B' 네 왕국의 마지막 왕 (다니엘서 11장)

A' 심판; 백성 / 지혜자의 신원 (다니엘서 12장)

Ⅳ. 에필로그: 포로의 마지막을 기다리라 (다니엘서 12:5-13)

다니엘서 7-12장과 다니엘서 2-7장은 최종 편집을 통하여 서로 상응하는 구조를 갖게 되었다.

표 35: 다니엘서 1-7장과 7-12장의 비교

	다니엘서 2-7장	다니엘서 7-12장
공동체	다니엘과 친구로 대표되는 디아스포라	지극히 높으신 자의 성도들
박해	풀무 사자 굴	성전의 더럽힘 / 성도들의 핍박
박해이유	모세의 율법에의 순종	모세의 율법에의 순종
박해극복	모세의 율법에의 순종	모세의 율법에의 순종
승리 후	영원한 왕국	영원한 왕국
회복	죄와 회복(느부갓네살)	죄와 회복(이스라엘 민족)
포로의 기간	칠 년	칠십 이레
폐위	신성모독과 벨사살의 폐위	신성모독과 안티오쿠스의 폐위

최종 본문을 고려할 때, 다니엘서 2-7장과 7-12장은 예언과 성취의 역할을 담당한다. 다니엘서 2-7장은 디아스포라들이 어떻게 포로를 극복했는가 하는 역사적인 이야기이다. 그런데 다니엘서 2-7장이 다니엘서 7-12장과 함께 놓였을 때, 다

니엘서 7－12장이 안티오쿠스에 의하여 이루어진 예루살렘의 훼파를 포로로 이해하면서 어떻게 극복할 것인가를 제시하며 신학적 포로를 말할 때, 다니엘서 2－7장은 이제 예언의 역할을 담당하게 되었다. 다니엘서 2－7장은 다니엘과 그의 친구들로 대표되는 디아스포라를 다루고 있고, 다니엘 7－12장도 자신들을 포로 중에 있다고 해석하는 "지극히 높으신 자의 성도들"을 다루고 있다.[309] 다니엘서 2－7장에 있는 유대인들이 풀무와 사자 굴을 경험한 것처럼, 다니엘서 7－12장의 유대공동체는 박해와 예루살렘 성전의 더럽힘을 경험하고 있다. 안티오쿠스는 지극히 높으신 자의 성도들과 전쟁을 하고 있다. 다니엘서 2－7장에서, 유대인들은 그들의 모세의 율법에 대한 순종 때문에(단 3:12; 6:5, 10) 박해를 겪고 있다. 주목할 것은, 유대인들이 모세의 율법에 대한 순종이 하나님의 간섭을 불러일으킬 것이기 때문에 그들이 박해를 이길 것이라고 생각한다는 것이다(단 3:24－27; 6:22－23). 다니엘서 2－7장과 7－12장에서 영원한 왕국의 도래가 전제되어 있다(단 2:44; 7:18; 27; 12:1－3). 다니엘서 2－7장은 두 가지 종류의 운명을 보여 준다. 하나는 이스라엘 백성들의 운명을 보여 주는 느부갓네살의 운명이다. 느부갓네살은 그의 교만 때문에 폐위되었지만, 칠 년 후에(단 4:34) 회복되었다. 마찬가지로 이스라엘 백성들은 그들의 교만 때문에 포로 생활을 하게 되었지만, 칠십 이레의 기간이 지나면 느부갓네살처럼 회복될 것이다. 또 다른 하나는 안티오쿠스의 운명과 대비되는 벨사살의 운명이다. 다니엘서 2－7장은 안티오쿠스 4세의 운명에 관하여 예언하고 있다. 벨사살은 신성모독 때문에 폐위되고 죽었으며, 그의 왕국은 다른 이에게 넘겨졌다. 안티오쿠스의 운명은 이 예언에 따라 성취될 것이다. 지극히 높으신 자의 성도들은 안티오쿠스 4세가 벨사살과 같은 신성모독의 죄를 범한 것을 목격했다. 그들이 기대하는 예언은 이제 안티오쿠스 4세가 폐위되어 죽고, 마침내 그의 왕국은 지극히 높으신 자의 성도들에게 넘겨질 것이라는 것이다.

309) 다니엘이 문헌적인 문맥에서의 박해보다 훨씬 이전에 살았기 때문에, 다니엘서 7－12장의 박해는 다니엘 자신과는 관련이 없다. 다니엘서 7－12장의 다니엘은 박해를 받는 사람이 아니다. 다니엘이 해석자로부터 계시는 사람으로 변하기는 하지만, 이 변화가 이 문맥에서 어떤 기능을 하는 것은 없다. 묵시 전승에서 벗어나, 다니엘서에 위치함으로써 다니엘은 박해받는 사람들의 대표자도 아니요, 고난받는 사람도 아닌 것이다.

결론적으로, 다니엘서는 다니엘서의 최종 본문을 통하여 안티오쿠스에게 핍박을 당하는 백성들에게 메시지를 전파하고 있다. 예언－성취에 따라, 박해자 안티오쿠스 4세는 폐위되고, 죽임을 당할 것이며, 그의 왕국은 지극히 높으신 자의 성도들에게 넘겨질 것이다. 유대인들이 해야 할 일은 모세의 율법을 지키면서 포로기의 마지막을 기다리는 것이다. 박해가 끝날 때, 유대인들은 회복되고, 그들의 왕국을 유업으로 받을 것이다.[310]

(1) 에녹과 다니엘

승천 전승과 말씀 전승 간의 갈등은 그들의 영웅인 에녹과 다니엘에 대한 서술을 통해 더 명확히 드러난다. 서사비평[311]에서 나타난 관점(point of view)[312]에서 살펴

---

310) 차일즈는 이 메시지가 후기에 어떻게 이해되었고, 정경의 형태로 어떻게 형성되었는지 물음으로써, 안티오쿠스 시대 이후의 다니엘서의 메시지를 검토하고 있다. 그에 따르면, 최종 저자는 후기 세대를 위하여 준비한 것이다. 저자는 작은 뿔을 안티오쿠스와 동일시하였지만, 단지 유형론적으로 사용하였다. 포로는 단지 안티오쿠스의 빛 아래서 해석될 필요는 없다. 왜냐하면 영원한 왕국이 올 때까지 우리는 포로의 마지막을 기다리며 이 땅에서 살아야 하기 때문이다. 차일즈는 다니엘이 이 메시지를 거의 모든 새로운 상황에 관련시키고 있다고 주장한다. 제2에스드라서 12:10 이하에, 네 번째 짐승이 로마 왕국으로 재해석되고 있다. 이어서 신약성서에서 기독교 공동체의 회원들은 그들이 네 번째 왕국의 박해를 받고 있다고 생각했다(마태복은 24장, 마가복음 13장). Childs, *Introduction,* 618－619. 이와 같이, 차일즈는 다니엘서를 상징적으로 사용할 것을 주장한다. “마카비 시대의 저자들은 다니엘서의 예언자적인 이상의 구조 아래, 같은 용어를 가지고 작업을 하였다. 이상은 오직 하나님만이 보여 주실 수 있는 인간의 마음으로부터 감추어진 신비인 것이다. 그러므로 성경의 저자는 상징적인 용어를 사용하여, ‘때와 기한’, ‘멸시받아 마땅한 자’, ‘황폐케 하는 범죄’, 또는 ‘도울 자가 없음’이라는 말을 사용하였다.” Ibid., 620.

311) 서사비평은 표층 구조의 형태를 강조한다. 구조주의적인 서사학(structuralist narratology)에는 두 가지 형태가 있다. 고등 구조주의와 하등 구조주의. 고등 구조주의는 언어학에 기초하여 심층 구조를 강조하고, 하등 구조주의는 표층 구조에 관심이 있다. 전자는 학문 상호간의 문학 영역에 대한 확장이며, 후자는 문학비평의 계속적인 내적인 발전인 것이다. 이러한 구조주의적인 서사학은 종교적 제도와 세속적인 제도 안에서 기초적인 문서로서의 성서의 위치를 전제한다는 면에서 포스트모더니즘과는 전혀 다르다. 앞에서 말한 기초적인 경향들은 포스트모더니즘에서 사라져 버린다. 서사학적인 접근은 준－문

보면, 이 두 책이 두 중심인물들을 다르게 서술하고 있음을 알 수 있다. 차트만에 따르면, 흥미 관점은 어떤 사람을 이롭게 하거나, 해롭게 하는 관점을 의미한다.313)

에녹서 6-11장의 위기에서 에녹은 나타나지 않는다. 에녹서 12-36장은 에녹이 어떻게 하나님의 계시를 받았으며, 계시란 무엇인가를 서술함으로써 해답을 제공하고 있다. 에녹서 12-36장에서, 에녹은 적들과 싸우고 있는 반면에 의인들이나 택한 자들은 이 싸움에서 수동적이다. 이와 같이, 에녹서 6-36장은 공동체가 자신들에게 닥친 위기를 어떻게 에녹의 권위를 통하여 극복하는가를 예측하면서, 에녹에 대하여 관심을 가지고 있다. 에녹서 1-5장은 에녹이 하나님의 참된 계시를 안다는 주장을 전제하기는 하지만, 흥미 관점에서 에녹에 대해서는 더 이상 관심이 없다. 에녹서 1-5장이 관심 있는 것은 의인들을 어떻게 보호하며 그들의 적들을 어떻게 멸할 것인가이다. 에녹은 의인들의 대표자로서 그들의 적들에 대하여 심판을 선포하고 있다. 최종 편집자의 관심은 택한 자들의 생존에 관한 것이다. 에녹의 계시는 이 세상에서 더 살아가야 할 의인들이나 택한 자들을 격려하기 위하여 주어졌다. 그러므로 흥미 관점에서 에녹서 1-5장의 관심은 의인들의 운명인 것이다.

에녹서는 이야기의 사건들을 평가하는 기준인 이념적인 관점에서 읽을 수 있다.314) 이념적인 관점에서, 에녹만이 하늘에서 일어난 계시에 대한 권위를 가지고

학적인 기초 위에 화자(narrator)와 같은 특별한 권위를 세움으로써 성서의 권위를 지키고 있다. Stephen D. Moore, et al. eds. *The Postmodern Bible: The Bible and Culture Collective*(New Haven and London: Yale University Press, 1995), 70-118.

312) "관점의 목적은 누구의 전달을 받으며, 어떻게 이러한 형태의 표현이 이루어졌는지를 이해하는 것이다." Berlin, 43, 47. "관점은 본문에 동적인 요소를 제공한다. 본문 안에 있는 모든 관점은 반대되는 것들과의 대결 가운데 진리 됨을 주장하고 있다." J. M. Lotman, "Point of View in a Text", *New Library History* 6(1975): 352. 차트만은 세 가지 종류의 관점들을 구분하고 있다. 인식적인(perceptual) 관점(설화의 사건을 인식하는 관점), 개념적인(conceptual) 관점(태도와 개념의 관점), 그리고 흥미(interest)의 관점(어떤 사람의 이익이나 불이익의 관점). Seymour Chatman, *Story and Discourse*(Ithaca, N.Y.: Cornell University Press, 1978), 151-153.

313) Chatman, 151-153.

314) 보리스 우스펜스키(Boris Uspensky)는 이념적인 관점을 다음과 같이 설명한다. "저자가 그리는 세계를 이념적으로 평가하고 인식할 때 이것을 전제한다. 관점은 저자의 것일 수도 있고, 화자(narrator)의 정형화된 조직으로서 저자와 갈등을 가질 수도 있다." 그는

있기 때문에, 에녹서 6-36장은 에녹에게 관심을 집중한다. 아사셀과 타락한 천사들은 에녹의 계시에 따라 평가되고 있다. 심판은 하나님이 선포한다 할지라도, 에녹의 선포를 통하여 이 심판이 선포된다. 에녹서 6-36장에서 에녹의 권위는 그의 승천을 통하여 진정한 것으로 판명되었기에, 에녹서 1-5장은 에녹의 권위를 당연한 것으로 여긴다. 에녹서 1-5장에서 에녹은 더 이상 선택된 자가 아니라 의로운 택한 자를 축복하는 자이다. 이와 같이 에녹은 아사셀, 타락한 천사들, 그리고 의인들을 평가하는 권위를 계속적으로 가진 자로 여겨졌다.

흥미 관점에서 보면 다니엘은 모세의 율법에 순종하는 지극히 높으신 자의 성도들에 관하여 관심이 있다. 다니엘서 1-6장이 강조하는 것은 모세의 율법에 신실한 디아스포라들인 다니엘과 세 친구들이다. 다니엘서 3장에서는 율법에 순종하는 다니엘의 친구들이 강조되고, 6장에서 율법에 순종하는 다니엘을 강조하고 있다. 이들은 포로의 삶을 사는 디아스포라들이 어떻게 살 것인가를 제시하려는 의도를 가지고 있다. 다니엘서 4장과 5장에서 이방 왕의 두 가지 모델을 제시하면서 디아스포라들이 왕을 두려워하지 말고 하나님께 순종할 것을 권면한다. 다니엘서 1-6장에서, 다니엘은 꿈과 같은 새로운 계시와 그 해석을 이해할 수 있는 방법 두 가지를 말하고 있다. 1) 새로운 계시는 오직 하나님께로부터 온다. 2) 새로운 계시는 모세의 율법에 순종하는 사람들에게 주어진다. 사람들이 새로운 계시를 받을 수 있는 유일한 방법은 모세의 율법에 대한 순종이다. 다니엘서 1-6장은 하나님의 성도들이 모세의 율법에 대한 순종을 통하여 포로 시기를 잘 극복할 수 있기를 바라고 있다. 다니엘서 1-6장이 흥미 관점에서 강조하는 것은 다니엘과 세 친구의 모델을 통하여 하나님의 백성들이 포로 생활을 잘 극복하기를 바라고 있다.

다니엘서 7-12장이 관심 있는 것도 지극히 높으신 자의 성도들이다. 다니엘서 7-12

또한 이념적인 평가는 한 개의 지배적인 관점으로부터 수행된다고 주장한다. "이러한 한 개의 관점은 작품에 있는 모든 다른 것들을 지배하게 된다. 지배적인 관점과 일치하지 않는 어떤 다른 관점이 나타나면, 이러한 판단은 더 지배적인 위치로부터 재평가가 되며 평가하는 주체(등장인물)는 더 일반적인 관점으로부터 재평가되는 것이다." Boris Uspensky, *A Poetics of Composition,* trans. Valentina Zavarin and Susan Wittig (Berkeley: University of California Press, 1973), 8-9.

장에서 다니엘의 예언은 사건이 일어나기 오래전에 예언의 형태로 표현되었기 때문에, 다니엘은 이상을 받는 사람으로서, 핍박을 받는 성도들과는 분리되고, 백성들의 대표자인 인자와도 분리되어 있다. 다니엘서 7-12장의 관심은 지극히 높으신 자의 성도들이 안티오쿠스의 박해를 마지막까지 견디고 왕국을 받을 수 있는가 하는 것이다. 다니엘서 7-12장은 지극히 높으신 자의 성도들의 운명에 관심이 있다. 이와 같이 흥미 관점에서 볼 때 다니엘서는 계속적으로 지극히 높으신 자의 성도에 관하여 관심이 있다. 다니엘서 1-6장은 지극히 높으신 자의 성도 중의 하나인 다니엘과 세 친구들에게 관심 있는 반면에, 다니엘서 7-12장은 공동체인 지극히 높으신 자의 성도들에 관하여 관심을 가지고 있는 것이다.

다니엘서는 이념적인 관점에서 볼 수 있다. 다니엘서 1-6장은 누가 하나님의 계시를 받는가에 관심이 있는데, 모세의 율법에 순종하는 사람이 하나님의 계시를 받을 수 있다. 하나님의 계시를 받을 수 있는 자격을 결정하는 도구는 바로 모세의 율법에 대한 순종이다. 모세의 율법에 순종할 때 하나님의 기적과 구원이 임하였다(다니엘서 3장과 6장). 왕들은 그들의 왕국을 다스리고 계시를 받을 수 있지만, 모세의 율법의 기준에 따라서 왕좌에 오를 수도 있고 왕좌에서 축출될 수도 있다(다니엘서 4-5장). 다니엘서 1-6장은 다니엘이 이상을 해석할 때, 모든 해석이 하나님으로부터 온 것이지 다니엘로부터 온 것이 아니라고 말한다. 다니엘은 꿈을 해석할 때마다 혼란스러워 한다. 다니엘의 해석은 이상, 다니엘의 태도, 그리고 해석으로 나타난다. 다니엘은 하나님이 천사나 기도를 통하여 해석을 매개할 때까지 이상을 이해할 수 없게 된다.[315] 다니엘은 하나님께 기도하고 하나님은 다니엘에게 해석을 계시해 주신다(단 2:19-23). 그가 꿈을 들을 때, 다니엘은 얼마 동안 놀라 벙벙하여 마음이 번민하였다(단 4:19). 즉, 다니엘은 하나님으로부터 계시를 얻기 위해 얼마의 시간이 필요했던 것이다. 이 모든 서술은 다니엘이 자신의 능력으로 꿈과 계시를 깨닫는 것이 아니라 오직 하나님이 깨닫게 하실 때만이 깨달을 수 있다는 것이다. 이 능력의 기준은 율법을 신실하게 지키는 데 있다. 다니엘서 1-6장의 이

315) Boccaccini, *Middle Judaism,* 135-140.

념적인 기준은 모세의 율법이다.

다니엘서 7-12장은 지극히 높으신 자의 성도들의 운명에 관심이 있다. 말씀 전승은 승천 전승을 두 가지 방법으로 변형시켰다. 첫째로, 말씀 전승은 인자 사상을 지극히 높으신 자의 성도로 변형시켰다. 둘째, 말씀 전승은 예레미야를 통해 예언된 포로의 마지막으로서의 하나님 말씀의 성취에 관심이 있다. 다니엘은 박해의 기간에 관심이 있었다(단 9:1 과 10:1). 이 두 중요한 요소는 말씀 전승과 모세의 권위에 의하여 결정되고 평가된다. 나아가서, 이상을 받는 자인 다니엘의 기능은 또한 제한되어 있다. 천사의 해석 이전에, 다니엘의 중심에 근심하며, 뇌 속에 이상이 번민케 하였다(단 7:15). 다니엘서 8:27에 보면, 다니엘은 이상 때문에 혼절하였지만 이해하지는 못했다. 다니엘서 12장의 마지막 절에, 다니엘이 이상을 보고 말한다(단 12:5-7). "내가 듣고도 깨닫지 못한지라 내가 가로되 내 주여 이 모든 일의 결국이 어떠하겠삽나이까?"(단 12:8) 질문 다음에 해석이 뒤따르고 있다(단 12:9-13). 다니엘서 7-12장은 또한 모세의 권위 아래 놓여 있다. 다니엘의 지혜는 단지 예레미야의 칠십 년이라는 하나님의 말씀에 대한 해석이다(다니엘서 9장). 다니엘이 기도하고 금식한 후에(다니엘서 9장), 그는 하나님의 계시를 받는다. 다니엘서 9장과 10장에서, 이상은 모세의 권위 아래 있는 말씀으로 대치되었다. 다니엘서에서 말씀 전승은 승천 전승을 다음과 같은 조건 아래 흡수를 하는 것이다. 1) 새 계시는 오직 하나님으로부터 온다. 2) 새로운 계시는 하나님의 말씀, 즉, 모세의 율법과 동일시되었다. 3) 새로운 계시는 모세의 율법에 순종하는 자들에게 주어질 수 있다. 이와 같이, 이념적인 관점에서 다니엘서 7-12장은 모세의 권위 아래 있는 말씀 전승이 핵심이다.

우리는 에녹과 다니엘을 다음과 같이 비교해 볼 수 있다.

표 36: 에녹서와 다니엘서에 나타난 관점의 차이

		흥미 관점	이념 관점
에녹서	에녹서 1-5장	의로운 자들	에 녹
	에녹서 6-36장	에 녹	에 녹

		흥미 관점	이념 관점
다니엘서	다니엘서 1-6장	다니엘과 세 친구들, 지극히 높으신 자의 성도들 중의 모델	모세의 권위 아래 있는 율법
	다니엘서 7-12장	지극히 높으신 자의 성도들	모세의 권위 아래 있는 율법

책들의 오래된 층들은(에녹서 6-36장과 다니엘서 1-6장) 에녹과 다니엘이라는 인물에 관심 있다. 후기 층에서는(에녹서 1-5장과 다니엘서 7-12장) 초점이 에녹이나 다니엘로부터 의로운 자나 지극히 높으신 자의 성도들로 옮겨졌다. 두 책의 차이점은 그들의 권위이다. 이념적인 관점에서 에녹은 승천을 통하여 하나님의 계시에 관한 권위를 가지고 있다. 그러나 다니엘은 계시에 관한 어떠한 권위도 전혀 가지고 있지 않으며, 핍박을 받지도 않고, 율법에 종속되어 있다. 다니엘은 인자와 동일시되지 않았고 지극히 높으신 자의 성도들의 대표자도 아니다. 그는 단지 모세의 율법에 순종하는 지극히 높으신 자의 성도들 중의 하나일 뿐이다.

우리는 다니엘과 에녹의 차이점을 발견할 수 있다. 다니엘서에서 맨틱 지혜는 오직 율법에 순종하는 자들에게만 주어진다. 에녹은 흠 없이 의로운 그의 거룩함에 따라 지혜를 받는다. 에녹은 백성들의 대표자로서 승천을 통하여 계시를 받았기 때문에 계시에 관련하여 권위를 가지고 있다. 그러나 다니엘은 승천하지 않고, 수동적으로 계시를 받기만 함으로써 계시에 대한 어떠한 권위도 없다. 다니엘은 모세의 권위 아래 있는 말씀 전승에 종속된다. 다니엘은 모세를 대체할 수 없으며, 모세의 권위를 옹호할 뿐이다. 다니엘은 하늘에 올라가지 않고 하나님으로부터 해석을 기다리기는 하지만, 율법에 대한 그의 신실함 때문에 계시를 받는다. 하나님이 의미를 주시지 않는다면 해석은 모호하게 남아 있다. 에녹은 하늘에 올라가 하나님의 보좌 앞에 앉는다. 백성들의 대표자로서 에녹은 후기 전승에서 인자로 여겨졌다. 에녹이 그의 제사장적인 정결함 때문에 계시를 받는 반면에, 다니엘은 율법에 대한 신실함 때문에 계시를 받는다. 다니엘서에서 새로운 계시는 모세의 율법에 신실한 사람에게만 주어진다. 에녹서에서 지혜는 모세의 율법 바깥의 새 계시를 나타내는 데 사용된 반면에, 다니엘서에서 지혜는 모세의 율법에 대한 해석과 동일시되었다.

Ⅳ

결론: 후기 문헌들에 대한 에녹서와 다니엘서의 영향

1 모세의 율법과 새로운 계시

정경해석방법을 사용하면 우리는 공동체와 본문 사이에 네 가지 단계의 대화를 설명할 수 있는데 아래의 표와 같은 관계를 얻을 수 있다. 첫 단계에서 (1) 본문 전승으로서 정경 토라는 에녹서와 다니엘서의 형성에 영향을 주었다. 두 번째 단계에서 (2) 에녹서와 다니엘서는 정경 토라에 대한 서로 다른 해석을 반영하면서 공동체의 응답으로 쓰였다. 세 번째 단계에서 (3) 에녹서와 다니엘서의 본문 전승은 후기 공동체에 영향을 주었다. 마지막으로 (4) 후기 유대교와 개신교의 공동체들은 에녹서와 다니엘서의 본문 전승에 반응하였다.[1)]

토 라

(1)↙ ↗(2)　　　(2)↖ ↘(1)

다니엘서　　　　**에녹서**

(3)↘ ↖(4)　　　(4)↗ ↙(3)

후기 문헌들

---

1) 우리가 사해사본, 헤칼롯(*Hekhalot*) 문헌 그리고 다른 묵시문학 문헌을 검토하면, 다니엘서와 에녹서에서 나온 권위 있는 전승을 발견할 수 있다. 후기 문헌들은 우리에게 다니엘서와 에녹서가 그 시기에 어떻게 사용되었는지에 대하여 보여 준다. 세 번째 단계는 에녹서와 다니엘서의 본문에 초점이 있고, 네 번째 단계는 후기문헌에 강조점이 있다. 세 번째 단계에서의 관심은 후기 문헌 자체가 아니고, 어떻게 다니엘서와 에녹서가 후기 공동체에 영향을 주었는가 하는 것이다. 이 단계는 최종 형태로서의 본문에 관심이 있다.

네 번째 단계(4)에서, 후기 문헌들은 에녹서와 다니엘서에 응답하였다. 다니엘서의 본문 전승은 새로운 계시와 모세의 율법의 조합(new revelation and the Law of Moses)으로 이루어진다. 에녹서의 전승은 새로운 계시와 모세의 율법과 관련하여 두 가지 관계의 전승을 보여 준다. 모세의 율법에 종속된 새로운 계시(new revelation under the Law of Moses), 그리고 새로운 계시와 대결하는 모세의 율법(new revelation against the Law of Moses).

묵시문학들이 후기 문헌에 준 영향도 역시 모세의 권위와 새로운 계시와의 관계로 나타나는데, 이는 승천 전승 앞에서 모세의 권위를 어떻게 이해할 것인가로 변형된다. 이 갈등이 중요한 이유는 세 가지 형태의 관계가 나타나기 때문이다. 쿰란에서 보여 주는 관계는 다니엘서와 같이 모세의 권위와 새 계시가 병렬적으로 존재하는 것이다. 이후로 이 관계는 유대주의와 기독교로 가는 이념적인 틀을 제공하게 된다.

승천 전승이 후기 묵시문학과 헤칼롯(*Hekhalot*) 같은 후기 문헌에 영향을 준 권위의 틀은 첫째는 승천 자체의 경험, 즉, 영광의 보좌 위에 있는 하나님에 대한 이상, 그리고 둘째는 승천의 목적, 즉, 그룹들의 승천 전승이라는 권위를 가지고 모세의 권위에 대항하는 것이라고 볼 수 있다. 초기의 승천 전승은 율법과 모세의 권위에 대한 저항으로 나타났지만, 말씀 전승을 옹호하는 후기 문헌들 가운데 승천 전승은 새롭게 변형된다. 이는 승천 전승과 말씀 전승이 타협함을 의미하는 것은 아니라, 오히려 지배계층인 말씀 전승의 담지자들이 승천 전승을 흡수하였다고 보는 것이 적당하다.[2] 승천 전승은 원래 에녹서의 뒤를 이어 모세의 권위를 공격하는 묵시주

---

2) 그룬발드(Gruenwald)는 헤칼롯 문헌의 두 가지 특징을 밝히고 있다. 첫째는 반-제사장적인 분위기는 없다는 것이고, 둘째로 고전적인 묵시현상의 구조 가운데는 찾을 수 없는 신비스러운 경험의 궤적으로서의 성전에 대한 이해이다. Ithamar Gruenwald, *From Apocalypticism to Gnosticism*(Frankfurt am Main; New York: Peter Lang, 1988), 142. 그가 이 결론을 위하여 관찰한 것은, 첫째, 헤칼롯 문헌에서는 아무것도 제사장 들에 대하여 논쟁적인 어조가 없다. 둘째로 헤칼롯 문헌에서 언급하는 몇 개의 아론의 제사장 구절에서는 어조가 상당히 긍정적이다. Ibid. 그는 이 특징들을 다음과 같이 설명한다. "헤칼롯 문헌들이 형성되던 상당히 늦은 시기에는 묵시주의자들과 예루살렘 제사장들 간의 오랜 대결은 사라진 지 오래고 논쟁적인 요소도 사라져 버렸다. ……반대로, 헤칼롯 문헌의 신비주

의자들에게 속하였다. 묵시문헌들은 말씀 전승에 대항하는 승천 전승의 이념을 반영한다. 그러나 헤칼롯(*Hekhalot*) 문헌은 승천을 강조하기는 하지만, 모세의 권위의 절대성을 전제하고 있다. 시내 산과 하늘이 같은 것으로 여겨진 것은 두 전승의 투쟁의 산물이다. 말씀 전승이 승천 전승을 흡수하였기에 이제, 승천 전승은 특별한 그룹에만 속하는 것이 아니다. 두 그룹이 모두 승천을 통하여 하나님의 계시를 가지게 되었다고 주장한다. 그렇다면, 말씀 전승과 승천 전승 양쪽이 모두 승천 전승을 갖게 된 후에, 에녹서와 같은 묵시문헌들에 있는 승천 전승과 말씀 전승에 있는 승천 전승의 차이는 무엇인가? 말씀 전승이 승천의 개념을 받아들였지만, 율법은 여전히 최종 계시로 여겨졌으며 시내 산에서 계시를 받은 모세를 하늘에 올라간 인물로 이해하였다. 모세의 권위와 율법은 여전히 보호되었다. 반면에, 승천 전승은 하나님의 계시인 정경 토라를 부정하지 않았지만, 승천 전승의 권위 아래 새로운 계시에 대하여 개방적이었다. 나아가서, 승천 전승은 모세가 계시를 받았다는 것을 부정하지는 않았지만, 모세가 계시를 받은 유일한 인물이라는 것과 모세의 권위의 절대성은 받아들이지 않았다.

말씀 전승에서 모세의 권위와 율법은 불가피한 요소이다. 율법에 무엇인가 더하거나 빼는 것은 허락되지 않았다(신 4:2). 말씀 전승은 모세의 율법을 바로 모세가 승천을 통하여 받은 가장 진정성 있는 계시로 봄으로써 계시의 내용을 강조한다. 헤칼롯 전승과 랍비 전승의 조화는 말씀 전승 안에서 모세의 권위의 절대성의 전제로부터 왔다. 헤칼롯 문헌에 있는 승천 전승은 정경 토라를 해석할 때 모세의 권위를 강화하기 위하여 사용된 반면에, 묵시문헌 가운데 나타나는 승천 전승은 모세의 권위에 도전함으로써 모세의 권위를 벗어날 뿐 아니라, 여전히 승천 전승을 통해 나타나는 새 계시에 대하여 말하고 있다.[3] 이와 같이, 다니엘서와 에녹서의 영향을

의와 랍비들 간의 차이는 어떤 것도 없다는 것이 확실하게 드러났다." Ibid., 142－143. 승천 전승과 말씀 전승 간의 갈등에 기초하여 나는 다른 가능한 입장을 제시하려고 한다.

3) "랍비전승에 따르면, 모세는 묵시주의자들이나 헤칼롯의 영웅들처럼 성공적으로 하늘에 올라갔다. 그러나 거기에서, 유사점은 끝난다. ……모세와 다른 이들은 겸손한 간구로 하늘을 접근하지만 그들이 얻으려는 것은 각각 토라(모세), 하나님의 비밀을 배우는 것(묵시주의자들), 또는 단지 영화로우신 왕을 보는 것(헤칼롯)." D. J. Halperin, "Ascension or

받은 후기 문헌들은 새로운 계시와 모세의 율법 간의 세 가지 관계를 보여 주게 된다. 1) 새로운 계시와 모세의 율법의 병존(new revelation and the Law of Moses), 2) 새로운 계시가 모세의 율법의 권위 아래 있음(new revelation under the Law of Moses), 3) 새로운 계시가 모세의 율법의 권위와 대립함(new revelation against the Law of Moses).

1) 새로운 계시와 모세의 율법의 병존 (New Revelation and the Law of Moses)[4]

다니엘서의 본문 전승은 새로운 계시의 도전 아래 다음과 같이 두 가지 방법으로 율법을 옹호한다. 첫 번째, 새로운 계시는 모세의 율법에 순종하는 사람들에게 주어진다. 두 번째, 새로운 계시가 있다면, 그것은 모세의 권위 아래 두어야 한다. 이 방법은 율법에 대한 모세의 권위를 옹호하기 위하여 취해진 것이지만, 결과적으로 다니엘서는 이 방법을 통하여 새로운 계시의 실체를 부정하지 않고 인정하는 셈이 되었다. 꿈과 꿈의 해석은(단 2장) 말씀 전승에서 중요한 요소가 되었다. 왜냐하면, 이것들이 율법에 순종하는 사람들에게 주어지기 때문이다. 인자가 지극히 높으신 자의 성도들(단 7:22)과 동일시되기는 하였지만, 하나님의 보좌이상, 인자 그리고 심판이라는 계시의 형식이 받아들여졌다(단 7:9－14). 결과적으로 다니엘서는 후기 문헌들을 위하여 두 가지 영향을 주었다. 첫째로, 다니엘서는 모세의 율법의 권위를 인정하였다. 둘째로, 다니엘서는 새로운 계시에 대하여 개방적이었다. 이러한 다니엘

Invasion: Implications of the Heavenly Journey in Ancient Judaism", *Religion*(1988) 18: 49.

4) 율법과 새 계시(비밀)의 차이는 신명기 29:29에서 이미 인식된다. "오묘한 일은 우리 하나님 여호와께 속하였거니와, 나타난 일은 영구히 우리와 우리 자손에게 속하였나니, 이는 우리로 이 율법의 모든 말씀을 행하게 하심이니라." 신명기는 최종 권위를 가진 모세의 율법에 기초하여 오묘한 일(*nistarot*)과 나타난 일(*niglot*)을 구별하고 있다. 하나님의 말씀을 통하여, 나타난 일은 사람들에게 주어졌지만, 오묘한 일은 인간의 한계를 넘어선다. 이 진술은 모세의 권위 아래 있는 말씀 전승과 승천 전승 간의 긴장에 대한 통찰력을 제공한다. 말씀 전승은 토라의 최종성과 모세의 권위에 관심이 있고, 승천 전승은 인간에게 주어질 수 있는 새 계시에 관심이 있다. 신명기 29:29는 새 계시로서 오묘한 일에 대한 길을 열어 놓은 승천 전승과 대비되는 신명기의 이념을 보여 준다.

서의 태도는 말씀 전승과 승천 전승을 중재하는 것으로 보이지만, 모호한 것이다. 말씀 전승이 자신의 원칙에 따라 승천 전승의 일부를 받아들였지만, 최종 편집자의 의도와는 상관없이 다니엘서는 모세의 권위 바깥에 있는 새로운 계시를 받아들인 사람들에 의하여 사용되었다. 결과적으로 다니엘서에 있는 전승은 새로운 계시와 모세의 율법 간의 병행으로 나타나게 되었다. 다니엘서에 나타난 새로운 계시에 대한 개방성은 신학적 의도보다는 그 결과로 인하여 모세의 권위를 지키는 자들에게 불편한 것이 되었다.

특별히 우리는 쿰란 문서 가운데 다니엘서에 있는 본문 전승에 응답한 것을 알 수 있다. 쿰란 문서 가운데[5] 우리는 맥크리디가 주장하듯이[6] 새로운 계시와 모세의 율법 간의 두 가지 관계를 발견하게 된다. 이 시대에 토라라는 말은 이미 계시의 내용을 강조하는 것으로 말씀 전승과 동일하게 여겨졌다. 토라와 그에 상응하는 비

---

5) 다니엘 전승이 쿰란 문서에서 권위가 있는 것은 명백한 사실이다. 플린트(Peter W. Flint)는 다니엘서가 쿰란 문서에 있는 성서임을 보여 주는 두 가지 이유를 밝힌다. 첫째, 다니엘서의 많은 사본이 이 책이 쿰란 문서 가운데 중요했음을 지지해 준다. 최소한 일곱 개의 문서가 다니엘서의 특징을 보유하고 있다. Peter W. Flint, "The Danielic Tradition at Qumran, *Eschatology, Messiah and the Dead Sea Scrolls*", eds. Craig A. Evans and Peter W. Flint(Grand Rapids: Eerdmans, 1997), 41. 둘째로, 다니엘서는 쿰란 공동체 가운데 권위 있게 사용되었다. 다니엘서는 성서요 예언서로 분류되었다. Ibid., 44.

6) 야딘(Yigael Yadin)은 성전 두루마리(Temple Scroll)를 모세의 율법과 경쟁하거나 모세의 율법을 벗어나려고 하지 않고, 토라를 저자의 세대에 더 의미 있는 것으로 만들려는 시도로 보았다. Y. Yadin, *The Temple Scroll,* Vol.1(Jerusalem: Israel Exploration Society, 1977), 60－73(in Hebrew), 인용된 곳은 Wayne O. McCready, "A Second Torah at Qumran?" *Studies in Religion* 14 / 1(1985): 5－15. 야딘과는 달리, 와콜더(Ben Zion Wacholder)는 쿰란에 있는 토라는 모세의 토라의 재해석만이 아니라, 모세의 토라를 대치하려는 것이었다고 주장한다. 그는 종파주의의 토라가 나타난 것은 하나님이 최근에 부여한 영감 있는 계시의 빛 아래 모세의 토라를 대치하기 위한 것이라고 주장했다. 그는 쿰란에 나타나는 토라는 이 책이 모세의 토라와 동등할 뿐 아니라, 그것보다 우월하다고 주장을 강조하려는 것이라는 것이다. Ben Zion Wacholder, *The Dawn of Qumran: The Sectarian Torah and the Teacher of Righteousness*(Cincinnati: Hebrew Union College, 1983), 1－4; 30－32. 맥크리디(McCready)에 따르면, 와콜더의 문제는 적절한 정도 이상으로 모세의 토라를 낮추었다는 것이다. 즉, 토라를 해석하는 데 있어서 모세의 권위는 이미 이 시기에 전제되어 있다고 보아야 하는 것이다. McCready, 5－15. 와콜더와는 달리, 맥크리디는 토라가 쿰란 문서에서 두 가지 단계로 작용하였다고 주장한다.

밀의 조합은 두 개의 중요한 계시의 요소들이다. 첫째로, 토라는 권위 있는 것으로 서술되었다. 토라의 해석에 있어서 모세의 권위는 이스라엘의 권위 있는 전승 가운데 의심할 수 없는 것이었다.[7] 둘째로, 쿰란 문서들은 토라 이외의 계시를 받아들이고 있다.[8] 이 두 번째 요소는 모세의 율법 바깥에 있는 새로운 계시를 합리화하였다.

이러한 예로서, 쿰란 문서(1 QS와 CD) 속에서 모세의 토라와 새로운 계시 간의 두 가지 관계를 볼 수 있다. 첫째, 쿰란 문서는 정경 토라의 권위 자체를 인정하고 있다. 모세의 권위는 율법과 관계있다(1QS 8:21－22).[9] 둘째로, 쿰란 문서는 모세의 권위를 넘어서는 새 계시는 모세의 율법에 순종하는 사람들에게 주어져야 한다는 전제 아래 받아들였다. 새 계시가 모세의 권위를 넘어서기는 하지만, 새 계시를 모세의 율법에 순종하는 사람에게 돌림으로써 새 계시를 모세의 권위 아래 포함하였다.[10]

이 쿰란 문서 안에서 모세의 율법은 최종적인 계시라기보다는 승천 전승을 통하여 주어질 수 있는 많은 다양한 형태의 계시들 중의 하나일 뿐이다. 쿰란 문서는 모세의 권위를 인정하면서 승천 전승을 통하여 새 계시에 이르는 길을 열어 놓았다.

---

7) 바리새－랍비 유대교에 따르면 모세는 절대적인 권위를 계속 가지고 있다. 구전 토라는 모세의 권위 아래 있는 쓰인 토라에 대한 해석이다. "구전 토라는 쓰인 토라가 삶의 방식이 되도록 하는 해석과 설명을 제공하였다. ……그러한 개념들은 제2성전 시대의 유대교에 대해 다양하게 접근하게 하였다. 그레코－로만 시대에 토라가 순수한 삶의 방식으로 존속하기 위하여 적절한 보충으로 쓰인 토라를 돕는 것이 필요하였다. 바리새－랍비 유대교에서, 이것은 구전 토라를 통하여 이루어졌다." Lawrence H. Schiffman, *From Text to Tradition*(Hoboken, New Jersey: Ktav Publishing House, Inc, 1991), 180, 181.

8) McCready, 5－8.

9) 계명대로 완전의 길을 걷는 자들은 거룩한 공회로 들어가는 반면에, 모세의 율법 중의 하나라도 고의건 부주의이건 범하는 사람들은 누구든지 공회로부터 추방될 것이다(1QS 8:21－22). 쿰란 문서의 모든 번역은 다음 책에서 인용하였다. F. G. Martinez, *The Dead Sea Scrolls Translated: The Qumran Texts in English,* 2d ed. trans. G. E. Watson(Leiden: E. J. Brill, 1996).

10) 다니엘서에서 새 계시는 모세의 율법에 순종하는 자들만이 받을 수 있다. 그러나 하나님의 계명에 굳건히 서는 사람들과 함께, 그들 가운데 남아 있는 자들과 함께, 하나님은 그들에게 감춰진 것들을 계시하면서 이스라엘과의 계약을 영원히 세웠다(CD 3:12－14). 이에 따르면, 그들은 하나님의 계명인 모세의 율법에 굳건히 서 있기 때문에, 감추어진 것들을 받았다.

> 모세의 손과 그의 종 예언자들이 명령한 대로 마음과 영혼을 다하여 하나님을 찾으며, 또한 그 앞에서 옳고 의로운 것을 하기 위하여(1 QS 1:1－3).

> 그들의 조항의 규칙적인 때에 관한 모든 계시된 것들을 따라(1 QS 1:8－9).

> 사독의 후손들에게 계시된 모든 것에 따라 그는 모세의 율법으로 돌리는 맹세로, 제정된 규범으로 맹세할 것이다(1QS 5:8－9).

다메섹 규율(CD)은 레위기에 나타난 것처럼 명백하게 말씀 전승을 그들의 조상들과의 계약 중의 하나로 이해한다.

> 먼저 들어온 자들이 이 기간이 지나갈 때까지 배운 율법에 관한 완전한 해석에 따라 행동하기 위하여 그들 뒤따라 들어온 모든 자들. 첫 사람들이 죄를 속하기 위하여 하나님과 맺은 언약에 따라, 하나님이 그들을 속할 것이다(CD 4:8－10).

> 나는 야곱과의 언약을 기억하며, 이삭과의 언약과 아브라함과의 언약을 기억할 것이며, 그 땅을 기억할 것이다(레위기 26:42).

다니엘서가 모세의 권위 아래 있는 말씀 전승을 방어하기는 했지만, 여전히 모세의 율법이 전제된 다메섹 문서(CD)와 공동체 규칙(1 QS)에서 보이는 대로 새로운 계시로 가는 길을 열어 놓았다. 대신 모세의 권위의 절대성은 약화되었고, 새로운 계시는 공동체의 지도자의 권위 아래 가능하게 되었다.

2) 모세의 율법 아래 있는 새 계시
(New Revelation under the Law of Moses)

포로 후기 시대에 말씀 전승은 모세의 권위 아래 해석된 율법을 정경 토라로 여졌다. 모세의 토라를 옹호하기 위하여, 말씀 전승은 승천 전승을 통하여 하나님의 대행인에게 주어진 계시가 바로 모세의 토라라고 주장하면서, 승천 전승을 점차적으로 사용하기 시작하였다.

> 그러나 그때 하늘이 또한 흔들릴 것이며, 하나님이 모세를 취하실 때, 전능하신 자의 보좌 아래 있는 하늘이 심하게 흔들거렸다. 하나님은 그에게 율법의 방식과 마지막 때와 함께 많은 경고도 너에게처럼 보여 주셨다. 그리고 나아가서 시온의 모양도 현재 성전의 모양을 닮아 만들어졌다. 그런데 또한 하나님은 그에게 그때 보여 주신 것은 불의 잣대, 심연의 깊이, 바람의 무게, 빗방울의 수, 진노의 억제, 오랜 고통의 심화, 심판의 진리, 지혜의 기원, 공기의 높이, 천국의 크기, 기간의 마지막, 심판 날의 시작, 헌물의 수, 아직 오지 않은 세계, 지옥의 입, 신원의 장소, 믿음의 장소, 희망의 지역, 다가오는 형벌의 그림, 셀 수 없는 많은 천사들, 화염의 위력, 번개의 섬광, 천둥의 소리, 원-천사들의 위계, 빛의 보화, 때의 변화, 율법에 대한 관심 등이었다. 이것들이 네가 본 네 번째 밝은 문이었다(제2바룩서 59:3).

이 구절은 에녹서에서 승천을 통하여 에녹이 계시를 받을 때와 유사한 문맥을 보여 주기는 하지만,[11] 승천이 또 다른 목적으로 사용되었을 뿐이다. 즉, 모세가 에녹 대신 나타난 것이다. 새 계시는 에녹이 아니라 모세에게 주어졌고, 모세는 하늘에 오른 사람이라고 말해졌다. 이제 에녹과 같은 묵시문학의 영웅들로부터 모세의 율법을 지키기 위하여 말씀 전승의 신학이 변화되었다. 신명기는 시내 산과 하나님이 앉아 계신 하늘을 동일시하지 않았지만, 이제 모세가 토라를 받은 시내 산은 하늘로 판명되었고, 모세가 하늘에 올라가서 받은 것은 토라만이 아니라, 미시나, 탈무드, 학가다(*haggada*) 등과 같은 하늘의 비밀이었다.[12] 새 계시의 가능성은 형식적으로는 허용되었지만, 토라를 통해 새 계시의 가능성은 종료되고, 모세의 권위를 넘어서는 새 계시에 이르는 길은 사라진다.

---

11) 여기에서 에녹의 기능은 처음으로 모세에게 전이되었다. Charles, *The Doctrine of a Future Life in Israel, Judaism and Christianity*, 514.

12) Wayne A. Meeks, *The Prophet-King: Moses Traditions and the Johannine Christology* (Leiden: E. J. Brill, 1967), 206.

헤칼롯(*Hekhalot*) 문헌은 말씀 전승 가운데 있는 모세의 권위 아래 승천 전승을 받아들인다.[13] 머레이존스(C. R. A. Morray－Jones)는 헤칼롯 문헌들이 영광의 보좌에 앉은 하나님의 이상 또는 멀카바(*merkavah*)[14]를 보기 위하여 일곱 개의 천상의 궁전을 다녀오는 이상 여행을 그리고 있기 때문에, 이 문헌들이 신비적인 경험과 관계된다고 주장한다. 이 문헌들은 에녹서에 나타나는 여러 전승 가운데 승천을 통한 신현존의 경험 자체를 강조한다. 힘멜팔브는 승천이란 다름 아닌 "이상을 보는 자(visionary)가 천사와 동등함을 얻는 것으로 묘사하는 것."이라고 정의한다.[15] 내 판단으로는, 그녀는 묵시문학과 헤칼롯 문헌을 구분하지 않았다. 대신 그녀는 묵시문헌을 헤칼롯 문헌의 관점에서 연구하고 있다. 왜냐하면 그의 승천의 정의는 헤칼롯 문헌에 적용되기 때문이다. 사실상, 묵시문헌은 승천을 통하여 당대 그룹의 이념을 강조하는 반면, 헤칼롯 문헌들은 승천을 통하여 이상을 받은 자들이 변화되는 것을 강조하고 있다.

> 문헌적인 장르의 관점에서, 헤칼롯 문헌은 두 가지 형태로 나뉘는데, 그것들은 승천에 대한 묘사와 비밀을 드러내는 천사들이 땅에 나타남을 표현한 것. 문학적인 장르와 관련하여 비슷한 구분이 묵시문헌에 대하여 이루어졌지만, 묵시문헌과는 다르게 헤칼롯 문헌은 황홀한 경험을 얻게 하는 다양한 도구들을 자세히 묘사하는 데 많은 분량을 소비한다.[16]

---

13) 헤칼롯 문헌은 세 가지 중요한 주제를 포함한다. 승천, 우주적인 비밀의 계시, 토라를 연구하고 기억하는 비밀스러운 방법. Ithamar Gruenwald, *Apocalyptic and Merkavah Mysticism* (Leiden: E. J. Brill, 1980), 99.

14) C. R. A. Morray－Jones, "The 'Descent to the Chariot' in Early Jewish Mysticism and Apocalyptic", in *Mapping Invisible Worlds*, ed. G. D. Flood(Edinburgh University Press, 1994), 9.

15) 힘멜팔브의 연구는 승천을 포함한 다음과 같이 유대－기독교 묵시문학을 포함한다. 파수꾼의 책, 레위의 유언서(the Testament of Levi), 제2에녹서(2 Enoch), 시밀리튜드(제1에녹서 37－72), 스바냐의 묵시문학(the Apocalypse of Zephaniah), 아브라함의 묵시문학(the Apocalypse of Abraham), 아브라함의 승천기(the Ascension of Abraham), 이사야의 승천기(the Ascension of Isaiah), 그리고 제3바룩서(3 Baruch). Himmelfarb, *Ascent to Heaven,* vii.

16) Gruenwald, *From Apocalypticism to Gnosticism,* 99.

제3에녹서는 헤칼롯 문헌 중의 하나인데 에녹서에 담긴 전승의 발전을 보여 준다. 이 문헌은 에녹의 승천에 관한 전승(에녹1서 14장)과 에녹의 메시아적인 인자와의 동일시(에녹서 71장)라는 전승을 따르고 있다. 제3에녹서에서, 에녹은 작은 여호와라고 불리는 초천사적인 존재로 변화된다. 묵시문헌은 에녹에게 속하게 될 의로운 자나 택한 자에 관심이 있는 반면에, 헤칼롯 문헌은 에녹이 천사적인 존재로 변한 것 자체에 관심을 가진다.

나는 거기에서 야렛의 아들인 에녹을 데려왔다. 나는 그에게 모든 천국에 있는 모든 창고와 보물들을 맡겼다. 나는 그에게 지혜와 이해를 제공하여 그가 위로 하늘과 아래로 땅의 비밀을 볼 수 있도록 하였다. 나는 그의 이름을 작은 여호와라고 불렀다. 나는 모든 비밀을 사랑 가운데 그에게 드러내고, 모든 신비를 그가 정의 가운데 알게 했다(제3에녹서 48C:2－7).

나아가서, 메타트론이 위의 하늘에서 매일 세 시간 동안 앉아서 모세오경을 읽으면서 죽은 어린 영혼들을 모았다. 그는 그들을 영광의 보좌 아래 데려가 그들을 그의 주변에 앉히고, 그들에게 토라와 지혜와 학가다와 전통을 가르쳤다. 그는 그들을 위하여 율법 연구를 완성하였다(제3에녹서 48C:12).

제3에녹서가 관심있는 것은 에녹이 우월한 원－천사인 메타트론으로 변하는 것과 하늘의 비밀에 관한 것이다. 그러나 제3에녹서에는 에녹서 같은 특별한 상황적인 맥락이 없다. 이 구절들에는 토라의 연구와 말씀 전승을 전면에 둠으로써 승천 경험을 모세의 토라와 연결시키려는 시도가 있다. 모세의 토라라는 말이 다시 나타나고, 메타트론은 시내 산에서 모세에게 토라를 드러낸다.

사십 일 마지막에 그것들이 마치자, 찬양받으실 거룩하신 분이 토라의 왕인 에피퍄(*Yepipyah*)를 부를 때까지 그는 한 번에 모든 것을 잊어버렸다. 그는 그것을 선물로서 모세에게 주었는데 기록된바, 주께서 그것들을 나에게 주셨다. 그 후에 그는 토라를 기억했다. 그가 그것을 기억했는지 우리가 어떻게 알겠는가? 이렇게 기록되었기 때문이다. 내가 호렙 산에서 모든 이스라엘을 위하여 율법과 규례들을 준 내종 모세의 토라를 기억하라. 모세의 토라란 토라와 예언서와 성문서를 의미한다. 율법이란 할라카와 전통을 의미한다. 규례란 하카다와 토셒타를 의미한다. 이 모든 것들은 시내 산에서 모세에게 주어진 것이다(제3에녹서 48D:4).

이와 같이, 헤칼롯 문헌은 에녹서에서 나타난 승천의 경험을 모세의 권위 아래 둠으로써, 이후부터 유대의 신비주의는 모세의 율법 아래 통합되었다.[17]

3) 모세의 율법의 권위에 대항하는 새 계시 (New Revelation against the Law of Moses)

머레이존스(Morray－Jones)는 묵시현상이 천상의 비밀에 관한 계시와 하나님의 이상에 관심을 두고 있다고 말한다.[18] 그는 묵시현상은 순수한 신비적인 이상 자체에 관심 있는 것이 아니라, 책의 메시지가 설화 구조를 이루는 진정성 있는 계시라는 것을 논쟁적인 어조로 보여 주기 위하여 승천이 사용되었다고 주장하였다. 에녹서는 이러한 묵시문학에 영향을 주되, 승천 전승으로 다른 그룹의 권위를 약화시키는데 영향을 주었다. 그는 묵시문학의 초점은 신비적인 가르침 자체가 아니라, 신학적인 개념을 전파하는 것이라고 주장한다.[19]

레위의 유언서(The Testament of Levi)는 두 종류의 이상을 담고 있다. 첫 번째 이상에서(2－5장), 레위는 제사장으로 임명받은 하늘에 오르고, 두 번째 이상에서는(8장), 천사들이 그를 제사장에 임명하고 제사장의 의복을 입힌다. 첫 번째 이상에

17) 그룬발드도 이를 확증하고 있다. "헤칼롯 전통의 신비주의와 랍비 간에는 어떤 구별된 것도 없다." Ibid., 143.

18) "묵시현상은 천상의 비밀이 계시되고, 보좌 위에 육체의 형태로 계시는 이상에서 절정을 이루는 하늘의 여행을 서술하고 있다." Morray－Jones, The 'Descent to the Chariot' in Early Jewish Mysticism and Apocalyptic, 9.

19) Ibid.

서, 레위의 승천은 고유의 정황(context)을 담고 있다. 레위는 승천하기 직전에 인간의 죄에 대하여 애통하고, 주께서 사람들을 심판하시리라는 소리를 들었다. 승천 후에, 천사들은 레위에게 말한다. "디나를 위하여 세겜에게 보복하라. 내가 너와 함께 하리라. 왜냐하면 주께서 나를 보내셨기 때문이다."(레위의 유언서 5:3b). 승천의 목적은 지상에서 레위의 사명을 합리화하는 것이다. 하늘에 대한 묘사는 에녹서에 있는 전승으로부터 발전한 것이다.[20] 그의 승천의 절정은 에녹서를 따라 보좌에 앉으신 지극히 높으신 자를 보는 것이다(5:1). 레위의 유언서는 불의한 자에 대한 하나님의 심판과 처벌에 관한 것을 담고 있다. 자연과 사람들에 대한 대비는 에녹서 2:1－4:5를 연상시킨다.

> 그래서 주께서 우리를 보실 때 우리들은 모두 떨 것이다. 하늘과 땅들도 심연도 전능하신 자의 앞에서 떤다. 그러나 사람들은 이 문제에 무감각하여서 계속 죄를 지으며, 지극히 높으신 자의 진노를 유발시킨다(레위의 유언서 3:9－10).

쿠겔(James Kugel)은 레위의 유언서에 있는 두 가지 이상에 담긴 의미를 찾으려고 노력한다. 그에 따르면, 두 번째 이상은(8장) 첫 번째 이상보다 일찍 쓰였다. 둘째 이상이 완성된 후에 저자는 레위가 어떻게 개인적으로 제사장직을 부여받았는지에 대한 새로운 이야기를 써야 한다는 의무감을 느꼈다. 저자는 두 번째 이상을 첫 번째 이상(2－5장)을 위한 기본적인 전제로 사용하여 발전시켰다.[21] 저자는 세겜의 학살과 레위 제사장직의 합법성을 옹호하려고 하였다. 첫 번째 이상에서, 하나님이 레위 제사장직을 시작하게 했음을 강조하고, 레위가 승천을 통하여 진정성 있는 계시를 받았다고 말한다. 레위의 유언서에서 계시의 내용보다 중요한 것은 레위 제사장직의 합법성이다. 여기에서 에녹 대신 레위가 나타난다. 에녹이 이 책에서 나타나지

---

20) "파수꾼의 책에서부터 변화된 것은 레위의 유언서에 있는 일곱 하늘에 관한 것이다. 파수꾼의 책에 있는 다른 요소들은 이러한 구조 아래 변형되었다. 하늘의 묘사는 파수꾼의 책에서와 같이 솔로몬의 성전을 따르고 있다." Himmelfarb, *Ascent to Heaven,* 30－37.

21) James Kugel, "Levi's Elevation to the Priesthood in Second Temple Writings", *HTR* 86: 1(1993): 45.

않지만, 레위의 유언서는 그룹의 합법성을 증명하려고 한다는 측면에서 에녹서에 있는 승천 전승을 따르고 있다.

시밀리튜드(제1에녹서 37－71장)도 또한 에녹의 전승을 반영하고 있다. 첫째로, 시밀리튜드는 에녹서 1－36장의 마지막 편집에서 사용된 의로운 자 또는 선택된 자라는 용어를 사용하고 있다. 그러나 이 용어들이 시밀리튜드에서는 구분 없이 사용되었다. 의로운 자들의 초기 지상 생활에 대한 묘사는 모호한 편이며,[22] 수동적으로 묘사되어 있다. 의로운 자의 덕은 상세하게 기술하지 않았지만, 의로운 자들은 이 세상에서 박해를 받고 있다. 그들의 기도와 피는 파수꾼의 책에서처럼 하늘에 상달된다(에녹서 7:5, 6; 8:4; 47:1).

> 그때에, 의로운 자의 기도는 하늘에 상달되었고, 그들의 지상에서의 피는 영들의 하나님 앞으로 상달되었다. 그리고 한목소리로, 그들은 간구하고 기도할 것이며, 영광을 돌리고 찬양하며, 피를 흘린 의로운 자들의 피를 대신하여 영의 주의 이름을 찬양할 것이다. 의로운 자들의 기도는 상납되고, 의로운 자의 피는 영의 주 앞에 받아들여졌다(에녹서 47:1).

이 구절은 마지막 시대에 의로운 자와 악한 자의 운명을 강조한다. 의로운 자들에게 있어서 유일한 소망은 그때에 있다. 시밀리튜드에서 강포에 대한 묘사는 더 자세하다. 악한 자들은 지배자요, 왕들이요, 지주들이다(46:4; 48:8; 53:5; 54:2; 62:9; 63:1). 그들의 행위는 파수꾼의 책에서와 마찬가지로 강포라고 부른다.

> 그때에, 지상의 왕들과 전능한 지주들은 그들이 손으로 행한 일들을 진술할 때 수치를 당할 것이다. 그러므로 비참하고 피곤한 날에, 그들은 구원을 얻지 못할 것이다(에녹서 48:8).

> 그들은 왕들과 지배자들을 데려올 것이며, 그들을 깊은 계곡에 던지고 있었다(에녹서 54:2).

---

22) Collins, *Apocalyptic Imagination,* 145.

둘째로, 지혜는 의로운 자들에게 주어진다. 시밀리튜드는 에녹이 두 번째 본 이상이라고 정의한다(에녹서 37:1). 본문은 파수꾼의 책에 나오는 승천 전승을 전제하고, 하늘에 있는 모든 비밀을 서술하고 있다. 시락서 24장과는 달리, 지혜는 지상에 거할 장소를 발견하지 못한다.

> 지혜는 거할 수 있는 장소를 지상에서 발견하지 못하고 하늘에서 발견하였다. 그리고 지혜는 사람들과 함께 거하기 위하여 나갔으나, 거할 곳을 발견하지 못했다. 지혜는 자기의 처소로 돌아와 천사들 가운데 영원히 거하였다(에녹서42:1－2).

> 그는 말했다. 야곱 가운데 거하라. 이스라엘이 너를 받아들일 것이다. 사랑하는 도시에서 그가 나에게 거할 곳을 주었다. 예루살렘에 나의 자리가 있다. 나는 영화로운 사람들 가운데 바리를 잡았다(집회서 24:9).

이것은 에녹서의 신학과 일치하는바, 에녹서는 지상의 예루살렘 성전이 합법적이지 못하다고 주장한다. 지혜는 지상에서 인간의 죄 때문에 감추어져 있다. 인자는 영들의 주이신 분의 지혜를 의로운 자들에게 계시하였다(48:7).

셋째로, 시밀리튜드에서 인자는 에녹서의 개념을 재확인한다. 이 세상의 희생자들은 의로운 자와 선택된 자라고 불리며, 인자는 의로운 자 또는 선택된 자라고 불린다(에녹서 38:2와 53:6). 의로운 자의 기능은 이 책에서 수동적인 반면에, 인자는 그들의 대표자로서 중요한 역할을 한다.

> 이 사람은 인자인데, 그에게 의가 있고 그와 함께 의가 거한다. 그는 모든 감춰진 창고를 열 것이다. 왜냐하면, 영의 주가 그를 선택했고, 그는 영원한 의 가운데 영의 주 앞에서 승리할 것이기 때문이다. 네가 본 이 인자는 왕과 능한 자들을 그들의 안락한 자리에서 없애고, 강한 자들을 그들의 보좌에서 밀어낼 것이다. 그는 강한 자의 즉위를 폐하고, 죄인의 이를 꺾을 것이다(에녹서 46:3－5a).

인자의 특징은 의(righteousness)이다. 하나님은 그를 선택하여 왕들과 지배자들 같은 악의 대행인들에 대한 승리를 보장하였다. 시밀리튜드는 인자를 공동체와 구별된 존재로 서술하고, 이어서 공동체의 운명은 인자에게 달려 있다고 주장한다. 모빙켈을 따라,[23] 콜린스는 이 관계를 왕과 백성 사이에서 볼 수 있는 대표자로서의 일치라고 말한다. 시밀리튜드에서 논쟁이 되는 것은 인자와 에녹의 관계이다. 콜린스는 세 가지 가능한 해법을 제시하고 있다. 1) 에녹서 7:4에서의 인자는 기술적인 용어(인자)라기보다는 일반 명사(사람)일 뿐이다.[24] 2) 71장에서의 진술과 이 책 나머지 사이에는 긴장이 있다. 왜냐하면, 71장은 편집을 위한 첨가이기 때문이다. 3) 인자와 에녹이 동일시되는 것은 책 전체에서 의도된 것이다.[25] 나의 연구를 통하여, 세 번째 견해가 에녹서 1－36장의 사상과 일치한다는 것을 발견할 수 있다. 에녹은 에녹서 1－36장에서 의로운 자라고 불리는 자이며, 또한 의를 선포하는 자이다. 의로운 자들은 용사의 강포에 의한 희생자로 여겨졌다. 파수꾼의 책은 사람들이 제사장 전승에 따라 의롭게 됨을 보여 준다. 파수꾼의 책의 마지막 편집(에녹서 1－5장)에서, 에녹은 마치 이스라엘 전승의 왕처럼 의로운 선택된 자들을 축복한다. 다른 말로 말하면 파수꾼의 책은 에녹을 백성들의 지도자로 본다. 그리고 시밀리튜드는 나아가서 에녹을 인자로 여긴다. 시밀리튜드에서 인자의 특징은 파수꾼의 책에서 나타나는 에녹의 특징과 유사하다.[26]

승천 전승은 쿰란문서에서 또한 발견된다(4Q427 and 4Q491).[27]

---

23) "대표자로서의 일치와 전체를 책임지는 지도자와 인종의 한 형태로서의 개인이라는 집합적인 개념이 문자적이고 실제적인 정체성과 같은 것은 아니다. 제의에서 한 사람이 전체를 대표하거나, 상징적인 의미에서 전체라는 사실은 그들 사이에 친숙한 운명공동체라는 개념이 있다는 의미이다." Mowinckel, 381.

24) Collins, *Apocalyptic Imagination*, 151.

25) Ibid., 151－2.

26) 올슨(Daniel C. Olson)은 최근에 이러한 주제를 연구하였다. 새로운 사본의 증거, 번역의 문제, 그리고 에티오피아 교회의 정황들에 힘입어, 그는 결론 내리기를 "실제로 후기의 시작과 마지막인 제1에녹서 70:1과 71:4는 에녹이 인자라는 주장을 고려하면서 읽어야 한다." Daniel C. Olson, Enoch and the Son of Man in the Epilogue of the Parables, *JSP* 18(1998): 27－38.

27) 이 본문들은 다음 책에서 따온 것이다. Martinez, *The Dead Sea Scrolls Translated.*

4Q427 파편7 컬럼i

8 [] 천사들 가운데 9 [] 그는 나를 입술로 부를 것이다. 10 [] 거룩한 자에게 악을……그는 내 영광과 비교할 수 없다. 내 장소는 천사들과 함께 있었다. 15 영원한 자들과 함께 고양되며, 위대함을 하나님께, 영광을 왕께 돌리라.

4Q491 파편 11 컬럼I:11－14, 18

12 신들의 모임에 전능한 보좌가 있고, 그 위에는 어떤 동방의 왕도 앉을 수 없고, 그들의 거룩한 자[] 침묵(?) 13 [] 나의 영광은 [비교할 수 없이] 그리고 내 곁에 아무도 고양되지 않았다. 그는 나에게 오지 않았다, 왜냐하면, 내가 하늘에 거하고, 아무도 없다 14……나는 신들과 함께 있었고, 내 거처는 거룩한 회중에 있다. 18 [] 왜냐하면 나는 신으로 여겨지고, 내 영광은 왕의 아들과 함께 있다.

이 사람이 누구인지 여러 학자들이 연구하였다. 스미스는(Morton Smith) 이 사람이 특별한 원－천사가 아니고 사람이라고 말한다. 그의 결론은 승천을 통한 신성화에 대한 묵상이라는 것이다.[28] 콜린스는 이 고양된 교사는 마지막 날에 의를 가르치는 사람이나(CD 6:11), 또는 플로릴레기움(Florilegium)의[29] 율법에 대한 종말론적인 해석자일 것이라는 것이다. 이러한 학자들의 작품에 의존하여, 아벡은(M. G. Abegg, Jr.) 이것이 쿰란 공동체의 창시자인 의의 교사일 것이라고 결론 내린다.[30] 내가 믿기로는 이 표현이 쿰란 공동체의 권위를 주장하는 데 중요한 증거라는 것이다. 이 표현은 승천 전승을 따르고 있으며, 에녹처럼 이 사람은 신들 가운데 있다. 보좌이상과 지극히 높으신 자 주변의 회중들이 묘사되어 있다. 이 사람은 지극히

28) Morton Smith, "Ascent to the Heavens and Deification in 4Qma", in *Archaeology and History in the Dead Sea Scrolls: the New York University Conference in Memory of Yigael Yadin*, ed. L. H. Schiffman(JSPSup 8; JSOT / ASOR Monograph 2; Sheffield: JSOT Press, 1990), 181－188.

29) J. J. Collins, *The Scepter and the Star: The Messiah of the Dead Sea Scrolls and Other Ancient Literature,* ABRL 10(New York: Doubleday, 1995), 148.

30) Martin G. Abegg, Jr., "4Q491, 4Q427, and the Teacher of Righteousness", *Eschatology, Messiah and the Dead Sea Scrolls,* eds. Craig A. Evans and Peter W. Flint(Grand Rapids: Eerdmans, 1997), 72.

높으신 자의 대행인이다. 쿰란 공동체의 대표자는 에녹서에 있는 에녹과 대비되는데, 승천 전승에 의존하면서 더 진정성 있는 계시를 가지고 있다고 주장한다. 쿰란 공동체의 경우에 모세의 율법은 공동체가 받은 많은 계시 가운데 하나일 뿐이다. 모세의 율법을 넘어서는 새 계시는 이 사람에게 주어질 수 있고, 새 계시를 얻는 방법은 바로 승천이다.

2 신약성서에 나타나는 승천 전승

신약성서가 예수 그리스도의 사건의 권위의 빛 아래에 구약의 사건들을 해석한다고 하는 해석학적인 출발점을 얻는 데에는 승천 전승의 영향이 크다고 볼 수 있다. 유대교는 시내 산 사건에서 모세에게 주어진 계시 사건을 여전히 최고의 권위 있는 사건으로 보는 반면에, 기독교는 예수 그리스도에게 주어진 승천의 권위를 가지고 모세의 권위를 뛰어넘었다. 그리하여 기독교의 탄생은 승천 전승과 관련이 있다고 볼 수 있는 것이다.

승천 전승이 신약성서를 이해하는 데 있어서 중요한 이유는 예수의 승천과 관련되기 때문이다. 파수꾼의 책에서 나오는 승천은 이 세상을 부정하는 데 사용된 것이 아니라, 진정성 있는 계시를 가졌다고 주장하는 그룹의 정당성을 증명하는 데 사용되었다. 신약성서에서 예수의 승천은 에녹서에 나오는 승천의 배경 가운데 이해할 수 있다, 왜냐하면, 신약성서에서 예수의 승천은 그가 영원히 승천을 통하여 땅에 있는 그의 백성들과 결합되었다는 것을 의미하기 때문이다. 그의 승천을 통하여, 예수는 육체에 있을 때는 할 수 없었던 방식으로 모든 인간의 상황 안으로 충분히 들어오게 되었다.[31] 예수의 의는 정당화되었고, 마성적인 세계의 지배자들은

31) Brian K. Donne, "The Significance of the Ascension of Jesus Christ in the New

그의 승천을 통하여 멸망하도록 되었다. 예수는 실패한 옛 왕들과는 달리 세상의 이상적인 왕임을 증명하였다.

누가복음의 저자는 예수의 승천을 통하여 원시적인 기독교 종말론을 다시 쓰고 있다. 예수의 승천은 누가에게 있어서 예수께서 충분한 권위를 갖기 시작한 순간을 의미한다. 베드로의 설교를 통하여(행 2:14－40), 누가는 승천을 유대백성의 역사 가운데 하나님의 행위의 절정이라고 본다. 이제부터 역사는 승천된 예수의 증거가 되었다. 교회의 사명은 그리스도가 보내신 성령 아래에서 수행되었다. 현재는 예수가 구주이기 때문에 종말론적인 시간이 되었다.[32] 승천하신 예수와 기독교인들과의 연결은 예수를 증거 하는 능력을 부여한 성령이다.[33] 예수의 승천 후부터는 제자들의 증거를 거부하는 행위는 박해 시 제자들의 전하는 말을 가르쳐 주는 성령을 거부하는 것이 된다(행 12:8－12). 기적은 하나님의 도구이신 예수를 믿는 믿음과 관련되어 있다(행 7:16, 21－23,13:17). 족장들에게 하신 약속은 이제 하나님의 성령과 관련되고 새롭게 실현되었다. 구약성서에서 하나님의 성령은 백성들을 향한 하나님의 현존을 의미했다. 신약성서에서 기독교 공동체에 하나님이 현존하는 방식은, 부활하

Testament", *SJT* 30, 555－568.

32) Eric Franklin, "The Ascension and the Eschatology of Luke－Acts", *Scot. Journal of Theology,* Vol.23(1970): 192. 승천이라는 주제는 누가복음과 사도행전 전체에 지배적인 것이다. 누가는 임박한 종말론적인 사건을 변형하여, 예수의 승천을 통하여 다시 쓰고 있다. 예수님의 대답에서(행1:7－8), 강조점은 종말(파루시아)이 아니고, 성취의 때인 현재 이루어진 예수님의 승천인 것이다. 누가는 예수께서 대제사장에게 대답할 때(22:69), 마가가 인용한 다니엘서 7:13을 생략하고 있다. 승천의 절정은 예수께서 예루살렘에 입성하시는 것이었다. 종말론적인 사건은 예루살렘에서 나타나는 것으로 되어 있다(9:51; 24:27). 나타날 것은 영화라기보다는 이미 형성된 사실의 표현인 것이다(눅 9:26의 그의 영광과 아버지의 영광, 막 8:38에 그의 아버지의 영광). 예수께서는 파루시아까지 기다리지 않으시고, 스데반이 죽을 때 드러내셨다(7:56). 누가는 원시 기독교 종말론을 다시 쓰고 있다. 예수님의 현재 주권은 교회의 생명을 보장하고 있다(행 3:26, 5:31, 17:31, 26:23). Franklin, 192－200. 더 많은 논의를 위하여, 다른 책들을 참조하라. Joseph A. Fitzmyer, S. J. "The Ascension of Christ and Pentecost", *TS* 45(1984): 409－440; John F. Maile, "The Ascension in Luke－Acts", *The Tyndale New Testament Lecture* 37(1986), 29－59. A. W. Zwiep, *The Ascension of the Messiah in Lukan Christology*(Leiden: Brill, 1997).

33) Ibid., 197.

시고 승천하신 그리스도의 아버지의 약속 가운데 실현된 것이다.

이와 같이 승천의 주제는 누가복음과 사도행전에 지배적이다.[34] 누가는 예수에 대한 살아 있는 믿음을 일깨우고, 그러한 삶이 어떤 응답을 불러일으키는지 설명했다. 사도행전은 한마디로, 승천하신 그리스도에 대한 변증인 것이다. 승천에 대한 믿음을 위해 드러난 증거는 성령의 능력 아래 있는 교회의 보편적인 사명이다. 오순절 사건을 통하여 누가는 기독교 공동체를 구약전승 가운데 갱신된 계약 공동체라고 정의한다. 승천을 통하여 누가는 승천하신 예수에 대한 믿음을 강화하고, 땅끝까지 그러한 메시지를 전하는 사명을 재확인하고 있는 것이다.

예수의 승천은 요한복음에서 더 발전하는바, 이 요한복음은 예수의 승천을 에녹서에 나오는 에녹의 승천과 유사하게 전개하고 있다.[35] 요한복음에서, 예수의 승천은 유대인의 도전 앞에서 자신의 정체성을 지켜야 하는 요한공동체의 옹호를 위하여 사용되었다.[36] 요한은 예수를 하늘에서 왔다가 다시 하늘로 돌아가는 자로 표현하였다(1:51; 3:11－13; 6:63; 8:14; 14:7－15; 20:17). 요한복음에서 예수는 자기 백성을 선택한 후에 다시 하늘로 돌아가기 위하여 하늘에서 내려왔다. 이 책의 목적은 모세의 율법보다 더 진정성 있는 계시를 가졌다고 주장하는 공동체의 정통성을 옹호하려는 것이다. 에녹의 승천은 요한복음에서의 예수의 승천과 대비된다. 두 책에서 종파주의적인 경향이 있는 특별한 그룹의 정당성을 옹호한다. 파수꾼의 책은

---

34) Ibid., 192－200.

35) 다음 책을 참조하라. Wayne A. Meeks, “The Man from Heaven in Johannine Sectarianism”, *JBL* 91(1972): 44－72; *idem, The Prophet－King: Moses Traditions and the Johannine Christology.*

36) 요한공동체의 문제는 유대인들의 박해를 이겨 내고, 기독교 종파로서 그 공동체의 정당성을 확보하는 것이었다. 요한의 공동체가 요한복음을 편집한 여러 증거들이 있다. 예수를 믿는 유대인들은 회당으로부터 추방되었다(9:22－23; 16:1－4a). 예수를 따랐던 다른 그리스도인들은 이제 이 공동체로부터 분리되었다. 왜냐하면 그들은 예수님의 신성을 기독론적으로 확증해 주는 것을 받아들이지 않았다(6:60－65). 유대인들을 향한 사명이 실패한 후에, 그들은 이방인들을 복음화하는 시도를 하였다. 회당에서 그리스도인들을 유대인들이 추방하였음에도 불구하고, 요한복음은 유대공동체 안에 믿는 자와 동정적인 자들이 있다고 주장한다(12:42－43). 하늘에서 내려온 사람이라는 이미지인 신적인 기원은 요한의 공동체를 유대인들로부터 분리시키는 데 사용되었다. Pheme Perkins, “The Gospel according to John”, in *New Jerome Bible Commentary*(1990): 945－946.

모세의 율법에 근거한 예루살렘 제사장들에 대항하여 에녹의 공동체의 정당성을 옹호한다. 요한복음은 모세의 율법을 사용하는 유대인들에 대항하여 요한공동체의 정당성을 반영한다. 에녹과 예수는 모세의 율법의 옹호자들과 싸우는 공동체의 지도자이다. 두 책에서, 지상의 성전은 무효화되었다. 이상적인 솔로몬 성전에 근거를 둔 에녹서는 제2성전에 대하여 비판적이다. 예수의 몸은 예루살렘 성전을 대치하려고 한다. 승천에 관한 두 가지 예는 승천으로 해결될 이 세상에서의 위기로부터 나온다. 양쪽에서의 승천에 관한 묘사는 악한 세상에서 더 살아야 할 공동체와 교회의 정통성을 위하여 쓰였다.

3 결론

이 연구는 중요한 초기 묵시문학인 에녹서와 다니엘서의 연구로부터 시작된다. 나의 논지는 묵시문학이 토라에 대한 응답이라는 것이며, 이것을 증명하기 위하여 오경과 제2성전 시대의 문헌을 통해 논지를 찾다 보니 결과적으로 구약성서에 전체적으로 흐르고 있는 두 전승인 말씀 전승과 현존 전승의 줄기를 찾아내게 되었다. 묵시문학에 나타난 승천 전승도 이 전승의 범주 안에서 발전된 것을 알게 되었다.

묵시현상에 관한 연구는 두 가지 작업, 즉, 각 묵시문학에 대한 통시적인 특징과 공시적인 특징을 이해하는 일을 필요로 한다. 그리고 묵시문학을 포로 후기 시대의 신학적인 흐름에 위치시켜야 한다. 묵시현상에 관한 콜린스의 장르 정의가 묵시문학 연구에 있어서 상당한 진보인 것은 틀림없지만, 묵시문학들 간의 이념적인 갈등을 밝히는 데는 적절하지 못한 것이다. 묵시현상의 문학적인 특징은 묵시문학이라는 장르로 설명할 수는 있지만, 묵시현상의 연구에서 좀 더 중요한 관찰은 묵시문학이라는 장르가 묵시문학을 만든 그룹들의 이념을 표현하는 데 사용되었다는 것이다.

이 연구에서 나의 논지는 묵시현상이 정경 토라에 대한 응답이라는 것이다. 토라의 권위는 현존 전승과 말씀 전승 간의 갈등 가운데 있다. 새로운 계시에 관한 도전과 모세의 권위에 관한 의문이 이 긴장을 심화했고, 이어서 이 긴장은 포로 후기 시대에 묵시문학을 형성하는 데 있어서 중요한 요소인 승천 전승과 말씀 전승 간의 갈등으로 발전해 갔다. 이와 같이, 묵시현상의 핵심은 각각의 묵시문학을 만든 그룹들의 이념적인 독특성과 그들의 갈등을 밝히는 것이다. 다니엘서 중심의 연구와 에녹서 중심의 연구의 균형을 이루기 위하여, 나는 이스라엘의 권위 있는 전승들의 맥락 가운데 에녹서와 다니엘서를 위치시키고, 이것들을 하나님의 계시를 분별하는 권위가 공동체와 본문 간의 대화에 있다는 정경해석적인 관점으로 검토하였다.

승천 전승의 전신이라고 볼 수 있는 현존 전승에는 세 가지 요소가 있는데 그것은 천상의 성전과 지상의 성전 간의 일치, 보좌 전승(왕상 22장, 이사야 6장, 에스겔 1-3장), 그리고 신현현 주제이다. 오경에 있는 제사장 전승은 보좌이상과 신현현 주제를 결합시켰다. 포로의 경험은 신현존 전승(에스겔서)에 움직이는 수레개념을 더해 주었다. 에스겔서는 신현존 전승에 기초한 회복 프로그램을 세웠다. 포로 후기 시대에 에스겔의 청사진에 근거한 회복 프로그램(학개와 스가랴 1-8장)은 스룹바벨의 사라짐과 더불어 좌절되었다.

말씀 전승은 신명기의 편집을 통하여 발전되었는데 이 신명기는 법전을 모세의 권위 아래 두었다. 오경의 최종 편집에서는 말씀 전승과 현존 전승은 서로 조화로운 것이었다. 포로기 이후에, 모세의 권위 아래 있는 말씀 전승은 페르시아의 정책 아래 있는 포로 후기 시대를 지배하였다. 말씀 전승의 지배는 스가랴서 1-8장과 에스라-느헤미야서에서 나타난다. 에스라-느헤미야의 개혁 가운데, 모세의 율법은 성전과 제사를 대치하였으며, 이후 유대공동체는 율법-성전 중심의 공동체로 발전하였다. 한편으로, 토라의 해석 가운데 나타나는 모세의 권위의 절대성이 포로 후기 시대(집회서)에 정착하였다. 주전 2세기에 모세의 율법의 절대성은 계약적 율법주의로 요약된다고 할 수 있다.[37] 다른 한편, 말씀 전승과 현존 전승은 토라 전승 안에서 조화를 이루었다(역대기서, 희년서).

말씀 전승과 현존 전승은 새로운 계시의 도전을 받으면서, 더욱 갈등을 일으키게 되었다. 에녹서는 승천 전승을 통하여 모세의 율법의 절대성에 도전하였다. 승천 전승은 보좌이상과 신현현 주제를 가지고 있다는 면에서 현존 전승과 연속성이 있다. 그러나 지상의 성전이 더럽혀졌기 때문에 천상의 성전과 지상의 성전의 일치가 깨어지면서 승천 전승은 현존 전승을 벗어나게 되었다. 승천 전승은 제사장 전승에 기초한 정경 토라의 권위를 인정하면서, 모세의 권위를 넘어선 새로운 계시를 용납하게 되었다. 에녹서는 제2성전의 합법성과 예루살렘 성전 제사장들의 정결에 대한 도전을 하면서 이 제도의 기초인 모세의 권위를 공격하였다. 이와 같이, 에녹서는 정경 토라를 대치하려고 한 것이 아니라, 계시의 내용이 아닌 계시의 형식에 기초하여 토라를 더 진정성 있게 해석할 수 있다는 주장을 하고 있다.

모세 전승은 원래 새로운 계시에 대하여 개방적이지 않았다. 새로운 계시에 관한 주제는 모세의 권위와 관련이 있다. 모세의 토라를 옹호하는 자들은 파수꾼의 책에 나타난 승천 전승을 편하게 받아들일 수 없었다. 왜냐하면, 승천전승은 모세의 권위의 절대성을 받아들이지 않았기 때문이다. 다니엘서는 승천 전승에 대항하여 모세의 권위를 방어했다. 다니엘서가 모세의 권위 아래 있는 말씀 전승으로 승천의 개념을 억압하였는데 이를 위하여 다니엘서는 새로운 계시는 모세의 율법에 충실한 사람들에게만 주어지든지 아니면 새로운 계시는 단지 모세의 오경의 해석과 같다고 주장하고 있는 것이다.

신약시대는 모세의 권위와 승천 전승의 갈등이 연속되고 있는 것으로 이해할 수 있다. 유대주의는 모세의 권위 아래 십계명 사건을 기초로 계시의 내용에 근거한 권위를 주장하는 반면에 기독교는 승천 전승을 통하여 모세의 권위를 뛰어넘게 된다. 누가복음과 사도행전을 거쳐 요한복음에 이르면 모세의 권위와 예수의 권위의 대립은 극에 이르게 된다. 승천 전승에 기초하여 요한공동체는 더 진정성 있는 권위를 주장할 수 있게 되었다.

---

37) E. P. Sanders, *Paul and Palestinian Judaism,* 422−23.

Bibliography

Abegg, Martin G. Jr. "4Q491, 4Q427, and the Teacher of Righteousness." *Eschatology, Messiah and the Dead Sea Scrolls,* eds. Craig A. Evans and Peter W. Flint, 61–73. Grand Rapids: Eerdmans, 1997.

Aberle, David F. "A Note on Relative Deprivation Theory as Applied to Millenarian and Other Cult Movements." In *Millennial Dreams in Action: Essays in Comparative Study,* ed. S. Thrupp, 209–14. The Hague: Mouton, 1962.

Ackroyd, Peter R. *Exile and Restoration: A Study of Hebrew Thought of the Sixth Century B.C.* OTL. Philadelphia: Westminster, 1968.

Ackroyd, Peter R. "The Jewish Community in Palestine in the Persian Period." In *The Cambridge History of Judaism. Vol.1. Introduction, The Persian Period,* eds. Davies, W. D. A. and Finkelstein, Louis, 130–161. Cambridge and New York: Cambridge University Press, 1984.

Ackroyd, Peter R. *The Chronicler in His Age.* JSOTSup 101. Sheffield: JSOT Press, 1991.

Albright, W. F. "The Date and Personality of the Chronicler." *JBL* 40(1921): 104–24.

Albright, W. F. "The Name 'Israel' and 'Judah' with an Excursus on the Etymology of TODAH and TORAH." *JBL* 46(1927): 151–85.

Allen, Leslie C. "The Structure and Intention of Ezekiel 1." *VT* 43: 2(1993): 145–161.

Anderson, B. W. "Tradition and Scripture in the Community of Faith." *JBL* 100/1(1981): 5–21.

Argall, Randal A, *1 Enoch and Sirach: A Comparative Literary and Conceptual Analysis of the Themes of Revelation, Creation and Judgment.* Atlanta: Scholars Press, 1995.

Avigad, Nahman. *Bullae and Seals from a Post–exilic Judaean Archive.* Qedem 4. Jerusalem: Institute of Archaeology of the Hebrew University, 1976.

Barber, B. "Acculturation and Messianic Movements." *American Sociological Review* 6(1941): 664–668.

Barker, Margaret. *The Older Testament*. London: SPCK, 1987.

Barker, Margaret. "Some Reflections upon the Enoch Myth." *JSOT* 15(1980): 7–29.

Barr, James. "Jewish Apocalyptic in Recent Scholarly Study." *BJRL* 58(1975): 9–35.

Barr, James. *Holy Scripture: Canon, Authority, and Criticism*. Philadelphia: Westminster, 1983.

Barr, James. "Biblical Theology." In *IDBS*: 104–111.

Barr, James. "The Theological Case against Biblical Theology." In *Canon, Theology, and Old Testament Interpretation: Essays in Honor of Brevard S. Childs*, eds. Gene M. Tucker et al., 3–19. Philadelphia: Fortress, 1988.

Barr, James. "The Synchronic, the Diachronic and the Historical: A Triangle Relationship." In *Synchronic or Diachronic?: Debate on Method in Old Testament Exegesis,* ed. J. C. de Moor, 1–14. Leiden: E. J. Brill, 1995.

Barton, John. *Reading the Old Testament: Method in Biblical Study*. Philadelphia: Westminster Press, 1984.

Baumgartner, W. *Das Buch Daniel*. Giessen: Töpelmann, 1926.

Beecher, Willis J. "Torah: A Word–study in the Old Testament." *JBL* 24(1905): 1–16.

Belgrich, Joachim. "*Die Priestlich Torah.*" *BZAW* 66(1936): 63–88.

Ben, Asen. "Reflections on Daniel and Apocalyptic." *CurTM* 15(1988): 263–266.

Berlin, A. *Poetics and Interpretation of Biblical Narrative*. Sheffield: Almond Press, 1983.

Berquist, Jon L. *Judaism in Persia's Shadow: A Social and Historical Approach.* Minneapolis: Fortress, 1995.

Betz, Hans Dieter, "On the Problem of the Religio–Historical Understanding of Apocalypticism." In *Apocalypticism*, ed. R. W. Funk, 134–156. JTC 6. Tübingen: J.C.B. Mohr, 1969.

Bickerman, Ellias J. *From Ezra to the Last of the Maccabees: Foundations of Post–Biblical Judaism.* New York: Schocken Books, 1962.

Birch, Bruce C. "Tradition, Canon and Biblical Theology." *HBT* 2(1980): 113–125.

Black, Matthew, ed. *Apocalypsis Henochi Graece.* Series Pseudepigrapha Veteris Testamenti Graece 3. Leiden: E. J. Brill, 1970.

Black, Matthew. "The Throne-Theophany Prophetic Commission and the Son of Man: A Study in Tradition-History." In *Jews, Greeks and Christians: Religious Cultures in Late Antiquity. Essays in Honor of William David Davies,* eds. Robert Hamerton-Kelly and Robin Scroggs, 57-73. Leiden: E. J. Brill, 1976.

Black, Matthew. *The Book of Enoch or 1 Enoch: A New English Edition with Commentary and Textual Notes.* SVTP 7. Leiden: Brill, 1985.

Blenkinsopp, J. "The Structure of P." *CBQ* 38(1976): 275-92.

Blenkinsopp, J. *Prophecy and Canon: A Contribution to the Study of Jewish Origins.* London: Notre Dame University Press, 1977.

Blenkinsopp, J. *A History of Prophecy in Israel.* Philadelphia: Westminster Press, 1983.

Blenkinsopp, J. *Ezra-Nehemiah. A Commentary.* Philadelphia: Westminster Press, 1989.

Blenkinsopp, J. *Sage, Priest, and Prophet: Religious and Intellectual Leadership in Ancient Israel.* Louisville, Ky.: Westminster John Knox Press, 1995.

Blum, E. *Studien zur Komposition des Pentateuch.* BZAW 189. Berlin, 1990.

Boccaccini, Gabriel. *Middle Judaism: Jewish Thought 300 BCE to 200 CE.* Minneapolis: Fortress, 1991.

Boccaccini, Gabriel. "Jewish Apocalyptic Tradition: The Contribution of Italian Scholarship." In *Mysteries and Revelations: Apocalyptic Studies since the Uppsala Colloquium*, eds. J. J. Collins and J. H. Charlesworth, 33-50. JSPSup 9. Sheffield: JSOT Press, 1991.

Boccaccini, Gabriel. *Beyond the Essene Hypothesis: The Parting of the Ways between Qumran and Enochic Judaism*. Grand Rapids: Eerdmans, 1998.

Bockmuehl, Markus N. A. *Revelation and Mystery in Ancient Judaism and Pauline Christianity.* Tübingen: J. C. B. Mohr, 1990.

Bornkamm, Günther. "musthrion." *TDNT* IV: 802-828.

Braun, Roddy L. "The Message of Chronicles: Rally Round the Temple." *CTM* 42(1971): 502-13.

Braun, Roddy L. “Chronicles, Ezra, and Nehemiah: Theology and Literary History.” In *Studies in the Historical Books of the Old Testament,* 52−64. VTSup 30. Leiden: E. J. Brill, 1977.

Braun, Roddy L. *1 Chronicles.* WBC 14. Waco, Tex.: Word Books, 1986.

Brekelmans, C. “Deuteronomy 5: Its Place and Function.” In *Das Deuteronomium: Entstehung, Gestalt und Botschaft,* ed. N. Lohfink, 164−73. BETL 68. Leuven: Leuven University Press, 1985.

Brekelmans, C. “The Saints of the Most High and their Kingdom.” *OtSt* 14(1965): 305−329.

Brett G. Mark. *Biblical Criticism in Crisis?* Cambridge: Cambridge University Press, 1991.

Brueggemann, Walter. *In Man We Trust.* Richmond: John Knox Press, 1972.

Brueggemann, Walter. *The Creative Word: Canon as a Model for Biblical Education.* Philadelphia: Fortress, 1982.

Brueggemann, Walter. “Trajectories in Old Testament Literature and the Sociology of Ancient Israel.” *The Bible and Liberation,* eds. N. Gottwald et al., 201−226. London: Orbis Books, 1993.

Brueggemann, W. and Wolff, H. W. *The Vitality of the Old Testament Traditions.* Atlanta: John Knox Press, 1982.

Bryce, Glendon E. *The Legacy of Wisdom: The Egyptian Contribution to the Wisdom of Israel.* London: Associated University Press, 1979.

Burridge, Kenelm O. L. *New Heaven, New Earth.* New York: Schocken, 1969.

Callaway, Mary C. “Canonical Criticism.” In *To Each Its Own Meaning,* eds. S. L. McKenzie et al., 121−134. Louisville: Westminster / John Knox Press, 1993.

Campbell, Antony F. *The Study Companion to Old Testament Literature: An Approach to the Writings of Pre−Exilic and Exilic Israel.* OTS. Collegeville, Minn.: The Liturgical Press, 1989.

Campbell, Antony F. “The Priestly Text: Redaction or Source?” In *Biblische Theologie und gesellschaftlicher Wandel*, eds. S. McEvenue, et al., 32−47. Freiburg im Breisgau: Herder, 1993.

Carroll, R. P. *When Prophecy Failed.* New York: SCM, 1979.

Carroll, R. P. "Childs and Canon." *Irish Biblical Studies* 2(1980): 211–236.

Carroll, R. P. "Israel, History of Post–Monarchic Period." In *ABD* 3: 567–76.

Carroll, R. P. "So What Do We Know About the Temple?" In *Second Temple Studies 2: Temple–Community in the Persian Period*, eds. P.R. Davies and David J. A. Clines, 34–52. JSOTSup 175. Sheffield: JSOT Press, 1994.

Casey, Maurice. *Son of Man: The Interpretation and Influence of Daniel 7*. London: SPCK, 1979.

Chatman, Seymour. *Story and Discourse: Narrative Structure in Fiction and Film*. Ithaca, N.Y.: Cornell University Press, 1978.

Charles, R. H. *The Book of Enoch*. Oxford, 1912.

Charles, R. H. *The Doctrine of a Future Life in Israel, Judaism and Christianity*. London: A. & C. Black, 1913.

Childs, Brevard S. *Myth and Reality in the Bible*. London: SCM Press, 1960.

Childs, Brevard S. *Biblical Theology in Crisis*. Philadelphia: Westminster Press, 1970.

Childs, Brevard S. "The Exegetical Significance of Canon." *VTS* 29(1977): 66–88,

Childs, Brevard S. *Introduction to the Old Testament as Scripture*. Philadelphia: Fortress, 1979.

Childs, Brevard S. *Old Testament Theology in a Canonical Context*. Philadelphia: Fortress, 1985.

Cholewinski, Alfred. *Heiligkeitgezetz und Deuteronomium: Eine vergleichende Studie*. Analecta Biblica 66. Rome: Biblical Institute Press, 1976.

Clark, W. M. "The Flood and the Structure of the Pre–patriarchal History." *ZAW* 83(1971): 184–211.

Clements, R. E. *God and Temple*. Oxford: Basil Blackwell, 1965.

Clements, R. E. *Abraham and David: Genesis XV and Its Meaning for Israelite Tradition*. Naperville, Ill.: Allenson, 1967.

Clements, R. E. *Deuteronomy*. Sheffield: JSOT Press, 1989.

Clines, D. J. A. "Nehemiah 10 as an Example of Early Jewish Biblical Exegesis." *JSOT* 21(1981): 111–117.

Clines, D. J. A. *Ezra, Nehemiah, Esther.* NCB. Grand Rapids: Eerdman, 1984.

Clines, D. J. A. and Exum, J. Cheryl. "The New Literary Criticism." In *The New Literary Criticism and the Hebrew Bible,* 11−25. JSOTS 143. Sheffield: JSOT Press, 1993.

Coats, G. W. and Long, Burke O. eds. *Canon and Authority.* Philadelphia: Fortress, 1977.

Cody, A. *A History of Old Testament Priesthood.* Analecta Biblica 35. Rome: Pontifical Biblical Institute, 1969.

Coggins, Richard. "What Does 'Deuteronomistic' Mean?" In *Those Elusive Deuteronomists: The Phenomenon of Pan−Deuteronomism,* eds. Linda S. Schearing and Steven L. McKenzie, 22−35. JSOTSup 268. Sheffield: Sheffield Academic Press, 1999.

Cohen, J. D. Shaye. *From the Maccabees to the Mishnah*. Philadelphia: Westminster Press, 1989.

Cohn, Norman. *Cosmos, Chaos and the World to Come: The Ancient Roots of Apocalyptic Faith.* London: Yale University Press, 1993.

Collins, Adela Y. *Cosmology and Eschatology in Jewish and Christian Apocalypticism.* Leiden: E. J. Brill, 1996.

Collins, John, J. "The Court Tales in Daniel and the Development of Apocalyptic." *JBL* 94(1975): 218−234.

Collins, John, J. "Jewish Apocalyptic against Its Hellenistic Near Eastern Environment." *BASOR* 220(1975): 27−36.

Collins, John, J. "Cosmos and Salvation: Jewish Wisdom and Apocalyptic in the Hellenistic Age." *HR* 17(1977): 121−42.

Collins, John, J. *The Apocalyptic Vision of the Book of Daniel.* HSM 16. Missoula, Mont.: Scholars Press, 1977.

Collins, John, J. "Methodological Issues in the Study of 1 Enoch: Reflections on the articles of P. D. Hanson and G. W. Nickelsburg." *SBLSP(*1978): 315−22.

Collins, John, J. "Apocalypse: The Morphology of a Genre." *Semeia* 14(1979): 1−20.

Collins, John, J. "Apocalyptic Technique: Setting and Function in the Book of the Watchers." *CBQ* 44(1982): 91−111.

Collins, John, J. *Daniel, With an Introduction to Apocalyptic Literature.* FOTL 20. Grand

Rapids: Eerdmans, 1984.

Collins, John, J. *The Apocalyptic Imagination.* New York: Crossroad, 1984.

Collins, John, J. "Apocalyptic Literature." In *Early Judaism and Its Modern Interpreters,* eds. R. A. Kraft & G. E. Nickelsburg, 345－370. Atlanta: Scholars Press, 1986.

Collins, John, J. "Genre, Ideology and Social Movements in Jewish Apocalypticism." In *Mysteries and Revelations,* eds. J. J. Collins and J. H. Charlesworth, 11－32. JSP Sup 9. Sheffield: JSOT Press, 1991.

Collins, John, J. "Daniel, Book of." *ABD* 2: 28－37.

Collins, John, J. "The Son of Man in First－Century Judaism." *NTS* 38(1992): 448－466.

Collins, John, J. "Wisdom, Apocalypticism, and Generic Comparability." In *In Search of Wisdom,* eds. L. G. Perdue, B. B. Scott and W. J. Wiseman, 165－85. Louisville: Westminster / John Knox Press, 1993.

Collins, John, J. *Daniel: A Commentary on the Book of Daniel.* Hermeneia. Minneapolis: Fortress, 1993.

Collins, John, J. *The Scepter and the Star: The Messiah of the Dead Sea Scrolls and Other Ancient Literature.* ABRL 10. New York: Doubleday, 1995.

Collins, J. J. and J. H. Charlesworth, eds. *Mysteries and Revelation: Apocalyptic Studies since the Uppsala Colloquium.* JSPSup 9. Sheffield: JSOT Press, 1991.

Collins, R. F. "Ten Commandments." *ABD* 6: 383－387.

Cook, Stephen L. *Prophecy & Apocalypticism: The Postexilic Setting.* Minneapolis: Fortress, 1995.

Crenshaw, J. L. "Popular Questioning of the Justice of God." *ZAW* 82(1970).

Crenshaw, J. L. "The Problem of Theodicy in Sirach: On Human bondage." *JBL* 94(1975): 47－64.

Crenshaw, J. L. "The Human Dilemma and Literature of Dissent." *Tradition and Theology in the Old Testament,* ed. Douglas A. Knight, 235－258. Philadelphia: Fortress, 1974.

Crenshaw, J. L. "In Search of Divine Presence." *RevExp* 74(1977): 353－69

Crenshaw, J. L. "Response to Reviews of Introduction to the OT as Scripture." *JSOT*

16(1980): 52−60.

Crenshaw, J. L. *Old Testament Wisdom: An Introduction.* London: SCM Press, 1981 / 1998.

Crenshaw, J. L. "Introduction: The Shift from Theodicy to Anthropodicy." *Theodicy in the Old Testament,* edited by James Crenshaw, 1−16. London: SCM, 1983.

Crenshaw, J. L. "The Wisdom Literature." *The Hebrew Bible and Its Modern Interpreters,* eds. Douglas A. Knight and Gene M. Tucker, 369−407. Philadelphia: Fortress, 1985.

Crenshaw, J. L. "The Deuteronomist and the Writings." In *Those Elusive Deuteronomists: The Phenomenon of Pan−Deuteronomism*, eds. Linda S. Schearing and Steven L. McKenzie, 145−158. JSOTSup 268. Sheffield: Sheffield Academic Press, 1999.

Cross, F. M. *Canaanite Myth and Hebrew Epic.* Cambridge: Harvard University Press, 1973.

Cross, F. M. "A Reconstruction of the Judaen Restoration." *JBL* 94(1975): 4−18.

Crüsemann, Frank. *The Torah: Theology and Social History of Old Testament Law.* Trans. Allan W. Mahnke. Minneapolis: Fortress, 1996.

Davenport, G. *The Eschatology of the Book of Jubilees.* Studia Post−Biblica 20. Leiden: Brill, 1971.

David, Pablo S. *The Composition and Structure of the Book of Daniel: A Synchronic and Diachronic Reading*. Katholieke Universteit Leuven Dissertation, 1992.

Davidson, Maxwell J. *Angels at Qumran: A Comparative Study of 1 Enoch 1−36, 72−108 and Sectarian Writings from Qumran.* JSPS 11. Sheffield: JSOT Press, 1992.

Davies, G. Henton. "Leviticus." *IDB* 3: 117−122.

Davies, G. Henton. "The Composition of the Book of Exodus: Reflections on the Theses of Erhard Blum." In *Texts, Temples, and Traditions: A Tribute to Menahem Haran,* eds. M. V. Fox et al. Winona Lake: Eisenbrauns, 1996.

Davies, Philip R. "Daniel Chapter Two." *JTS* 27(1976): 392−401.

Davies, Philip R. "Social World of Apocalyptic Writings." In *The World of Ancient Israel: Sociological, Anthropological and Political Perspective,* ed. R. E. Clements,

251−271. Cambridge, England: Cambridge University Press, 1989.

Davies, Philip R. *Daniel.* Sheffield: JSOT Press, 1985.

Davies, Philip R. "Reading Daniel Sociologically." In *The Book of Daniel: In the Light of New Finding,* ed. Van Der Woude, 346−361. Leuven: University Press, 1993.

Davies, Philip R. "Eschatology in the Book of Daniel." In *Sects and Scrolls: Essays on Qumran and Related Topics,* ed. P. R. Davies, 23−44. Atlanta: Scholars Press, 1996.

Davies, W. D. and Finkelstein, Louis eds. *The Cambridge History of Judaism. Vol. 1. Introduction, The Persian Period.* Cambridge: Cambridge University Press, 1984.

Dean−Otting, Mary. *Heavenly Journey: A Study of the Motif in Hellenistic Jewish Literature.* Frankfurt Am Main: Verlag Peter Lang, 1984.

Dequeker, L. "The 'Saints of the Most High' in Qumran and Daniel." *OtSt* 18(1973): 108−187.

Di Lella, A. A. "Conservative and Progressive Theology: Sirach and Wisdom." *CBQ* 28(1966): 139−54.

Di Lella, A. A. "The Meaning of Wisdom in Ben Sira." In *In Search of Wisdom,* eds. L. G. Perdue, B. B. Scott and W. J. Wiseman, 133−48. Louisville: Westminster / John Knox Press, 1993.

Di Lella, A. A. "Wisdom of Ben−Sira." *ABD* 6: 931−945.

Di Vito, Robert A., "Tradition−Historical Criticism." In *To Each Its Own Meaning*, eds. Stephen R. Haynes, et al., 53−67. Louisville, Kentucky: Westminster, 1993.

Dilmann, A. *Die Bücher Numeri, Deuteronomium und Josua.* 2d ed. Leipzig, 1886.

Dimant, D. "The Biography of Enoch and the Book of Enoch." *VT* 33(1983): 14−29.

Dimant, D. *The Fallen Angels in the Dead Sea Scrolls and in Apocryphal and Pseudepigraphical Books Related to them.* Jerusalem, 1974(in Hebrew).

Donne, Brian K. "The Significance of the Ascension of Jesus Christ in the New Testament." *SJT* Vol.30, 555−568.

Douglas, George C. M. "Ezekiel's Temple." *Expository Times* 9(1898): 365−67, 420−22, 468−70, 515−18.

Ebeling, Gerhard. "The Ground of Christian Theology." In *Apocalypticism*, ed. R. W. Funk, 47－68. JTC 6. Tübingen: J.C.B. Mohr, 1969.

Eissfeldt, O. *The Old Testament.* Trans. P. R. Ackroyd. New York: Harper & Row, 1965.

Elliott－Binns, L. E. "Some Problems of the Holiness Code." *ZAW* 67(1955): 26－40

Ellison, H. L. *From Babylon to Bethlehem*. Exeter: Paternoster, 1976.

Emerton, J. A. "The Origin of the Son of Man Imagery." *JTS* 9(1958): 225－42

Endres, John C. *Biblical Interpretation in the Book of Jubilees.* CBQMS 18. Washington, D. C. Catholic Biblical Association of America, 1987.

Engnell, Ivan. *The Call of Isaiah: An Exegetical and Comparative Study*. Uppsala, Lundequistska Bokhandeln, 1949.

Engnell, Ivan. *Israel and the Law*, Uppsala: Westmans Boktryckeri A.－B., 1954.

Even－Shoshan, Abraham ed. *A New Concordance of the Old Testament Using the Hebrew and Aramaic Text.* Jerusalem: Kiryat Sefer Publishing House LTD., 1989.

Eskenazi, Tamara C. "The Chronicler and the Composition of 1 Esdras." *CBQ* 48(1986): 39－61.

Eskenazi, Tamara C. *In an Age of Prose. A Literary Approach to Ezra－Nehemiah.* SBLMS 36. Atlanta: Scholars Press, 1988.

Eskenazi, Tamara C. "The Structure of Ezra－Nehemiah and the Integrity of the Book." *JBL* 107 / 4(1988) 641－656.

Ferch, Arther J. *The Son of Man in Daniel 7*. Berrien Springs, Mich.: Andrews University Press, 1979.

Fitzmyer, J. A. "Implications of the New Enoch Literature from Qumran." *Theological Studies* 38(1977): 332－345.

Fitzmyer, J. A. "The Ascension of Christ and Pentecost." *Theological Studies* 45(1984): 409－440.

Flint, Peter W. "The Danielic Tradition at Qumran." *Eschatology, Messiah and the Dead Sea Scrolls,* eds. Craig A. Evans and Peter W. Flint, 41－60. Grand Rapids: Eerdmans, 1997.

Fohrer, G. *Introduction to the Old Testament.* Trans. David E. Green. Nashville: Abingdon, 1965.

Franklin, Eric. "The Ascension and the Eschatology of Luke–Acts." *SJT* 23(1970): 191–200.

Freedman, David Noel. "The Chronicler's Purpose." *CBQ* 23(1961): 436–442.

Freedman, David Noel. "The Formation of the Canon of the Old Testament. The Selection and the Identification of the Torah as the Supreme Authority of the Post–exilic Community." In *Religion and Law. Biblical–Judaic and Islamic Perspectives*, eds. E. B. Firmage et al., 315–331. Winona Lake: Eisenbrauns, 1990.

Fretheim, Terence E. "The Priestly Document: Anti–Temple?" *VT* 18(1968): 313–329.

Friedman, Richard E. *The Exile and Biblical Narrative. The Formation of the Deuteronomistic and Priestly Works.* HSM 22, Chico, Calif.: Scholars Press, 1981.

Friedman, Richard E. "Sacred History and Theology: The Redaction of Torah." In *The Creation of Sacred Literature: Composition and Redaction of the Biblical Text,* 25–34. Berkeley: University of California Press, 1981.

Friedman, Richard E. *Who Wrote the Bible?* New York: Harper and Row, 1987.

Friedman, Richard E. "The Recession of Biblical Source Criticism." In *The Future of Biblical Studies: The Hebrew Scriptures*, eds. R. E. Friedman and H. C. Williamson, 81–101. Atlanta: Scholars Press, 1987.

Frost, Stanley B. *Old Testament Apocalyptic: Its Origins and Growth.* London: The Epworth Press, 1952.

Frymer–Kensky, T. "The Atrahasis Epic and Its Significance for Our Understanding of Genesis 1–9." *BA* 43(1977): 241–48.

Gammie, J. G. "Spatial and Ethical Dualism in Jewish Wisdom and Apocalyptic Literature." *JBL* 93(1974): 356–385.

Gammie, J. G. "The Classification, Stages of Growth and Changing Intentions in the Book of Daniel." *JBL* 95(1976): 191–204.

Gammie, J. G . "The Sage in Sirach." In *The Sage in Israel and the Ancient Near* East, 355–372. Winona Lake: Eisenbrauns, 1990.

Gese, Hartmut. *Der Verfassungsentwurf des Ezechiel*. BHT 25. Tübingen: J. C. B. Mohr, 1957.

Gese, Hartmut. *Lehre und Wirklichkeit in der alten Weisheit*. Tübingen: J. C. B. Mohr [Paul Siebeck], 1958.

Ginsberg, Harold Louis. "In Re My Studies in Daniel." *JBL* 68(1949): 402-407.

Ginsberg, Harold Louis. *Studies in the Book of Daniel*. Texts and Studies of the Jewish Theological Seminary of America 14. New York: Jewish Theological Seminary of America, 1948.

Ginsberg, Harold Louis. "*The Oldest Interpretation of the Suffering Servant*." *VT* 3(1953): 400-404.

Ginsberg, Harold Louis. "The Composition of the Book of Daniel." *VT* 4 / 3(1954): 246-275.

Glasson, T. F. *The Second Messiah: The Origin of the New Testament Doctrine*. London: The Epworth Press, 1947.

Goldingay, John E. *Daniel*. WBC 30. Dallas, Tex.: Word Books, 1986.

Gooding, D. W. "The Literary Structure of the Book of Daniel and Its Implication." *Tyndale Bulletin* 32(1981): 43-79.

Gordis, Robert. *Koheleth-the Man and His Word: A Study of Ecclesiastes*. New York: Schocken Books, 1968.

Gottwald, Normal K. *The Hebrew Bible: A Socio-Literary Introduction*. Philadelphia: Fortress, 1985.

Gottwald, Normal K. "Social Matrix and Canonical Shape." *Theology Today* 42 / 43(1986): 307-21.

Grabbe, Lester L. "The Social Setting of Early Jewish Apocalypticism." *JSP* 4(1989): 27-47.

Greenberg, M. "The Design and Themes of Ezekiel's Program of Restoration." *Int* 38(1984): 181-208

Gruenwald, Ithamar. *Apocalyptic and Merkavah Mysticism*. Leiden: E. J. Brill, 1980.

Gruenwald, Ithamar. *From Apocalypticism to Gnosticism: Studies in Apocalypticism, Merkavah Mysticism and Gnosticism*. Frankfurt am Main and New York: Peter

Lang, 1988.

Hall, Roger Alan, *Post-Exilic Theological Streams and the Book of Daniel.* Yale University Dissertation, 1974.

Halperin, D. J. "Ascension or Invasion: Implications of the Heavenly Journey in Ancient Judaism." *Religion 18*(1988): 18-49.

Hals, Ronald M. *Ezekiel.* FOTL 19. Grand Rapids: Eerdmans, 1989.

Hanson, Paul D. *The Dawn of Apocalyptic.* Philadelphia: Fortress, 1975.

Hanson, Paul D. "Book of Zechariah." *IBD* 4: 944-945.

Hanson, Paul D. "Apocalyptic Literature." In *The Hebrew Bible and Its Modern Interpreters*, eds. D. A. Knight and G. M. Tucker, 465-488. Philadelphia: Fortress, 1985.

Hanson, Paul D. "Prolegomena to the Study of Jewish Apocalyptic." In *Magnalia Dei: The Mighty Acts of God*, eds. F. M. Cross, W. Lemke, and P. D. Miller, Jr., 389-413. Garden City, N.Y.: Doubleday, 1976.

Hanson, Paul D. "Apocalypticism." In *IDBS*: 28-34.

Hanson, Paul D. "Rebellion in Heaven, Azazel, and Euphemeristic Heroes in 1 Enoch 6-11." *JBL* 96 / 2(1977): 195-233.

Haran, Menahem. "Shilo and Jerusalem: The Origin of the Priestly Tradition in the Pentateuch." *JBL* 81(1962): 14-24.

Haran, Menahem. "Behind the Scenes of History: Determining the Date of the Priestly Source." *JBL* 100 / 3(1981): 321-333.

Haran, Menahem. *Temple and Temple Service in Ancient Israel: An Inquiry into the Character of Cult Phenomena and the Historical Setting of the Priestly School.* Oxford: Clarendon Press, 1978.

Haran, Menahem. "The Law-Code of Ezekiel 40-48 and its Relation to the Priestly School." *HUCA* 50(1979): 45-71.

Harland, P. J. *The Value of Human Life: A Study of the Story of the Flood(Genesis 6-9).* Leiden: E. J. Brill, 1996.

Harrington, D. J. "The Wisdom of the Scribe According to Ben Sira." In *Ideal Figures in Ancient Judaism*, eds. J. J. Collins and G. W. Nickelsburg, 181－88. SBLSCS 12. Chico, Calf.: Scholars, 1980.

Hartman, Lars. *Asking for a Meaning: A Study of 1 Enoch 1－5.* Coniectanea Biblica, New Testament Series 12. Lund: Liber Laromedel / Gleerup, 1979.

Hartman, L. & Di Lella, A. A. *The Book of Daniel.* AB 23. Garden City, N. Y.: Doubleday, 1978.

Heaton, E. W. *The Book of Daniel.* Torch Bible Commentary. London: SCM, 1956.

Hellholm, David. *Apocalypticism in the Mediterranean World and the Near East. Proceedings of the International Colloquium on Apocalypticism*. Tübingen: J. C. B. Mohr, 1983.

Hengel, Martin, *Judaism and Hellenism.* Trans. John Bowden. Minneapolis: Fortress, 1974.

Hermission, Hans－Jürgen. "Observations on the Creation Theology in Wisdom." In *Israelite Wisdom,* eds. John G. Gammie et al., 43－57. Missoula, Mont.: Scholars Press, 1978.

Himmelfarb, Martha. *Ascent to Heaven in Jewish and Christian Apocalypses.* New York: Oxford University Press, 1993.

Himmelfarb, Martha. "Sexual Relation and Reality in the Temple Scroll." *Dead Sea Discoveries* 6(1999): 32－33.

Hoftijzer, Jacob. "Holistic or Compositional Approach?: Linguistic Remarks to the problem." *Synchronic or Diachronic?: Debate on Method in Old Testament Exegesis,* ed. J. C. de Moor, 98－114. Leiden: E. J. Brill, 1995.

Hölscher, G. "Die Entstehung des Buches Daniel." *TSK* 92 / 2(1919), 113－138.

Horbury, W. "Extirpation and Excommunication." *VT* 35(1985): 13－38.

Horst, H. *Leviticus* XVII－XXVI *und Hezekiel.* Ein Beitrag zur Pentateuch－kritik, Colmar, 1881.

Houtman, C. "Ezra and the Law." *OtTt* 21(1981): 91－115.

Humphreys, W. L. "A Life－Style for the Diaspora: A Study of the Tales of Esther and Daniel." *JBL* 92(1973): 211－23.

Hurvitz, A. "The Language of the Priestly Source and its Historical Setting－the Case for an Early Date." *PWCJS* 8(1981): 83–94.

Hurowitz, V. "Isaiah's Impure Lips and Their Purification in Light of Akkadian Sources." *HUCA* 60(1989): 39–89.

Isaac, Ephraim. "1(Ethiopic Apocalypse of) Enoch." In *The Old Testament Pseudepigrapha.* Vol.I., ed. J. H. Charlesworth, 5–89. Garden City, N. Y.: Doubleday, 1983.

Isenberg, S. R. "Millenarism in Greco–Roman Palestine." *Religion* 4(1974), 26–46.

Japhet, S. "The Supposed Common Authorship of Chronicles and Ezra–Nehemiah Investigated Anew." *VT* 18(1968): 330–71.

Japhet, S. *The Ideology of the Book of Chronicles and its Place in Biblical Thought.* trans. A. Barber. Beiträge zur Erforschung des Alten Testament und des Antiken Judentum, 9. Frankfurt am Main: Peter Lang, 1989.

Japhet, S. *I and II Chronicles.* OTL. London: SCM Press, 1993.

Jeffery, A. *The Book of Daniel.* IB 6. Nashville: Abingdon, 1956.

Jenks, Alan W. "Theological Presuppositions of Israel's Wisdom Literature." *HBT* 7(1985): 44–50.

Jensen, Joseph. *The Use of Torah by Isaiah: His Debate with the Wisdom Tradition.* CBQMS 3. Washington, D. C. Catholic Biblical Association of America, 1973.

Jeremias, J. "Theophany in the OT." In *IDBS*: 896–898.

Johnson, E. Elizabeth. *The Function of Apocalyptic and Wisdom Traditions in Romans 9–11.* Atlanta: Scholars Press, 1989.

Johnson, M. D. *The Purpose of the Biblical Genealogies.* 2d ed. SNTSMS 8. Cambridge: Cambridge University Press, 1989.

Jones, B. W. "The Prayer in Daniel IX." *VT* 18(1968): 488–93.

Joosten, J. *People and Land in the Holiness Code: An Exegetical Study of the Ideational Framework of the Law in Leviticus 17–26.* Leiden: E. J. Brill, 1996.

Kaperlrud, A. S. "Pentateuch–problemer." *NTT* 56(1955): 185–201.

Käsemann, Ernst. "The Beginning of Christian Theology." In *Apocalypticism*, ed. R. W. Funk, 17–46. JTC 6. Tübingen, J.C.B. Mohr, 1969.

Kaufmann, Y. *A History of the Religion of Israel.* New York: University of Chicago

Press, 1972.

Keel, O. *Jahwe−Visionen und Siegelkunst: Eine neue Deutung der Majestätsschilderungen in Jes 6, Ez 1 und 10 und Sach 4*, SBS 84−85. Stuttgart, 1977. 168−177.

Klein, Ralph W. "Ezra and Nehemiah in Recent Studies." In *Magnalia Dei: The Mighty Acts of God,* eds. F. M. Cross, W. Lemke, and P. D. Miller, Jr., 361−376. Garden City, N.Y.: Doubleday, 1976.

Klein, Ralph W. "Chronicles, Books of 1−2." *ABD* 1: 992−1002.

Klein, Ralph W. "Ezra−Nehemiah, Books of." *ABD* 2: 731−742.

Kleinig, J. W. "Recent Research in Chronicles." *CR: BS* 2(1994): 43−76.

Klostermann, A. "Ezekiel und das Heiligkeitsgesetzs." In *Der Pentateuch: Beitrag zu seinem Verhältnis und seiner Entstehungsgeschichte,* 368−418. Leipzig, 1893.

Knibb, Michael A. "The Exile in the Literature of the Intertestamental Period." *HeyJ(*1976): 253−72.

Knibb, Michael A. *The Ethiopic Book of Enoch: A New Edition in the Light of the Aramaic Dead Sea Fragment.* 2 Vols. Oxford: Clarendon, 1978.

Knibb, Michael A. "Prophecy and the Emergence of the Jewish Apocalypses." In *Israel's Prophetic Tradition: Essays in Honor of P. R. Acroyd*, eds. Richard Coggins, Anthony Phillips, and Michael Knibb, 155−80. Cambridge: Cambridge University Press, 1982.

Knierim, Rolf. "The Vocation of Isaiah." *VT* 18(1968): 47−68.

Knight, Douglas A. *Rediscovering the Tradition of Israel.* SBLDS 9. Missoula, MT: Scholars, 1973.

Knight, Douglas A. "Canon and the History of Tradition: A Critique of B. S. Childs' Introduction to the Old Testament as Scripture." *HBT* 2(1980): 127−49.

Knight, Douglas A. ed. *Tradition and Theology in the Old Testament.* Philadelphia: Fortress, 1977.

Knohl, Israel. "The Priestly Torah versus the Holiness School: Sabbath and the Festivals." *HUCA* 58(1987): 65−117.

Knohl, Israel. *The Sanctuary of Silence: The Priestly Torahand The Holiness School.*

Minneapolis: Fortress, 1995.

Koch, K. *The Rediscovery of Apocalyptic.* Trans. Margaret Kohl. London: SCM, 1972.

Koch, K. "Ezra and the Origin of Judaism." *JSS* 19(1974): 173−197.

Kraus, Hans−Joachim. *Worship in Israel: A Cultic History of the Old Testament.* Trans. Geoffrey Buswell. Richmond: John Knox Press, 1966.

Kraemer, David. "On the Relationship of the Book of Ezra and Nehemiah." *JSOT* 59(1993): 73−92.

Kraftchick, Steven J. "Facing Janus: Reviewing the Biblical Theology Movement." In *Biblical Theology,* ed. Steven J. Kraftchick. et al., 54−77. Nashville: Abingdon, 1995.

Küchler, M. *Frühjüdische Weisheitstraditionen: Zum Fortgang weisheitlichen Denkens im Bereich des frühjüdischen Jahwehglaubens.* OBO 26. Freiburg: Universitaetsverlag, 1979.

Kugel, James. "Levi's Elevation to the Priesthood in Second Temple Writings." *HTR* 86:1(1993): 1−64.

Kuenen, A. *Historisch−kritische Einleitung in die Bücher des Alten Testament,* I. Leibzig, 1887.

Kvanvig, H. "Struktur und Geschichte in Dan. 7:1−14." *Studia Theologica* 32(1978): 95−117.

Kvanvig, H. "Henoch und der Menschensohn: Das Verhaeltnis von Hen 14 zu Dan 7." *Studia Theologica* 38(1984): 101−133.

Kvanvig, H. "Struktur und Geschichte in Dan 7:1−14." *Studia Theologica* 32(1978): 95−117.

Kvanvig, H. *Roots of Apocalyptic.* Neukirchen−Vluyn: Neukirchener Verlag, 1988.

Kvanvig, H. "An Akkadian Vision as Background for Dan 7?" *Studia Theologica* 35(1981): 85−89.

Lang, B. *Monotheism and the Prophetic Minority: An Essay in Biblical History and Sociology.* Sheffield: Almond Press, 1983.

Lacocque, Andre. *Daniel in His Time.* University of South Carolina Press, 1983.

Lacocque, Andre. *The Book of Daniel.* Trans. D. Pellauer. Atlanta: John Knox, 1979.

Lacocque, Andre. "The Liturgical Prayer in Daniel 9." *HUCA* 47(1976): 119－42.

Lebram, J. C. H. "Perspecktiven der gegenwärtigen Danielforschung." *JSJ* 5(1974): 1－33.

Lebram, J. C. H. "Apocalyptic und Hellenismus im Buche Daniel." *VT* 20(1970): 503－524.

Lebram, J. C. H. *Das Buch Daniel.* Zurich: Theologischer Verlag Zurich, 1984.

Lenglet, A. "La Structure Litteraire de Dan 2－7." *Bib* 53 / 2(1972), 169－190.

Levenson, Jon Douglas. *Theology of the Program of Restoration of Ezekiel 40－48.* Missoula, Mont.: Scholars Press, 1976.

Levenson, Jon Douglas. *Sinai and Zion: An Entry into the Jewish Bible.* Minneapolis: Winston, 1985.

Lindars, B. "Torah in Deuteronomy." In *Words and Meanings.* FS. D. W. Thomas, eds. P. R. Ackroyd et al., 117－136. Cambridge, 1968.

Lindblom, J. *Prophecy in Ancient Israel.* Oxford: Blackwell, 1963.

Lohfink, P. N. *Theology of the Pentateuch: Themes of the Priestly Narratives and Deuteronomy.* Trans. Linda M. Maloney. Minneapolis: Fortress, 1994.

Lotman, J. M. "Point of View in a Text." *New Library History* 6(1975).

Mack, Burton L. "Wisdom Myth and Mytho－Log." *Int* 24(1970): 46－60.

Mack, Burton L. *Wisdom and the Hebrew Epic: Ben Sirach's Hymn in Praise of the Fathers.* Chicago Studies in the History of Judaism. Chicago: University of Chicago Press, 1985.

Maier, Johann. *Vom Kultus zur Gnosis: Studien zur Vor－und Frühgeschichte der "jüdischen Gnosis."* Salzburg: Otto Müller Verlag, 1964.

Maile, John F. "The Ascension in Luke－Acts." *The Tyndale New Testament Lecture* 37(1986): 29－59.

Maldo, Robert David, *Canon and Christian Scripture: Toward a Multi－Level, Contingent Understanding of Canonical Value.* GTU Dissertation, 1988.

Manson, T. W. "The Son of Man in Daniel, Enoch, and the Gospels." *BJRL* 32(1950): 171－193.

Mantel, Hugo. "The Dichotomy of Judaism during the Second Temple." *HUCA* 44(1973):

55－87.

Martinez, F. G. and E. J. C. Tigchelaar. "The Books of Enoch(1 Enoch) and the Aramaic Fragments from Qumran." *RQ* 14(1989): 131－46.

Martinez, F. G. *Qumran and Apocalyptic: Studies on the Aramaic Texts from Qumran.* STDJ 9. Leiden: Brill, 1992.

Martinez, F. G. *The Dead Sea Scrolls Translated: The Qumran Texts in English.* 2d ed. Leiden: Eerdmans, 1994.

Mayes, A. D. H. *Deuteronomy*. New Century Bible. London: Oliphants, 1979.

Mayes, A. D. *The Old Testament in Sociological Perspective*. London: Marshal Pickering, 1989.

McCarthy, D. J. *Old Testament Covenant.* Atlanta: John Knox, 1976.

McCarthy, D. J. "Covenant and Law in Chronicles－Nehemiah." *CBQ* 44(1982): 25－44.

McCready, Wayne O. "A Second Torah at Qumran?" *Studies in Religion*14 / 1(1985): 5－15.

McKeating, H. "Ezekiel the 'Prophet like Moses'?" *JSOT* 61(1994): 97－103.

McNicol, Allan James. "The Heavenly Sanctuary in Judaism: A Model for Tracing the Origin of the Apocalypse." *JRelS* 13:2(1987): 66－94.

Meeks, Wayne A. *The Prophet－King: Moses Traditions and the Johannine Christology.* Leiden: E. J. Brill, 1967.

Meeks, Wayne A. "The Man from Heaven in Johannine Sectarianism." *JBL* 91(1972): 44－72.

Mettinger, T. N. D. *The Dethronement of Sabaoth: Studies in the Shem and Kabod Theologies*. Trans. Frederick H. Cryer. Old Testament Series 18. Lund: CWK Gleerup, 1982.

Meyers, Eric M. "The Persian Period and the Judaean Restoration: From Zerubbabel to Nehemiah." In *Ancient Israelite Religion. Essays in Honor of Frank Moore Cross*, edited by Patrick D. Miller, et. al., 509－522. Philadelphia: Fortress, 1987.

Milgrom, Jacob. *Leviticus* 1－16. AB. New York: Doubleday, 1991.

Milgrom, Jacob. "Priestly Source." In *ABD* 5: 454－461.

Milgrom, Jacob. "Impurity in Jubilees and the Temple Scroll." In *Revue de Qumran*

63(1994): 281－284.

Milgrom, Jacob. “Profane Slaughter and a Formulaic Key to the Composition of Deuteronomy.” *HUCA* 47(1976): 3－12.

Milik, J. T. *The Books of Enoch: Aramaic Fragments of Qumran Cave 4.* Oxford: Clarendon, 1976.

Miller, John W. *The Origins of the Bible: Rethinking Canon History.* New York: Paulist Press, 1994.

Molenberg, Corrie. “A Study of the Roles of Semichazah and Azazel in 1 Enoch 6－11.” *JJS* 35(1984): 136－46.

Montgomery, J. A. *Daniel.* ICC. New York: Edinburgh, 1927.

Moore, Stephen D. et al. eds. *The Postmodern Bible: The Bible and Culture Collective.* New Haven and London: Yale University Press, 1995.

Morgan, Donn F. *Between Text & Community: The Writings in Canonical Interpretation.* Minneapolis: Fortress, 1990.

Morgan, Donn F. “Canon and Criticism: Method or Madness?” *Anglican Theological Review* 68(1986): 83－94.

Morgenstern, J. “Biblical Theophanies”, *ZA* 25(1911), 139－193.

Morray－Jones, C. R. A. “Paradise Revisited(2 Cor 12:1－12): The Jewish Mystical Background of Paul’s Apostolate. Part I. Jewish Sources.” *HTR* 86:2(1993): 177－217.

Morray－Jones, C. R. A. “The ‘Descent to the Chariot’in Early Jewish Mysticism and Apocalyptic.” In *Mapping Invisible Worlds*, eds. G. D. Flood, 7－21. Edinburgh University Press, 1994.

Mowinckel, S. *He That Cometh*. Trans. G. W. Anderson. Nashville: Abingdon, 1955.

Müller, Hans Peter. “Mantische Weisheit und Apokalyptic.” In *Congress Volume, Uppsala* 1971, 268－293. VTSup 22. Leiden: Brill, 1972.

Müller, Hans Peter.. “Magisch－mantische Weisheit und die Gestalt Daniels.” *Ugarit－Forschungen* 1(1969): 79－94.

Murphy, F. J. “Apocalypses and Apocalypticism: the State of the Question.” *CR: BS*

2(1994): 147—179.

Murphy, Roland E. *Tree of Life: An Exploration of Biblical Wisdom Literature*. New York: Doubleday, 1992.

Newsom, Carol A. "The Development of I Enoch 6—19: Cosmology and Judgment." *CBQ* 42 / 3(1980): 310—329.

Newsome, J. D. Jr. "Toward A New Understanding of the Chronicler and His Purposes." *JBL* 77(1975): 201—17.

Nicholson, Earnest W. "Apocalyptic." In *Tradition and Interpretation,* ed. G. W. Anderson, 89—213. Oxford: Clarendon, 1979.

Nicholson, Earnest W. *The Pentateuch in the Twentieth Century: the Legacy of Julius Wellhausen*. Oxford: Clarendon, 1998.

Nickelsburg, G. W. E. "The Epistle of Enoch and the Qumran Literature." In *Essays in Honour of Yigal Yadin.* eds. Gaza Vermes and Jacob Neusner, 333—348. Totowa, N.H.: Allanheld, Osmun and Co., 1983.

Nickelsburg, G. W. E. "Apocalyptic and Myth in 1 Enoch 6—11." *JBL* 96 / 3(1977): 383—405.

Nickelsburg, G. W. E. *Jewish Literature Between the Bible and the Mishnah: A Historical and Literary Introduction.* Philadelphia: Fortress, 1981.

Nickelsburg, G. W. E. "Enoch, Levi, and Peter: Recipients of Revelation in Upper Galilee." *JBL* 100(1981): 575—600.

Nickelsburg, G. W. E. "Social Aspects of Palestinian Jewish Apocalypticism." In *Apocalypticism,* ed. D. Hellholm, 641—54. Tübingen: J. C. B. Mohr, 1983.

Nickelsburg, G. W. E. "The Bible Rewritten and Expanded." In *Jewish Writings of the Second Temple Period,* ed. M. Stone. Philadelphia: Fortress, 1984.

Nickelsburg, G. W. E. "Wisdom and Apocalypticism in Early Judaism: Some Points for Discussion." *SBLSP(*1994): 715—732.

Nickelsburg, G. W. E. "Scriptures in 1 Enoch and 1 Enoch as Scripture." In *Text and Contexts: Biblical Texts in Their Textual and Situational Contexts*, eds. Tord Fornberg and David Hellholm, 333—354. Oslo and Boston: Scandinavian University Press,

1995.

Nielson, E. "Moses and the Law." *VT* 32(1982): 87－98.

Noth, Martin. *Zur Composition des Buches Daniel.* TSK 98 / 99(1926): 143－163.

Noth, Martin. *The Laws in the Pentateuch and Other Studies.* Trans. D.R.Ap－Thomas. Philadelphia: Fortress, 1966.

Noth, Martin. *A History of Pentateuchal Traditions.* Trans. Bernhard W. Anderson. Englewood Cliffs, N.J.: Prentice－Hall, 1972.

Noth, Martin. *The History of Israel.* Tr. Stanley Godman. New York: Harper, 1958.

Noth, Martin. *The Deuteronomistic History.* JSOTSup 15. Sheffield: JSOT Press, 1981.

Noth, Martin. *The Chronicler's History.* Trans. H. G. M. Williamson. JSOTSup 50. Sheffield: JSOT Press, 1987.

O'Brien, Mark A. *The Deuteronomistic History Hypothesis: A Reassessment.* OBO 92. Freiburg: Universitätsverlag, 1989.

Ogden, G. *Qoheleth.* Sheffield: JSOT Press, 1987.

Ollenburger, Ben C. "Biblical Theology: Situating the Discipline." In *Understanding the Word,* eds. Butler, J. T. et al., 37－62. Sheffield: JSOT Press, 1985.

Ollenburger, Ben C. "From Timeless Ideas to the Essence of Religion." In *The Flowering of Old Testament Theology,* eds. Ben C. Ollenburger et al., 3－19. Winona Lake: Eisenbrauns, 1992.

Ollenburger, Ben C. "Old Testament Theology: A Discourse on Method." In *Biblical Theology: Problems and Perspective*, ed. Steven J. Kraftchick et al., 81－103. Nashville: Abingdon, 1995.

Olson, Daniel C. "Enoch and the Son of Man in the Epilogue of the Parables." *JSP* 18(1998): 27－38.

Östborn, Gunnar, *Tora in the Old Testament: A Semantic Study.* Lund: Hakan Ohlssoms Boktryckeri, 1945.

Otzen, Benedikt. "Crisis and Religious Reaction: Jewish Apocalypticism." In *Religion and Religious Practice in the Seleucid Kingdom.* Aarhus: Aarhus University Press, 1990.

Otzen, Benedikt. "Heavenly Visions in Early Judaism: Origin and Function." In *In the Shelter of Elyon. Essays on Ancient Palestinian Life and Literature in honor of G. W. Ahlstrom,* eds. By W. Boyd Barrick and John R. Spencer, 199−215. JSOT 31, Sheffield: JSOT Press, 1984.

Otzen, Benedikt. "חתם" *Theologisches Wörterbuch zum Alten Testament* II. Stuttgart: Verlag W. Kohlhammer, 1982.

Pannenberg, Wolfhart. "Redemptive Event and History." In *Basic Questions in Theology*(1970): 15−80.

Perdue, Leo G. *Wisdom and Creation: The Theology of Wisdom Literature*. Nashville: Abingdon Press, 1994.

Perkins, Pheme. "The Gospel according to John." In *NJBC*(1990): 945−946.

Petersen, David L. *Late Israelite Prophecy: Studies in Deutero−Prophetic Literature and in Chronicles*. Missoula, Mont.: Scholars Press, 1977.

Petersen, David L. "Israel and Monotheism: The Unfinished Agenda", *Canon, Theology, and Old Testament Interpretation: Essays In Honor of Brevard Childs,* eds. Gene M. Tucker et al., 92−110. Philadelphia: Fortress, 1988.

Petersen, David L. *Haggai & Zechariah 1−8*. OTL. London: SCM Press, 1984.

Pfeiffer, R. *Introduction to the Old Testament*. London: Harper & Brothers, 1941.

Plöger, Otto. *Theocracy and Eschatology*. Trans. S. Rudman. Richmond: John Knox, 1968.

Polzin, Robert. *Moses and the Deuteronomist, Part One: Deuteronomy, Joshua, Judges*. A Literary Study of the Deuteronomistic History. Bloomington: Indiana University Press, 1980.

Pomykala, Kenneth E. "A Scripture Profile of the Book the Watchers." In *The Quest for Context and Meaning*, eds. Craig A. Evans and Shemaryahu Talmon, 263−284. Leiden: Brill, 1997.

Porteous, Norman W. *Daniel. A Commentary*. Philadelphia: Westminster Press, 1965.

Porter, J. R. "Old Testament Historiography." In *Tradition and Interpretation, Essays by the Members of the Society for Old Testament Study,* ed. G. W. Anderson, 152−

162. Oxford: Clarendon Press, 1979.

Provan, W. *Hezekiah and the Books of Kings.* BZAW 172. Berlin: W. de Gruyter, 1988.

Rad, G. von. *Das Gottesvolk im Deuteronomiun.* Stuttgart, 1929.

Rad, G. von. *Studies in Deuteronomy.* Trans. David Stalker. Chicago: Henry Regnery Company, 1953.

Rad, G. von. *Old Testament Theology*, I, II. Trans. D. M. G. Stalker. Edinburgh: Oliver and Boyd, 1962－65.

Rad, G. von. *Theologie des Alten Testament* II. Munich, 1965.

Rad, G. von. *Deuteronomy: a Commentary.* Trans. Dorothea Barton. OTL. London: SCK Press, 1966.

Rad, G. von. *Wisdom in Israel.* Nashville: Abingdon, 1972.

Rahlfs, Alfred ed. *Septuaginta.* Stuttgart: Deutsche Bibelgesellschaft, 1979.

Rankin, O. S. *Israel's Wisdom Literature.* Edinburgh: T. & T. Clark, 1936.

Rast, Walter E. *Daniel 9: Its Form and Theological Significance.* University of Chicago Dissertation, 1967.

Redditt, Paul L. "Israel's Shepherds: Hope and Pessimism in Zechariah 9－14." *CBQ* 51(1989): 631－42.

Redditt, Paul L. "Nehemiah's First Mission and the Date of Zechariah 9－14." *CBQ* 56(1994): 664－678.

Rehm, Merlin D. "Levites and Priests." *ABD* 4: 297－310.

Reid, Stephen Breck. *Enoch and Daniel: A Form Critical and Sociological Study of Historical Apocalypses.* Berkeley: Bibal Press, 1989.

Rendtorff, Rolf. *The Old Testament.* Trans. John Bowden. Fortress: Philadelphia, 1986.

Rendtorff, Rolf. *The Problem of the Process of Transmission in the Pentateuch.* Trans. John J. Scullion. Sheffield: JSOT Press, 1990.

Rendtorff, Rolf. *Canon and Theology.* Minneapolis: Fortress, 1993.

Rendtorff, Rolf.. "Directions in Pentateuchal Studies." *CR: BS* 5(1997): 43－65.

Riley, W. *King and Cultus in Chronicles: Worship and the Reinterpretation of History.* JSOTSup 160. Sheffield: JSOT Press, 1993.

Rössler, Dietrich. *Gesetz und Geschichte*. Neukirchener Verlag, 1960.

Rost, L. *Die Vorstufen von Kirche und Synagoge im Alten Testament*. BWANT 76. Stuttgart, 1938.

Rowland, Christopher. *The Open Heaven*. New York: Crossroad, 1982.

Rowley, H. H. *The Relevance of Apocalyptic*. 3d ed. New York: Association Press, 1963.

Rowley, H. H. "The Unity of the Book of Daniel." In *The Servant of the Lord and Other Essays on the Old Testament*, 249–280. London: Lutterworth, 1952.

Rowley, H. H. "The Bilingual Problem of Daniel." *ZAW* 50(1932): 256–268.

Rowley, H. H. "The Composition of the Book of Daniel: Some Comments on Professor Ginsberg's Article." *VT* 5 / 3(1955), 272–276.

Russell, D. S. *The Method and Message of Jewish Apocalyptic*. Philadelphia: Westminster Press, 1964.

Rylaarsdam, J. Coert. *Revelation in Jewish Wisdom Literature*. Chicago: University of Chicago Press, 1946.

Sacchi, Paolo. *Apocrific dell'Antico Testamento,* 2 Vols. Turin, 1981.

Sacchi, Paolo. *Jewish Apocalyptic and Its History*. Trans. W. J. Short, OFM. JSP Sup 20. Sheffield: Sheffield Academic Press, 1990.

Sanders, E. P. *Paul and Palestinian Judaism: A Comparison of Patterns of Religion*. Minneapolis: Fortress, 1977.

Sanders, James A. *Torah and Canon*. Philadelphia: Fortress, 1972.

Sanders, James A. *Canon and Community: A Guide to Canonical Criticism*. Philadelphia: Fortress, 1984.

Sanders, James A. *From Sacred Story to Sacred Text*. Philadelphia: Fortress, 1987.

Schearing, Linda S. and McKenzie, Steven L. eds. *Those Elusive Deuteronomists: The Phenomenon of Pan–Deuteronomism*. JSOT Sup 268. Sheffield: Sheffield Academic Press, 1999.

Schiffman, Lawrence H. *From Text to Tradition*. Hoboken, New Jersey: Ktav Publishing House, Inc, 1991.

Schmithals, Walter. *The Apocalyptic Movement: Introduction & Interpretation.* Trans. John E. Steely. New York: Abingdon Press, 1973.

Schmidt, H. H. *Wesen und Geschichte der Weisheit.* BZAW 101. Berlin: Walter de Gruyter, 1966.

Schmidt, H. H. *Der sogenannte Jahwist: Beobachtungen und Fragen zur Pentateuch Forschung*. Zürich, 1976.

Schmidt, H. H. "Creation, Righteousness, and Salvation." *Creation in the Old Testament,* ed. B. W. Anderson, 102−17. Philadelphia: Fortress, 1984.

Schmidt, R. *Zelt und Lade als Thema alttestamentlicher Wissenschaft.* Gütersloh, 1972.

Schreiner, J. *Sion−Jerusalem: Jahwes Königssitz*. München, 1963.

Seow, C. L. "Ark of the Covenant." *ABD* 1: 386−393.

Seow, C. L. "The Ark of God in Priestly Theology." *HAR* 8(1985): 185−98.

Seters, John Van. "The Chronicler's Account of Solomon's Temple−Building: A Continuity Theme." In *The Chronicler as Historian,* eds. Philip R. Davies et al., 283−300. JSOTSup 238. Sheffield: Sheffield Press, 1997.

Shaver, Judson Rayford. *Torah and the Chronicler's History Work: An Inquiry into the Chronicler's References to Laws, Festivals and Cultic Institutions in Relation to Pentateuchal Legislation.* University of Notre Dame Dissertation, 1983.

Sheppard, Gerald T. "Canon Criticism: The Proposal of B. S. Childs and An Assessment for Evangelical Hermeneutics." *Studia Biblica et Theologica* 4(1974): 3−17.

Sheppard, Gerald T. "Canonization: Hearing the Voice of the Same God Through Historically Dissimilar Traditions." *Ex Auditu* 1(1985): 106−14.

Sheppard, Gerald T. "Canonical Criticism." *ABD* 1:861−866.

Silverman, Lou H. "Wellhausen and Judaism." *Semeia* 25(1982): 75−78.

Sim, David C. "The Social Setting of Ancient Apocalypticism: A Question of Method." *JSP* 13(1995): 5−16

Smend, R. *Die Entstehung des Alten Testaments*. 2d ed. Stuttgart: Kohlhammer, 1981.

Smith, J. Z. "Wisdom and Apocalyptic." In *Religious Syncretism in Antiquity: Essays in Conversation with Geo Widengren,* ed. B. Pearson, 131−155. Missoula, Mont.:

Scholars Press, 1975.

Smith, Morton. *Palestinian Parties and Politics That Shaped the Old Testament.* 2d ed. London: SCM, 1987.

Smith, Morton. "Ascent to the Heavens and Deification in 4Qma." In *Archaeology and History in the Dead Sea Scrolls: the New York University Conference in Memory of Yigael Yadin,* ed. L. H. Schiffman, 181–188. JSPSup 8. JSOT / ASOR Monograph 2. Sheffield: JSOT Press, 1990.

Smith–Christopher, Daniel. "The Mixed Marriage Crisis in Ezra 9–10 and Nehemiah 13: A Study of the Sociology of the Post–Exilic Judaism." *Second Temple Studies 2: Temple–Community in the Persian Period*, eds. Philip R. Davies and David J. A. Clines, 243–265. JSOTSup 175. Sheffield: JSOT Press, 1994.

Soggin, J. Alberto. *An Introduction to the History of Israel and Judah.* Valley Forge, Pa.: Trinity Press International, 1993.

Spier, L., Suttles, W. and Herskovits, M. J. "Comments on Arberle's Thesis of Deprivation." *Southwestern Journal of Anthropology,* 15(1957): 84–88.

Stamm, J. J. *The Ten Commandments in Recent Research.* Trans. M. E. Andrew. Naperville, Ill.: A. R. Allenson, 1967.

Sternberg, Meir. *The Poetics of Biblical Narrative: Ideological Literature and the Drama of Reading.* Bloomington: Indiana University Press, 1985.

Stone, Michael E. "Lists of Revealed Things in the Apocalyptic Literature." In *Magnalia Dei: The Mighty Acts of God.* Edited by F. M. Cross et al., 414–52. Garden City, N.Y.: Doubleday, 1976.

Stone, Michael E. "The Book of Enoch and Judaism in the Third Century B.C.E." *CBQ* 40(1978): 479–92.

Stone, Michael E. *Scriptures, Sects and Visions: A Profile of Judaism from Ezra to the Jewish Revolts.* Philadelphia: Fortress, 1980.

Stone, Michael E. "Apocalyptic Literature." In *Jewish Writings of the Second Temple Period*, ed. M. E. Stone, 383–441. Philadelphia: Fortress, 1984.

Stone, Michael E. "Enoch, Aramaic Levi and Sectarian Origins." *JSJ* 19(1988): 159–70.

Stone, Michael E. and Satran, David ed. *Emerging Judaism*. Minneapolis: Fortress, 1989.

Suter, David, "Fallen Angels, Fallen Priests: The Problem of Family Purity in 1 Enoch 6–16." *HUCA* 50(1979): 115–135.

Sweeney, Marvin A. *Isaiah 1–39 with an Introduction to Prophetic Literature.* Grand Rapids: Eerdmans, 1996.

Talstra, E. *Solomon's Prayer: Synchrony and Diachrony in the Composition of 1 Kings 8:14–61*. Kampfen, 1993.

Terrien, Samuel. *The Elusive Presence: Toward a New Biblical Theology.* San Francisco: Harper & Row, 1978.

Terrien, Samuel. "The Play of Wisdom: Turning Point in Biblical Theology." *HBT*3(1981): 125–53.

Thiel, Winfried. "Holiness Code." *ZAW* 81(1969): 68–73.

Thom, J. C. "Aspects of the Form, Meaning and Function of the Book of the Watchers." In *Studies in 1 Enoch and the New Testament,* 40–48. NTSSA. Stellenbosch, South Africa: New Testament Society of South Africa, 1983.

Thomson, R. J. *Moses and the Law in a Century of Criticism since Graf.* VTSup 19. Leiden: Brill, 1970.

Throntveit, A. *When Kings Speak: Royal Speech and Royal Prayer in Chronicles.* SBLDS 93. Atlanta: Scholars Press, 1987.

Tigchelaar, E. J. C. "More on Apocalyptic and Apocalypses." *JSJ* 18(1987): 137–144.

Tigchelaar, E. J. C. *Prophets of Old and the Day of the End: Zechariah, the Book of Watchers and Apocalyptic*. Leiden: Brill, 1996.

Towner, W. S. "Retributional Theology in the Apocalyptic Setting." *USQR* 26(1971): 203–14.

Tucker, Gene M. "Prophecy and the Prophetic Literature." In *The Hebrew Bible and Its Modern Interpreters,* 325–368. Philadelphia: Fortress, 1985.

Tucker, G. M. et al., eds. *Canon, Theology, and Old Testament Interpretation: Essays in Honor of Brevard S. Childs.* Philadelphia: Fortress, 1988.

Tylor, E. B. *Primitive Culture.* New York: Harper and Brothers, 1871 / 1958.

Uspensky, Boris. *A Poetics of Composition*. Trans. Valentina Zavarin and Susan Wittig.

Berkeley: University of California Press, 1973.

VanderKam, J. C. "The Theophany of Enoch I, 3b–7, 9." *VT* 23(1973): 129–50.

VanderKam, J. C. *Textual and Historical Studies in the Book of Jubilees.* HSM 14. Missoula, Mont.: Scholars Press, 1977.

VanderKam, J. C. "Enoch Traditions in Jubilees and Other Second–Century Sources." *SBLP* 12(1978): 229–251.

VanderKam, J. C. "Zadok and the SPR HTWRH HHTWM in Dam. Doc. V, 2–5." *RQ* 11(1984): 561–70.

VanderKam, J. C. *Enoch and the Growth of an Apocalyptic Tradition.* CBQM Series16. Washington, D. C.: Catholic Biblical Association of America, 1984.

VanderKam, J. C. *The Book of Jubilees.* 2 Vols. Leuven: Peeters, 1989.

VanderKam, J. C. "Jubilees, Book of." *ABD* 3(1992): 1030–1032.

VanderKam, J. C. "Ezra–Nehemiah or Ezra and Nehemiah?." In *Priests, Prophets and Scribes: Essays on the Formation and Heritage of Second Temple Judaism in Honor of Joseph Blenkinsopp*, eds. P. R. Davies, et al., 55–75. JSOT Sup 149. Sheffield: JSOT Press, 1992.

VanderKam, J. C. "Biblical Interpretation in 1 Enoch and Jubilees." In *The Pseudepigrapha and Early Biblical Interpretation,* eds. J. H. Charlesworth and C. S. Evans, 96–125. JSPS 14. Sheffield: JSOT Press, 1993.

Van der Woude, A. S. ed. *The Book of Daniel: In the Light of New Findings.* Leuven University Press, 1993.

Van Ruiten, Jacques T. A. G. M. "The Interpretation of Genesis 6:1–12 in Jubilees 5:1–19." In *Studies in the Book of Jubilees.* Texte und Studien zum Antiken Judentum 65, eds. Albani, Matthias et al., 59–78. Tübingen: Mohr Siebeck, 1997.

Vaux, Roland de. *Ancient Israel: Its Life and Institutions.* Trans. John McHugh. New York: McGraw–Hill, 1965.

Vervenne, M. "The Question of 'Deuteronomistic' Elements in Genesis to Numbers." In *Studies in Deuteronomy in Honor of C. J. Labuschagne*, eds. F. Garcia Martinez, A. Hilhorst, J. T. A. G. M. van Ruiten, A. S. van der Woude, 246–251. SVT

53. Leiden: Brill, 1994.

Vielhauer, P. "Apocalypses and Related Subjects: Introduction." In *New Testament Apocrypha*, Vol.Ⅱ, eds. E. Hennecke and W. Schneemelcher, 581–607. London: Lutterworth Press, 1965.

Vink, J. *The Date and Origin of the Priestly Code in the Old Testament.* Leiden: Brill, 1969.

Vogelsang, W. J. *The Rise and Organization of the Archaemenid Empire: The Eastern Iranian Evidence. Studies in the History of the Ancient Near East*, Vol.3. Leiden: E. J. Brill, 1992.

Vries, Simon J. de. "Observations on Quantitative Time in Wisdom and Apocalyptic." In *Israelite Wisdom: Theological and Literary essays in Honor of Samuel Terrien*, eds. J. G. Gammie. et al., 263–276. New York: Union Theological Seminary, 1978.

Vries, Simon J. "Moses and David as Cult Founders in Chronicles." *JBL* 107 / 4(1988): 619–639.

Vries, Simon J. *1 Kings*. WBC 12. Waco, Tex.: Word Books, 1985.

Vries, Simon J. *1 and 2 Chronicles*. FOTL 11. Grand Rapids: Eerdman, 1989.

Washington, Harold C. "The Strange Woman of Proverbs 1–9 and Post–Exilic Judaean Society." In *Second Temple Studies: 2.Temple–Community in the Persian Period*, eds. Philip R. Davies and David J. A. Clines, 217–242. JSOTSup 175. Sheffield: JSOT Press, 1994.

Wacholder, Ben Zion. *The Dawn of Qumran: The Sectarian Torah and the Teacher of Righteousness*. Cincinnati: Hebrew Union College, 1983.

Weinfeld, Moshe. *Deuteronomy and the Deuteronomistic School.* Oxford: Clarendon Press, 1972.

Weinfeld, Moshe. *Deuteronomy 1–11*. AB. New York: Doubleday, 1991.

Wellhausen, J. *Die Composition des Hexateuchs und der Historischen Bücher des Alten Testaments*. Berlin, 1889.

Wellhausen, J. *Prolegomena to the History of Ancient Israel.* Scholars Press Reprints and

Translation Series. Edinburgh: A. & C. Black, 1885. Reprint, Atlanta: Scholars Press, 1994.

Wenham, Gordon J. *Genesis 1–15*. WBC 1. Waco, Tex.: Word Books, 1987.

Werman, Cana. "Jub 30: Building a Paradigm for the Ban on Intermarriage." *HTR* 90:1(1997): 1–22.

Westermann, Claus. *Genesis 1–11*. Trans. John J. Scullion S. J. Minneapolis: Augsburg Publishing House, 1985.

Whybray, R. N. "Qoheleth, Preacher of Joy." *JSOT* 23(1982): 87–98.

Whybray, R. N. *The Making of the Pentateuch: A Methodological Study*. JSOT Sup 53. Sheffield: JSOT Press, 1987.

Widengren, Geo. "The Persian Period." In *Israelite and Judaean History*, eds. John H. Hayes and J. Maxwell Miller, 489–583. Philadelphia: Westminster Press, 1977.

Wilderberger, F. *Jesaiah*. BKAT X / 1–3. Neukirchen–Vluyn: Neukirchener, 1972–82.

Williamson, H. G. M. *Israel in the Books of Chronicles*. Cambridge: Cambridge University Press, 1977.

Williamson, H. G. M. "Eschatology in Chronicles." *Tyndale Bulletin* 28(1977): 115–154.

Williamson, H. G. M. *1 and 2 Chronicles. NCB*. Grand Rapids: Eerdmans, 1982.

Williamson, H. G. M. *Ezra, Nehemiah*. WBC 16. Waco, Tex.: Word Books, 1985.

Wills, Lawrence M. *The Jew in the Court of the Foreign King*. Minneapolis: Fortress, 1990.

Wilson, Gerald H. "The Prayer of Dan 9: Reflection on Jeremiah 29." *JSOT* 48(1990): 91–99.

Wilson, Ian. *Out of the Midst of the Fire: Divine Presence in Deuteronomy*. SBLDS 151. Atlanta: Scholars Press, 1995.

Wilson, Robert R. "From Prophecy to Apocalyptic: Reflections on the Shape of Israelite Religion." *Semeia* 21(1981): 79–95.

Wilson, Robert R. "Wisdom in Daniel and the Origin of Apocalyptic." *Hebrew Annual Review* 9(1985): 373–381.

Wilson, Robert R. *Prophecy and Society in Ancient Israel*. Philadelphia: Fortress, 1984.

Wintermute, O. S. "Jubilees." In *The Old Testament Pseudepigrapha.* Vol.Ⅱ. ed. J. H. Charlesworth, 35－142. Garden City, NY: Doubleday, 1983.

Woude, A. S. Van der "Gibt es eine Theologie des Jahwe－Namens in Deuteronomium?" In *Übersetzung und Deutung.* Nijkert, 1977.

Woude, A. S. "Erwägungen zur Doppelsprachigkeit des Buches Daniel." In *Scripta Signa Vocis: Studies about Scripts, Scriptures, Scribes and Languages in the Near East,* eds. H. L. J. Vanstiphout et al., 305－316. Groningen: Forsten, 1986.

Wright, John W. "The Legacy of David in Chronicles: The Narrative Function of 1 Chronicles 23－27." *JBL* 110 / 2(1991): 229－242.

Wright, G. E. "The Temple in Palestine－Syria." *BA* 7(1944): 65－77.

Wright III, B. G. "Putting the Puzzle Together: Some Suggestions Concerning the Social Location of the Wisdom of Ben Sira." In *SBLSP*(1996).

Zevit, Ziony. "The Structure and Individual Elements of Daniel 7." *ZAW* 80(1968): 385－396.

Zimmerli, Walter. "Sinaibund und Abrahambund." *Gottes Offenbarung: Gesammelte Aufsatze,* 205－216. Munich, C. Kaiser, 1963.

Zimmerli, Walter. "The Place and Limit of Wisdom in the Framework of the Old Testament Theology." *SJT* 17(1964), 146－158.

Zimmerli, Walter. *Ezekiel I, II.* Trans. R. E. Clements. Philadelphia: Fortress, 1979.

Zunz, Leopold. "Dibre Hajamim oder die Bücher der Chronik." In *Die gottesdienstlichen Vorträge der Juden historisch entwickelt. Ein Beitrag zur Alterthumskunde und biblischen Kritik, zur Literatur－und Religionsgeschichte,* 13－36. Frankfurt a. M., 1892.

Zwiep, A. W. *The Ascension of the Messiah in Lukan Christology.* Leiden: Brill, 1997.

저자

배정훈

•약 력•

서울대학교
장로회 신학대학교 (M. Div., Th. M.)
미국 프린스톤 신학교 대학원 (Th. M.)
미국 버클리 연합신학대학원 (Graduate Theological Union, Ph. D.)
경남 산청 교회 담임목사
현재 대전신학대학교 구약학 교수

•주요논저•

저서

『한국인을 위한 최신 연구: 구약성서개론』, 서울: 대한 기독교 서회, 2004, 공저.
『대예언서』, 서울: 한국 장로교 출판사, 2007.
『그의 나라는 영원한 나라이라: 설교를 위한 다니엘서 연구』, 서울: 한국 성서학 연구소, 2007.
『욥기: 어떻게 설교할 것인가』-두란노 How 주석 시리즈 16, 서울: 도서출판 두란노, 2008. 공저

역서

켄다 크리시 딘 & 론 포스터, 『하나님을 잉태하는 청소년 사역』, 서울: 복 있는 사람, 2006.
마빈 L. 체이니. 『농경사회 시각으로 바라본 성서 이스라엘』, 서울: 한들 출판사, 2007, 공역.

외 다수

정경해석방법으로 바라본 묵시문학: 에녹서와 다니엘서

초판인쇄 | 2008년 12월 5일
초판발행 | 2008년 12월 5일

지은이 • 배정훈 / 펴낸이 • 채종준 / 펴낸곳 • 한국학술정보㈜ / 주소 • 경기도 파주시 교하읍 문발리 513-5 파주출판문화정보산업단지 / 전화 • 031) 908-3181(대표) / 팩스 • 031) 908-3189 / Homepage • http://www.kstudy.com / E-mail • 출판사업부 publish@kstudy.com / 등록 • 제일산-115호(2000. 6. 19)

가 격 | 21,000원

ISBN 978-89-534-3947-4 93230 (Paper Book)
978-89-534-3948-1 98230 (e-Book)